MARCO SCARDIGLI

LE GRANDI BATTAGLIE DEL RISORGIMENTO

BUR
rizzoli
STORIA

ISBN 978-88-17-04611-4

Prima edizione BUR Storia gennaio 2011
Seconda edizione BUR Storia marzo 2011

LE GRANDI BATTAGLIE DEL RISORGIMENTO

I volti del Risorgimento

Questo libro è dedicato agli aspetti militari del Risorgimento e temo di dover cominciare, a costo di passare per pignolo, con lo specificare cosa intendo qui per Risorgimento.

Su questo periodo si può dire tutto e il contrario di tutto: esaltarlo o denigrarlo, istituirlo come entusiasmante momento fondatore della Patria (con la P maiuscola) o maledirlo come infida congiura per avvelenare l'esistenza alla maggioranza degli abitanti della penisola.

A osservarlo bene, è stato tante cose, così diverse fra loro e a volte così conflittuali, che è difficile riconoscervi una matrice unica. È stato un movimento unitario nazionale e anche una lotta per scacciare le influenze straniere dalla penisola. Le due cose, si badi bene, non sono uguali e nemmeno necessariamente correlate. È stato un movimento di riforma sociale, istituzionale e politica, che assecondando volontà manifeste o ricorrendo a imposizioni ha ridisegnato completamente gli assetti delle regioni d'Italia: leggi, confini, istituzioni, monete, pesi e misure, dalla Sicilia alle Alpi.

Può sembrare una contraddizione o addirittura un'assurdità, ma il Risorgimento è stato un movimento al tempo stesso rivoluzionario e antirivoluzionario. Ha sollevato popoli e li ha rimessi al loro posto. È stato guidato alternativamente da sovrani «per volontà di Dio e del popolo» e da guerriglieri, da ministri in redingote e da arruffapopoli.

Tra le tante interpretazioni e valutazioni (che peraltro registro nelle pagine di questo libro) credo ci sia una scelta da fare e dichiarare fin dall'inizio.

Si può considerare il Risorgimento come un processo lineare, in cui ogni fase fu rigidamente determinata dalla precedente e altrettanto rigidamente determinò la seguente, conducendo la penisola da una posizione iniziale, una congerie di Stati, a un traguardo, l'Italia unificata, passando inevitabilmente attraverso una serie di punti intermedi. Questa è la visione storica più diffusa, anche perché non mette in dubbio che l'esito del Risorgimento dovesse essere l'unità d'Italia.

È possibile un'altra interpretazione, che invece ritiene la nascita dell'Italia non come l'arrivo di un percorso netto e ben delineato, ma come risultante dell'agire di forze differenti, contraddittorie e spesso antagoniste, che a volte unendosi, altre volte combattendosi, portarono a un esito che all'inizio era difficilmente prevedibile.

In questo senso parlo di «guerre del Risorgimento», al plurale. Sono convinto, infatti, che la guerra che combatterono gli insorti delle Cinque giornate di Milano fu sostanzialmente differente da quella che pochi giorni dopo affrontarono i soldati piemontesi sul Mincio. La guerra di Garibaldi fu molto diversa – per modalità, ideali e strategie – da quella di Vittorio Emanuele. Così i cittadini di Messina nel 1848 e quelli di Brescia nel 1849 resistettero sotto bombe simili per ragioni in buona parte differenti. Potrei proseguire a lungo con gli esempi, ma credo che non ne servano altri, per dare almeno un'idea di quanto il Risorgimento sia stato un periodo confuso, ricco, variegato, contraddittorio.

Le due torri

C'è un altro problema molto ingombrante, che rende difficile affrontare in maniera serena il Risorgimento: i diversi segni sotto i quali è stato raccontato in passato.

Nelle fasi storiche attraversate dall'Italia unita i tanti volti delle vicende risorgimentali sono stati via via nascosti oppure esaltati, per rispondere alle necessità del momento. Nel periodo di crisi sociale tra Ottocento e Novecento il Risorgimento doveva soprattutto costituire la base di consenso per la casa regnante e per il suo esercito, poco amato in quei frangenti. Durante il fascismo doveva invece rappresentare la culla eroica di una nazione che tornasse a mostrarsi combattiva e militarmente aggressiva. Negli anni della contestazione, nel secondo dopoguerra, se ne sottolineò soprattutto l'aspetto di lotta tra movimenti popolari e autorità repressive.

Queste differenti modalità interpretative sono come le luci di una rappresentazione teatrale, che di volta in volta mettono in risalto ora un personaggio, ora un altro. Nell'arco del libro ne parlerò come di un insieme, definendolo *racconto tradizionale*: quello che, per semplificare, corrispondeva alle «verità» studiate sui testi scolastici.

In ogni caso credo che due modi di vedere e descrivere quel periodo, i suoi fatti, i suoi valori, i suoi risultati, abbiano resistito all'usura del tempo e si ripropongano anche oggi come le due principali chiavi di lettura.

Il canone monarchico

La prima, che definisco *canone monarchico*, ha significato l'apoteosi e il fondamento della monarchia dei Savoia, in quanto unificatrice e perciò legittimamente sovrana dell'Italia. Si capisce che per circa un secolo questo canone non si poté e non si dovette mettere in dubbio, pena essere considerati ostili alla corona e alla nazione. Credo che ancora oggi rappresenti la lettura storica più diffusa tra gli italiani.

L'interpretazione ha anche un suo monumento, che ne esplicita i contenuti meglio di qualsiasi analisi storica: si tratta della torre dedicata a Vittorio Emanuele a San Martino della Battaglia. All'ingresso si viene accolti dalla statua del primo re d'Italia, circondato dai busti degli otto generali caduti nelle battaglie risorgimentali e coronato dalle virtù italiane. Il significato chiarissimo è che gli artefici del Risorgimento furono il re sabaudo e il suo esercito. Il concetto viene ribadito negli altri ambienti della torre. Il visitatore sale e a ogni piano trova un grande affresco di battaglia, che descrive una tappa del processo di unificazione eroico-monarchico: una sequenza di vittorie verso il successo finale.

Quanto la ricostruzione sia parziale, se non falsa, si vedrà esaminando ciascuna delle presunte vittorie rappresentate: riparlerò di tutto questo al momento di raccontare la battaglia di San Martino del 1859.

Il canone democratico

La seconda chiave, contrapposta alla prima, è un *canone democratico*, che trova i suoi momenti vittoriosi e memorabili nelle insurrezioni delle città, nel 1848-49, e nelle spedizioni garibaldine. A celebrarlo non esiste un monumento propriamente detto: piuttosto se ne possono rintracciare i temi nelle memorie e nei libri che raccontano quell'epoca di eroi. Le opere di Abba, Cattaneo, Dumas, Nievo –, per citare solo qualche autore tra i più celebri – non hanno paragoni di parte monarchica.

Però, a ben vedere, questa immaginaria torre di libri, che si contrappone a quella in muratura di San Martino, ci consegna un ritratto quasi altrettanto parziale di quello monarchico: un quadro in cui tutti i patrioti appaiono bravi, disinteressati e pronti al sacrificio, in cui tutte le rivolte sono giuste e gloriose.

Per questo motivo introduco l'ipotesi che di Risorgimenti, limitatamente al campo militare, ce ne furono almeno due: il *canone monarchico*, nobiliare, basato sull'esercito regolare (le *divise blu*), e il *canone democratico*, affidato ai volontari e alle leve popolari (le *camicie rosse*). È una semplificazione, ma tornerà molto utile nel racconto che ora comincia.

Il turista di battaglie

Alla trattazione storica delle guerre risorgimentali ho aggiunto spesso paragrafi che raccontano cosa è stato degli antichi campi di battaglia. Sono brevi relazioni delle mie visite, fatte nella convinzione che le battaglie si possono raccontare e spiegare con le parole, con i disegni e i diagrammi, ma si capiscono davvero solo vedendo i luoghi. Durante questi viaggi mi sono comportato da turista e non da storico: oltre che osservare i luoghi, ho voluto anche capire cosa rimanesse degli avvenimenti di cui furono teatro e quanto viva fosse ancora la memoria.

Perciò davo un'occhiata su Internet, per avere un'idea di cosa potessi trovare, e poi mi limitavo a seguire le eventuali indicazioni stradali, oppure a leggere cartelli esplicativi o didattici. Se non c'era nulla del genere, chiedevo a qualcuno sul posto.

Leggerete, per esempio, che a Marsala Garibaldi è ancora tanto presente da dare il nome addirittura a un panino, mentre a Goito non c'è assolutamente nulla a ricordare la battaglia del 1848; che sui campi di Tolentino e di Novara mi hanno fatto da guida dei veri esperti, mentre a Pastrengo ho dovuto seguire le indicazioni di un barista e a Gaeta non sono riuscito a parlare con il tabaccaio che, secondo le persone del luogo, avrebbe potuto illuminarmi sull'assedio del 1861.

PARTE PRIMA

Battaglie all'alba del Risorgimento

1
L'avventura di Murat

«Italiani, l'ora è venuta che debbano compiersi gli alti destini d'Italia. La provvidenza vi chiama in fine ad essere una nazione indipendente.»

Chi avesse la fortuna di scovare in soffitta un vecchio manifesto con parole così decise, cosa potrebbe pensare? Certo, avrebbe per le mani un prezioso reperto risorgimentale, ma di quale provenienza? Scorrerebbero veloci nella mente i fotogrammi di un film appreso sui banchi di scuola: le Cinque giornate di Milano, le repubbliche del Quarantotto, Venezia, Roma, Manin, Garibaldi, Mazzini, le guerre di piemontesi e austriaci. Reliquia di un tempo lontanissimo, forse quel pezzo di carta fu affisso ai muri delle case di Brescia, moltiplicando l'ira della belva? (Come si chiamava? La iena? Haynau!) Oppure a Marsala, a Palermo o da qualche parte nei domini del papa? E chi lo scrisse? Vittorio Emanuele o uno sconosciuto eroico patriota che sfidava gli oppressori perché credeva nella libertà e nell'Italia? (Che parole desuete: credere nell'Italia!).

Invece no. L'autore era un francese, protagonista di un'altra storia con altri personaggi, che molti non considerano nemmeno risorgimentali. Joachim Murat, maresciallo di Napoleone e poi, all'epoca del manifesto, Gioacchino re di Napoli: anno 1815. Napoleone era scappato dall'isola d'Elba, in cui l'avevano esiliato, e stava riunendo un esercito per riprendere la lotta contro le potenze d'Europa, marciando spedito verso il suo destino, Waterloo, la fine di un'era. Mentre a Parigi l'imperatore riappiccava l'incendio, Murat saliva da Napoli a Rimini per affrontare gli austriaci e dalle spiagge di Romagna esortava gli italiani alla sollevazione, con quelle parole così precise, nette, da non ammettere repliche. Come se dicessero: italiani, che aspettate a darvi la sveglia?

Ma il 1815 non è l'anno della Restaurazione, di Metternich e dell'Italia espressione geografica? Al solito, la storia è sempre una faccenda complicata. Bisogna raccontarla dall'inizio.

Una certa idea d'Italia

Il periodo napoleonico aveva unito la penisola, dopo secoli di divisioni. Certo non si era trattato di un'Italia veramente unita, piuttosto era il risultato di un'imposizione esterna, non di una scelta, che avesse come fondamento un forte senso d'appartenenza. Diciamo che era una quasi-Italia unita, che offriva comunque un'alternativa fino a pochi anni prima impensabile al sistema di valori e di istituzioni dell'assolutismo.

Sotto Napoleone gli italiani provarono a essere, se non proprio una nazione, almeno un'entità economica, commerciale, legislativa e amministrativa unica. Per la prima volta da secoli toccarono con mano la comodità di avere pesi e misure più o meno uguali a Bari come a Venezia e giudici che adoperavano lo stesso codice a Roma come a Brescia.

Il dominio napoleonico e l'influenza della Rivoluzione indussero i nostri compatrioti a porsi molte domande e a chiedersi, per esempio, se veramente si dovesse rimpiangere il mondo precedente l'arrivo dei francesi, fatto di staterelli divisi in tutto e su tutto, chiusi e diffidenti verso i vicini. Tantissimi si risposero di no: questo non significava che tutti si ritrovarono automaticamente sostenitori di un'Italia una e unita, ma semplicemente che erano disposti a pensare alla penisola, ai suoi abitanti e alle sue divisioni, in maniera differente rispetto al passato.

Una parte di questi «innovatori» italiani – non scomodiamo ancora il termine «patrioti» – era pronta anche a un passo ulteriore. L'Italia degli staterelli era quella delle corti sfarzose e dei nobili inetti, petulanti ed egoisti. Negli anni napoleonici, invece, ci si era abituati a vedere in certa misura premiato il merito e a essere comandati sovente – non sempre, ma sovente – da chi avesse dimostrato capacità e si fosse guadagnato i galloni sul campo. Che poi anche i napoleonici si fossero affrettati a scimmiottare usi e lussi degli aristocratici, importava poco: la differenza tra gli uni e gli altri era, se non abissale, certamente palpabile.

Quando Napoleone cadde, questa quasi-Italia, con le sue nuove convinzioni e le sue speranze, rimase come sospesa, in attesa che qualcuno decidesse del suo futuro.

Un esercito dimenticato

Si trattava prevalentemente di un passaggio politico, ma con un aspetto concreto. Mentre l'imperatore dei francesi viveva i suoi Cento giorni, in Lombardia c'erano ancora quasi 45.000 uomini inquadrati nell'ex esercito del Regno d'Italia, che avevano combattuto sotto Napoleone e poi avevano dato buona prova resistendo con successo all'avanzata austriaca. Nel caos in cui versavano l'Europa e l'Italia, rappresentavano una compagine notevole, che avrebbe potuto influire sui destini della penisola, se qualcuno si fosse messo alla sua guida, se ci fosse stato un generale deciso a guadagnarsi un dominio o un sovrano che avesse voluto ampliare i propri possedimenti.

Questo era tanto più vero considerando che un simile esercito non avrebbe trovato molte forze capaci di opporsi: a Vienna il congresso che doveva decidere il futuro dell'Europa postnapoleonica non si era ancora concluso e i vari signorotti italiani non avevano né potere né eserciti: le loro erano corti senza reami, che attendevano di conoscere cosa sarebbe stato di loro.

Tuttavia i capi politici dell'ex Regno d'Italia non s'interessarono di quell'armata senza nazione, mentre i capi militari – tutti bravi e ottimi generali, ma limitatamente agli aspetti tecnici – dimostrarono di non nutrire ambizioni politiche. I più attenti furono gli austriaci occupanti, che vedevano in quelle truppe una minaccia molto seria per i loro piani di egemonia sulla penisola. Sapevano che smantellare una milizia di quelle dimensioni, organizzata e coesa, senza scatenare una reazione d'orgoglio, non era un affare semplice. Così si misero al lavoro con pazienza: sciogliere un reparto qui, avvicendare la guarnigione di una fortezza là, mandare a casa una classe di richiamati, spostare un gruppo di ufficiali e così continuare, un passo per volta. Piano piano l'esercito italo-napoleonico cominciò a disgregarsi, come roso dai tarli.

Il re di Napoli

Una figura che avrebbe potuto approfittare della situazione in realtà c'era, un personaggio per metà generale in cerca di un suo dominio e per metà re che voleva ampliare il suo regno: Gioacchino Murat.

Francese, era uno dei ventisei marescialli di Napoleone, cioè uno

La campagna di Murat

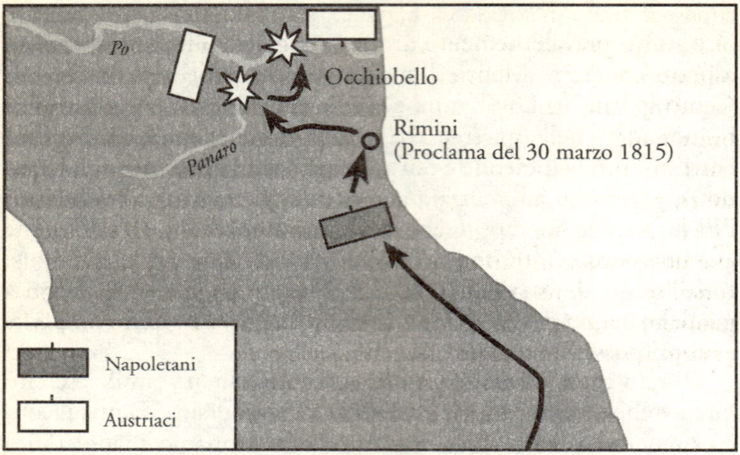

di quegli uomini che avevano stravolto la ferrea consuetudine, risalente al Medioevo, dei comandi militari dati in appalto esclusivo alla nobiltà. Figlio di un locandiere, aveva studiato in seminario, rischiando di diventare prete, ma a vent'anni s'era arruolato per combattere e per tutta la vita, ininterrottamente, combatté. Nell'armata napoleonica comandava la cavalleria, e bene, soprattutto per quanto riguardava la condotta sul campo, perché era coraggioso e trascinatore d'uomini. Inoltre era bello, alto, sfrontato, un po' vanesio e donnaiolo, e incarnava alla perfezione il ritratto del cavaliere della sua epoca. Partecipò a tutte le campagne napoleoniche, dando ogni volta il suo contributo, che spesso fu decisivo. Nel 1800 sposò Maria Carolina Bonaparte, sorella di Napoleo ne – una donna che amici e nemici ritenevano assai intelligente –, e come membro della famiglia ebbe il titolo di principe imperiale, per divenire nel 1808 re di Napoli.

Sotto il Vesuvio trovò un popolo disposto a innamorarsi di un sovrano sanguigno e temerario e lo ripagò con un buon regno, anche se spesso era impegnato a combattere in giro per l'Europa. Riorganizzò in modo intelligente l'esercito, affrontò con pugno duro la rivolta sanfedista – legittimista e antifrancese, guidata dal cardinale Ruffo – e mantenne una sorta di non belligeranza con i Borbone, precedenti sovrani di Napoli rifugiatisi in Sicilia sotto la protezione degli inglesi.

Quando la stella di Napoleone cominciò a tramontare, Murat rimase a lungo in sospeso tra la fedeltà all'imperatore e il ruolo di re di Napoli. Alla fine scelse il trono e nel 1814 passò al nemico, pur mantenendo un rapporto perlomeno equivoco con il cognato. Si avviò verso nord, per appoggiare gli austriaci, e durante quella breve e marginale campagna poté notare che le forze italiane, anche fuori del suo regno, lo consideravano una figura di riferimento. In molti lo salutavano addirittura come re d'Italia.

Ma Napoleone fuggì dall'isola d'Elba e iniziò i Cento giorni che dovevano condurlo a Waterloo. Murat, allora, riprese le parti dell'imperatore e diede il via a una spedizione nell'Italia settentrionale, contro gli austriaci. Giunto a Rimini, il 30 marzo 1815 emanò il proclama agli

> ITALIANI
>
> L'ora è venuta che debbano compiersi gli alti destini d'Italia. La provvidenza vi chiama in fine ad essere una nazione indipendente. Dall'Alpi allo Stretto di Sicilia odasi un grido solo: L'INDIPENDENZA D'ITALIA.

Quindi mosse verso il Po. In questa decisione qualcuno vede l'inizio del Risorgimento. Ne riparlerò più avanti, dopo aver detto degli avvenimenti della guerra.

La campagna nella Pianura Padana

Ad attendere i napoletani di Murat c'erano gli austriaci guidati da Federico Bianchi,[1] generale nativo di Vienna, ma di evidenti origini italiane.

All'inizio d'aprile Murat si trovava sulle rive dell'Adriatico e gli austriaci erano schierati in modo da sbarrargli ogni accesso alla Pianura Padana: una forza gli tagliava la strada all'altezza di Ferrara, un'altra si era disposta presso il Panaro (tra Modena e Bologna) e gli impediva di avanzare verso la Lombardia. Murat tentò di sfondare, dapprima sulla linea del Panaro. Nella zona di Cento, grazie al buon comportamento delle sue truppe e anche ad alcuni episodi di valore, riuscì a superare il fiume. Tra chi si mise in luce in quei frangenti ci fu un ufficiale trentenne, Carlo Filangieri, figlio di Gaetano, una delle migliori menti della cultura napoletana. Carlo sarebbe poi stato protagonista di diverse fasi della storia meridionale: proveniente da una famiglia illuminista e destinato a servire nell'esercito borbonico, sotto sovrani dichiaratamente assolutisti, diventò suo malgrado il simbolo delle contraddizioni della sua terra.

Nonostante la vittoria Murat non volle proseguire verso Piacenza e Milano, per non lasciarsi alle spalle il grosso delle forze nemiche. Così si fermò, volgendosi alla linea del Po, dove però il nemico aveva il vantaggio della posizione. L'offensiva napoletana si esaurì dopo una serie d'inutili combattimenti per conquistare un ponte nei pressi di Occhiobello, a pochi chilometri da Ferrara. Gli austriaci passarono al contrattacco con una manovra assai pericolosa, che un colonnello, Guglielmo Pepe, riuscì a sventare, nonostante si trovasse in grande inferiorità di uomini, bloccando l'avanzata presso Carpi abbastanza a lungo perché le forze muratiane si mettessero al sicuro ed evitassero un accerchiamento.

Anche Pepe si ripresenterà in questo racconto come una delle figure più importanti delle battaglie risorgimentali: liberale e repubblicano inossidabile (tanto da mettere nel *carnet* ben tre rivoluzioni: la francese e poi quelle del 1821 e del 1848), avrebbe però sempre ammesso d'aver provato affetto e lealtà per il re Gioacchino.

Nel frattempo in Europa si stringevano le maglie della coalizione che doveva combattere contro Napoleone. Murat aveva sperato di restare estraneo alla lotta e di non essere considerato un alleato dell'imperatore. Invece gli giunse notizia che l'Inghilterra gli aveva dichiarato guerra e che di conseguenza doveva aspettarsi un attacco dalla Sicilia. Visto che né in Lombardia né in Piemonte scoppiava la benché minima rivolta in suo favore e nemmeno si muovevano le armate dell'ex Regno d'Italia, decise d'interrompere la spedizione e di tornare a difendere il suo trono. Del resto la campagna, che durava da una decina di giorni, si era già dimostrata estremamente difficile e non aveva portato alcun vantaggio a nessuna delle due parti.

Murat si rimise in marcia lungo la costiera delle Marche, diretto a sud. Le sue forze erano ancora sostanzialmente integre, ma Bianchi, il generale austriaco, dovette intuire in quel ritiro qualche segno di stanchezza o di debolezza ed elaborò un piano veramente aggressivo e ambizioso. Ordinò al generale Neipperg di tallonare i napoletani con la metà delle truppe, circa 15.000 uomini, mentre lui stesso, con altri 14.000 soldati, muoveva per superarli, passando da Modena, Firenze e Foligno, con l'intento di tagliar loro la strada e di prenderli perciò tra due fuochi. Infine inviò una piccola forza, agli ordini del generale Nugent, direttamente verso la Campania, per minacciare Napoli e provocare la sollevazione delle forze contrarie al sovrano francese.

Il piano mirava a un accerchiamento a larghissimo raggio, ma presentava un rischio: ciascuna delle due ganasce che dovevano chiudere la morsa era inferiore alle forze muratiane, che in questo modo potevano trovarsi in vantaggio, se fossero riuscite ad attaccare Neipperg e Bianchi separatamente.

Questo, in sintesi, è il quadro strategico della battaglia di Tolentino. Poi, come spesso succede in guerra, l'esito dipese da un caso del tutto imprevedibile.

La battaglia di Tolentino

Murat si accorse della manovra nemica e si preoccupò subito di sventarla. Lasciò una piccola forza sulla strada costiera, bastante per fermare la colonna di Neipperg, e si buttò con il grosso dell'esercito contro quella di Bianchi, che – partendo da Foligno – aveva appena attraversato gli Appennini ed era arrivato a Tolentino. Murat si trovava a Macerata, quando le avanguardie si scontrarono. La battaglia si svolse quindi a metà strada fra le due città: i napoletani con vantaggio numerico rispetto agli austriaci, che avevano però il terreno a loro favore. Dapprima si ebbero alcune scaramucce, il 29 aprile; poi, il 2 maggio, con un'avanzata generale napoletana, quasi Murat volesse saggiare le forze del nemico, iniziò la vera battaglia.

Nel primo giorno i combattimenti si concentrarono soprattutto attorno al castello della Rancia – splendido fortilizio di pianura, oggi appena restaurato, con una torre da cui si domina l'intero campo dello scontro –, che venne preso e perso varie volte, finché la sera rimase in mano ai napoletani.

Il giorno seguente Murat ricominciò l'attacco. Nelle sue intenzioni doveva trattarsi di una manovra ad ampio respiro, che impegnasse frontalmente le truppe austriache sulle alture nel settore centrale, mentre altre forze le accerchiavano a destra e a sinistra. Però i suoi ordini vennero male interpretati e peggio eseguiti e così la battaglia si ridusse a una serie di urti frontali estremamente san-

Tolentino, 2 maggio 1815

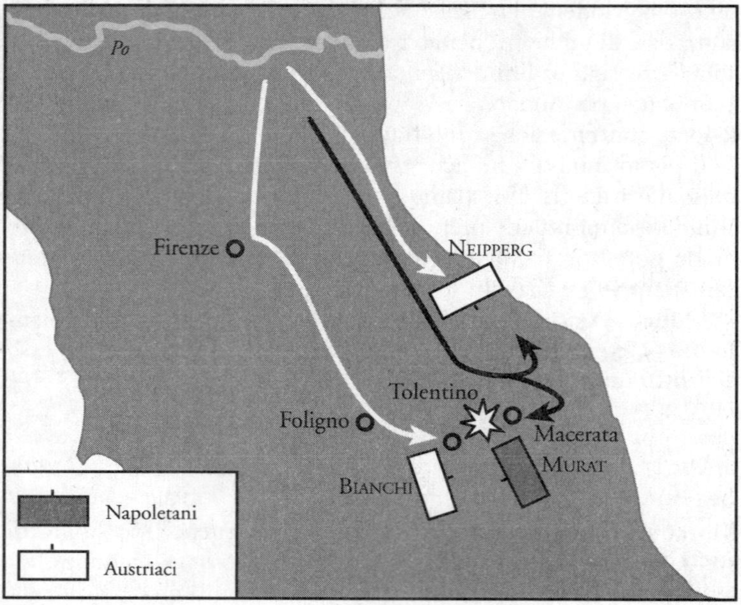

guinosi, in posizione sempre svantaggiosa per i napoletani, che dovevano attaccare dal basso nemici che si difendevano restando sulle colline, su un terreno scivoloso a causa della pioggia caduta nella notte. Per tutto il giorno si registrarono scontri ancora attorno al castello della Rancia e poi oltre, attorno a una bella casa torre con una splendida loggia a due piani, detta Casone (di questo edificio oggi di proprietà privata si vede a distanza solo una torre che emerge tra gli alberi).

Il fulcro della battaglia fu però proprio al centro dello schieramento, in località Cantagallo, che appare come una delle tante dolci colline del paesaggio marchigiano, ma in realtà si rivela un'altura decisamente ripida, con una sorta di fossato a valle, di fronte a una collina altrettanto erta. Sulla cima c'è ancora, semidiroccata, la casetta da cui Murat ordinò l'attacco, e possiamo anche immaginare come questo avvenne.

Il caso volle che nel fulcro della battaglia si venne a trovare l'inesperto generale D'Aquino, che sostituiva il suo superiore, l'abile D'Ambrosio, ferito il giorno precedente. D'Aquino ritardò l'azione e poi, temendo d'essere esposto a una carica di cavalleria, mandò all'attacco la sua divisione in formazione di quadrato. Vedremo nel prossimo capitolo cosa significasse: qui basti dire che i soldati napoletani dovettero dapprima scendere da una collina e superare un fosso e poi risalire l'altura di fronte su un terreno fradicio di pioggia e scivoloso, mantenendo una formazione compatta, molto fitta e lenta, che li metteva alla mercé della fucileria e dell'artiglieria nemiche. La più famosa stampa d'epoca della battaglia ritrae proprio questo momento, con i quadrati che scendono dalla collina.[2]

Fu un'ecatombe e i quadrati napoletani vennero praticamente smantellati dal fuoco austriaco: il disastro avrebbe potuto rivelarsi anche peggiore, quando Bianchi ordinò un contrattacco, che però venne respinto.

Alle quattro e mezzo del pomeriggio i napoletani non avevano fatto grandi progressi rispetto al mattino. Tuttavia Murat aveva ancora molte riserve da spendere. Qualcuno sostiene che ne avesse anche troppe e che, se le avesse lanciate subito in battaglia, avrebbe potuto cambiare le sorti della giornata. Alla fine, comunque, le due armate erano in sostanziale parità: Murat non aveva sconfitto la metà dell'esercito austriaco che aveva davanti; Bianchi, a sua volta, aveva mancato l'obiettivo d'imprigionare il nemico nella sua morsa.

L'imponderabile

Fu allora che intervenne qualcosa d'imprevedibile e, come tale, difficile sia da misurare sia da raccontare.

Alle quattro e mezzo, mentre Murat cercava di raggiungere una delle colonne laterali, per sollecitare la manovra d'accerchiamento, due messaggeri portarono notizie pessime: gli austriaci erano già avanzati verso sud, avevano forzato la stretta di Antrodoco e l'Aquila si era arresa senza colpo ferire. Abruzzi e Calabria si stavano sollevando e qua e là riapparivano bande filoborboniche.

In queste informazioni c'era un fondo di verità, riferita probabilmente alla colonna del generale Nugent, ma anche molta esagerazione: le cose non erano così gravi e forse per controllarle potevano bastare le forze rimaste nel regno, purché ben comandate. Invece Murat si fece prendere la mano («perse il senno» scrisse un cronista dell'epoca) e per il timore di trovarsi con il regno in fiamme diede l'ordine di ritirata. I suoi generali recepirono il comando alla lettera e abbandonarono precipitosamente le posizioni, anche le più vantaggiose. Lo fecero, inoltre, proprio sotto il naso degli austriaci e senza apprestare nulla che evitasse loro d'essere inseguiti.

Bianchi, vista la svolta inaspettata, ebbe la prontezza di approfittarne, gettandosi sulle orme delle truppe in ritirata. Ma la cosa che nessuno s'aspettava fu che molte formazioni napoletane cominciarono a sbandare e a sciogliersi: chi abbandonava le armi, chi si arrendeva, chi semplicemente lasciava i reparti e si metteva in cammino per conto suo verso casa. Truppe che avevano combattuto in modo eccellente per un mese – e in qualche caso perfino eroicamente – si sfasciavano a fronte di una battaglia difficile, ma che ancora non si poteva dire persa.

Le cause furono la stanchezza accumulata durante la campagna e certamente l'alto numero di perdite nei due ultimi giorni (caddero, tra morti e feriti, 1800 napoletani, mentre 2000 furono presi prigionieri; le perdite austriache erano di 1100 morti e feriti e di 300 prigionieri), oltre che la durezza di combattimenti sempre contro posizioni forti. Forse si aggiunse anche un tracollo dei servizi, che lasciò moltissimi soldati a digiuno. Come che sia, quello che fino al primo pomeriggio del 3 maggio 1815 era un bell'esercito, al comando di uno dei più prestigiosi generali di Napoleone, in poche ore era diventato un'armata in dissoluzione. Diserzioni, cedimenti e disobbedienze continuarono e si moltiplicarono per tutta la via del ritorno a sud, rendendo inutile qualsiasi sforzo di riprendere il controllo della situazione.

Osservando una carta geografica dell'Italia centrale, è facile notare che un esercito che fosse disceso dalle Marche verso la Campania, doveva superare decine di punti difficili – valli, passi, strette –, nei quali i difensori, anche poco numerosi, avrebbero potuto resistere a lungo. Invece ogni tentativo di opporsi alla calata austriaca fallì per sfiducia, disobbedienza o semplicemente per sgretolamento delle truppe muratiane. Bianchi, che si era dimostrato oltremodo fiducioso già prima di Tolentino, poté marciare rapidamente, liberandosi con facilità d'ogni ostacolo gli venisse frapposto.

Quello che alla fine si riunì sul Volturno per l'ultima difesa del regno era il fantasma dell'armata partita a marzo. Murat se ne rese conto: abdicò e diede mandato ai suoi generali di trattare la pace. Il risultato per gli austriaci fu così esaltante, se rapportato alle poche forze di cui disponevano, che Bianchi non calcò troppo la mano nelle condizioni d'armistizio.

Il posto di re Gioacchino nella storia

Murat tornò in Francia per mettersi al servizio di Napoleone, che però non lo volle nemmeno incontrare. Dopo varie vicissitudini tentò di rientrare in quello che era stato il suo regno e andò incontro a una fine in sintonia con la sua vita di coraggio, di spavalderia e anche d'istrionismo. Alla testa di poche centinaia di uomini sbarcò a Pizzo, in Calabria. Nella piazza del paese c'erano delle truppe napoletane in esercitazione. Sperando che i soldati lo riconoscessero e rinnovassero l'amore per l'ex comandante e sovrano, si lanciò in mezzo a loro sventolando la bandiera del regno e gridando: «Viva Murat! Viva re Gioacchino!». Ma nessuno si mosse e dopo qualche momento d'imbarazzo qualcuno si fece avanti per arrestarlo.

Rapidamente processato, Murat venne fucilato. La fine tragica, simile a quelle che sarebbero toccate ai fratelli Bandiera e a Carlo Pisacane, ci fa tornare su un argomento a cui s'era accennato: se la campagna di Murat si possa ritenere parte del Risorgimento italiano.

A ben vedere, ci sono argomenti per sostenere sia la risposta affermativa sia la negativa. Durante i mesi di guerra e nel proclama di Rimini Murat parlò esplicitamente di unità e indipendenza d'Italia, ma d'altra parte non si può dimenticare che le sue erano parole di un re francese e che il suo Regno di Napoli era uno Stato fondato sul trapianto di istituzioni francesi.

Credo allora che una risposta si possa sintetizzare in questo modo: se si considera il Risorgimento come un percorso inscindibile e monolitico, che conduce la penisola da una congerie di Stati a uno Stato unitario, Murat ne è estraneo; se invece il Risorgimento si vede come la risultante di forze diverse, divergenti e contraddittorie, allora la figura di Murat, più che la sua campagna di guerra, si può ritenere uno dei fondamenti del movimento nazionale.

Prova ne è che nel 1860 molti dei Mille, i protagonisti più idealisti e romantici del processo risorgimentale, una volta giunti in Calabria si fermarono commossi a Pizzo, per ricordare il sovrano napoletano. Uno di loro, Giuseppe Bandi, riassumeva così la questione:

> Murat non fu italiano e fu complice e servitore d'uno dei peggiori tiranni che mai desolassero la terra; ma la grandezza d'animo suo, lo splendore delle sue gesta e soprattutto la miseranda sua fine, lo rendono degno di ammirazione e di pietà a chiunque non abbia cuore diseredato d'ogni gentilezza.[3]

La storia patria legata alla monarchia sabauda, invece, ha sempre diminuito la figura del re di Napoli e la sua sfortunata impresa: che un altro sovrano – francese e per di più d'origini rivoluzionarie – avesse pensato e operato per l'unità e l'indipendenza d'Italia, era una realtà scomoda. Che poi fosse re di Napoli, rovesciando in un certo senso la polarità del processo risorgimentale, era ancora più inaccettabile.

Non approfondiamo oltre. Murat, comunque, ci mostra che agli inizi dell'Ottocento l'idea di un'Italia unita già esisteva ed era ben presente nella mente di almeno una parte degli italiani. È altrettanto vero che il suo insuccesso fu anche figlio dell'indifferenza e della passività che lo circondarono. Un testimone sentì il re di Napoli lamentarsi in questo modo:

> Ma chi non si sarebbe ingannato? Tutti mi dicevano che l'opinione era unanime per l'indipendenza e vivamente espressa [...] Io sono venuto, ho combattuto, non ho trovato soccorso.[4]

A ben vedere, anche nella disillusione Murat anticipava parecchi temi del Risorgimento.

Tolentino oggi

La battaglia di Tolentino, soprattutto per merito dell'Associazione Tolentino 815 e del suo presidente Paolo Sciosciani, è uno dei fatti d'arme risorgimentali meglio documentati. I luoghi della battaglia sono ancora quasi tutti riconoscibili e l'associazione vi ha posto cartelli indicatori, realizzando anche una mappa.

Nonostante gli sforzi, però, il tempo e l'incuria hanno prodotto danni. L'ossario di Rotondo – una bella cima di collinetta tondeggiante, coronata di cipressi, con un monumento posto nel 1961 – è decisamente malconcio, la casa da cui Murat seguì l'assalto dei quadrati è parzialmente crollata, così come l'ossario di Salcito, completamente invaso dalla vegetazione.

Due curiosità, per finire. Una lapide su una chiesetta della zona ricorda la fucilazione di un ufficiale austriaco di origini italiane, accusato dai superiori d'aver reso inutilizzabili le armi del suo reparto. Un episodio, che io sappia, quasi unico nella storia risorgimentale.

Per qualcuno la battaglia di Tolentino si dovrebbe chiamare «di

Pollenza-Cantagallo» (così è definita su un cartello presso l'omonima collina). Il Comune di Pollenza rivendica che il centro degli scontri fu nel suo territorio e chiede che di conseguenza venga cambiato il nome della battaglia: uno dei tanti esempi di come l'Italia sia pur sempre una terra di campanili e di come le questioni risorgimentali sappiano suscitare ancora diatribe e litigi.

2
Il sogno dei carbonari

La Rivoluzione francese e poi l'impero di Napoleone avevano messo a soqquadro l'Europa. Nel giro di un quarto di secolo valori, istituzioni, tradizioni, e più in generale i modi di concepire la vita, la società, l'autorità, il rapporto con Dio e con la nazione erano drasticamente mutati. Valori che avevano retto l'Europa per quasi mille anni apparivano d'un tratto vecchi e decrepiti.

Quando Napoleone fu sconfitto a Waterloo (un mese e mezzo dopo Tolentino) e andò a finire i suoi giorni sul triste isolotto di Sant'Elena, in tutta Europa circolava una domanda: caduto l'imperatore dei francesi, la tempesta rivoluzionaria si sarebbe dimostrata così forte che nulla sarebbe tornato come prima o, al contrario, sarebbero state le novità a dimostrarsi temporanee e fallaci e tutto sarebbe tornato com'era stato nei secoli addietro?

La Restaurazione

La risposta che fu data al Congresso di Vienna fu forte e chiara. Nello scontro tra monarchie assolute e principi liberali le prime avevano vinto e quindi tutto doveva tornare com'era sempre stato.

Così nella maggioranza degli Stati italiani rientrarono i legittimi sovrani. Ma solo «nella maggioranza», perché ove conveniva alle potenze dominanti non fu restaurata la situazione antica. Ne fecero le spese, per esempio, le due storiche e gloriose repubbliche di Genova e Venezia, che vennero annesse una al Piemonte e l'altra all'Austria.

Questa Restaurazione avrebbe potuto avere molti riflessi ed essere interpretata in molti modi. Generalmente in Italia venne declinata nel senso più letterale del termine: restaurare tutto com'era, ignorare ciò che era avvenuto dal giorno della rivoluzione in poi, riportare le lancette dell'orologio indietro, al momento esattamente precedente l'invasione francese. Ancor più che i sovrani, a dire il vero, furono la nobiltà e il clero che circondavano i troni a pretendere che la Restaurazione fosse totale e rigida e a controllare che venisse applicata con pignoleria in ogni settore della società.

Negli eserciti – l'argomento che qui interessa – tornarono i generali di quindici o vent'anni prima, quasi sempre vecchi incartapecoriti; invece i comandanti che si erano guadagnati i gradi sui campi di battaglia di tutta Europa si ritrovarono arretrati all'inizio della carriera e ai gradini più bassi della gerarchia. È facile immaginare il malcontento che circolava nelle caserme, acuito dal fatto che assieme ai vecchi capi riprendevano fiato i vecchi modi di fare e pensare la guerra. Per chi aveva visto, durante quattro lustri, gli eserciti degli antichi regimi fuggire sempre e puntualmente davanti alle armate di nuova concezione, assistere al ripristino trionfale dei vecchi precetti dovette essere un boccone amaro da inghiottire.

In realtà era chiaro a tutti che questo salto all'indietro nel tempo era una questione meramente ideologica. Nessuno pensava davvero che gli eserciti settecenteschi fossero più efficienti. Molti, tuttavia, erano convinti che si dovessero ricostruire secondo la vecchia maniera, perché così sarebbero stati più fedeli e in sintonia con le monarchie assolute e una società riportata all'età prerivoluzionaria. La loro efficacia e funzionalità, inoltre, non sembravano problemi urgenti: non si vedevano guerre all'orizzonte e comunque, nel caso se ne fossero presentate, sarebbero state compito delle grandi potenze reazionarie, Austria, Russia e Prussia unite nella Santa alleanza.

Per l'Italia, in particolare, era chiaro che gli eserciti restaurati dovevano servire tutt'al più all'ordine pubblico. Per ogni altra esigenza c'erano le baionette austriache, che vigilavano acquartierate nel Lombardo-Veneto. Questo fatto è da tenere a mente. Non ci si deve stupire dei magri risultati che gli eserciti degli Stati italiani ottennero nei decenni seguenti. Non si trattò di casualità o di errori: semplicemente si manifestarono le conseguenze logiche di precise scelte.

Le società segrete

Il malcontento e la frustrazione dei militari – che pari pari covavano nelle amministrazioni, nelle università e in tutti i rami più evoluti delle istituzioni e della società – trovarono una valvola di sfogo nelle società segrete, in cui gli aderenti potevano almeno sognare di raddrizzare le cose e di costruire compagini sociali più eque, che premiassero il merito rispetto alla nascita o al blasone.

La Carboneria fu la principale di queste società segrete. Prese piede in tutt'Italia, ma soprattutto nel Meridione ebbe una diffusione grandiosa, fino a diventare quasi uno Stato nello Stato e un'amministrazione parallela a quella ufficiale. Alla facilità con cui s'affermava, però, non corrispondevano programmi e obiettivi concreti.

Il clima era d'attesa: nessuno credeva che i sovrani e i nobili tornati alle parrucche e agli abiti settecenteschi sarebbero durati a lungo. Tutto – dal modo di governare all'ottusità dimostrata nel voler riprodurre e ricostruire pedissequamente il passato – indicava che non avrebbero retto alle prove dei tempi nuovi. Però le armate austriache che li sostenevano erano molto concrete ed efficienti e altrettanto reale la determinazione dei troni della Santa alleanza di non permettere nuovi sconvolgimenti rivoluzionari. In molti si domandavano come sarebbe andata a finire.

Napoli insorge

La risposta sembrò arrivare nei primi mesi del 1820.

In Spagna era scoppiata un'insurrezione contro il regime illiberale e retrivo di Ferdinando VII. In tre mesi, quasi senza combattere, gli insorti avevano trionfato, l'assolutismo era crollato come un castello di carte ed era stata approvata una Costituzione che conteneva notevoli garanzie democratiche. Il re l'aveva firmata, rinunciando alle sue prerogative di monarca «per volontà di Dio» con una rassegnazione quasi fatalistica.

Il messaggio che passò di bocca in bocca per l'Europa era che, alla prova dei fatti, la Restaurazione fosse quel che sembrava: un fragile tentativo di realizzare l'impossibile – chi può far camminare alla rovescia le lancette dell'orologio? –, così debole che bastava una spallata per annullarlo.

Il primo luogo in cui queste voci attecchirono fu l'Italia meridionale. Qui, sotto il manto di una Restaurazione tutto sommato tranquilla, non solo prosperava la Carboneria, ma covavano profonde divisioni tra il partito di chi era rimasto fedele ai Borbone e aveva vissuto l'esilio siciliano, il gruppo dei muratiani, che si sentivano la parte moderna ed efficiente dello Stato, ma erano ovviamente discriminati a favore dei borbonici, e infine i liberali di nuova generazione, che volevano uno Stato costituzionale e il ritorno alle libertà francesi, ma senza nostalgie né legami particolari con il periodo napoleonico.

Per un lungo periodo i carbonari continuarono a fare piani d'insurrezione, ma senza decidersi. Quando sembravano trovare l'accordo, i loro progetti venivano bocciati da quel generale Guglielmo Pepe che carbonaro non era, ma che sin dai tempi della spedizione di Murat (soltanto sei anni prima, eppure sembrava lontana secoli) appariva come la persona più adatta a guidare la rivolta. Il generale non si fidava molto delle società segrete, non era convinto che sapessero condurre in porto una rivoluzione e, alla fine dei conti, nemmeno lui appariva come un campione di risolutezza.

Fosse stato per Pepe e i carbonari, forse nelle Due Sicilie non sarebbe mai scoppiata un'insurrezione. A prendere l'iniziativa fu un tale abate Luigi Minichini – curiosa figura di prete, istitutore, avvelenatore e carbonaro –, che pensò fosse l'ora d'accendere la miccia. Stanco dei continui tentennamenti, disse ai suoi compari di Nola che l'insurrezione era decisa per il 1° luglio 1820 ad Avellino; poi, quel giorno, si mosse con una ventina di seguaci, sventolando il tricolore della setta: rosso, nero e azzurro.

A Nola si trovava un reggimento in cui militavano due tenenti carbonari, Morelli e Silviati: il reggimento in realtà era tale solo sulla carta e contava poco più di un centinaio di uomini. Comunque, dopo l'arresto dell'ufficiale in comando, il reparto quasi al completo seguì i due tenenti e l'abate (l'episodio è ricordato da un monumento – brutto, a dire il vero – in una piazza della città). Da Nola, mentre nessuno si opponeva e pochi altri aderivano, l'insurrezione giunse ad Avellino. I tentativi di fermarla, poco convinti e ancor meno risoluti, fallirono: ci fu qualche scontro, nell'ordine delle poche centinaia di uomini per parte, ma soprattutto la lotta venne decisa dalle diserzioni d'interi reparti dell'esercito, che passavano a ingrossare le file degli insorti.

A questo punto Pepe ruppe gli indugi e si mise a capo della rivolta. Fu la goccia che fece traboccare il vaso, tanto che il 6 luglio il re Ferdinando I annunciava la concessione della Costituzione. L'8 luglio per via Toledo, a Napoli, sfilò la parata trionfale della rivoluzione, preceduta dalle truppe che s'erano mosse da Nola e guidata dai due tenenti Morelli e Silviati.

Le cose erano andate anche più velocemente e in maniera ancor più liscia che in Spagna. Che davvero la Restaurazione fosse una sorta di vuota scenografia senza nerbo e senza contenuti, pronta a crollare al minimo alito di vento?

Liti e risse. La questione siciliana

La parata di via Toledo certificava la vittoria dell'insurrezione, ma nessuno poteva immaginare che la parte difficile cominciasse proprio in quel momento. I problemi non furono provocati da re Ferdinando, che anzi si dimostrò perfino disinvolto nel togliersi i panni del crudele persecutore di giacobini e nell'indossare quelli del sovrano costituzionale; nacquero invece proprio tra le file degli insorti. La Carboneria, che sentiva d'essere stata la protagonista della facile vittoria, chiedeva in ogni città e in ogni provincia posti, favori, poteri. Cominciarono a opporsi altre forze politiche, che volevano anch'esse una parte e un ruolo nel futuro del regno. E così i primi vagiti della democrazia a Napoli furono liti e risse senza fine e senza apparente costrutto.

A queste polemiche rispose la deflagrazione di uno dei guai endemici del regno: la questione siciliana. L'isola era diventata a tutti gli effetti suddita del re Borbone solo con i trattati del 1816 e mal sopportava la sottomissione a Napoli. Alla notizia dell'insurrezione non tardò un attimo a cacciare le poche forze napoletane presenti a Palermo e a proclamare l'indipendenza. Per ironia della sorte questo avveniva quando Napoli si preparava ad accogliere i deputati siciliani per il futuro Parlamento. Evidentemente la brama d'indipendenza era superiore alla fede nella democrazia.

Sta di fatto che la rivolta siciliana costrinse Napoli a inviare truppe e a impegnarle in una guerricciola che alla fine non ottenne risultati concreti: i siciliani, e soprattutto i palermitani, si dimostrarono irriducibili ed eroici, i napoletani guidati da Florestano Pepe, fratello di Guglielmo, furono abili e anche misurati. L'unico effetto che si raggiunse fu d'impegnare nell'isola un quarto delle forze napoletane e tutte quelle siciliane, che così vennero a mancare quando si trattò di difendere le conquiste rivoluzionarie contro gli eserciti della Restaurazione. Sia la Costituzione napoletana sia l'indipendenza siciliana furono perdute.

La Santa alleanza

Intanto il fronte della Santa alleanza non rimaneva con le mani in mano. Rappresentanti di Austria, Russia e Prussia, con osservatori francesi e inglesi, si erano riuniti a Troppau, in Moravia, per decidere il da farsi. Accantonato un intervento in Spagna, troppo complicato, stabilirono che la priorità era di riportare l'ordine a Napoli. La cosa appariva fattibile: l'Austria poteva inviare facilmente le sue truppe, attraverso l'amico Stato della Chiesa. Tuttavia i plenipotenziari vollero che prima di passare alla guerra si convocasse il re di Napoli e si concordassero con lui le mosse successive, in una riunione da tenersi a Lubiana.

Il Parlamento napoletano, dopo lunghi dibattiti, accordò al re il permesso di parteciparvi, a patto che s'impegnasse a difendere la Costituzione. Ferdinando giurò che così avrebbe fatto, ma poi, appena giunto al cospetto della Santa alleanza, si rimangiò tutto e si schierò a favore dell'intervento austriaco. Forse per mesi si era considerato prigioniero di ciarlatani carbonari, muratiani e liberali e non vedeva l'ora di spazzarli via; forse partì da Napoli convinto di non tradire la parola data e poi, una volta arrivato in terra asburgica, vide le cose sotto una luce diversa e cambiò idea; forse, infine, avrebbe anche voluto difendere la Costituzione, ma ben conoscendo le disastrose condizioni dell'esercito napoletano e vedendo che cinque divisioni austriache erano pronte a marciare, supportate da 100.000 russi di riserva, inclinò per una scelta di realismo e si schierò con i probabilissimi vincitori. In ogni caso la parola toccava alle armi e per gli insorti i problemi si dimostrarono presto insolubili.

La battaglia di Rieti

In teoria la situazione dei napoletani non era disastrosa: tornando a quanto detto a proposito della ritirata di Murat, un esercito in marcia verso la Campania avrebbe dovuto affrontare una serie di posizioni montuose forti, rimanendo sempre esposto al rischio di subire agguati o di restare accerchiato in qualche valle. Sempre in teoria, le truppe napoletane erano ancora numerose, nonostante l'assenza di quelle inviate in Sicilia, e ben armate. Inoltre, a fianco dei reparti regolari, il governo aveva preparato delle milizie provinciali, che difettavano d'addestramento, ma che comunque facevano numero e potevano fare il loro dovere, se impiegate in posizioni favorevoli e conosciute.

In realtà i comandi erano divisi, i piani farraginosi e molte delle truppe che non si erano opposte all'insurrezione ora nicchiavano, davanti all'eventualità di fronteggiare l'esercito austriaco e di schierarsi apertamente contro il re. I reparti provinciali erano rissosi, male armati, poco propensi all'obbedienza e al sacrificio. La Carboneria, invece di farsi anima della resistenza, si preoccupò di proteggere i suoi adepti, sottraendoli al servizio. Alla fine questo esercito, che si muoveva di malavoglia e ogni giorno subiva diserzioni, fu diviso in due parti: una, più forte, al comando del generale Carascosa, si dislocò a sbarrare la strada di Gaeta, la più comoda per chi avesse voluto aggredire il Napoletano; l'altra, più debole, fu affidata a Pepe e inviata verso gli Abruzzi, allo scopo di tenere una linea che per la natura del terreno si poteva considerare già molto robusta.

Gli austriaci, sicuri di sé fino a rasentare il disprezzo per il nemico, puntarono decisi proprio contro Pepe, senza preoccuparsi delle difficoltà che avrebbero incontrato. Ebbero ragione: l'esercito napoletano si stava disfacendo da solo, com'era successo ai tempi di Murat, dopo Tolentino. Più che a combattere, soldati e ufficiali pensavano a come far dimenticare i loro pronunciamenti liberali e a come recuperare qualche merito da esibire al re, una volta che il vecchio regime fosse stato ripristinato.

Un esercito in dissoluzione

Soltanto considerando questa intrinseca debolezza dei napoletani è possibile comprendere la decisione che fu presa il 6 marzo 1821. Pepe disponeva di poche truppe affidabili, oltre a qualche migliaio di provinciali male armati e poco motivati, e il clima generale era quello del si salvi chi può. Di fronte aveva grossomodo tutte le forze austriache; eppure decise d'attaccare e ordinò d'abbandonare le posizioni difensive sui monti e di marciare verso Rieti.

La sola spiegazione di questo agire apparentemente insensato è che il generale si ritenesse l'unico davvero deciso a difendere la rivoluzione e volesse perciò ottenere un successo almeno simbolico. Certo non s'aspettava di riuscire a ricacciare gli austriaci, probabilmente sperava d'impegnarli a fondo, di fermare per qualche tempo l'avanzata e di dare modo alle altre forze di riorganizzarsi, riprendere morale e iniziare una vera guerra. Così all'alba del 7 marzo fece muovere i suoi uomini contro Cittaducale, divisi in tre colonne. Quella di sinistra, la più forte, al comando del generale Montemayor, doveva farsi avanti per prima e richiamare su di sé le riserve austriache. Allora Pepe avrebbe attaccato al centro, mentre a una piccola colonna a destra sarebbe toccato il tentativo di avvolgere lo schieramento nemico.

Tutto, però, andò per il verso sbagliato.

Montemayor si dimostrò lento e svogliato: doveva attaccare all'alba e invece le sue truppe si mossero alle undici e si fermarono al primo ostacolo. La colonna di Pepe, invece, avanzò con coraggio e decisione, ottenendo qualche successo: ma davanti si ritrovò lo schieramento austriaco intatto, a cui iniziavano ad affluire i rinforzi.

Vista la malaparata, cominciarono a circolare voci di tradimento e i napoletani dapprima cedettero, poi si ritirarono e infine cominciarono davvero a fuggire, inseguiti senza nemmeno troppa energia dagli austriaci.

In realtà Pepe aveva ancora una carta da giocare: la sua ritirata passava da un punto molto forte, Antrodoco (nella valle del Velino), dove pochi uomini decisi avrebbero potuto fermare un nemico anche notevolmente superiore. Tuttavia gli austriaci aggirarono facilmente la posizione e misero in fuga i napoletani. Pepe non riuscì ad attestarsi su altre linee di difesa, che comunque il terreno offriva: l'esercito era ormai in piena dissoluzione e i reparti si scioglievano spontaneamente. Gli austriaci arrivarono a Napoli senza incontrare resistenza, chiusero il Parlamento e cominciarono una caccia ai ribelli che sarebbe durata molto a lungo.

3

La rivolta dei bravi ragazzi

Il giorno che Pepe lanciava il suo disperato attacco a Rieti, a Torino un gruppo di rampolli delle migliori famiglie piemontesi era a colloquio con il principe di Carignano, Carlo Alberto.

Era una persona strana l'erede al trono di Sardegna, con una storia travagliata alle spalle. Siccome lo s'incontrerà molte volte durante questo racconto, bisogna soffermarsi un po' a fare la sua conoscenza.

Nato nel 1798, cioè a un passo dall'arrivo dei rivoluzionari francesi in Piemonte, Carlo Alberto era un bambino quando la casa regnante sabauda prese la via dell'esilio. Il re e la sua famiglia se ne andarono in Sardegna, dove, nonostante fossero in condizioni d'indigenza, mantennero una parvenza d'etichetta, con tanto di parrucche e ciprie, e una corte, completa di ministri che non amministravano nulla. Invece il principe di Carignano, Carlo Emanuele, con la moglie Maria Cristina Albertina Carolina di Sassonia-Curlandia e il piccolo Carlo Alberto, affrontò il mostro di petto e partì per il cuore della rivoluzione, Parigi: a differenza dei parenti, era una persona curiosa e aperta.

Forse troppo. Comunque il principe morì molto giovane, nel 1800, mentre Maria Cristina si fece presto una fama d'eccentrica nei salotti parigini e alla fine sposò un francese senza titolo, che faceva l'uditore al Consiglio di Stato. Carlo Alberto crebbe quindi con un'educazione filoliberale, tra una madre ben poco attenta, qualche interessamento da parte dei parenti e nessuno da parte del suo sovrano, il re di Sardegna. Poi la famiglia si trasferì a Ginevra, dove il ragazzo quattordicenne fu affidato alle cure di un pastore protestante, e infine tornò nuovamente a Parigi.

Ogni dettaglio di questa adolescenza sembrava congegnato appositamente per scandalizzare i parenti, i quali, non appena ritrovarono il ragazzo a Torino, dopo la Restaurazione, si misero d'impegno per rifargli l'educazione, cancellando l'impronta materna e sostituendola con la rigida cultura della corte assolutista. Negli anni 1816-20 Carlo Alberto era noto come un giovane molto alto, dinoccolato e pallido, un sognatore spesso irriverente e insofferente delle costrizioni cui era sottoposto, certamente un personaggio del tutto differente, se non opposto, ai cortigiani di Vittorio Emanuele I. Non deve stupire che i liberali l'avessero scelto come interlocutore.

Il principe amletico e gli insorti

I giovani che fronteggiavano il principe in quella riunione del marzo 1821 provenivano dalle migliori famiglie del regno e portavano nomi davvero importanti, lunghi ognuno una spanna: Santorre Annibale Derossi conte di Pomerolo e signore di Santarosa e poi, abbreviando, il colonnello marchese Carlo Asinari di San Marzano, il maggiore cavaliere Giacinto Provana conte di Collegno, il capitano conte Guglielmo Moffa di Lisio, oltre a Roberto Taparelli d'Azeglio, scudiero del re.

È chiaro che non si trattava di furiosi rivoluzionari, semmai di tiepidi innovatori o tutt'al più di potenziali cospiratori. Per tutti, probabilmente, possono valere le parole che Piero Gobetti dedicò a Santorre di Santarosa: «Di quest'uomo d'ordine la stupida reazione fece un sovversivo».[5] Non avevano la minima intenzione di rovesciare la monarchia, ma progettavano un'insurrezione che avesse come primo obiettivo la trasformazione dello Stato in una monarchia costituzionale, per promuovere quindi una guerra contro l'Austria, sfruttando il momento favorevole, dato che le truppe asburgiche erano impegnate contro i napoletani.

Probabilmente l'idea della Costituzione non piaceva per niente al principe di Carignano, mentre quella della guerra contro l'Austria lo solleticava molto di più. I piatti della bilancia erano quindi in equilibrio.

Alla fine Carlo Alberto accettò, poi ci ripensò, poi si astenne: l'insurrezione fu bloccata. Altro colloquio, altra data e nuovo stop. Le cose avrebbero potuto andare avanti così all'infinito, se ad Alessandria, una delle città fortezza che proteggevano il confine orientale del regno, non fosse scoppiata davvero una ribellione, per mano di alcuni membri della Carboneria.

Una volta iniziata, l'insurrezione procedette di forza propria: i congiurati, in maggioranza nobili, si sparpagliarono per i centri dov'erano acquartierate le truppe e riuscirono a trarre dalla loro parte diverse unità. La cittadella di Torino cadde: con la scusa di un'ispezione, gli insorti disarmarono le compagnie di granatieri che la presidiavano e ne occuparono i punti chiave. Tuttavia la situazione appariva veramente confusa. C'erano una giunta insurrezionale a Torino e un'altra ad Alessandria: a sottolineare chiarezza d'idee e coerenza di contenuti, la prima innalzava il tricolore carbonaro, nero, rosso e azzurro, la seconda quello bianco, rosso e verde, che qui tornava a mostrarsi per la prima volta dopo i tempi della Repubblica cisalpina.

Da questo caos emersero le notevolissime qualità di carattere e d'intelletto di Santorre di Santarosa, che aveva partecipato ai convegni con Carlo Alberto e molto probabilmente non approvava interamente gli obiettivi e i metodi della rivolta. Però cercò di fare del suo meglio e di guidare il movimento con la maggiore dignità possibile.

Del resto anche dall'altra parte della barricata regnava la confusione. Primo fra tutti, il re Vittorio Emanuele I aveva le idee molto poco chiare. Dapprima pensò di cedere, poi di resistere. Sapeva bene che il suo regime era ben poco o per nulla amato, ma mancava di certezze su chi davvero gli fosse fedele e su chi invece gli si rivoltasse contro. Alla fine, quando gli venne presentata la richiesta di firmare la Costituzione, si dimostrò per quel che probabilmente era, un po' babbeo e un po' galantuomo – come lo definì Massimo d'Azeglio –,[6] e prese la decisione che umanamente gli pesava meno. Pur di non cedere alle pretese degli insorti e davanti al rischio che gli occupanti della cittadella bombardassero Torino, preferì abdicare a favore del fratello Carlo Felice, il quale al momento si trovava a Modena.

Reggente divenne il ventitreenne Carlo Alberto, catapultato a fronteggiare una situazione da far tremare i polsi anche a persone molto più determinate di lui. Nel frattempo tutti i dignitari di corte si dileguarono e il principe scoprì d'essere rimasto praticamente solo a decidere il da farsi. Per giunta i suoi poteri di reggente non erano per nulla chiari e ancor meno chiari gli avvenimenti: la realtà, insomma, aveva poco a che fare con quella che fu evocata da Manzoni nei versi di *Marzo 1821*.

L'han giurato: altri forti a quel giuro
rispondean da fraterne contrade,
affilando nell'ombra le spade
che or levate scintillano al sol.
Già le destre hanno strette le destre;
già le sacre parole son porte;
o compagni sul letto di morte,
o fratelli su libero suol.

Invece gli insorti erano pochi, divisi e indecisi, ma rispettosi; il reggente volenteroso, ma tentennante. Qualcuno doveva pur prendere una decisione e alla fine la scelta la fece proprio l'uomo che, trovandosi lontano, non aveva nulla da temere a dare ordini: Carlo Felice.

Il nuovo re non sembrava un personaggio simpatico. Non era stato destinato e tanto meno preparato a salire al trono; così, quando per coincidenze e combinazioni gli successe di diventare re, si comportò come la sua natura gli dettava: con violenza e sospetto. Era un principe del Settecento – del Settecento più retrivo, non di quello illuminato – e come tale considerava che l'unica umanità di cui valesse la pena d'interessarsi fosse rappresentata dai nobili e dal clero. Il resto ai suoi occhi era popolino, il cui unico compito era d'essere felice di servire il sovrano che Iddio aveva messo sul trono.

Dato questo modo di vedere, Carlo Felice diffidava di tutti e soprattutto degli intellettuali, di chi aveva studiato e leggeva. Divideva il mondo in buoni e cattivi e ovviamente i cattivi erano quelli che non erano felici d'averlo come sovrano. Siccome sapeva che fuori dalle residenze nobiliari e dalle casupole dei contadini quasi tutto il suo popolo era formato da cattivi, non si fece nessuno scrupolo nella repressione. Da Modena ordinò a Carlo Alberto di recarsi a Novara, dove si stavano riunendo le truppe fedeli al trono e dove sarebbero giunte le forze austriache chiamate a rinforzo.

L'intervento delle baionette imperiali sembrava a tutti un'esagerazione per una situazione che non era pericolosa, né tendeva a esserlo. Però Carlo Alberto non se la sentì di disobbedire, uscì di soppiatto da Torino e si aggregò a un distaccamento di cavalleggeri. Giunto a Novara il 22 marzo – luogo e data che avrebbero segnato la sua vita –, depose la reggenza e si mise al servizio dello zio, il quale gli fu tanto grato che non volle nemmeno incontrarlo e lo spedì direttamente in esilio, a Firenze.

La battaglia di Novara

I giorni fra il 23 marzo e l'8 aprile videro l'agonia dell'insurrezione: le unità dell'esercito che si raccoglievano a Novara per mettersi agli ordini del re crescevano sempre più, mentre a poco servivano gli sforzi di Santarosa, che tentava d'organizzare le truppe rimaste fedeli all'insurrezione e di rinforzarle con leve improvvisate.

La vittoria appariva certa per il campo lealista e rimaneva da decidere soltanto quali sarebbero state le modalità. Sallier de la Tour, comandante dell'armata di Novara, cercava una via per reprimere i rivoltosi senza l'intervento degli austriaci, trovando consenso sia tra i nobili sia nella diplomazia internazionale. Ma non poté superare l'ostinazione di Carlo Felice, che era deciso a far valere sino all'ultimo i suoi diritti e a mostrare al mondo che col nuovo re di Sardegna non si scherzava. Così si giunse allo scontro di Novara.

Le truppe degli insorti, forse 4000 uomini tra fanti e cavalieri, mossero la mattina dell'8 aprile dalla Sesia verso la città. Li attendevano i lealisti, circa il doppio, appoggiati da altrettanti austriaci. Altre colonne austriache erano in movimento più a sud, provenendo da Pavia e da Piacenza. L'esito della battaglia era scontato, a meno che non fosse avvenuto un improvviso voltafaccia delle truppe fedeli al re e che all'ultimo momento soldati e ufficiali si fossero rifiutati di sparare contro i fratelli. Una speranza che svanì in un attimo, quando il timido avanzare degli insorti venne fermato dalle cannonate dei bastioni cittadini e dal contrattacco della cavalleria austriaca, dei cacciatori tirolesi e della fanteria piemontese.

Gli insorti ondeggiarono e poi iniziarono ad arretrare: già affrontavano la lotta non molto convinti, ora si sentivano ancor più disorientati e delusi. Molti soldati, forse, avevano creduto alle promesse degli ufficiali, che i fratelli non avrebbero mai sparato contro i fratelli. Che successe a quel punto? Il torrente Agogna, che lambisce Novara, fu riattraversato ordinatamente. Poi, nell'aperta pianura, la ritirata si trasformò in rotta. Solo l'eroismo di due reparti, uno di cavalleggeri e uno di dragoni, che tennero a bada gli inseguitori, evitò conseguenze terribili e permise ai fuggitivi di mettersi in salvo oltre la Sesia.

Oggi a Novara non rimane alcuna memoria di quello scontro. Sui luoghi dei combattimenti, delimitati dalle due vie che entrano in città da est, provenendo da Biandrate e da Vercelli, si estende una zona residenziale, guardata da un grande centro commerciale.

4

Le tessere del mosaico

Insorti che scappano sulle aspre montagne del Reatino, insorti che scappano tra le risaie del Novarese. Due fughe a distanza di un mese.

Credo che se proprio si volesse trovare un punto d'inizio del Risorgimento, limitatamente agli aspetti militari, l'immagine dei fuggitivi di Rieti e di Novara sia la più convincente. I moti del 1821, infatti, furono lo spartiacque tra il periodo rivoluzionario e napoleonico e quello risorgimentale. A prima vista, però, tra le insurrezioni del '21 e l'inizio del Risorgimento vero e proprio passano ventisette anni: un'enormità, che rende difficile pensare a una qualche sequenzialità. Questo anche prendendo in considerazione i piccoli moti del 1830 come una sorta di boa intermedia, a testimonianza che certe idee e certi progetti continuavano a esistere.

Invece proprio nel 1821 alcuni pezzi del mosaico cominciarono a sistemarsi al posto giusto, molti personaggi entrarono in scena e molti ingranaggi presero a mettersi in movimento.

Le conseguenze del fallimento

In primo luogo il fallimento dell'insurrezione e l'inevitabile ondata repressiva ebbero influenza in modo netto sugli avvenimenti seguenti e soprattutto su almeno due gruppi di persone, che poi sarebbero risultati fondamentali: gli ufficiali piemontesi e gli esuli che andarono a combattere all'estero.

I futuri generali

Carlo Felice impiegò tutto lo zelo possibile nel punire i colpevoli dell'insurrezione: sciolse i reggimenti che si erano ammutinati, ne cancellò perfino i nomi e istituì una Regia delegazione, che doveva epurare i ribelli e parallelamente valutare il comportamento di tutti gli ufficiali, alla ricerca di minime pecche d'infedeltà.

Piovvero decine di condanne a morte o a lunghe pene detentive, ma quasi tutte in contumacia (solo tre persone salirono al patibolo): i rei erano fuggiti per tempo, nella maggior parte dei casi in Francia. Inutile dire che tra loro c'erano tutti i militari più preparati, capaci d'idee e iniziativa. Restarono e fecero carriera nell'esercito sabaudo le figure più grigie, gli esecutori d'ordine e quanti si trovavano a loro agio nelle operazioni di polizia: sarebbero stati proprio questi personaggi a guidare gli eserciti piemontesi nelle prime battaglie del Risorgimento.

Perciò il clima repressivo finì per gettare la sua ombra anche sul futuro. La neonata Accademia militare fu strutturata per essere il bastione della Restaurazione. Agli aspiranti ufficiali veniva impartito un sapere che doveva «educar[e] ai sentimenti di religione, di onore e fedele attaccamento al loro Sovrano, nonché all'amore della virtù e al desiderio di gloria».[7] L'addestramento militare, la strategia, la tattica di guerra erano un di più, nemmeno tanto apprezzato. L'esercito si riempì di quadri coraggiosi, capaci di resistere alla fatica e ai disagi, fedeli e leali, ma anche refrattari a ogni stimolo intellettuale, che andasse oltre l'adagio «Un bel galoppo, uno scontro valoroso e un boccale pieno»,[8] che descriveva gli ufficiali del tempo. Questi uomini sapevano ballare e comportarsi secondo l'etichetta, cavalcare e partecipare a parate, conoscevano a memoria regolamenti e ordini di apparizione a corte, ma ignoravano tutto della guerra, della strategia, della tattica. Anzi, non vedevano a cosa mai potessero servire: l'ignoranza era un carattere comune e leggere un libro un'azione da guardarsi con sospetto, quasi un'ammissione d'essere una testa calda. Raffaele Cadorna, che nel 1870 avrebbe guidato l'esercito dell'Italia unita a Porta Pia, fu rimproverato per questo motivo dal suo superiore all'Accademia: «Così lei vuole diventare uno scienziato. Ma pensi un po', io non ho mai aperto un libro, eppure sono diventato generale lo stesso».[9]

Sotto questo profilo le cose andarono meglio nel Regno delle Due Sicilie, dove la decadenza dell'esercito, dopo il fallimento del moto rivoluzionario, fu meno marcata e la classe di buoni ufficiali che s'era formata e aveva servito sotto Murat, seppur penalizzata nelle carriere, rimase attiva. Certamente nel clima di repressione che anche a Napoli si respirava andarono perdute le condizioni perché tale buona ufficialità potesse rinnovarsi. Il problema, tuttavia, si manifestò quando i comandanti in servizio raggiunsero i limiti d'età e non trovarono successori degni. Ma questo sposta il problema in là nel tempo, al 1860 e ai tempi di Garibaldi.

Il principe infelice

Una conseguenza del tutto particolare della politica repressiva di Carlo Felice riguardò il principe Carlo Alberto.

Il re non volle nemmeno prendere in considerazione l'evidente buona volontà del reggente, che – arrivato a Novara e deposta la reggenza – venne subito spedito in esilio. Per dimostrare il proprio pentimento e cancellare pubblicamente anche i sospetti di liberalismo, Carlo Alberto andò a combattere negli eserciti della Santa alleanza, che stavano schiacciando la rivolta spagnola, quella che aveva dato il via agli eventi del 1820-21.

Nemmeno questo servì a ricucire i rapporti con Carlo Felice: il sovrano cercò in ogni modo di escludere il principe dalla successione e poi, quando dovette rassegnarsi al fatto che quel giovane mal sopportato avrebbe preso il suo posto sul trono, si adoperò perché gli venisse inculcata la più cieca devozione ai principi dell'assolutismo e del cattolicesimo. Il risultato fu che, al momento della successione, il principe abbastanza irriverente e anticonformista del 1820 si era trasformato in un personaggio ombroso e diffidente, eternamente dubbioso e indeciso, religioso all'eccesso e con un gran bisogno di conferme e di affermazione personale. Tutti elementi che poi ebbero un grande peso nelle vicende risorgimentali.

Gli esuli

Come già detto, in alcuni casi la qualità dei militari ebbe un certo agio sulle idee politiche. Per esempio, a Napoli molti muratiani rimasero in servizio sotto i Borbone e solo Pepe e pochi altri presero la via dell'esilio. Altrove, come in Piemonte, fedeltà e devozione vennero considerati valori primari e si preferì un esercito inefficiente, ma politicamente sicuro, a un'armata militarmente migliore, ma potenzialmente infedele. Per queste ragioni ideologiche Carlo Felice prima e Carlo Alberto poi rinunciarono all'apporto e all'esperienza di quanti si erano formati e avevano militato in quella formidabile scuola di guerra che era stato l'esercito napoleonico. Quando nel 1848 il Piemonte si trovò ad aver bisogno di buoni comandanti per combattere una guerra vera, non poté contare, per esempio, sul conte Ettore Perrone di San Martino, che era stato condannato a morte da Carlo Felice ed era fuggito in Francia, dove era diventato generale di brigata. Nel 1848 rientrò in patria, ma troppo tardi per avere un comando degno della sua esperienza, ed ebbe in sorte di morire l'anno seguente a Novara, uno dei pochi generali italiani a cadere mentre guidavano in prima persona i loro uomini all'assalto.

Gli eventi degli anni Trenta

Una sequenza di sussulti insurrezionali si ebbe ancora nel 1831 e negli anni seguenti: ne parlo solo brevemente, perché sotto il profilo militare non mostra alcun risalto.

Il moto mazziniano in Savoia fu affidato a un ex ufficiale napoleonico, che perse al tavolo da gioco i fondi con cui doveva armare un piccolo esercito. I pochi coraggiosi che provarono ugualmente a mettersi in marcia furono fermati in uno scontro che somigliò più a una retata di polizia che a una battaglia tra soldati. Il nome del generale sfortunato con le carte si deve tenere a mente, perché si ripresenterà nel corso del racconto: Gerolamo Ramorino.

Un'altra sollevazione avvenne a Modena: una sequela d'ingenuità ed errori, che ebbe un risvolto militare nella ritirata del generale Zucchi da Bologna ad Ancona, un episodio con qualche tratto glorioso, ma sostanzialmente ininfluente.

Conseguenza di queste rivolte fu che una nuova ondata di fuggitivi prese le vie dell'esilio per scampare alle persecuzioni. Proprio in quegli anni in Spagna si combatteva la Guerra carlista e moltissimi vi parteciparono attivamente, per sbarcare il lunario, e vi ebbero la loro scuola di guerra. Ma fu una scuola molto particolare.

La guerrilla

Ai tempi dell'occupazione napoleonica, nella penisola iberica era nato un modo di combattere e d'intendere la guerra che veniva generalmente indicato con il termine *guerrilla*, cioè «piccola guerra».

Si era trattato di una resistenza popolare, monarchica e innervata dalla religione, che aveva come unico scopo recare danno all'occupante straniero, rendergli la vita impossibile e quindi costringerlo ad andarsene.

Le storie del conflitto più che di una guerra tradizionale raccontano di una carneficina di dimensioni nazionali, resa ancor più feroce dall'intervento della parte religiosa, che aizzava uno dei due contendenti. Ce ne possiamo fare un idea attraverso le tavole della *Follia della guerra* di Goya e i resoconti che mettono i brividi ancora oggi: prigionieri legati a un asse e segati a metà, inchiodati alle porte delle chiese con i testicoli in bocca, sepolti con fuori di terra solo la testa, per poterci giocare a bocce, uomini impalati, accecati, sbudellati o mutilati secondo le modalità più bizzarre e crudeli. In quella gigantesca macelleria si erano perse le armate napoleoniche che altrove sconfiggevano qualsiasi esercito sbarrasse loro la strada.

La Guerra carlista degli anni Trenta fu una sorta d'emanazione di quella *guerrilla*, quasi che il seme di violenza gettato non volesse appassire. Senza raggiungere le vette di orrore di venticinque anni prima, fu pur sempre un conflitto crudele, in cui quasi tutti gli esuli italiani abbandonarono gli ideali rivoluzionari e insurrezionali della gioventù e coltivarono un virulento disprezzo per la guerra per bande, per i volontari, per le rivolte di popolo. «*Progreso con orden*, giacché il disordine è per me sempre retrogrado»[10] amava ripetere uno di loro, Manfredo Fanti, che sarebbe diventato il padre dell'esercito unitario italiano.

Effetti inaspettati

La *guerrilla* spagnola si era rivelata così drammaticamente innovativa – le invitte armate francesi rimaste imprigionate nella rete delle insurrezioni e degli agguati –, che ebbe molte conseguenze.

In Italia si produsse un fenomeno simile in Meridione, che prese il nome di sanfedismo. Contro i giacobini napoletani e in seguito contro i francesi occupanti si levò un movimento guidato dal cardinale Fabrizio Ruffo, che combatté con le modalità e la crudeltà dell'esempio iberico. Alla fine venne sconfitto con metodi altrettanto sanguinari dai generali di Murat, ma lasciò ben chiara l'idea che il trono dei Borbone, nel momento del bisogno, potesse sempre ricorrere alla plebe delle campagne, guidata dalla Chiesa.

L'insegnamento della *guerrilla* ebbe anche una conseguenza di segno opposto sulle opposizioni democratiche all'assolutismo. Senza considerare le ragioni particolari che avevano portato alla nascita della resistenza spagnola, né ai suoi orrori, alcuni militari di fede democratica, come Bianco di Saint-Jorioz o Enrico Gentilini,[11] notarono che Napoleone in quel conflitto non dichiarato aveva perso circa 250.000 uomini (anzi, le cronache del tempo facevano lievitare la cifra a 800.000, più che nella campagna di Russia). Allora misero in luce il fatto che un popolo senza esercito addestrato, senza ufficiali, cannoni e cavalleria, era riuscito a sconfiggere il miglior esercito d'Europa. Ne fecero derivare l'idea che quando un popolo decideva del suo futuro, nessuna armata poteva fermarlo, giungendo all'esaltazione della guerra per bande, preparata dalle società segrete e condotta con metodi insurrezionali. Fu proprio sulla base di questi insegnamenti che personaggi come Mazzini passarono la vita e sacrificarono tanti uomini cercando di sollevare le popolazioni, incuranti di spingerle allo scontro con interi eserciti e quindi verso sanguinosi disastri: bisogna però ricordare che anche le vittorie garibaldine nacquero dalle stesse considerazioni di fondo.

PARTE SECONDA

Visita al campo di battaglia

5

Le armi

Nei capitoli precedenti ho parlato di tre battaglie, che per dimensioni e caratteristiche furono molto differenti: Tolentino, Rieti e Novara.

Adesso che ci si avvicina al 1848 e alla prima guerra indubitabilmente risorgimentale, bisogna prendere un po' di confidenza con alcuni temi squisitamente militari. Comincio dalle armi, per passare alle formazioni e poi gettare uno sguardo alla strategia e ai modelli degli eserciti che si muovevano sui campi europei. Non sarà proprio una passeggiata, ma serve un po' di teoria per padroneggiare gli argomenti che si dovranno affrontare in seguito.

Il fucile

Ecco l'arma regina del campo di battaglia: ma attenzione, non si deve confondere il fucile risorgimentale con quello moderno, né farsi sviare da quanto si vede al cinema.

Il fucile della fanteria ottocentesca era ingombrante, pesante, lento, impreciso e pericoloso. Questo valeva per tutti gli eserciti europei: cambiavano i dettagli tra un modello e l'altro, ma tutti grossomodo si equivalevano. Solo dopo il 1850 si poterono vedere dei cambiamenti e iniziarono a mostrarsi gli effetti della rivoluzione industriale. In breve, solo dopo la metà del secolo la qualità delle armi divenne una variabile significativa sui campi di battaglia.

Caricare

Un fucile da fanteria pesava quattro o cinque chilogrammi ed era lungo un metro e trenta: quindi non era un oggetto comodo da trasportare né maneggevole nell'impiego.

Per sparare bisognava eseguire le seguenti operazioni, che racconterò semplificandole: un sergente istruttore dei tempi le insegnava alle reclute suddividendole in un numero molto più elevato di movimenti. Bisognava prendere la polvere da sparo e metterne una certa quantità nel fornelletto, una specie di scodellino collocato a destra della canna, poco sopra il grilletto, e dotato di un coperchio a molla, che serviva a non disperdere il contenuto nelle operazioni successive. Questa piccola carica doveva servire da innesco. Poi si sistemava il fucile verticalmente e si versava la polvere nella canna. Nel 1848 la tecnica fece un piccolo grande progresso, inventando la cartuccia: un involucro di carta con la giusta dose di polvere e la pallottola. Il proiettile era tondo e per questo prendeva il nome di piccola palla; solo nel 1859 se ne cominciò a usare uno più efficace, emisferico, sostituito più tardi da quello ogivale.

Il soldato strappava la carta della cartuccia, teneva da parte la palla (di solito la metteva in bocca, avendo le mani occupate), versava la polvere nel fornelletto e poi nella canna, in cui subito dopo infilava l'apposita bacchetta, lunga una novantina di centimetri (alloggiata a fianco o sotto la canna del fucile), con cui comprimeva la polvere. Quindi faceva cadere nella canna la palla, seguita dalla carta, che aveva lo scopo di fermare il proiettile e creare pressione al momento dello sparo; oppure, per fare più in fretta, metteva in canna la palla avvolta nella carta.

Quindi imbracciava l'arma e prendeva la mira. Non gli restava che premere il grilletto e così agire su un meccanismo che terminava in una pietra focaia. Questa sprigionava le scintille che incendiavano la polvere nel fornelletto: la fiammata si trasmetteva alla polvere all'interno della canna, attraverso un foro detto focone, la polvere finalmente esplodeva e la palla cominciava la sua corsa.

A partire dal 1848 apparvero i fucili a luminello, che invece del fornelletto e della pietra focaia usavano un'apposita capsula detonante.

Sparare

Un soldato molto esperto impiegava tra i venti e i trenta secondi per caricare e sparare, una recluta anche un minuto.

Ma non era tutto. Mi sono fatto raccontare da alcuni appassionati di tiro storico ad avancarica,[1] cioè da sportivi che sparano al poligono con armi d'epoca, cosa significasse usare armi simili. Ho scoperto molte cose interessanti. Per esempio, se pioveva o c'era molta umidità la polvere faticava a esplodere; se faceva molto caldo, invece, c'era il rischio che scoppiasse da sola. A volte poteva capitare che passasse qualche secondo tra quando si tirava il grilletto e quando partiva il colpo, a causa, per esempio, del focone otturato: questa situazione era molto pericolosa, se il soldato, davvero inesperto, cercava di guardare dentro il fucile per vedere cosa fosse successo.

La polvere da sparo delle battaglie risorgimentali non era di gran qualità e lasciava molti detriti nella canna, che dopo pochi colpi si ostruiva e non permetteva di caricare la pallottola correttamente. Quindi spesso bisognava pulirla, usando la bacchetta e uno straccio bagnato con uno sputo.

Le pallottole si preparavano prima della battaglia, fondendo il piombo, cui si dava forma con apposite pinze sferiche: se c'era tempo, si ripulivano una per una dalle sbavature, altrimenti queste irregolarità procuravano gli stessi rischi della canna ostruita.

Bisogna poi considerare che i fucili per la massima parte erano ad anima liscia, cioè avevano l'interno della canna liscio come quello di un tubo.

Già ai tempi, però, si sapeva che rigando l'interno con una traccia a spirale, il proiettile usciva girando velocemente su se stesso e seguiva così una traiettoria molto più precisa. Tuttavia la canna si sporcava più facilmente e necessitava di maggiori cure: per questo a lungo si preferì continuare a usare armi imprecise, ma di manutenzione più semplice. Avevano armi a canna rigata i bersaglieri e i cacciatori, considerati truppe esperte e abili.

Colpire

In realtà le difficoltà che presentava l'utilizzo del fucile non erano solo tecniche. Anzi, i problemi tecnici non erano nemmeno i più importanti.

Provate a pensare d'eseguire tutte le operazioni appena descritte stando in piedi in mezzo a una folla di commilitoni: date le dimensioni delle armi, immaginate quanti urti, colpi, gomitate, spintoni. Tanto più se tenete conto che i soldati erano in gran maggioranza contadini, con poca consuetudine alla precisione dei movimenti: una molla, una leva, un chiavistello erano molto probabilmente le macchine più complesse che avessero mai avuto per le mani. Non si sa quale fosse la percentuale dei feriti per scoppio del fucile, a causa di difetti dell'arma, di cattiva manutenzione o di errori nel caricamento, o per colpi sparati accidentalmente dai compagni. Inoltre tutto avveniva mentre il nemico non stava certo fermo ad aspettare e magari avanzava velocemente, prorompendo in grida terribili e rovesciando quanti più proiettili poteva sugli uomini, che urlavano, cadevano feriti, morivano.

Non bisogna quindi stupirsi che i soldati agissero incoerentemente, sparando a occhi chiusi oppure senza aver caricato la palla, tirando in aria o a terra, rimanendo paralizzati dalla paura. Ricordiamo che i soldati dell'epoca provenivano da una società per nulla toccata dalla meccanica e che moltissimi vedevano il fucile come un oggetto potente e magico, distante ed estraneo al loro mondo e, soprattutto, alle comuni abilità manuali.

Ammesso che nella situazione terrificante della battaglia fossero riusciti a caricare e a sparare prendendo la mira, non è detto che ottenessero un grande risultato. In primo luogo il colpo era assordante e il fucile rinculava dando una botta tremenda alla spalla: così forte che molti preferivano risparmiare polvere, pur di ridurre questo effetto, con il rischio d'esagerare e di rendere il colpo praticamente innocuo. Poi la visuale si offuscava, perché l'esplosione produceva molto fumo e la somma dei colpi di tanti uomini alzava una nuvola grigia e densa davanti allo schieramento. Infine c'era la difficoltà dell'alzo, il problema maggiore (allora come oggi) per chi non era ben addestrato. Senza entrare in dettagli tecnici, basti sapere che la pallottola più corre distante, più tende a cadere rispetto alla linea di tiro. Un fucile ottocentesco di solito aveva il mirino tarato a cento metri: la sua massima precisione era cioè sul bersaglio che si trovasse a quella distanza e quindi, per colpi più corti o più lunghi, bisognava saper aggiustare il tiro. Per esempio, per colpire un uomo a cinquanta metri si doveva mirare alle ginocchia, a ottanta metri alla cintura, a centocinquanta quasi un metro sopra la testa.

In realtà la maggior parte dei fanti arrivava in battaglia senza un adeguato addestramento. Le istruzioni tanto erano pignole circa gli schieramenti e le manovre, tanto trascuravano le esercitazioni di tiro. Per il soldato semplice sparare tre fucilate in addestramento era già un fatto rimarchevole: basti dire che all'Accademia di

Torino un ufficiale come Alfonso La Marmora per imparare il tiro aveva sparato in tutto novanta colpi, ma solo nove con la «balla», cioè la pallottola.

Ne risultava che la fucileria a distanza, se proprio innocua non era, comunque non faceva molto danno. Un effetto importante si otteneva solo sparando alla massa dei nemici da vicino, a venti o trenta metri, quando – diremmo oggi – diventava più difficile sbagliare che colpire. Insomma, si doveva premere il grilletto quando si vedeva il bianco degli occhi del nemico, come recitava una famosa frase. Negli eserciti dell'epoca le truppe che sapevano dimostrare un tale sangue freddo erano piuttosto rare.

Fatte le somme, il fucile ottocentesco non dava il meglio di sé sparando, ma abbinato alla baionetta, che lo trasformava in una potente lancia. «Il fucile è il manico della baionetta» diceva Garibaldi, che di guerra se ne intendeva.

Carabinieri, bersaglieri e cacciatori

Non tutti i soldati erano così drammaticamente inesperti, come a questo punto si è forse indotti a credere: soprattutto quelli reclutati nelle zone montuose e collinose, abituati alla caccia, sapevano usare benissimo il fucile. Forniti di armi decisamente migliori di quelle in dotazione alla massa della fanteria (più piccole e leggere e a canna rigata) e con una notevole libertà di movimento, rappresentavano l'élite delle truppe. Potevano chiamarsi carabinieri, dall'arma di cui disponevano (la carabina), oppure bersaglieri, per le loro capacità di colpire i bersagli, o semplicemente cacciatori (*Jäger* in tedesco), ma tutti avevano la stessa prerogativa: sapevano usare il fucile.

Non sparavano per linee, ma a fuoco libero, ogni uomo secondo le proprie capacità; il loro tiro era molto più efficace di quello della fanteria: probabilmente una decina di questi soldati era più letale di cento fanti. Lo dice, per esempio Guglielmo Pepe nelle sue memorie, parlando delle Cinque giornate di Milano. Il fuoco della fanteria austriaca non spaventava più di tanto i milanesi in rivolta, mentre pochi *Jäger* appostati sul tetto del duomo rappresentavano un vero incubo: «Abilissimi cacciatori, tiravano e colpivano».[2]

Il cannone

Dopo i fucili, le armi da fuoco più comuni sui campi di battaglia erano i cannoni. Ancora una volta serve fare attenzione e non confondersi pensando alle armi moderne. I cannoni dell'Ottocento erano fusi in bronzo, montati su affusti in legno. Alla fine del Settecento e durante l'epoca napoleonica la tecnica di costruzione aveva fatto enormi progressi, permettendo armi più leggere, manovrabili e facili da usare. Così, se gli eserciti settecenteschi schieravano poche decine di pezzi, quelli napoleonici erano arrivati a centinaia e in qualche caso a più di mille. Poi l'evoluzione si fermò: i cannoni delle guerre d'indipendenza furono sostanzialmente uguali a quelli di mezzo secolo prima. Solo a partire dal 1859 si videro alcune novità.

L'artiglieria da campagna si distingueva principalmente per i calibri (espressi in libbre, secondo il peso dei proiettili lanciati) e la mobilità dei pezzi. Un cannone di grosso calibro lanciava proiettili più pesanti a una distanza maggiore: però era anche più lento nella cadenza di tiro e richiedeva l'uso di una grande quantità di polvere da sparo, che finiva per ostruire e usurare la canna più velocemente.

Poi c'era l'artiglieria ippotrainata: i cannoni era attaccati a particolari carri, formati ognuno da due elementi; sul primo stavano i serventi, sul secondo la scorta delle munizioni e gli attrezzi. Questi pezzi erano più leggeri e meno efficaci di quelli da batteria, ma potevano arrivare molto più rapidamente là dove servivano. Gli strani convogli, quando procedevano al galoppo, avevano anche qualcosa di spettacolare:

> A vederli correre questi due pezzi per quelle colline con i conducenti curvati sui cavalli e con la frusta in alto a percuotere continuamente i medesimi. Appena arrivarono alla posizione vicino a noi [...] incominciarono tosto a fare fuoco a volontà.[3]

Sparare

Un cannone funzionava all'incirca come un grande fucile. La differenza principale era che diversi uomini operavano attorno al pezzo: uno inseriva un cartoccio con la giusta quantità di polvere (di solito i cartocci erano preparati in anticipo con cariche misurate, per sparare a distanze differenti), un altro faceva cadere la palla nella canna, un terzo la borra, cioè la stoffa, carta o stoppa che otturava ogni spazio vuoto, per ottimizzare gli effetti dello scoppio.

A ogni colpo il cannone arretrava di qualche metro, per il rinculo, e bisognava riportarlo in posizione, mentre un addetto, maneggiando una specie di spazzolone cilindrico inzuppato d'acqua, puliva la canna per rimuovere le incrostazioni e spegnere eventuali tizzoni ancora incandescenti, che avrebbero potuto far esplodere accidentalmente la carica successiva.

L'artiglieria ottocentesca sparava palle piene e quindi l'effetto maggiore non si otteneva tanto colpendo direttamente il bersaglio, ma facendo rimbalzare i proiettili sul terreno. Più questo era compatto, più il risultato era devastante: a ogni rimbalzo la palla faceva schizzare terra e sassi tutt'attorno e quando infine colpiva, travolgeva diversi uomini prima di terminare la sua corsa. In alternativa poteva sparare a mitraglia, ovvero cartocci pieni di proiettili, che formavano rose mortali, soprattutto a distanza ravvicinata. Sovente, per risparmiare piombo, la mitraglia veniva caricata con tutto quello che si trovava, come piccoli sassi, frammenti di vetro, chiodi.

Dell'artiglieria da campagna facevano parte anche altre armi, meno diffuse. Tra queste c'erano gli obici, che sparavano con tiro curvo e potevano lanciare granate esplodenti, riempite di polvere da sparo e accese da una miccia, e i razzi (detti racchette), leggeri e maneggevoli, ma assolutamente imprecisi.

Un'altra cosa, invece, era il parco d'assedio, cioè l'insieme dei cannoni di calibro superiore da usare contro le mura di città e fortezze. Si trattava di armi con diversi problemi: principalmente il peso e quindi la lentezza negli spostamenti; inoltre i grandi lavori d'apprestamento che richiedevano per essere messe in linea e la necessità di cospicue forze che le difendessero, perché erano praticamente inermi contro gli attacchi diretti. Per fare un esempio, nella Prima guerra d'indipendenza le 255 tonnellate del parco d'assedio piemontese impiegarono quasi due mesi per viaggiare da Alessandria a Peschiera, caricate prima su chiatte che discesero il Po e quindi su enormi carri trainati da 1500 quadrupedi, tra cavalli, buoi e muli.[4]

Colpire

I cannoni, come i fucili, erano alquanto imprecisi nel tiro, per molte ragioni. Non avevano alcun genere di strumento di puntamento, se non il capopezzo, che si sdraiava sulla canna e guardava dove sparare, poi si alzava e ordinava il fuoco. In una giornata senza vento il fumo degli spari, dopo pochi colpi, formava una vera nebbia, che impediva ogni visuale.

Il problema grave rimaneva comunque la loro relativa debolezza: potevano tirare anche a fuoco accelerato, con una velocità superiore al colpo al minuto, ma erano praticamente indifesi. I serventi erano poco e male armati e generalmente esposti al fuoco nemico, a meno che non fossero sistemati in piazzole di tiro ben preparate e protette, in occasione di una battaglia difensiva. Perciò portare i cannoni in prima linea, o nelle posizioni dominanti il campo di battaglia, certamente aumentava l'efficacia dell'artiglieria, ma significava mettere i serventi in condizioni di serio pericolo e correre il rischio che uomini e pezzi fossero catturati. Al contrario, tenerli in punti ben difesi consentiva di preservarli, ma ne riduceva enormemente la possibilità d'influire sul combattimento.

LA CAVALLERIA

Può sembrare strano trovare la cavalleria in un capitolo dedicato alle armi, ma c'è una ragione.

Il soldato a cavallo era stato per secoli il dominatore del campo di battaglia; anzi, era divenuto l'emblema del combattere, perché tutt'uno con le proprie armi e il proprio animale: cavaliere, armi e cavallo erano una sorta di proiettile che si lanciava contro il nemico. La carica, assalto contemporaneo di centinaia o migliaia di simili «proiettili», cioè il meglio dei combattenti di un esercito per abilità, coraggio e determinazione, rappresentava il momento culminante dello scontro. Il frastuono che produceva era infernale, la terra tremava percossa da migliaia di zoccoli, la nuvola di polvere sollevata dai cavalli era rotta dai lampi di luce delle corazze e delle sciabole sguainate. Alla fine la tempesta si abbatteva sul nemico, travolgendolo.

Nell'Ottocento, però, la cavalleria stava attraversando una fase di notevole trasformazione, che riguardava proprio il suo essere *arma*.

In passato, al ruolo decisivo dei cavalieri sul campo di battaglia aveva corrisposto il loro prestigio nella società del tempo di pace. Così era da secoli e ancora ai tempi delle guerre risorgimentali: i cavalieri appartenevano alle famiglie più in vista, erano i militari più prestanti e di bella presenza, portavano le uniformi più ricche, elaborate ed eleganti, vivevano in caserme più confortevoli e godevano di regole di disciplina un po' allentate. Inutile aggiungere che i begli ufficiali di cavalleria mietevano vittime tra le fanciulle ancor prima che tra i nemici.

Tuttavia, con l'evolversi delle armi e dell'arte militare, la cavalleria vedeva via via ridimensionato il suo ruolo: i quadrati di fanteria e il fuoco di fucili e cannoni ormai limitavano molto la sua efficacia. A fine Settecento era pur sempre importante, ma la si doveva impiegare con cautela e con perfetta scelta di tempi. Napoleone era stato un maestro dell'attimo in cui lanciare i cavalieri, quando intuiva che le linee nemiche non erano più così fitte e compatte e che cominciavano a ondeggiare pericolosamente sotto i colpi dell'artiglieria e della fanteria. Senza uno stratega davvero all'altezza, però, la cavalleria diventava quasi inutile: per esempio, in alcune battaglie delle guerre d'indipendenza fu costretta a rimanere inoperosa ai margini degli scontri.

Oltre che nella carica i soldati a cavallo erano impiegati per risolvere situazioni difficili, quando si riteneva non ci fossero alternative, oppure per inseguire il nemico in fuga o, al contrario, coprire la ritirata del proprio esercito. Ma ormai, tirate le somme, la crescita di qualità delle armi da fuoco e i miglioramenti nell'organizzazione delle fanterie diminuivano sempre più l'importanza della cavalleria sul campo di battaglia. Ciò non voleva dire che i reparti a cavallo rimanessero solo come relitti del passato: piuttosto l'evolvere dell'arte militare dettava loro altri ruoli.

Con eserciti sempre più grandi e complessi, che combattevano in aree molto estese, diventavano basilari l'esplorazione e il collegamento: solo la cavalleria aveva la mobilità che garantiva ambedue queste funzioni. Lentamente, negli eserciti risorgimentali, la cavalleria pesante – quella adibita alla carica, per intenderci – fu sostituita da quella leggera, che poteva assolvere a un ventaglio più ampio di compiti. A questa poi furono affiancate le guide, reparti specializzati proprio nell'esplorazione, nella ricognizione e nel collegamento tra le unità.

6
Le formazioni e gli ufficiali

Mi sono dilungato sulle armi un po' per comprendere come funzionassero, un po' perché il loro uso determinava le formazioni in cui erano organizzate le truppe. Infatti è fondamentale capire che il campo di battaglia dell'Ottocento, visto con gli occhi di un comandante, non era popolato di uomini, ma di formazioni: linee e colonne di fanteria, batterie d'artiglieria, squadroni di cavalleria. Solo gli ufficiali avevano valore in quanto singoli.

La fanteria

È facile comprendere che le battaglie le vinceva o le perdeva la fanteria: l'artiglieria era più potente e fragorosa, la cavalleria più elegante e coreografica, ma alla fine erano i fanti a determinare l'esito degli scontri.

Il singolo soldato appiedato rappresentava un'entità bellica di nessun valore ed esisteva solo in quanto elemento di una formazione: la linea, la catena, la colonna o il quadrato erano gli elementi di base, i mattoni con cui i generali costruivano i piani strategici.

La linea era il modo di combattere difensivo: la fanteria si schierava su una, due o tre linee, secondo le esigenze: meno erano le linee, più estesa appariva la parte di fronte coperta; se il numero delle linee veniva aumentato, maggiore era la concentrazione e quindi letale il fuoco.

Se disposti su una sola linea – cosa abbastanza rara –, i soldati caricavano e facevano fuoco tutti insieme agli ordini dell'ufficiale che si trovava a un'estremità della fila.

Nello schieramento su due linee metà dei fanti appoggiava un ginocchio a terra; dietro la fila così formata l'altra metà rimaneva in piedi. Sparava una linea, poi l'altra, mentre la prima ricaricava: lo scopo era di mantenere il nemico sempre sotto il fuoco, senza concedergli pause. Data l'imprecisione dei fucili, si capisce che una compensazione si poteva ottenere solo con una rapida cadenza di tiro. Una grandinata continua di proiettili, anche se imprecisi, teneva lontano il nemico.

La disposizione su tre linee era sostanzialmente simile a quella su due: nella terza linea si disponevano i soldati meno esperti, che ricaricavano le armi per chi avevano davanti e prendevano il posto dei caduti.

In queste formazioni i cacciatori – o bersaglieri o carabinieri o *Jäger*, non starò a indicare tutte le volte i nomi esatti – si schieravano sparsi in posizione avanzata: quando il nemico attaccava, lo accoglievano con il loro fuoco preciso e intanto arretravano. A una certa distanza acceleravano la ritirata e prendevano posto di solito agli estremi della linea.

Nonostante quel che si vede nei dipinti commemorativi, nelle battaglie risorgimentali era abbastanza raro che la fanteria fosse schierata in linea, a differenza di quanto succedeva nel Settecento e in epoca napoleonica. Un po' per carenze d'addestramento, un po' per caratteristiche dei luoghi, un po' per il miglioramento tecnico delle armi era preferibile sfruttare le difese naturali e artificiali esistenti: villaggi, cascine, castelli, muri, argini di fiumi e canali. Non solo: quando c'era tempo per prepararsi, era abbastanza comune che gli uomini s'impegnassero a rafforzare ulteriormente le posizioni, aprendo feritoie nei muri, apprestando cataste di legna o rovesciando carri o materiali vari per sbarrare vie e portoni, scavando fossati, piantando nel terreno pali appuntiti. Particolarmente adatti come postazioni difensive si rivelavano i cimiteri dei villaggi: collocati a volte in luoghi dominanti, generalmente isolati e circondati da muri in mattoni, in cui era facile improvvisare feritoie, si trasformavano in fortini, che spesso finivano per diventare il centro degli scontri.

La colonna era invece lo schieramento d'attacco della fanteria. Cambiava da esercito a esercito, ma di solito comprendeva uno schermo avanzato di cacciatori, che avevano il compito d'avvicinarsi al nemico e di scoprirlo, cioè d'individuare i punti di maggior forza, costringendolo a sparare e così a rivelare le posizioni.

Dietro ai cacciatori si disponeva un primo contingente d'assalitori, grossomodo composto dalla metà delle forze e diviso in due gruppi, in modo da poter muovere all'attacco su almeno due diverse direttrici. Alle spalle di questi uomini l'altra metà della colonna attendeva di vedere come procedesse l'assalto, per valutare i punti deboli su cui concentrare gli sforzi, controllare l'eventuale afflusso di riserve del nemico, individuare segni di cedimento dei difensori oppure, al contrario, della propria prima linea e quindi intervenire per sostenerla.

Questione di mentalità

Le modalità scelte per condurre l'attacco denunciavano gli orientamenti del comandante, se cioè fosse di scuola d'antico regime oppure avesse un'impostazione più moderna.

Un attacco vecchio stile voleva che la fanteria marciasse impavidamente eretta contro il fuoco nemico, puntando a impressionare la schiera avversa e a metterla in fuga, più che ad affrontarla in un corpo a corpo.

Un buon ufficiale di scuola napoleonica cercava di portare i suoi uomini il più possibile uniti e compatti in un punto protetto e da lì ordinava la carica, spesso lanciandosi in prima fila per dare l'esempio. La conseguenza era che gli ufficiali superiori francesi, e tra loro anche i generali, morivano più numerosi dei loro colleghi di campo avverso. Ciononostante – anzi, forse proprio per questo motivo – per tutta la prima metà dell'Ottocento l'esercito francese fu considerato il migliore d'Europa.

Un ufficiale degli zuavi o di Garibaldi si preoccupava d'individuare un percorso d'avvicinamento al nemico che presentasse dei punti in cui poter sostare, per radunare le forze prima di compiere un ulteriore balzo. Ma soprattutto tendeva, in ogni occasione, a ricorrere all'assalto alla baionetta, trasformando la battaglia in un confronto diretto e implacabile di coraggio e decisione. Il corpo a corpo era il momento più selvaggio e crudele della battaglia, in cui gli uomini si affrontavano dapprima con le baionette, poi usando il fucile come clava e infine tutto quello che avevano o trovavano: bastoni, sassi, perfino i denti e le mani nude. Spesso gli avversari non reggevano psicologicamente la prova, ancor prima che materialmente, e cedevano la posizione.

Quando serviva uno schieramento che occupasse una maggior estensione di fronte, si ricorreva alla catena. I soldati la formavano marciando distanziati di sei-otto passi l'uno dall'altro, per un'avanzata piuttosto rapida, per una ricognizione, per avvicinarsi a un caposaldo nemico offrendo il bersaglio più rado possibile. In catena, tipicamente, si muovevano i cacciatori, che così potevano cercarsi le posizioni ottimali per sparare e caricare con un minimo di agio.

Il quadrato, infine, era lo schieramento adottato per contrastare le cariche della cavalleria. Poteva essere di due tipi: pieno e vuoto. Nel primo caso la fanteria si disponeva in un unico gruppo compatto, di forma quadrata (o circolare, in qualche caso, anche se sembra una contraddizione); nel secondo disegnava un quadrato vuoto, con i lati costituiti da due linee di soldati e con ufficiali, feriti e carriaggi all'interno. Il vantaggio della formazione era che presentava fuoco e baionette su ogni lato e che perciò, a differenza delle linee, non era aggirabile. Il suo punto debole era la densità dello schieramento e la scarsa mobilità, che ne facevano un bersaglio ottimale per la fucileria e i cannoni.

Gli ufficiali

Le formazioni, sia nello spiegamento, sia nel movimento, dipendevano dagli ufficiali. Queste figure rappresentavano la parte attiva dell'esercito, con il compito di garantire che gli ordini impartiti dal vertice – dal re o dal comandante in capo – venissero eseguiti via via scendendo nella gerarchia. Il buon ufficiale era, quindi, la persona che garantiva l'esecuzione degli ordini e faceva da punto di riferimento costante per i suoi uomini, stando in posizione visibile e dando l'esempio; doveva mantenere l'ordine e sollevare il morale dei soldati nei momenti di difficoltà.

Quanto detto sarebbe già molto, ma in realtà il ruolo dell'ufficiale sul campo di battaglia era ancora più complesso e importante. Siccome l'addestramento dei soldati era tutto teso all'obbedienza cieca e immediata agli ordini, un reparto privo del suo ufficiale rimaneva inattivo. Una conseguenza era che gli ufficiali si sentivano e si ritenevano il cuore e il fulcro dell'esercito: da questo punto di vista loro – che sotto le armi passavano la vita – *erano* l'armata, mentre i soldati ne rappresentavano la parte amorfa, indistinta e transitoria.

Ne è prova questo dettaglio: leggendo i resoconti dell'epoca, si scopre che quando un ufficiale raccontava una battaglia, per prima cosa elencava gli ufficiali caduti, di solito in ordine di gerarchia o di nobiltà, e solo alla fine, e non sempre, citava le perdite fra i soldati. Un resoconto della sconfitta di Novara del 1849, per esempio, recita:

> Il Duca di Genova ha avuto tre cavalli uccisi sotto, il Duca di Savoia e Lamarmora, capo dello Stato Maggiore, due. Passalacqua morto, Bes e Perrone feriti. Calcolasi 300 ufficiali fra morti e feriti e due o tre migliaia di soldati per cadauna parte.[5]

Bisogna notare l'ordine dell'elenco: prima i membri della famiglia reale, anche se hanno perso solo il cavallo, poi i generali, gli ufficiali e infine le truppe.

C'è un altro ragionamento che è immediatamente conseguente: se gli ufficiali erano così importanti, ciò significa che a ufficiali migliori doveva corrispondere un esercito migliore. Nelle monarchie assolute questo ruolo così determinante era ricoperto dai nobili e in tutte si riscontrava una ferrea identificazione tra armata e nobiltà. Tranne poche eccezioni, gran parte di questi ufficiali erano persone apatiche, presuntuose, ignoranti, che consideravano il loro grado e la loro autorità come omaggi dovuti e non come strumenti per ottenere risultati. L'esercito francese, rivoluzionario prima e napoleonico poi, aveva dovuto supplire alla fuga di quasi tutti gli ufficiali nobili, dapprima sostituendoli con elementi eletti dai soldati e poi con le promozioni di merito. Questa fu una grande innovazione e una delle ragioni dei successi francesi. Nel Risorgimento italiano si sarebbe visto riproporsi in molte occasioni il dualismo tra ufficialità scelta in base al casato e ufficialità promossa per merito.

Intelligence e decisioni da prendere

C'è un tassello assai importante da collocare in questa panoramica dei campi di battaglia dell'Ottocento: come i comandanti si procurassero le informazioni in base alle quali poi davano gli ordini e prendevano le decisioni.

Sovente capita di scoprire che una battaglia fu persa a causa di errori o fraintendimenti incomprensibili: generali che spostavano le truppe dove il nemico non c'era e le facevano mancare dove invece sarebbero servite, comandanti che non capivano di aver vinto uno scontro o s'immaginavano d'averlo perso; a volte una battaglia scoppiava per l'unico motivo che i due eserciti nemici, ignorando l'uno le mosse dell'altro, si ritrovavano nello stesso luogo nello stesso momento.

Per farla breve: a volte sembra che le battaglie risorgimentali fossero condotte da incompetenti assoluti. Questo, in effetti, è stato anche vero, almeno in alcuni casi; tuttavia la ragione principale era che le decisioni spesso venivano prese alla cieca e che dietro agli errori c'erano carenze di notizie sul territorio, sul nemico, sui suoi spostamenti o sulle sue intenzioni.

Provo ad approfondire la questione. Per prima cosa le carte geografiche erano merce rara, quelle topografiche praticamente inesistenti e ovviamente ai tempi non esistevano cartelli segnalatori lungo le strade. Questo significava che un comandante sapeva solo quello che gli riferivano le avanguardie a cavallo: a essere ottimisti, «vedeva» al massimo a una cinquantina di chilometri di distanza.

Non solo: le notizie che si raccoglievano erano sempre frammentarie e imprecise. In assenza di riferimenti fisici evidenti (per esempio in pianura) si può immaginare che una staffetta di ritorno da una missione d'esplorazione comunicasse che c'erano nemici «in un paese a venti chilometri». O meglio: «a un'ora di galoppo». «Un'ora di galoppo da che parte?» chiedevano gli ufficiali dello stato maggiore. «Di là» rispondeva la staffetta, indicando una direzione. Così, guardando l'unica carta a disposizione, il comandante deduceva che più o meno in quella direzione e più o meno a quella distanza potevano esserci due o tre centri abitati diversi: c'è da stupirsi che poi ordinasse movimenti errati?

L'avanguardia, la guida, l'esploratore o la staffetta che s'imbattevano nel nemico avevano due possibilità. O riuscivano ad avvicinarsi molto, e allora le informazioni che poi riportavano erano abbastanza precise, ma limitate a quel determinato luogo. Oppure restavano a distanza, osservando da una collinetta, per esempio, o da un campanile o dalla cima di un albero (come la piccola vedetta lombarda del libro *Cuore*). In tal caso, se era una giornata di bel tempo, potevano vedere i bagliori del sole sulle armi o il polverone sollevato dal movimento di uomini, cavalli e carri. Un polverone era ben difficile da decifrare: quanti uomini lo sollevavano? Quanti a piedi e quanti a cavallo? E in che direzione si muovevano?

Alla fine dei conti bisogna comprendere che la capacità d'*intelligence* – per usare il termine contemporaneo con un pizzico d'ironia – di un esercito ottocentesco non era diversa da quella delle armate di Alessandro Magno, di Annibale o di Cesare. Non per nulla gli autori classici erano ben noti ai generali dell'epoca, che conoscevano anche gli altrettanto classici stratagemmi: asini e muli che trainavano frasche per sollevare polvere e fingere un movimento di truppe, fuochi lasciati accesi negli accampamenti per far credere che i soldati fossero in sosta, quando invece erano già chissà dove, e via dicendo.

Ma non era ancora finita. Le informazioni, esatte o imprecise che fossero, dovevano arrivare alle orecchie giuste. Cosa non facile. Prima di tutto bisognava trovare il comando. Il generale con i suoi ufficiali spesso si muoveva per tutto l'arco del fronte e scovarlo era come cercare l'ago nel pagliaio: bisognava chiedere ai soldati o agli ufficiali che s'incontravano, cercarlo in un luogo da cui magari era già partito, riprendere a inseguirlo e così informazioni magari decisive vagavano per ore senza trovare chi fosse capace di ascoltarle e di farne uso.[6]

Oppure il comandante era in consiglio con i suoi aiutanti e allora era oltremodo disdicevole interromperlo, fosse pure per comunicargli i movimenti del nemico. Il messaggero impolverato (e magari ferito) che irrompe nella tenda del comando recando il dispaccio in base al quale viene decisa la strategia vincente è scena da cinema, non da battaglia ottocentesca. E resterebbe da dire, ancora, dei comandanti che non si potevano disturbare durante il pisolino pomeridiano, di quelli che assistevano a funzioni religiose interminabili, di quelli che si allontanavano senza lasciar detto dove andavano, di quelli malati, alcolisti o semplicemente svogliati e più interessati al pranzo, agli svaghi o alle grazie femminili che non alle sorti della guerra...

Si capisce, comunque, che la capacità di raccogliere informazioni, di elaborarle rapidamente per trarne decisioni e poi di applicare queste decisioni faceva la differenza.

Il buon comandante si preoccupava di ottenere quante più informazioni potesse e creava una struttura di comando adatta a recepirle: inoltre si metteva a disposizione per ascoltarle. Il cattivo si disinteressava della questione, la delegava ai sottoposti e poi ascoltava solo quello che gli veniva detto nella cerchia degli aiutanti più stretti. I comandanti più bravi e capaci, come Radetzky e Garibaldi, spesso andavano personalmente sulla prima linea per cercare di capire cosa stesse succedendo; i peggiori restavano nelle retrovie, scegliendo la collocazione del quartier generale non sulla base dei bisogni strategici, ma secondo la ricchezza e la comodità delle residenze disponibili in zona.

7
Eserciti e battaglie

Le notizie sulle armi, gli schieramenti, gli ufficiali, le informazioni ora devono essere assemblate in un insieme, per costruire un'idea di come effettivamente si svolgesse una battaglia ai tempi del Risorgimento.

Guardando dal basso, con gli occhi del soldato, questa sintesi è davvero semplice: la battaglia era una terrificante esperienza di frastuono, sangue, dolore, paura, in cui l'importante era salvarsi, rimanendo con il proprio gruppo ed eseguendo ciò che era comandato, avanzare, resistere o manovrare che fosse.

Invece, per un generale di vecchio stampo, che avesse studiato l'arte della guerra, la valutazione e l'interpretazione della battaglia riguardavano un insieme di norme che affondavano le radici sin nell'antichità classica. La considerazione iniziale era che le unità sotto il suo comando avevano caratteristiche proprie e precise, come pezzi su una scacchiera, e dovevano di conseguenza essere impiegate in un certo modo, per ottenere il massimo risultato. La gestione della battaglia diventava un complesso di finte, controfinte, movimenti che avviluppavano e altri che disimpegnavano, ritirate strategiche e contrattacchi manovrati. Il catalogo delle opzioni era assai vasto, codificato in manuali e tabelle: esisteva un'azione per ogni eventualità e una contromossa per ogni azione.

Siccome i testi su cui studiare erano grossomodo uguali per tutti gli eserciti, la battaglia così interpretata era una sorta di gigantesca partita a scacchi tra comandanti che conoscevano e impiegavano le stesse regole. O perlomeno, piaceva pensare che fosse così. Perciò un generale di vecchia scuola valutava e apprezzava delle sue truppe la capacità di manovrare, l'ordine e la precisione degli schieramenti, la perfezione delle esecuzioni. L'unica altra virtù che richiedeva agli uomini era di saper resistere e mantenere l'ordine sotto il fuoco nemico, di avere *spirito*, come si diceva allora, così da mantenere coesione e organizzazione a dispetto di ogni difficoltà. Era opinione comune che un buon reparto potesse subire perdite tra un terzo e la metà degli effettivi prima di scomporsi; una truppa mediocre e poco addestrata si disuniva con il 10 per cento di perdite.[7]

Nessun generale e nessun manuale chiedevano mai di condurre a fondo un attacco o di resistere disperatamente, a meno che non fosse assolutamente indispensabile, per difendere il sovrano o il comandante stesso, per esempio. La filosofia corrente era che una linea, un paese, una collina perse oggi si potessero riconquistare domani, a patto che si fossero operate le manovre giuste. Scopo della battaglia non era la distruzione del nemico, ma la dimostrazione della propria superiorità, attraverso passi chiaramente regolamentati.

Un'altra idea di guerra

Nel periodo risorgimentale le regole della guerra di vecchio stampo furono ancora applicate, ma non tutti ormai le accettavano e le seguivano. Già da qualche tempo se ne erano affermate altre, che implicavano un modello di esercito politicamente e socialmente, prima che militarmente, assai differente.

Questa idea nuova di armata era nata quasi per caso. La Francia rivoluzionaria negli anni 1792-93, con un esercito in gran parte privato dei suoi soldati professionali e degli ufficiali provenienti dalle famiglie dell'aristocrazia, riuscì a fermare prima e a sconfiggere poi le truppe regolari addestratissime degli altri Stati europei. Per Goethe, testimone oculare, fu «l'inizio di una nuova epoca nella storia del mondo».[8]

Cos'era successo?

In assenza di truppe capaci di manovrare allineate con precisione millimetrica e di sparare-caricare-sparare a ritmo di tamburo, i difensori della rivoluzione si erano arrangiati come potevano. In primo luogo avevano fatto ricorso alla leva di massa, in cui il numero e l'entusiasmo supplivano alle carenze dell'addestramento. I generali francesi si trovarono a disporre di soldati meno preparati dei loro avversari, ma con un bacino enorme di rimpiazzi, e quindi potevano perdere truppe sapendo che altre sarebbero sopraggiunte. Così, con grande sorpresa dei comandanti prussiani, austriaci, russi, un esercito di facinorosi si permise d'infrangere le regole. Una linea che secondo i manuali doveva arretrare, perché «avviluppata», si ostinava a resistere fino all'ultimo uomo e ugualmente un attacco ritenuto impossibile diventava invece possibile: quei diavoli con la coccarda tricolore subivano perdite enormi, ma alla fine ottenevano quello che volevano, in barba all'arte della guerra. «Agire sempre in massa» diceva Lazare Carnot, l'organizzatore degli eserciti francesi, e aggiungeva significativamente:

> Basta con le manovre, basta con l'arte militare; occorrono soltanto fuoco, acciaio e patriottismo.[9]

La battaglia cambiò radicalmente: non più partita a scacchi per dimostrare una superiorità nella conoscenza e nell'applicazione di un sistema di regole o per un ancor meno concreto «rimanere padroni del campo», ma un'azione che mirava con decisione e crudeltà alla distruzione dell'avversario. Quando poi le nuove idee incontrarono il genio militare di Napoleone, il risultato fu che l'armata francese diventò una macchina da guerra invincibile.

Esercito di qualità o di quantità

Durante il Risorgimento il dualismo tra il modello d'esercito d'antica tradizione e quello francese napoleonico fu dibattuto sotto i termini di *qualità* e *quantità* (nessuno voleva evocare lo spettro dell'imperatore: Napoleone non si doveva nominare).

L'esercito di qualità si fondava sul presupposto che l'armata ideale fosse costituita da elementi relativamente poco numerosi, ma addestrati in modo professionale. Per questo motivo i soldati stavano sotto le armi per molti anni, almeno cinque, spesso di più. Per trovare gente disposta a dedicarsi praticamente a vita al mestiere della guerra, si ricorreva al reclutamento di volontari, alla conferma dei congedati e anche alla commutazione delle pene per i carcerati. La disciplina e la spersonalizzazione diventavano gli aspetti più evidenti di questo tipo di truppe.

L'esercito emblema di questo modello era diventato proprio quello francese, che negli anni seguenti il Congresso di Vienna era andato coniugando l'orgoglio e le qualità dell'armata napoleonica con la sicurezza sociale della leva lunghissima e della professionalizzazione di soldati e ufficiali.

L'esercito di quantità aveva invece poche applicazioni ed era guardato con sospetto politico e vaga curiosità militare. Era nato nella Prussia umiliata da Napoleone, che aveva elaborato a modo suo l'insegnamento francese, reagendo alla sconfitta con un sussulto d'orgoglio e aggrappandosi all'idealità eroica e al patriottismo della sua gente. Come punto di partenza si considerava che il servizio militare fosse dovere di ogni suddito. Le autorità perciò avevano ridotto la durata della ferma per una parte dei richiamati, organizzando, all'interno dei reparti già formati, brevi periodi d'istruzione cui dovevano partecipare tutti i maschi fisicamente idonei. Così a fianco dell'esercito addestrato i comandanti poterono impiegare una milizia, detta *Landwehr*, con la quale, nelle ultime fasi delle guerre napoleoniche, un regno di quattro milioni e mezzo di abitanti arrivò a schierare 260.000 uomini, non tutti paragonabili a quelli dei reggimenti di lunga leva, ma comunque sufficientemente addestrati e in grado, sul campo, di supplire con il coraggio e il patriottismo alle mancanze di preparazione.

I termini del dibattito si potevano anche mutare: era meglio un esercito ridotto nel numero, ma addestratissimo, secondo i vecchi schemi, o un esercito di maggiori dimensioni, che ricorresse ampiamente alla leva, anche se in tal caso i soldati non avrebbero ricevuto la stessa preparazione?

In Italia i due maggiori eserciti sposavano due differenti filosofie. L'esercito napoletano era schiettamente di qualità, con una ferma molto lunga, un apporto minoritario dei riservisti e un nucleo forte di truppe mercenarie, assolutamente fedeli al sovrano che le pagava. In Piemonte vigeva un sistema tendenzialmente quantitativo, con alcune correzioni che ne complicavano parecchio il profilo: a un nucleo di soldati con ferma abbastanza lunga s'affiancava un grandissimo numero di riservisti, che avevano un anno solo d'istruzione e dovevano restare per altri quindici a disposizione, a vario titolo, dell'esercito.

In questo modo l'armata sarda contava su un bacino di soldati enorme, in rapporto al totale della popolazione. Ma alcuni problemi insiti nel meccanismo della leva, il rifiuto di ogni idealità, che non fosse il semplice senso del dovere, e soprattutto la drammatica penuria di ufficiali limitavano molto l'efficienza delle truppe. A Torino, come a Napoli, ma in misura minore, si evitava il più possibile di ricorrere a ufficiali d'estrazione borghese, considerati di tendenze liberali, rinunciando così al serbatoio più generoso di possibili comandanti, peraltro anche culturalmente evoluti e motivati alla carriera.

Il dibattito sui due modelli d'esercito fu lungo, appassionato, e durò per molti decenni, tanto che lo si trova ancora oggi analizzato su quasi tutti i testi di storia militare. Alle questioni strettamente tecniche si aggiungevano e si sovrapponevano considerazioni di tipo politico e sociale. L'esercito di qualità, formato da soldati praticamente professionisti, aveva la preziosa dote d'essere più fedele al sovrano e di non mostrare particolari remore nell'impiego in compiti di ordine pubblico e di repressione. Da parte sua l'esercito di quantità presentava notevoli vantaggi militari, in stato di guerra, ma implicava anche una sorta di democratizzazione: i soldati reclutati dovevano sentire qualche motivazione, avevano bisogno d'essere convinti a combattere, laddove i professionisti semplicemente obbedivano agli ordini. L'esercito di leva difficilmente poteva essere usato contro i compatrioti e, anzi, suscitava sempre il concreto timore che sfuggisse al controllo del sovrano.

Si poneva, inoltre, la questione degli ufficiali: in un esercito numericamente ridotto i gradi erano destinati in esclusiva ai figli dell'aristocrazia; in uno allargato sarebbe stato necessario ricorrere ai borghesi e alle promozioni per merito, cosa che apriva la porta a spiacevoli confronti.

Se in Prussia, paese a forte coesione interna e socialmente tranquillo, la riforma in senso quantitativo non aveva dato origine a particolari problemi, nella penisola italiana – dove invece esistevano tensioni e conflitti aperti – l'idea di un esercito di leva obbligatoria fu interpretata sottolineandone gli aspetti democratici, se non addirittura rivoluzionari. Da strumento per la guerra l'esercito diventava popolo che impugnava le armi per conquistare il proprio destino.

Per questo motivo la nobiltà trovò nell'esercito di leva il proprio avversario mortale. Per tutto il Risorgimento si assistette a una lotta sorda e irriducibile tra chi sbandierava la tradizione secolare e i valori di fedeltà alla corona e di abnegazione nel compimento del dovere e chi, invece, sosteneva l'esercito come organizzazione al servizio degli ideali di democrazia e libertà.

PARTE TERZA

Il Quarantotto

8

Una rivoluzione europea

Questo è un libro sulle vicende militari del Risorgimento, ma non può trascurare il fatto che in molte occasioni questioni sociali, economiche, politiche e anche religiose, di dimensioni maggiori, s'intrecciarono con le vicende belliche italiane. Nel 1848 così avvenne. Gli sconvolgimenti di quell'anno straordinario (tanto da diventare proverbiale) riguardarono l'intera Europa. È un fatto che bisogna ricordare e che spiega molte cose, come per esempio l'interesse degli insorti per ciò che accadeva a Vienna o a Parigi, piuttosto che in città italiane più vicine.

La rivoluzione del 1848 – definita borghese – ebbe caratteri riconoscibili e comuni in tutto il continente, che si possono riassumere in una constatazione: a molti, soprattutto ai cittadini che miglioravano le loro condizioni economiche e sviluppavano conoscenze e attività con la cultura, l'intelligenza imprenditoriale, la fantasia e, spesso, anche il cinismo e la sfrontatezza, piacevano di più l'organizzazione sociale e il modo di vivere che si erano intravisti con la Rivoluzione francese e con Napoleone che non la società restaurata imposta dal Congresso di Vienna. La loro vita e le loro attività avrebbero potuto prosperare in un mondo con leggi e regolamenti grossomodo uguali per tutti, in cui l'esperienza e le qualità individuali prevalessero rispetto alla nascita e ai titoli nobiliari e in cui la religione fosse limitata alle questioni dello spirito e non avesse molta influenza sulle vicende della politica, dell'economia, della vita comune.

Queste idee, d'altro canto, piacevano decisamente meno nelle campagne e in tutte quelle situazioni in cui la novità era vista come un tradimento delle tradizioni e del modo di vivere e pensare affermati da secoli.

L'Italia e il problema austriaco

Negli Stati italiani tutte queste rivendicazioni si sommarono e si confusero con altre questioni più tipicamente nazionali, in primo luogo quella dell'unità della penisola. Durante l'epoca napoleonica aveva preso piede l'idea che un'Italia unita (unione economica, unione politica, unione federale, confederale, monarchica, repubblicana: le ipotesi, in effetti, erano varie e confuse) sarebbe stata perlomeno più efficiente di quella divisa in tanti piccoli Stati, ciascuno con propri ordinamenti, leggi, tributi, dogane. Ma così, inevitabilmente, si poneva il problema della presenza austriaca nella penisola.

Chi ha letto le storie del Risorgimento scritte fino a una trentina di anni fa, si sarà fatto l'immagine che gli austriaci fossero un po' i nemici giurati degli italiani per una sorta di predestinazione: quasi come cani e gatti. Ovviamente in questa semplificazione non c'è niente di vero. Era invece un dato reale che le politiche imperiali austriache e le idee innovative che circolavano in Italia fossero destinate presto o tardi a scontrarsi.

L'impero asburgico era una sorta di grande contenitore di lingue, nazionalità, religioni ed etnie unite dalla figura dell'imperatore: ovvio che considerasse ogni spinta centrifuga e chiunque la promuovesse o l'appoggiasse come un pericolo mortale. Ciononostante, fino alla metà del secolo l'Austria non percepì una concreta minaccia militare italiana. Il suo timore era, semmai, un attacco francese attraverso la Pianura Padana, che si era già verificato con Napoleone e poteva accadere ancora. Le fortezze del Quadrilatero furono pensate soprattutto per questo scopo, essenzialmente difensivo: che poi diventassero il simbolo dell'opposizione al Risorgimento fu un accidente, non una precisa volontà. Nel disegno imperiale asburgico e nelle intenzioni del suo architetto, il ministro Metternich, gli Stati italiani dovevano formare una sorta di cuscinetto di territori amici, che tenessero lontano i francesi. Perciò andava bene che rimanessero divisi e non rappresentassero un alleato militarmente significativo. Alla forza delle armi pensava l'esercito imperiale: i principi italiani dovevano solo garantire tranquillità nella penisola, evitare scossoni rivoluzionari e, ancora, tenere lontano i francesi.

Era evidente che questa visione dell'Italia fosse ritenuta ormai intollerabile da molti. Agli occhi dei rivoluzionari – che poi sarebbero stati chiamati patrioti – la presenza imperiale significava la soggezione e la frantumazione della penisola, attraverso l'esercizio di un'influenza pesante e negativa, sia per chi la sopportava direttamente, sia per chi la subiva indirettamente.

Inoltre gli austriaci rappresentavano una sorta di polizza di lunga vita per sovrani e nobiltà locale: finché questi personaggi fossero stati protetti dalle armi imperiali, nulla sarebbe mai mutato. Questo spiega l'ira e l'odio che l'Austria asburgica suscitava negli italiani che speravano in un cambiamento. I patrioti, in altre parole, vedevano la vittoria facile e a portata di mano, se avessero avuto a che fare solo con i singoli piccoli Stati; quasi impossibile, se invece avessero dovuto affrontare le enormi risorse austriache.

Per chi viveva sotto le bandiere austriache la questione era differente e per certi versi più pesante. In primo luogo l'amministrazione imperiale non era un granché: le lodi al buon governo di Vienna avrebbero preso piede successivamente, in seguito al confronto con le carenze dello Stato unitario nato proprio dal Risorgimento. Nel 1848 i motivi di lamentela erano tanti: l'impero era sostanzialmente di lingua tedesca e i bisogni dei popoli sottomessi erano in qualche misura tenuti in secondo piano; la burocrazia era lenta e oppressiva e soprattutto faceva capo, per ogni cosa che fosse appena importante, a Vienna, dilatando in maniera inverosimile i tempi. Anche l'aspetto militare era oltremodo oneroso. La consuetudine d'inviare le truppe lontano dalle regioni d'origine, per incrementare il grado d'integrazione tra le province dell'impero, ma anche evitare pericolose collusioni tra esercito e popolazione locale, assegnava all'Italia reparti «stranieri», con soldati e ufficiali che mal comprendevano lingua, usi, costumi. La loro presenza era vissuta con fastidio, se non proprio considerata alla stregua di un'occupazione. Naturalmente la cosa aveva anche un'altra faccia: i lombardi e i veneti sotto le armi venivano mandati all'altro capo dell'impero, nei Balcani o nelle regioni ai confini con la Russia. La lontananza di anni diventava a volte definitiva e questo era ovviamente causa di tristezza e di lamentele.

Tanti Quarantotto

Un problema d'interpretazione del Quarantotto, e in particolar modo del Quarantotto italiano, fu che le sue vicende ebbero molti temi e molte radici, non tutte e non sempre presenti nelle singole insurrezioni.

Più che un movimento unico, il Quarantotto italiano fu un caleidoscopio d'iniziative molto differenti tra loro, in cui le ragioni comuni erano tante almeno quanto quelle di differenziazione. La rivoluzione vista da Venezia, la città con quasi un millennio d'orgogliosa indipendenza alle spalle, era qualcosa di diverso da quella vissuta a Milano, che non conosceva libertà di governo da almeno tre secoli; analoga era la situazione di Genova, anch'essa repubblica sacrificata a questioni dinastiche. La Sicilia, con alle spalle un passato di ampia autonomia, adesso si ritrovava annessa in tutto e per tutto al Regno di Napoli. Il nuovo Stato si chiamava Regno delle Due Sicilie, ma il nome era l'unica concessione all'orgoglio dei siciliani, che per tutto il resto mal tolleravano l'invadenza dei continentali.

I rimpianti e le rivendicazioni locali confluirono e influenzarono necessariamente le insurrezioni. Anche l'antichissimo Stato della Chiesa aveva i suoi problemi: le province a nord degli Appennini si sentivano ben poco unite a quelle centrali e ancor meno gradivano la dipendenza da Roma e da un'amministrazione ottusa e inefficiente. Bolognesi e romagnoli si volgevano alla Pianura Padana, non al Lazio.

Differenze c'erano anche nei punti di vista dei regnanti: quello dei Savoia, da almeno due secoli abituati a combattere nel turbine delle vicende europee, non poteva essere lo stesso dei Borbone, che invece difendevano il loro isolamento, garantito – come si diceva allora – «per tre lati dall'acqua di mare e per un lato dall'acqua santa».

Un altro elemento che influì decisamente sulle insurrezioni fu il tono più o meno sociale che assunsero. Infatti, osservandolo bene, il popolo che si ribellava al vecchio regime non era monolitico, ma presentava almeno due atteggiamenti molto diversi e spesso in contrasto. Da una parte i ceti più poveri vedevano nell'insurrezione anche, se non soprattutto, un mezzo d'appianamento delle differenze di classe e di miglioramento delle condizioni di vita; dall'altra i borghesi, in via di rapida affermazione, consideravano solo gli aspetti istituzionali e legali e non intendevano discutere – anzi, si rifiutavano categoricamente – qualsiasi ipotesi di distribuzione della ricchezza. A questo proposito, spesso le fazioni d'insorti si schierarono su posizioni contrastanti e in molti casi le decisioni derivarono dall'esito di questo scontro.

Le vicende europee e quelle locali, le istanze sociali e quelle politiche si mescolarono in tante storie particolari, ognuna delle quali alla fine mostrò caratteri propri e a volte peculiarità che difficilmente potevano trovare composizione.

Il ruolo del papa

Forse nessuna delle ragioni elencate finora sarebbe stata sufficiente a far scoppiare una rivoluzione. Dovette intervenire un elemento per certi versi esterno e imprevedibile, che fece da innesco a una situazione fino a quel momento solo potenzialmente esplosiva.

Nel 1846 venne eletto al soglio pontificio Giovanni Mastai Ferretti, che prese il nome di Pio IX e già con le sue prime decisioni sembrò incarnare una svolta politica e sociale rispetto ai papi precedenti e ai dettati della Restaurazione.

Il papa era allora il sovrano di circa un terzo della penisola, ma anche, naturalmente, il capo dei cattolici. Pressoché tutta la popolazione italiana era cattolica e ogni città o villaggio di ogni regione aveva almeno un parroco, con un ruolo fondamentale nella vita sociale, e un campanile in cui riconoscersi. Nei due anni che passarono tra l'elezione del nuovo pontefice e lo scoppio delle rivolte ogni festa religiosa divenne un momento di contestazione e di spinta rinnovatrice. Ogni volta che s'inneggiava al papa, cosa che in Italia nessun regime poteva nemmeno pensare di proibire, si creava entusiasmo e sostegno per l'insurrezione. Il fatto che fosse la Chiesa a muoversi era il segno più chiaro possibile che le cose potessero davvero cambiare.

9
La scintilla siciliana

Le speranze legate all'elezione di Pio IX, accompagnate da alcune minime riforme, diedero slancio agli innovatori, che presero ad approfittare di ogni occasione in cui si potesse citare il nuovo papa per trasformarla in una manifestazione patriottica.

In realtà tutto era ancora molto timido e somigliava maggiormente a un'affermazione di principi piuttosto che a un vero programma insurrezionale. Eppure proprio da questa situazione di tensione, non meglio definita e ancor meno organizzata, prese origine la rivolta: la prima scintilla di quello che sarebbe poi diventato un sommovimento continentale scoppiò nell'angolo più distante dal centro dell'Europa, in Sicilia.

La rivolta di Palermo

I fatti sono perlomeno curiosi. L'insurrezione venne decisa per il 12 gennaio 1848, compleanno del re Ferdinando II di Borbone, in una riunione a Napoli tra esponenti democratici siciliani e campani, e addirittura fu annunciata con piccoli manifesti che apparvero sui muri di Palermo. Probabilmente i comandanti borbonici sorrisero, quando li lessero: nella capitale dell'isola c'erano 5000 uomini addestrati, che facevano parte di un esercito di buon livello, mentre il movimento insurrezionale appariva sostanzialmente privo di armi e organizzazione.

La giornata del 12 gennaio trascorse in assoluta tranquillità: per le strade non c'era gran movimento e le truppe e la polizia rimasero consegnate nelle caserme. Solo a sera qualche timido drappello di persone fece capolino e non trovò soldati o gendarmi che l'ostacolassero. Allora le adunate si fecero più consistenti, soprattutto nelle viuzze dei quartieri popolari. Le autorità continuarono praticamente a non far nulla, anche perché, forse, non capivano cosa stesse succedendo e quale peso dare agli avvenimenti.

Così, quasi senza che nessuno se ne rendesse conto, l'insurrezione finì con l'interessare tutta la città e le barricate apparvero in ogni via. A quel punto i 5000 uomini della guarnigione, che sarebbero stati fin troppi per soffocare i primi cenni della rivolta, divennero a un tratto troppo pochi per sconfiggere una città di più di 100.000 abitanti in aperta rivolta. Dopo alcuni scontri, che servirono solo a verificare la determinazione dei palermitani, le autorità e i comandanti militari non trovarono miglior partito che decidere di attendere ordini e rinforzi dal governo. Fu un altro errore. Quando le navi giunsero in porto, recando 6000 uomini, la città era irrimediabilmente persa. Le truppe, anche con i rinforzi, non bastavano a riprendere il controllo della situazione, mentre le barricate s'innalzavano ovunque, un intero popolo era insorto e le parole d'ordine della rivolta già correvano per le campagne.

L'incendio si propaga

Il movimento insurrezionale si allargò ai dintorni di Palermo ancor prima di trionfare in città. Poi, come un incendio, si estese a tutta la Sicilia. Ovunque i soldati borbonici si ritirarono, molto spesso quasi senza combattere, e opposero una vera resistenza solo a Messina.

La città sullo stretto era dominata da una gigantesca fortezza a forma di stella a cinque punte, collocata proprio alla base della penisola lunga e arcuata che delimitava il porto. Questa cittadella non aveva paragoni in Italia – con l'eccezione, forse, dell'imponente e inutile Fenestrelle piemontese – e ben pochi nel Mediterraneo. Era la sentinella armata dello stretto e rappresentava il radicamento della presenza militare napoletana nell'isola.

Normalmente una fortezza posta a controllo di un tratto di mare si rivolgeva interamente alle acque antistanti: così, infatti, erano i forti calabresi sull'altra riva dello stretto. La cittadella di Messina, invece, con la sua forma a stella, dirigeva le armi sia verso il mare, sia verso il porto e la città, con ciò dichiarando che il suo scopo era di sorvegliare sia le acque sia la terraferma. I messinesi la assalirono con impeto e coraggio, ma inutilmente. Per avere ragione di quelle mura e delle artiglierie che vi erano annidate serviva ben altro:

cannoni d'assedio, truppe disciplinate e una flotta che impedisse i rifornimenti. Gli insorti non avevano nulla di tutto ciò e così la fortezza e il porto rimasero in mano ai soldati borbonici: una sorta di oggetto estraneo conficcato con le sue punte nel corpo dell'isola.

Intanto alla rivolta palermitana facevano eco due grandiose dimostrazioni a Napoli, il 25 e 26 gennaio. Il re non tentò neppure di fermare l'onda montante e concesse la Costituzione.

La Sicilia repubblicana

L'insurrezione aveva vinto facilmente e alla fine si trovò a generare due corpi statali: la Sicilia si dichiarò repubblica indipendente, mentre a Napoli continuava a regnare la dinastia dei Borbone, seppure nella forma di una monarchia costituzionale.

Gli inizi dell'indipendenza isolana furono pieni di promesse. Il quadro diplomatico appariva buono, perché il neonato governo godeva delle simpatie delle potenze presenti nel Mediterraneo, come la Francia e l'Inghilterra, e degli Stati della penisola, con cui auspicava di unirsi in una lega italiana. La convinzione diffusa, soprattutto dopo lo scoppio delle insurrezioni nelle altre capitali europee, era che non ci sarebbero state guerre e che le questioni sarebbero state risolte con un congresso continentale, una sorta di riedizione in senso democratico del Congresso di Vienna.[1]

I problemi erano semmai di ordine interno: in Sicilia mancava l'abitudine all'autogoverno e così, poiché nessuna minaccia sembrava urgente, ogni questione andò per le lunghe, soprattutto quelle che potevano mettere in discussione poteri e sicurezza di nobili e borghesi. Ci sarebbe stata la necessità di creare un esercito per difendere l'indipendenza appena ottenuta, ma vista la situazione favorevole, con un governo parlamentare a Napoli, regimi costituzionali che si andavano affermando nel resto della penisola e si annunciavano anche in Europa, questo nodo importante poteva essere affrontato con calma. Sembrava che si potessero evitare soluzioni arrischiate, come il ricorso a una leva generale, che significava mettere le armi in mano al popolo, dandogli l'opportunità di avanzare richieste di riforme sociali.

Restava la questione di Messina e della minacciosa cittadella, ma anche questa pareva risolvibile per altre vie, che non fossero quelle militari.

10

«Va', pensiero»

Palermo fu la scintilla della rivolta d'Europa, anche se molte delle ragioni del movimento siciliano erano tipicamente ed esclusivamente isolane.

Come già nel 1820, la prova dei fatti sembrò mettere in evidenza che l'assolutismo era un regime assai fragile, addirittura incapace di reagire, se messo alle strette. In teoria non c'era luogo nel continente che presentasse i presupposti per un propagarsi della rivolta, né tanto meno forze organizzate in grado di prenderne la guida. E invece, con sorpresa di tutti, l'insurrezione scoppiò a Parigi il 22 febbraio e in due giorni portò all'abdicazione del re Luigi Filippo.

Dalla Francia l'ondata rivoluzionaria raggiunse l'Austria e anche a Vienna la vittoria degli insorti fu rapida e quasi incruenta: dopo una prova di forza dell'esercito, che non diede risultati, e tre giorni di crisi, l'imperatore concesse la Costituzione. Il 15 marzo, nel giorno del trionfo viennese, l'incendio divampò a Berlino, come per dimostrare che esisteva una specie di catena europea delle rivendicazioni. Nella capitale prussiana le cose non andarono così lisce e i primi tentativi di costruire barricate furono contrastati con decisione. Corse del sangue, ma alla fine, contro un fronte unito che portava nelle strade borghesi e operai, popolani e studenti, il re cedette e ordinò alle truppe di rientrare nelle caserme. I ribelli invasero la reggia, rimasta praticamente indifesa, e costrinsero il sovrano a rendere omaggio ai 243 caduti della rivoluzione.

Nel concatenamento delle insurrezioni del 1848 è possibile intravedere una realtà europea molto differente dalla nostra. In quei tempi il continente, nonostante fosse suddiviso in un numero di Stati decisamente maggiore che ai nostri giorni, era percorso da correnti sovranazionali che stupiscono per la loro capacità di diffusione.

Esisteva un'Europa dei reduci napoleonici, che andarono indifferentemente a mettersi al servizio degli eserciti di Polonia o di Spagna, degli Stati italiani o dei movimenti rivoluzionari. Esisteva anche un'Europa delle idee che viaggiavano veloci, come dimostrano le rivoluzioni a raffica del 1848. Anche la nobiltà rappresentava un *unicum*, nel quale era cosa normale avere parenti, interessi e contatti a centinaia o a migliaia di chilometri di distanza. Altrettanto sovranazionali erano i rivoluzionari e i cospiratori: sette e organizzazioni che intendevano operare in Sicilia o in Piemonte frequentemente erano localizzate, per esempio, a Londra o a Parigi. Siccome dal Risorgimento e dagli altri movimenti unitari derivò anche un figlio nefasto, come fu ed è il nazionalismo, questa dimensione europea venne spesso dimenticata.

Le Cinque giornate di Milano

La rivolta di Milano, destinata a passare alla storia con il nome di Cinque giornate, scoppiò dopo quella di Berlino, ma in connessione logica con gli avvenimenti viennesi. Si capisce facilmente la ragione: il fatto che nella capitale dell'impero, di cui Milano faceva parte, fosse stata concessa la Costituzione, lasciava intravedere la possibilità di un radicale cambiamento politico anche in Lombardia.

Certo, non era una suggestione dell'ultimo momento: nella città lombarda le idee di ribellione covavano da tempo. Gli ingranaggi del malcontento avevano prodotto un risultato clamoroso anni prima, con la notizia dell'elezione di Pio IX festeggiata con grande entusiasmo. Per l'occasione le vie attorno al duomo erano state pavesate con i simboli della Lega lombarda e della sconfitta dell'imperatore tedesco Barbarossa. Il riferimento all'attualità era più che evidente. Comunque non si era trattato di un tentativo rivoluzionario: piuttosto una dichiarazione, una sfida per prendere le misure, inconsciamente, della forza e della decisione dell'avversario.

Carlo Cattaneo, politico ed economista che sarebbe stato una delle menti della rivolta e un suo attento e intelligentissimo narratore, intuì subito che quelle vicende inauguravano un lungo e arduo percorso, di certo non una passeggiata. Vedendo, attraverso i portoni aperti delle caserme, che gli ufficiali austriaci affilavano le lame delle spade – non era un modo dire –, comprese che ben presto il confronto si sarebbe spostato su altri livelli. Si sentiva contrario a simile sfide: non vedeva né armi, né idee, né volontà sufficienti per far seguire alle provocazioni iniziative più concrete. Era una persona tranquilla e posata, che avrebbe voluto pianificare la rivoluzione come una spedizione di merce: da avviare solo quando tutto fosse stato pronto. Pensava, e come lui dovevano pensarlo tanti suoi concittadini, che erano possibili diversi gradi di libertà e di autonomia per il Lombardo-Veneto, prima di scegliere la separazione armata. Non capiva una verità di fondo (e se la capiva non l'approvava): la questione con gli austriaci non era solo una diatriba di politica o di ideali, ma stava diventando una storia di fazione e di passione, di pelle e di sangue.

I mesi passavano, con le due parti sempre più distanti e astiose, pronte a non perdere occasione per rimarcare la sfida. La Milano dell'epoca – come tutte le città dell'Italia d'allora – era molto più piccola e meno articolata di quella odierna: potevano esserci discordie e fratture all'interno del corpo cittadino, che tuttavia verso l'esterno si presentava come un tutto unico, una falange compatta. Non ci volle molto perché si cominciasse a identificare gli «altri» come nemici, i «nostri» come amici e fratelli. Ogni gesto della parte avversa veniva interpretato negativamente: se era aggressivo, lo si considerava una provocazione che doveva trovare risposta adeguata; se era pacifico e moderato, lo si riteneva un segno di cedimento. Protagonista di questo periodo, lungo molti mesi, fu il commissario Bolza, famigerato e senza scrupoli, il quale non aveva nessun problema a mandare i suoi gendarmi a provocare o a raccogliere provocazioni, con il solo scopo di «far sangue», come racconta Cattaneo.

Un inverno di tensioni crescenti

Nel gennaio 1848 scoppiò la questione del tabacco: l'amministrazione imperiale aumentò l'imposta relativa – una delle più redditizie – e i milanesi, per protesta, decisero di astenersi dal fumo. La risposta non si fece attendere. I soldati e gendarmi austriaci ricevettero razioni abbondantissime, forse mai viste prima, di sigari e sigaretti e vennero mandati a girare per la città fumando ostentatamente. Qualche distribuzione supplementare di alcol nelle caserme servì ad accendere gli animi, perché gli uomini fossero pronti a reagire a ogni minima sfida.

Una vignetta satirica dell'epoca mostra come si fosse scavato un solco incolmabile tra amministrazione austriaca e popolo milanese: la lingua, elemento base di ogni convivenza, era diventata l'emblema di questa distanza.

> Un croato – Atesso mi capite perché Milanesa non voler più per Tabac-Zigar de Imperator state fate per castigar Taliana.
> Altro croato – Porca borghesa furba, lassa fuma a povero Croat.[2]

Poco dopo lo sciopero del tabacco, con gli animi ancor più esacerbati, giunse notizia che era insorta Palermo e poi che re Ferdinando aveva preferito concedere la Costituzione, piuttosto che vedere anche Napoli in rivolta. Una di seguito all'altra arrivavano nuove sempre più straordinarie: ai primi di febbraio Carlo Alberto, re di Sardegna, aveva concesso lo Statuto; così aveva fatto anche il granduca di Toscana, poi il papa; infine le insurrezioni nelle capitali europee. La tensione in città era al massimo.

Dapprima l'amministrazione austriaca varò una legislazione molto dura, quasi una legge marziale, con il risultato di approfondire ulteriormente il solco. Non fu una buona scelta: alcune brutalità commesse da poliziotti e soldati trasformarono l'antipatia in odio. A quel punto gli imperiali non erano più amministratori, erano soltanto stranieri occupanti.

Quando giunse la notizia che a Vienna il vecchio regime aveva ceduto alla piazza, fu chiaro a tutti che ormai si arrivava alla resa dei conti. Il viceré e il governatore austriaci preferirono partire per la sicura e fortificata Verona – forse una fuga, forse uno spostamento strategico –, mentre in città si rendeva pubblica la concessione di alcune riforme, per quanto dilazionate nel tempo.

Primi combattimenti

Tutto questo fu interpretato come un segno di debolezza e i rappresentanti dei milanesi avanzarono come controproposte alcune richieste, che andavano nella direzione di una maggiore autonomia di Milano e della Lombardia, pur sempre all'interno dell'impero: tra queste c'erano la cancellazione delle norme più repressive, la concessione della libertà di stampa, l'istituzione di un corpo di guardia civica e il passaggio al Comune della responsabilità sull'ordine pubblico. A sostegno delle rivendicazioni fu organizzata il 18 marzo una dimostrazione, ma quella che nelle intenzioni avrebbe dovuto essere un'adunata pacifica, diventò ben presto un assedio al palazzo del Governo, dove si trovava il conte O'Donnell, rappresentante del governatore, la più alta autorità imperiale rimasta in città.

Secondo i racconti popolari la bella e focosa contessina Suardi si rivolse a un uomo incitandolo a combattere gli austriaci al posto suo e questi l'accontentò, accoltellando un soldato. In realtà, nel clima sovreccitato del momento, non era necessario l'invito della bellicosa donna perché si arrivasse allo scontro, la manifestazione si trasformasse in tumulto e il tumulto in insurrezione.

Il palazzo del Governo venne preso d'assalto – era praticamente sguarnito – e O'Donnell, scovato sotto un tavolo, fu costretto a firmare una serie di concessioni. Nel frattempo cominciava la lotta nelle strade. Milano era in aperta rivolta. Ovunque nella città si sparava e si gridava, le campane suonavano a martello, mentre gli insorti si facevano coraggio intonando il coro del popolo oppresso, *Va', pensiero, sull'ali dorate*, dal *Nabucco* di Giuseppe Verdi.

Le mosse di Radetzky

Gli avvenimenti erano stati veloci e imprevedibili: persino Radetzky, il comandante dell'esercito austriaco nel Lombardo-Veneto, venne colto di sorpresa, si trovò nell'impossibilità di raggiungere la sua residenza e finì per chiudersi nel castello, con le truppe che aveva sottomano. A proposito del castello: non bisogna pensare al complesso che si può visitare oggi; a quell'epoca era poco più che «un ampio quadrato senza il perimetro esterno smantellato da Napoleone e quindi separato dalla città»[3] da uno spiazzo vuoto. Per fortuna degli insorti gli austriaci non avevano ritenuto di dotare Milano di una cittadella paragonabile a quelle di Torino o Messina.

Il maresciallo non era tipo da restare con le mani in mano: decise di non prendere in considerazione le concessioni strappate a O'Donnell e ordinò alle truppe di riprendere il palazzo municipale – il broletto, nell'attuale piazza Mercanti –, sperando di catturare anche i capi della rivolta. Questi, però, si trovavano altrove, in una casa di via Montenapoleone: erano stati sorpresi per strada dalle fucilate e si erano rifugiati nel primo posto sicuro. Radetzky cercò di scovarli all'arcivescovado, pensando che l'edificio fosse un fulcro della ribellione, ma anche lì si sbagliò.

Nel castello aveva più di 8000 uomini, con cannoni e cavalleria, destinati ad aumentare, anche se i rinforzi che poi gli giunsero non erano altro che truppe un po' scosse e demoralizzate che si ritiravano dalle altre città lombarde insorte. Alla fine si trovò a contare su un numero di soldati compreso tra 18.000 e 20.000. Non era assediato: poteva muovere le truppe lungo i bastioni e isolare così la città dall'esterno, evitando che vi affluissero cibo, notizie e rinforzi. Inoltre controllava quasi tutti i principali edifici pubblici, le caserme e gli uffici di polizia, perfino il duomo, una montagna di pietra che emergeva su una città piatta (con case molto più basse di quelle d'oggi). Dalle terrazze del tetto gli *Jäger* tirolesi sparavano a colpo sicuro su chiunque si muovesse nella piazza e addirittura all'interno delle case circostanti.

Il fatto d'avere a disposizione un piccolo esercito e tanti punti di resistenza non rallegrava il vecchio maresciallo. Le notizie che gli arrivavano erano tutte disastrose: i rivoltosi sembravano trionfare e s'impadronivano rapidamente delle strade e delle piazze in cui sino a poco prima regnava la calma. Ma Radetzky non si perse d'animo, nonostante la situazione apparisse davvero disperata.

Barricate ovunque

Dopo due giorni di lotta il quadro era ormai ben delineato. Finché si restava nel cuore di Milano, gli insorti erano in vantaggio. Le barricate avevano trasformato il centro cittadino in un fortilizio. Se ne contarono più di 1700, di tutte le dimensioni e costruite con tutti i materiali: botti, carrozze e carri rovesciati, mobili, ma anche pietre e mattoni. Davanti al castello ne fu innalzata una con lastre di granito legate con catene di ferro: riempita di terra, era così salda che alla fine dei combattimenti vi si trovarono conficcate 72 palle di cannone; un'altra fu approntata con i faldoni dell'archivio austriaco e un'altra ancora con le scenografie della Scala.

In molti isolati i rivoltosi avevano aperto varchi nei muri delle case adiacenti, in modo da creare vie di comunicazione più veloci, che passavano attraverso abitazioni, androni, cortili. Siccome le armi scarseggiavano, spogliarono persino i musei storici e, come ricorda Cattaneo, distribuivano la polvere da sparo «a prese», per una o due schioppettate. I fucili disponibili erano assegnati ai tiratori più esperti, che raramente fallivano il colpo.

In una situazione simile gli austriaci erano destinati ad avere la peggio. I loro movimenti erano lenti e continuamente sorvegliati e ostacolati dai tetti e dalle finestre. Davanti alle barricate i soldati dovevano fermarsi e subito venivano fatti segno di fucilate e soprattutto di lanci di tegole e sassi, persino di acqua e olio bollenti. Quando gli artiglieri tentavano di mettere in posizione un cannone, erano bersagliati da una pioggia di proiettili d'ogni genere, finché abbandonavano l'impresa. Radetzky dovette contare tra le perdite quasi tutti gli uomini in grado di sparare con i cannoni. Nemmeno la cavalleria era utile: le strade erano state disselciate per far inciampare i cavalli oppure cosparse di ferri e vetri per farli scivolare e ferirli; i rivoltosi più audaci si lanciavano fra le zampe degli animali per tagliare i garretti.

Il 20 marzo, terzo giorno di lotta, Radetzky decise di ritirare i presidi sparsi nella città e di riunire tutte le forze al castello e sui bastioni. Intendeva assediare il centro cittadino: un assedio davvero *sui generis*, eseguito dalle mura della città verso la città stessa. La sua reazione potrebbe sembrare poca cosa – a prima vista doveva essere facile per soldati addestrati e ben armati vincere contro gente inesperta –, ma se si confronta con il poco che si era opposto alle rivolte di Palermo, Parigi, Vienna e Berlino, si comincia a capire di che tempra fosse fatto il maresciallo.

Il consiglio di guerra

Nel frattempo avvenivano alcuni cambiamenti importanti nelle file degli insorti. Per prima cosa fu istituito un consiglio di guerra, di cui faceva parte anche Cattaneo, che prese il comando effettivo delle operazioni, razionalizzandole secondo una strategia complessiva. Risalgono a questa fase gli stratagemmi che poi divennero celebri.

Siccome gli austriaci controllavano completamente le mura e non lasciavano trapelare nulla, all'esterno, di quanto accadeva in città, furono costruite piccole mongolfiere di carta, per portare messaggi fuori della cinta. Uno di questi, indirizzato al «Popolo di campagna» e ancora conservato al Museo del Risorgimento milanese, recitava:

> Si raccomanda alla popolazione di campagna di stare armata vigorosamente a guardia della strada romana e specialmente della strada

> postale veneta; di barricarle e di romperle, se occorre, per impedire il trasporto di artiglierie di grosso calibro e di casse di munizioni che fossero per giungere in sussidio delle truppe austriache.

Agli astronomi si chiese d'appostarsi con i loro cannocchiali su torri e campanili, per tenere d'occhio il nemico, e vennero predisposte funi con le quali far scendere rapidamente a terra i biglietti con le loro informazioni. Furono mobilitati gli impiegati del catasto e gli ingegneri, per cercare ogni passaggio nascosto fra le case o nelle fogne, allo scopo di aggirare i soldati e di sorprenderli, sbucando dove non potevano aspettarselo. Divennero famosi i *martinitt*, ragazzi dell'orfanotrofio cittadino (presso l'oratorio di San Martino, da cui derivò il nome di *martinitt*, «piccoli martini»), che furono impiegati come efficientissimi portaordini.

Sul finire della terza giornata e durante la quarta risultò chiaro che s'era giunti a una situazione d'*impasse*. Le truppe imperiali controllavano le mura e non si consideravano in pericolo, nonostante cominciassero a mancare di rifornimenti. A vantaggio della loro fucileria e dei cannoni giocavano le vie larghe e diritte dei quartieri presso i bastioni, facili da sorvegliare. I milanesi si sentivano tranquilli nelle strade del centro, ma certo non nuotavano nell'abbondanza, perché dall'esterno non arrivava niente, nemmeno il cibo. Sopportarono i disagi un po' con l'entusiasmo, un po' razionando i viveri conservati nei magazzini e nelle botteghe, un po' con la buona volontà di nobili e benestanti, che aprirono le porte delle loro case, in modo che chiunque si presentasse con una coccarda tricolore potesse sfamarsi. La città, però, non poteva durare a lungo e tutti sapevano che fosse fondamentale conquistare almeno una porta delle mura, in modo da poter ricevere rinforzi e cibo dalle campagne.

Radetzky prese l'iniziativa e mandò un'ambasciata a proporre una tregua. L'offerta provocò un duro confronto nel consiglio che guidava la lotta e che si spaccò tra moderati e democratici. Il podestà Casati e i nobili premevano perché si accettasse l'armistizio e contemporaneamente si chiamasse in aiuto Carlo Alberto. Già era stato inviato oltre il Ticino il conte Martini, che dopo il colloquio con il re tornò in città, il 21 marzo, recando una risposta interlocutoria (come il conte avesse fatto per uscire dalle mura e poi rientrare, non si sa).

Carlo Alberto aveva radunato il suo esercito a Novara, presso il confine, e per intervenire attendeva di ricevere una petizione firmata dai maggiorenti milanesi. A suo dire la richiesta era necessaria per giustificare di fronte alle diplomazie internazionali l'ingresso delle truppe nel Lombardo-Veneto, dimostrando che l'intervento aveva lo scopo di sedare disordini e non di conquistare territori. O, ancor peggio, di sostenere una rivoluzione.

Le ragioni dei moderati

Perché coinvolgere nella lotta antiaustriaca un sovrano che fino a due mesi prima era stato un campione della Restaurazione? Carlo Alberto, infatti, solo da poche settimane s'era risolto, con gran sorpresa di quasi tutti, anche di molti dei suoi collaboratori, per la concessione dello Statuto. Addirittura aveva accettato di sostituire le bandiere piemontesi con il tricolore, su cui aveva fatto apporre lo stemma sabaudo.

Le ragioni dei moderati milanesi erano abbastanza pratiche e si possono riassumere in due punti principali. Il primo motivo, esplicito, stava tutto nel timore che i rivoltosi, non addestrati, con pochi fucili, senza cannoni e senza cavalleria, fossero troppo deboli per ottenere una vittoria definitiva sull'esercito imperiale. Usciti da Milano e lontani dalle barricate, sembravano destinati alla sicura sconfitta contro un esercito tra i più potenti d'Europa. Il secondo motivo, sottaciuto, era un altro timore: tutti si rendevano conto che una rivoluzione, una volta scoppiata, era qualcosa che non si sapeva dove potesse andare a parare. La Rivoluzione francese, con i saccheggi dei palazzi, i nobili portati alla ghigliottina e i popolani al potere, era un ricordo fresco, di pochi decenni prima.

Ci si può chiedere quanto fosse fondata questa paura. Probabilmente i signori milanesi non temevano davvero di finire decapitati, ma consideravano un pericolo reale, per esempio, che il popolino, eccitato dagli scontri e magari imbaldanzito da qualche vittoria, s'abbandonasse a saccheggiare le loro belle case. A Milano scene di violenza s'erano già viste in passato ed era intuitivo che nella massa dei ribelli ci fossero, a fianco degli onesti, individui pronti ad approfittare dell'assenza di controlli e di polizia e altrettanti capaci d'invocare una giustizia spiccia e radicale, motivandola con la necessità di difendere non solo la sicurezza dei cittadini, ma anche l'onore e la reputazione della rivoluzione.

L'aiuto piemontese avrebbe sistemato ogni problema: avrebbe protetto le conquiste dell'insurrezione da un eventuale ritorno austriaco ed evitato che un mutamento istituzionale divenisse occasione per una rivolta sociale. Qualcuno si spingeva anche più in là: se il futuro fosse stato lombardo-piemontese, Milano ne sarebbe stata il baricentro, a scapito di Torino.

Le ragioni dei democratici

Cattaneo e i suoi seguaci la pensavano diversamente. Smaniavano perché si mettessero a tacere i nobili, volevano che non si firmasse nessuna petizione e che non s'accettasse nessun armistizio, speravano che la rivoluzione trionfasse con le proprie forze e la Lombardia imboccasse un nuovo corso, moderno e democratico. Non credevano che passare dal dominio austriaco a quello piemontese rappresentasse un vero cambiamento. Nei loro programmi c'era la fiducia che la rivoluzione sapesse camminare sulle proprie gambe e organizzarsi una difesa: solo a quel punto, in posizione paritaria, si sarebbe trattata un'alleanza con il re di Sardegna.

Per comprendere quanto profonda fosse la frattura tra le due anime dell'insurrezione, basta leggere gli strali che Cattaneo lanciava contro la nobiltà timorosa, infida e attenta innanzitutto ai propri interessi. Il bersaglio era soprattutto il podestà, conte Casati, additato come l'uomo che aveva sempre servito gli austriaci, fregiandosi delle onorificenze imperiali, e che, all'avvicinarsi della tempesta, s'affrettava a rivolgere i suoi ossequi anche al sovrano piemontese, casomai fosse diventato il nuovo padrone di Milano. «Se avesse potuto dividersi in due per servire ambedue le corone, lo avrebbe fatto» concludeva Cattaneo.

Il punto di vista austriaco

Per Radetzky le questioni politiche dei milanesi contavano relativamente poco. Non gli importava che Milano finisse al re di Sardegna o diventasse una repubblica: in entrambi i casi l'impero avrebbe dovuto dichiararsi sconfitto. Il maresciallo trovava interesse in un sola cosa: che le divisioni indebolissero il fronte degli insorti. Eppure non intravedeva nessun segno di cedimento.

Come tutti gli austriaci, aveva sempre considerato gli italiani ottimi artisti e pessimi soldati. Adesso che vedeva combattere sulle barricate perfino le donne e i bambini, doveva ricredersi: «Il carattere di questo popolo mi sembra cambiato come per il tocco di una bacchetta magica»[4] scriveva a Vienna, cercando di spiegare i terribili frangenti di quei giorni. D'altra parte vedeva i suoi uomini sempre più stanchi e demoralizzati. Non disponeva di edifici sufficienti a ospitare quasi 20.000 soldati (più asini, muli e cavalli), non c'erano magazzini, cucine, pozzi, latrine per tutti. Soprattutto era disastrosa l'inazione a cui erano costrette le truppe, una sensazione d'impotenza che scuoteva anche le più solide. Dal punto di vista austriaco era chiaro che se i milanesi si fossero impadroniti di una sola porta, vanificando l'assedio, la battaglia sarebbe stata persa.

La vittoria dei milanesi

Nel consiglio di guerra Cattaneo e i suoi prevalsero, l'armistizio fu rifiutato e la parola tornò alle armi, alla scabrosa questione delle porte e delle vie larghe e diritte sotto i bastioni. Fu un professore di scuola militare, Antonio Carnevali, a trovare la soluzione, inventando le barricate mobili. Si trattava di enormi fascine grossomodo cilindriche, del diametro di quasi tre metri, bagnate perché non s'incendiassero: gli assalitori dovevano farle rotolare davanti a sé, riuscendo, per un certo tempo, a fermare pallottole e palle di cannone.

Non erano un ritrovato miracoloso e i primi due tentativi di utilizzarle fallirono sanguinosamente. Il terzo, a Porta Tosa – che da allora divenne Porta Vittoria –, ebbe successo, dopo un'intera giornata di lotta, il 22 marzo. Guidava gli attaccanti un personaggio della Milano più agiata, che fino a quel momento non s'era occupato che di abiti alla moda, cavalli e donne e che in pochi giorni s'era trasformato in un perfetto combattente: Luciano Manara.

Se la vittoria si poteva dire conquistata sul campo, il successo di Cattaneo nel consiglio di guerra si rivelava parziale: mentre l'insurrezione trionfava, partiva verso il Piemonte un messaggero che portava la petizione con cui i milanesi chiedevano a Carlo Alberto di entrare in Lombardia.

Nella notte tra il 22 e il 23 marzo Radetzky decise che non poteva più resistere a Milano, rischiando di rimanere bloccato tra i rivoluzionari da una parte e i piemontesi in arrivo dall'altra. Si rendeva conto che se avesse ordinato il bombardamento della città e la resistenza a oltranza, avrebbe prolungato la lotta, ma con il solo risultato di aumentare il numero dei caduti da entrambe le parti, senza cambiare l'esito dello scontro. Scelse il male minore e ordinò la ritirata.

La situazione era difficilissima, perché doveva attraversare la Lombardia, da Milano a Verona, senza sapere se i ponti sui fiumi erano praticabili o se erano stati tagliati, con il pericolo dei piemontesi alle spalle, che potevano mettersi alla caccia della sua colonna malconcia. Il territorio gli era ostile, perché quasi tutte le città della Lombardia erano insorte e avevano cacciato le guarnigioni austriache. Alcuni battaglioni, soprattutto quelli formati da italiani, avevano disertato ed erano passati con gli insorti, altri si erano dispersi per le campagne, molti uomini si erano arresi oppure si erano messi al sicuro in Svizzera.

Per la strada verso il Veneto alla colonna si accodarono alcune guarnigioni superstiti, a volte senza più salmerie ed equipaggiamento, mentre altre si dirigevano per conto loro alle fortezze del Quadrilatero. Radetzky dovette tirare un sospiro di sollievo quando finalmente poté chiudersi alle spalle le porte di Verona e, fatti i conti, constatare che aveva perso meno di un terzo delle truppe: *solamente* 20.000 uomini su 70.000, in maggioranza italiani e ungheresi che avevano disertato. Intanto l'esercito piemontese, passato il Ticino, aveva evitato di gettarsi subito a cercare battaglia. E Radetzky poté tirare un secondo sospiro di sollievo.

L'angolo buio

C'è ancora un ragionamento da fare: cercare di capire quanto siano state violente le giornate milanesi. Sicuramente la lotta fu durissima. Combattere per vie e strade cittadine è un incubo per tutti, anche per le truppe regolari: ogni porta o finestra è una minaccia, dietro ogni muro può nascondersi un tranello. Si creano situazioni che generano rabbia e frustrazione, che a loro volta moltiplicano la violenza e spesso sfociano nella rappresaglia.

Nelle cronache del tempo, però, si racconta anche di brutalità verso i prigionieri e gli inermi. Ne parla, per esempio, Guglielmo Pepe nelle sue memorie;[5] voci del genere erano diffuse anche fra i soldati piemontesi, come testimoniava un ufficiale: «Nel Castello furono trovati uomini tagliati in pezzi e più di 17 ragazzini infilzati»; riferiva di un collega che dichiarava di aver visto uno «col cranio rotto e le cervella strappate fuori» e altri «appesi per le gambe e bruciati».[6]

È difficile capire quanta verità ci fosse dietro descrizioni come questa. In tutte le guerre è uso diffondere idee terrorizzanti circa i comportamenti barbarici del nemico, per far montare l'odio e scoraggiare le diserzioni. D'altro canto la violenza faceva parte della prassi poliziesca austriaca – le mazze di legno dei croati e i pugnali nascosti sotto i mantelli e usati a tradimento erano tristemente famosi – e probabilmente aveva causato reazioni uguali e contrarie da parte dei rivoltosi. Non approfondisco oltre: basti annotare la questione e ricordarsene quando si dirà di episodi orrendi a Brescia, ancora per mano degli imperiali, a Genova da parte dei piemontesi, a Messina da parte sia degli insorti sia delle truppe borboniche. Esiste un angolo buio del Risorgimento, un ripostiglio degli orrori, sanguinoso e doloroso, di cui raramente si parla, che ha visto protagonisti di tutte le bandiere e che fa da contraltare agli ideali, all'etica e ai sacrifici dei patrioti.

Le Cinque giornate oggi

Sono andato in giro per Milano per verificare cosa possa vedere e comprendere delle Cinque giornate un turista qualsiasi. Devo dire che è stata un'esperienza utile e interessante, con risvolti che fanno meditare.

Come punto di partenza ho scelto il Museo del Risorgimento e ho visitato le due sale dedicate all'insurrezione. Belle, ma impostate su una lettura degli avvenimenti molto appiattita sul canone tradizionale del Risorgimento patriottico e depurata di ogni spunto appena critico. Poi, siccome nelle mie frequentazioni della città non ricordavo d'aver notato lapidi o monumenti (tranne quello di piazza Cinque Giornate, che è importante e centrale, ma non molto evocativo), ho pensato di provare un piccolo e dilettantesco esperimento. Ho annotato gli avvenimenti immortalati nei quadri esposti nel museo – considerandoli come i momenti salienti della rivolta – e sono andato per le strade a cercarne il ricordo. L'ho fatto armato solo di una cartina, come un turista qualsiasi, e mi sono trovato subito in difficoltà, a dimostrazione che i luoghi del marzo 1848 non sono facilmente rintracciabili (mi ha tratto d'impaccio l'aiuto sostanziale di un gentile libraio della Galleria).

La prima cosa che s'impara è abbastanza spiazzante: si tocca con mano quanto fosse piccola la città di allora rispetto alla metropoli odierna. La gran parte dei combattimenti avvenne lungo un percorso di dieci minuti a piedi, mezz'ora se s'includono i due punti più distanti e diametralmente opposti: il castello e piazza Cinque Giornate.

Al broletto, preso dagli insorti il primo giorno e poi ripreso da Radetzky, non c'è nemmeno una lapide, così come in piazza Duomo. Non sono salito sulle terrazze del duomo per vedere se fossero ricordati i patrioti che issarono il tricolore sulla Madonnina, incuranti del fatto che Radetzky avesse fatto circolare la voce di aver minato la chiesa.

Sulla facciata di palazzo Marino, sede municipale, c'è una lapide che cita le Cinque giornate solo in un parallelo con il 25 aprile 1945. Nulla sulla facciata della Scala e nulla nemmeno sulla Ca' de Sass, in via del Monte di Pietà. Lì si trovava la caserma del Genio, uno dei luoghi in cui i combattimenti furono più accesi. Vi morì Augusto Anfossi, nizzardo con un passato napoleonico e girovago tra Italia, Francia, Egitto e Turchia. Trovandosi per caso a Milano, mise la sua esperienza al servizio della rivolta, guidando alcuni assalti. Alla caserma del Genio avvenne anche un episodio piuttosto famoso: siccome gli insorti non riuscivano ad avere ragione di quella sorta di fortezza, un ciabattino zoppo, Pasquale Sottocorno, sfidò le fucilate e riuscì a raggiungere il portone e a dargli fuoco, usando una bottiglia di acquaragia come una primitiva molotov.

A pochi passi c'è via Bigli, dov'era la sede del consiglio di guerra. La via è curva e venne scelta proprio per questo motivo, perché più difendibile. Sul palazzo al numero 9 c'è solo una lapide piuttosto concisa, che ricorda come dietro quelle mura fu rifiutato l'armistizio proposto da Radetzky. In fondo a via Manzoni ci sono gli archi di Porta Nuova, i cui combattimenti sono ritratti in due quadri del Museo del Risorgimento: oggi sul luogo non c'è nemmeno una piccola targa a ricordarli. Da lì ho intrapreso l'unica passeggiata appena lunga, fino a corso di Porta Vittoria e a piazza Cinque Giornate. Sul corso non rimane praticamente nulla della Milano d'allora, tranne una palla di cannone all'interno di una finestra della biblioteca Sormani. Si trova in una specie di magazzino chiuso al pubblico e me l'ha mostrata un cortesissimo bibliotecario.

Piazza Cinque Giornate, sul luogo di Porta Tosa, è ornata da un monumento in bronzo abbastanza anonimo: se non fosse per i nomi dei caduti incisi sui lati, potrebbe ricordare qualsiasi altro avvenimento. Molte strade delle vicinanze, comunque, sono dedicate ai combattenti della rivolta.

Tuttavia la cosa interessante del monumento è che comprende, sotto il basamento, una cripta in cui alla fine dell'Ottocento furono portate le urne dei milanesi caduti. Già un ossario interrato sotto aiuola nel centro di una piazza trafficatissima è abbastanza insolito. Ma ancora più atipico è il fatto che pochi ne conoscano l'esistenza: visitando la piazza non ne ho trovato indicazioni e a me è stato segnalato da un amico che lo ha scoperto mediante Internet. A mia volta ho provato a fare una piccola indagine tra i conoscenti milanesi, ma uno solo, il più anziano, che ricorda le celebrazioni del 1948, ha saputo darmi notizia dell'ossario e informarmi che viene aperto ogni anno il 22 marzo, anniversario della rivolta.

Bisogna ammettere che il fatto è piuttosto curioso. Nei miei piccoli viaggi alla ricerca delle memorie risorgimentali mi è capitato di trovare luoghi in cui gli avvenimenti di quei tempi sono ancora vivi e vitali e altri in cui, invece, sono stati del tutto dimenticati. Ma sono davvero rari i casi in cui sono stati celebrati con un monumento, addirittura un ossario, e poi il monumento stesso è stato dimenticato. Insomma, solo a Milano ho trovato un caso di memoria quasi dimenticata.

Cosa dire? Comprendo benissimo che un'attenzione maggiore al ricordo delle Cinque giornate non servirebbe a portare turisti, né a migliorare l'immagine di Milano. Del resto una piazza dedicata a quei lontani fatti esiste, con tanto di monumento e ossario (nascosto), e i protagonisti sono celebrati con l'intitolazione di molte strade. Eppure, com'è stato scritto,

> Ricordare quel periodo è come ricordare i nostri nonni e i nostri bisnonni. È come sfogliare un album di famiglia, dove è facile riscoprire (o scoprire per la prima volta) l'orgoglio di discendere da chi seppe compiere quel passo così coraggioso.[7]

11
I veneziani di Manin

A Venezia le cose andarono in modo differente rispetto a Milano, soprattutto per due motivi. Il primo fu che in laguna prese subito il comando un capo molto amato, seguito e rispettato; il secondo si può riassumere dicendo che la città sapeva benissimo cosa farsene della libertà e dell'indipendenza: era stata libera e indipendente sino a pochi decenni prima e ricordava perfettamente cosa significasse governarsi.

Anche Venezia, come Milano, visse i mesi precedenti il marzo 1848 seguendo col fiato sospeso le vicende italiane e il dipanarsi delle rivolte e delle libertà concesse. Poi insorse senza un'organizzazione o una strategia precise: semplicemente la pressione popolare andò crescendo, ma nessuno avrebbe saputo dire come e in che direzione si sarebbe incanalata. A lungo il confronto con gli austriaci avvenne su due piani: il più evidente era quello delle sfida quotidiana e delle provocazioni continue, complete di dimostrazioni a teatro e nei luoghi pubblici.

Un capo naturale

Sul piano più propriamente politico operavano due notevoli personaggi, molto differenti tra loro. Uno era un avvocato proveniente da una famiglia originariamente ebraica; si era laureato giovanissimo, ma non aveva fatto una gran carriera: Daniele Manin. L'altro era una grande personalità della cultura, che negli ultimi anni della sua vita avrebbe messo mano a un fondamentale *Dizionario della lingua italiana*: Niccolò Tommaseo.

Manin tempestava i funzionari austriaci con continue petizioni per ottenere autonomie in campo economico, amministrativo e sociale, alzando il tiro delle richieste via via che capiva d'avere alle spalle il consenso dei veneziani. Tommaseo si rivolgeva a mete più eteree, come gli ideali italiani e le libertà di espressione e di pensiero. Alla fine tanto fecero e tanto dissero, che entrambi, il pragmatico e l'idealista, furono arrestati. Il soggiorno in carcere, invece di allentare la volontà di rivolta, la incrementò e diede tempo ai due – soprattutto a Manin, in realtà – di ragionare su cosa si dovesse fare, quali scopi prefiggersi e come raggiungerli.

Il 17 marzo una nave proveniente da Trieste portò la notizia dell'insurrezione viennese: subito una folla si diresse verso il palazzo del governatore Pálffy a chiedere riforme e concessioni. Questi, messo sotto pressione, fece una scelta interlocutoria e firmò la liberazione di Manin e Tommaseo, i quali furono portati a spalla, come trionfatori, in piazza San Marco. Poi non successe quasi nulla. C'era chi voleva fare qualcosa – ma c'era disaccordo su cosa – e chi, come Tommaseo, reputava che ogni passo ulteriore sulla via dell'insurrezione fosse prematuro.

Qui terminano le similitudini con quello che avveniva a Milano. Il fatto è che la popolazione di Venezia guardava a Manin come al capo naturale da seguire, qualsiasi fosse la direzione. Paul Ginsborg, nella sua splendida ricostruzione di quei giorni,[8] sostiene che nessuna delle rivolte europee del 1848 ebbe un capo più carismatico, amato e seguito di quella veneziana, con l'eccezione forse di Kossuth in Ungheria.

Piazza San Marco e l'Arsenale

Il dramma scoppiò il giorno successivo, 18 marzo: un'adunata in piazza San Marco scivolò lentamente nello scontro con le guardie austriache di sorveglianza. I soldati spararono e sul selciato rimasero otto persone – sei lavoratori e due ragazzi –, mentre altre nove furono ferite gravemente. Il governatore, per evitare che la situazione degenerasse, si rivolse a Manin, il quale suggerì di concedere la Guardia civica. Sostenne che il provvedimento avrebbe fatto sbollire gli animi dei ribelli e contemporaneamente sarebbe stato uno strumento utile per evitare che la rivolta scivolasse verso l'anarchia. Naturalmente non disse che era anche un mezzo per procurare armi all'insurrezione, che non ne aveva, e permettere ai patrioti d'avvicinare i reggimenti formati da italiani, nella speranza d'indurli a disertare.

Ci fu un giorno di pausa. Nelle strade non successe niente, mentre cresceva il fermento nei consigli e nelle riunioni. Da un lato Manin cercava di convincere i suoi che si dovesse puntare alla rivolta aperta e alla proclamazione di una repubblica. Gli erano contro quasi tutti: molti temevano che si trattasse di una mossa azzardata – popolani male armati contro una guarnigione di più di 8000 uomini – e qualcuno, come Tommaseo, ripeteva che la cosa era prematura. D'altro lato i moderati e i nobili iniziavano a organizzarsi in proprio: come i loro pari di altre città volevano soprattutto evitare l'incognita della rivoluzione, paventavano le intemperanze del popolino e miravano a ottenere dagli austriaci concessioni sufficienti a raffreddare ogni cosa.

La sera del 21 si ebbero degli scontri all'Arsenale, l'ex cuore della forza navale della Serenissima e uno dei luoghi più importanti e muniti della città. I disordini si ripeterono il mattino seguente e ne fece le spese un dirigente, che venne ucciso. Non si trattava di una rivolta patriottica, ma di un tumulto con ragioni soprattutto economiche, riguardo a lavori da fare e a paghe da prendere. Però era pur sempre un segnale di ribellione e Manin lo colse al volo. Si precipitò sul posto, raccogliendo per strada le guardie civiche che incontrava, e riuscì a entrare nell'Arsenale ingannando le sentinelle. Fuori intanto si radunavano le truppe, pronte alla repressione.

Quello fu il momento cruciale, il crinale tra la vittoria e la sconfitta. Le cose andarono bene per Manin e i suoi: tra i reparti schierati c'erano i fanti di marina, prevalentemente veneti, che si ammutinarono e sopraffecero i loro ufficiali; le altre truppe, prese alla sprovvista, si ritirarono. L'Arsenale rimase quindi in mano ai veneziani e diventò il centro della rivolta, mentre fra i soldati le diserzioni si moltiplicavano, arrivando ben presto a dimezzare la forza austriaca.

Il successo ancora non significava la vittoria, tuttavia la situazione precipitava in favore dei rivoltosi: un gruppo di loro riuscì addirittura a convincere i soldati di guardia in piazza San Marco a cambiare bandiera, conquistando così un altro luogo fondamentale della città.

La repubblica e il primo errore

Intanto, negli uffici del governatore, il podestà Correr e una delegazione di nobili e notabili cercavano febbrilmente di raggiungere un compromesso con le autorità austriache e di proclamare un governo composto di moderati, togliendo l'iniziativa a Manin e ai suoi estremisti. Ma proprio quando la trattativa era ormai a un passo dal successo, Manin giunse a San Marco seguito da una folla strabocchevole. Si ebbero momenti convulsi, finché la gente radunatasi nella piazza poté proclamare Manin presidente della Repubblica di San Marco.

Tutto finiva bene e quasi senza spargimento di sangue. I veneziani festeggiavano e nessuno si accorse di un piccolo errore: l'inviato che doveva andare a Pola per ordinare agli equipaggi della flotta imperiale, composti in prevalenza da italiani, d'impadronirsi delle loro unità e di lasciare il porto, s'imbarcò sulla stessa nave che portava via il governatore Pálffy con gli uomini del suo seguito. Così il messaggio venne intercettato e la flotta rimase sotto la bandiera austriaca. In un giorno di festa poteva sembrare un neo trascurabile; di lì a non molto si sarebbe rivelato un errore irreparabile.

PARTE QUARTA

La Prima guerra d'indipendenza

12

L'intervento dei piemontesi

Il 23 marzo 1848 le truppe piemontesi passarono il Ticino e mossero verso Milano. Cominciava la Prima guerra d'indipendenza, da molti considerata l'inizio di quel ciclo d'avvenimenti che nel giro di tredici anni avrebbero portato all'unità d'Italia. Secondo altri tale inizio dev'essere fissato a tre mesi prima, a Palermo, oppure a cinque giorni innanzi, con lo scoppio della rivolta milanese; o ancora più indietro, alle rivolte del 1821, o addirittura a Murat.

Questo proliferare di date riconduce a un ragionamento già accennato e a cui bisognerà tornare diverse volte nella prosecuzione del racconto: si stavano mettendo in movimento lungo la stessa strada forze distinte, accomunate a volte dai fini, altre volte dai mezzi, altre volte ancora dalle opportunità. Questi tanti Risorgimenti possono essere semplificati in due fronti, che si schieravano, se non proprio ostili, perlomeno diffidando l'uno dell'altro.

Il primo era regio, istituzionale e conservatore; in questo contesto era rappresentato da Carlo Alberto, dai suoi generali e dai moderati milanesi. Il secondo era popolare, democratico e innovatore, incarnandosi in Cattaneo, in Manara e nei volontari che aspettavano di andare a combattere in prima linea. Proprio a causa e nel merito di questo dualismo, i mesi seguenti avrebbero dato un'impronta indelebile non solo alla guerra in corso, ma a tutto il Risorgimento e, a ben vedere, anche alla nazione unita che ne sarebbe uscita.

Fratelli generosi o complicazioni?

A prima vista la situazione era del tutto favorevole ai piemontesi o, meglio, agli italiani, visto che prima di passare il Ticino Carlo Alberto aveva deliberato che la bandiera della guerra sarebbe stata il tricolore verde bianco rosso con lo stemma sabaudo al centro. Questo era indubbiamente un segno di patriottismo, purché non si facesse notare che solo tre mesi prima sventolare quel tricolore, nel Regno di Sardegna, era considerato un reato.

Carlo Alberto puntò dritto su Milano – una quarantina di chilometri di marcia –, che lo accolse festosamente, nonostante le strade fossero ancora ostruite dalle barricate. Certo che qualche macchia si vedeva, a sporcare il bell'avvenimento. Perché il Savoia si muoveva solo adesso, *a battaglia vinta* – qualcuno in realtà pensava *a guerra vinta* –, e non aveva mandato nemmeno una pallottola d'aiuto, quando per le strade della città si combatteva, e anzi aveva fermato le colonne di volontari che volevano correre in soccorso degli insorti?

I nobili lombardi che lo avevano mandato a chiamare non si facevano problemi: erano tranquilli e felici e aprivano le loro case ai pari grado piemontesi.

I democratici, Cattaneo in testa, restavano perplessi e non erano i soli. Per le vie, nei capannelli di gente, si diceva che il re sabaudo avesse deciso l'intervento per evitare di trovarsi schiacciato, lui monarca di vecchio stampo, tra una repubblica a Milano e una in Francia. Qualche testa calda arrivava a insinuare che Carlo Alberto si fosse mosso, in realtà, in accordo con l'Austria. Lui si sarebbe occupato di far sbollire la rivolta in Italia, per dare il tempo alla corte di Vienna – già, sua moglie Maria Teresa non era forse arciduchessa d'Austria e principessa di Ungheria e Boemia? – di risolvere i guai che scoppiavano nelle altre parti dell'impero; poi, tornata la calma, si sarebbe trovato un accomodamento, che lasciasse tutti contenti e che comprendesse, magari, l'annessione della Lombardia al Piemonte.

Malelingue? Probabilmente.

Tuttavia era chiarissimo quello che Torino, attraverso i canali diplomatici, aveva fatto sapere alle corti europee, per giustificare l'intervento in Lombardia. L'avrebbe riassunto il re, scrivendo a Pio IX in aprile, a guerra ormai in corso:

> I nostri più grandi nemici non sono i soldati imperiali bensì il partito repubblicano antireligioso che sta agendo in questo momento con la massima energia, impiegando i mezzi più perversi per realizzare i propri fini.[1]

Giochi diplomatici? Forse. Però i discorsi su questi temi avvelenavano l'aria. Luigi Salvatorelli, in un testo diventato un classico degli studi sul Risorgimento, quando parla della fine delle Cinque giornate annota:

> La complicazione principale, però, venne dal di fuori, con l'intervento del Piemonte.[2]

Una «complicazione»? Quello che per almeno un secolo è stato presentato come il generoso e fraterno intervento piemontese in aiuto degli insorti diventa una «complicazione»...

A questo punto diventa necessario un inciso.

L'atteggiamento perlomeno equivoco di Carlo Alberto diede certamente adito a sospetti di doppio gioco, ma questo è solo il primo dei tanti casi in cui si potrebbe applicare un'analisi *dietrologica*, per usare un termine di moda al giorno d'oggi, a vicende risorgimentali.

Seguire queste piste porterebbe lontano e per sentieri molto incerti. Di certo il Risorgimento fu combattuto tanto dietro le quinte, quanto sulle barricate o sui campi di battaglia ed è veramente difficile dire quale dei due fronti fu il più importante. Per quanto mi riguarda, voglio ignorare voci di congiure e mezzucci opportunistici e mi limito ad annotare che malafede, furbizia, fatalismo e inettitudine sono territori confinanti e, anzi, spesso sovrapposti.

Una strana lentezza

È difficile spiegare cosa successe tra fine marzo e fine maggio 1848: i fatti che racconto sono illuminanti, ma non permettono di chiudere definitivamente la questione. Bisogna tenere conto della convulsione di quei mesi e fare uno sforzo d'immaginazione per mettersi nei panni dei protagonisti: si sta parlando del Quarantotto, un anno che è diventato simbolo d'enormi sconvolgimenti. L'intero mondo sembrava capovolgersi: è comprensibile che idee e azioni fossero confuse e non proprio logiche e lineari.

Come sempre, ci si deve attenere ai fatti e da quelli comincio, almeno per come sono riportati nel racconto tradizionale, cioè per come sono presentati nei testi scolastici e nei libri di divulgazione.

In breve: i piemontesi entrarono in Lombardia, raggiunsero Milano, già libera, e poi il Mincio. Ottennero due piccole vittorie al ponte di Goito e a Pastrengo, in questo secondo caso per merito di una carica dei carabinieri a cavallo che scortavano il re. Intanto mettevano sotto assedio la fortezza di Peschiera: Radetzky, per aiutare gli assediati, cercò d'organizzare una manovra a tenaglia, ma venne prima rallentato dal sacrificio dei volontari toscani a Curtatone e Montanara e poi sconfitto a Goito. Peschiera dovette arrendersi e i soldati piemontesi acclamarono Carlo Alberto «re d'Italia». Tuttavia gli austriaci ricevettero i rinforzi in cui speravano e con quelli poterono vincere la battaglia di Custoza. Se questa è la versione nota, ora si tratta di vedere se le cose andarono davvero così o in maniera diversa e, in questo caso, di che genere sono le differenze.

Sedici giorni

L'esercito piemontese entrò in guerra il 23 marzo, ma solo il 9 aprile arrivò a tiro degli austriaci, con uno scontro al ponte di Goito, nel quale ebbero il battesimo del fuoco i bersaglieri con il loro fondatore e comandante, Alessandro La Marmora, che rimase ferito gravemente. Sedici giorni per attraversare la Lombardia amica erano davvero tanti: senza scomodare Napoleone e la sua ossessione per la velocità, è intuitivo che avendo davanti a sé un esercito in ritirata, stanco, demoralizzato e male in arnese, per le cospicue perdite di uomini e materiali, prima gli si arrivava addosso, più facilmente lo si sarebbe sconfitto. Senza evocare i geni dell'arte militare, basterebbe ricordare come s'era comportato Federico Bianchi inseguendo Murat.

I piemontesi, invece, lasciarono agli austriaci tutto il tempo di tornare alle loro piazzeforti, mettersi al sicuro, riorganizzarsi, studiare lo schieramento e prepararsi allo scontro. Da parte loro i volontari milanesi avevano preso l'iniziativa e si erano messi all'inseguimento, ma presto furono invitati a fermarsi, formalmente perché non si esponessero a pericolosi colpi di coda della belva in fuga, che in campo aperto era nettamente superiore (come dimostrò, per esempio, il piccolo scontro di Guidizzolo, nel Mantovano).

In realtà non sembrava che i piemontesi prendessero sul serio la guerra. Gli ufficiali passavano da un invito all'altro nelle case della nobiltà, mentre tra i soldati circolavano strane voci, come quella che non avrebbero mai combattuto. Scriveva uno di loro:

> Ho 60 colpi di polvere da sparo, ma sembra che non dovrò usare il fucile: se andremo in battaglia la faranno i volontari senza alcun soldato; i volontari sono migliaia e migliaia ed armati in ogni modo. Si dice che dovrebbero arrivare 500.000 francesi dal Sempione in aiuto a Carlo Alberto.[3]

Se questi erano il clima e i convincimenti, s'inizia a comprendere perché l'esercito piemontese impiegasse così tanto per attraversare la Lombardia e anche perché non vedesse di buon occhio l'attivismo dei volontari. Inoltre bisogna annotare che mentre le città accoglievano i sabaudi come liberatori, i contadini lombardi non erano molto felici del cambio di regime, tanto che ci fu anche qualche piccola ribellione.

Finalmente l'esercito giunse sul Mincio e pose l'assedio alla fortezza di Peschiera, l'angolo nordoccidentale del Quadrilatero. Si trattava di un atto formale, perché l'artiglieria necessaria era ancora lontana. Il parco d'assedio sarebbe arrivato solo a metà maggio.

Il fronte del Mincio

Oggi Peschiera conserva ancora i bastioni, le porte e la struttura della vecchia piazzaforte austriaca. Una delle caserme di quel tempo ospita un piccolo museo e una biblioteca; passeggiando per le vie del centro si possono vedere cartelli che narrano le vicende di quegli anni lontani.

La città si trova sulla costa meridionale del lago di Garda e nell'aprile 1848 rappresentava l'estremo settentrionale del primo schieramento piemontese. Siccome per assediarla bisognava accerchiarla ed impedire che ricevesse aiuti e rifornimenti da est e da nord, il limite dello schieramento fu spostato un poco più verso nordest, verso Rivoli Veronese, mentre da Genova si faceva arrivare, smontata, una piccola nave da battaglia, la «scorridora» *Lampo*, di 414 tonnellate, per poter controllare anche la via d'acqua. L'isolamento della fortezza e il tentativo austriaco di forzarne il blocco rappresentarono il tema strategico principale dei primi due mesi di guerra.

Dal Garda il fronte scendeva lungo il Mincio fino a Mantova, altra fortezza del Quadrilatero, praticamente inespugnabile, perché protetta dai suoi laghi.

Oggi per andare in auto da Peschiera a Mantova s'impiegano tre quarti d'ora, con un'andatura turistica che permetta di godersi il gran bel paesaggio delle rive del fiume; ai tempi, a cavallo, ci volevano forse un paio d'ore. Su queste rive i piemontesi si fermarono e rimasero, praticamente senza prendere iniziative, per quasi tre mesi. Proprio questa decisione d'arrestare l'avanzata davanti alle

Il fronte del Mincio, aprile 1848

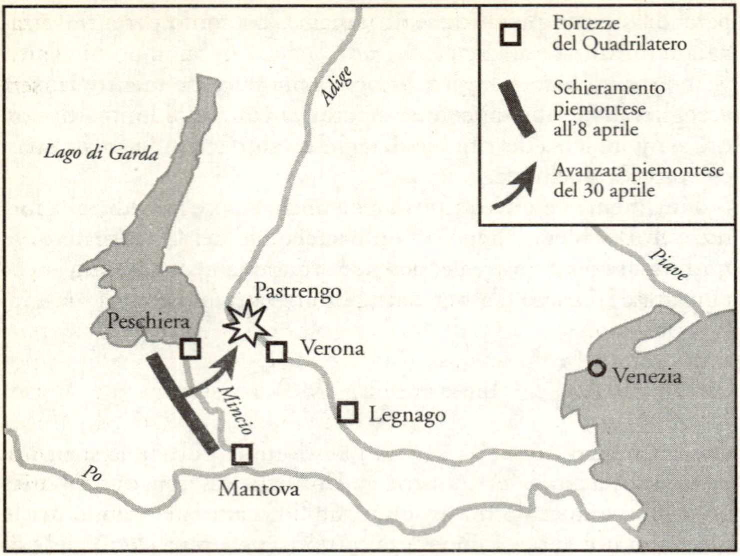

fortezze austriache si deve considerare il primo e più grave errore di una condotta della guerra assolutamente insufficiente, per non dire sciagurata. Anzi, il peccato originale da cui discesero poi tutte le altre scelte che portarono al disastro finale.

Un sistema difensivo

Ma cos'era il Quadrilatero, su cui gli austriaci facevano tanto assegnamento? Era un sistema di quattro fortezze: Peschiera, Mantova, Legnago e Verona – non una vera e propria fortezza, ma una città fortificata –, che Radetzky aveva fortemente voluto e di cui aveva curato personalmente la realizzazione.

L'area compresa tra le quattro città era come una porta, un passaggio obbligato per entrare nella valle dell'Adige, via di comunicazione fondamentale tra nord e sud, tra Austria e Italia. L'accesso era molto stretto e già naturalmente ben protetto: il bacino del lago di Garda e il corso del Mincio a ovest; a sud di Mantova ancora il Mincio e poi un sistema di acquitrini e canali, che rendeva impossibile arrivare al Po, a sua volta barriera che copriva tutto il fronte meridionale del Veneto, fino al mare; a est l'Adige. Le fortezze del Quadrilatero, due sul Mincio e due sull'Adige, rinforzavano i cardini della porta.

La teoria militare classica insegnava che le fortezze dovessero servire come punti d'appoggio per uno schieramento difensivo oppure costituire un vero e proprio sbarramento completo, come avveniva per i forti alpini. Il Quadrilatero era entrambe le cose: le fortezze servivano sia come strutture di difesa, che si dovevano assediare e superare per poter procedere senza lasciarsi alle spalle l'esercito nemico, sia come basi di manovra, dalle quali far uscire le truppe per affrontare il nemico in una battaglia in campo aperto.

Combattere nel Quadrilatero significava per i reparti austriaci non avere mai problemi logistici, perché in ogni momento potevano rifugiarsi tra mura ospitali, dove trovare riparo e rifornimenti. Non solo: in quel lembo di terra da anni Radetzky impegnava l'armata in periodiche ed estenuanti esercitazioni e quindi tutti i suoi ufficiali ne conoscevano a menadito ogni particolarità geografica e topografica. Insomma, nel Quadrilatero gli austriaci potevano muoversi come in casa propria, con tutti i vantaggi che ne derivavano.

13
L'occasione perduta

I piemontesi distesero il loro esercito assediando Peschiera a nord e Mantova a sud e creando una linea continua lungo il Mincio.

Non si può non notare che il primo mese di guerra venne sciaguratamente sprecato. I comandanti di Carlo Alberto non si misero celermente all'inseguimento di Radetzky, in modo da sfruttare le difficoltà e la demoralizzazione dei soldati austriaci, non accolsero nelle loro fila gli insorti lombardi, che invece si erano gettati dietro alle truppe in ritirata, nemmeno approfittarono delle insurrezioni che avvenivano alle spalle del Quadrilatero, in Veneto, e che a tutti gli effetti, accerchiavano quelle fortezze.

Fu un'occasione perduta e altrettanto improvvida fu la decisione di considerare il fronte sul Mincio, tra Po e lago di Garda, come l'unico possibile, bloccando la guerra in quei quaranta chilometri.

Che fu un errore possiamo vederlo noi, a tanti anni di distanza, ma lo compresero anche molti contemporanei. S'infuriava, per esempio, Carlo Cattaneo, che ce l'aveva a morte con le vecchie *chabraques* – cioè le coperte da cavallo, ruvide e polverose –,[4] come chiamava i generali sabaudi, ma aveva anche chiaro in testa come si dovesse svolgere una guerra alla metà del XIX secolo. Il brano seguente, tratto dalle sue memorie, è una lucida e intelligente analisi di quei momenti (i corsivi sono miei):

> I suoi generali [di Carlo Alberto] si accasarono nelle amene ville dei Veronesi e dei Mantovani; appena quei signori di corte degnavano di farsi vedere ai soldati. [...] Tutti quei fatti d'arme di Rivoli, di Pastrengo, di Bussolengo, di Santa Lucia, di Goito, nei quali si prodigò senza disegno un sangue prezioso, e un tempo ch'era dono di Dio [...] avvennero intorno a Peschiera, entro il raggio di una giornata di cammino. *Era il circolo magico segnato dalla politica del re.* [...] Se si giudica dalle loro confessioni, i generali del re

> non abbracciarono mai colla mente tutto il campo della guerra. In questo circuito di quattrocento e più miglia, i generali del re, affatto rinunciando alli esempii della napoleonica agilità, si circoscrissero da principio a quel breve arco di venti miglia che segue il corso superiore del Mincio da Peschiera a Mantova; si allungarono poi a sinistra fino a Rivoli, a destra fino alla foce del Mincio; ma sempre facendo siepe innanzi alla Lombardia, *con quel modo di guerra che soleva farsi un secolo addietro; e che non potendo essere offensivo, alla fine dei conti non riesce nemmeno difensivo.*[5]

Un'analisi convincente e con alcune immagini decisamente calzanti: quella del «circolo magico segnato dalla politica del re» e quella della «siepe», che riprenderò per indicare la difesa passiva che semplicemente occupa lo spazio del fronte, senza ipotizzare né manovre in avanti né riserve dietro e senza profondità né mobilità.

Ai generali piemontesi queste analisi probabilmente facevano sorridere: vedevano un nemico incapace di reazione e la vittoria a portata di mano e questo a loro bastava. Lo schieramento, operato tra mille dubbi, prese circa un mese e il 30 aprile fu tentata una puntata verso nordest, per portare il fronte fino all'Adige e tagliare quindi le linee di collegamento tra Verona e Peschiera.

Pastrengo

Alle spalle di Peschiera, su un'altura presso la riva destra dell'Adige, Pastrengo era per Radetzky una posizione ideale per sorvegliare la valle nel punto in cui il fiume piega a est verso Verona. In questa località 8000 austriaci vennero attaccati da circa 14.000 piemontesi, che dovevano procedere su un terreno difficile – il piccolo fiume Tione in questa zona si allargava in acquitrini –, favorevole alla difesa e, soprattutto, a loro sconosciuto. Così le tre direttrici di avanzata, individuate grossomodo con le brigate Savoia, Cuneo e Piemonte, si trovarono a investire frontalmente le posizioni austriache, con poco risultato.

La situazione fu sbloccata da un caso: il re, preoccupato per le difficoltà, s'era portato in prima linea, al centro dello schieramento, con il suo stato maggiore e i tre squadroni di carabinieri a cavallo che ne formavano la scorta. Alcune fucilate raggiunsero questi cavalieri, che dapprima retrocedettero e poi partirono alla carica. Forse le fucilate erano dirette al re e ai suoi aiutanti e i carabinieri mossero per difenderli: la cosa non è stata mai chiarita, ma resta il fatto che la carica fu lanciata sotto gli occhi di Carlo Alberto, che vi presero parte anche alcuni ufficiali dello stato maggiore e che ebbe successo.

La linea austriaca iniziò a dare segni di cedimento e la pressione piemontese fece il resto: gli imperiali si ritirarono oltre l'Adige, utilizzando un ponte di barche che subito disfecero. La sera del 30 aprile i piemontesi potevano festeggiare una vittoria brillante, anche se, alla fine dei conti, non ne avevano tratto vantaggio. Infatti gli austriaci continuavano a mantenere il controllo del fiume e della via per Trento: solo avevano rinunciato alla testa di ponte sulla sponda destra.

Della giornata sopravvive il ricordo orgoglioso della carica: al di là di questo, poco rimane di una battaglia costata ai piemontesi 15 morti e 90 feriti, agli austriaci 23 caduti, 140 feriti e quasi 400 prigionieri, perlopiù soldati che non poterono raggiungere e passare il ponte prima che fosse tagliato. Molti ufficiali piemontesi, nei loro diari e nelle lettere, non menzionarono nemmeno l'episodio.

Pastrengo oggi

Parte di un'eccellente zona vinicola, Pastrengo è oggi un tranquillo paese, che dell'evento risorgimentale non ricorda pressoché nulla: c'è solo una scritta sul monumento in piazza. In realtà la memoria è tutta legata alla carica: nelle esibizioni moderne dei carabinieri a cavallo il *clou* è intitolato proprio *Carica di Pastrengo* e assistervi dà un'idea, seppur vaga, di cosa dovesse essere una carica di cavalleria a quei tempi e perché fosse considerata terribile e splendida. Io l'ho vista eseguita da una trentina di cavalieri e ricordo che oltre allo scintillio delle sciabole e dei fregi e allo splendore dei cavalli, la cosa più sconvolgente è la netta percezione della terra che trema. Per immaginare cosa avvenne a Pastrengo, bisogna moltiplicare tale effetto per almeno otto volte (alla carica presero parte 240 cavalieri).

Se si cercano altre notizie della battaglia si resta delusi: tutto quello che si trova sul posto riguarda la carica – per interessamento delle associazioni dei carabinieri – e non la battaglia. Chiedendo informazioni a un gentile barista vicino alla piazza del paese, ho saputo che oltrepassando un certo ristorante si trova una costruzione detta Belvedere. Salendo su questa terrazza, si vede, in mezzo a un campo, una casetta con una lapide. «Lì è dove è successo tutto» è stata la laconica indicazione. L'ho seguita, naturalmente: il Belvedere è una curiosa costruzione appoggiata al costone della strada – via della Carica, tanto per ribadire il concetto –, da cui si scorge, a un centinaio di metri, la fatidica casetta. Peccato che a quella distanza non si possa leggere la lapide e che non ci sia nulla che aiuti a capire cosa sia quel «tutto» che vi accadde. Per trattarsi del monumento in memoria di una battaglia risorgimentale (o anche solo di una carica di cavalleria), un terrazzo costruito per guardare una casetta in mezzo a un campo è decisamente originale.

Il fallimento di Santa Lucia

Pastrengo era stata una battaglia fortunata, risolta un po' casualmente, che non aveva cambiato niente nella situazione: come le cose stavano la mattina, così in sostanza erano ancora la sera.

Molti criticavano una condotta della guerra così passiva: i rivoluzionari e i volontari lombardi, che s'ispiravano a Napoleone e al suo modo di condurre una guerra, ma anche tanti ufficiali piemontesi, soprattutto tra i più giovani e i più attivi.

In realtà la questione che teneva inchiodato l'esercito piemontese sulle posizioni, non era la difficoltà di fare qualcosa, ma al contrario, l'ampiezza delle scelte possibili. Quasi ogni generale aveva in mente un piano o un progetto e tutti venivano sentiti e presi in considerazione. Poi, siccome non appariva nessuna urgenza di passare all'azione, visto che il nemico rimaneva in attesa, nessuno – a partire dal sovrano – si prendeva la responsabilità di decidere e quindi d'accontentare l'uno, scontentando gli altri, e così si rimandava e i giorni scivolavano via.

Il 6 maggio, finalmente, fu presa una decisione: avanzare verso Verona, cuore e fulcro del Quadrilatero, anche se non era ben chiaro per fare cosa.

I comandi oscillavano tra due ipotesi: la prima, più prudente, prevedeva una ricognizione in forze, per capire quali e come fossero le difese in quella zona e per studiare il terreno; la seconda, invece, doveva consistere in una vera e propria manovra offensiva, con lo scopo di costringere gli austriaci a uscire dalle mura e ad accettare battaglia. Questo secondo piano comprendeva la possibilità di sfruttare accordi segreti con i patrioti all'interno della città, che facessero scoppiare l'insurrezione non appena avessero visto i piemontesi avvicinarsi.

Entrambe le ipotesi avevano i loro lati positivi, ma soprattutto era chiaro che qualcosa ormai si doveva tentare: l'esercito schierato e inattivo stava perdendo disciplina e mordente. Inoltre la città scaligera era l'anello più debole del Quadrilatero, soprattutto nel caso la popolazione fosse insorta: c'era modo di far crollare tutto il sistema difensivo austriaco con un colpo solo.

Invece fu un fallimento totale.

Il piano originale fu concepito dal generale Bava, ma poi venne rivisto da altri due generali, Franzini e Salasco, e alla fine non si capiva più quale delle due ipotesi iniziali, ricognizione o manovra offensiva, fosse stata scelta e, di conseguenza, come ci si dovesse comportare sul campo, con quali fini e quali obiettivi. Inoltre il continuo passare di mano del piano provocò una serie di ritardi, tanto che la versione definitiva arrivò ai reparti solo all'ultimo momento, alle sette e mezzo del mattino, quando una parte delle forze avrebbe dovuto essere già in marcia.

La battaglia

Da parte sua Radetzky aveva creato una linea di difesa davanti alla città, che non impegnava moltissimi uomini, ma era molto forte, coprendo con dodici battaglioni un fronte ampio, dai villaggi di Tomba e Santa Lucia fino a San Massimo, Croce Bianca e Chievo, e contando su molti capisaldi ottimamente rinforzati. Ogni muro, ogni cascinale e cimitero erano stati trasformati in piccoli fortilizi con feritoie, punti d'osservazione, barricate. Il terreno antistante era stato spianato per liberare il campo di tiro, abbattendo gli alberi che avrebbero potuto dare protezione agli attaccanti. C'erano inoltre molti muretti di sassi (*marogne*), che avrebbero obbligato gli attaccanti a esporsi, al momento di scavalcarli.

Il tempo e la cura che gli ufficiali austriaci avevano impiegato nel preparare le difese erano anche dimostrati dalle eccellenti posizioni scelte per i cannoni, ognuno dei quali prendeva d'infilata una strada o un'eventuale linea d'assalto.

Contro questa linea così preparata, i piemontesi si avventarono con impeto e tanta confusione. Il piano di battaglia risultò difficile da comprendere e contraddittorio in molti punti. Ogni unità si trovò praticamente a fare da sé. Alcune urtarono nelle difese e si fermarono; altre sbagliarono strada, altre ancora non giunsero in tempo alle posizioni iniziali. L'attacco pensato su un fronte ampio si ridusse in pratica agli scontri attorno al paese di Santa Lucia.

I primi assalti furono respinti, ma con il passare delle ore e con il giungere dei rinforzi la situazione andò migliorando. I movimenti piemontesi presero la forma di una manovra coerente e non solo di un urto cieco. Due attacchi sui fianchi, guidati uno da Bava in persona e l'altro dal generale Passalacqua, ebbero successo e quasi accerchiarono gli austriaci che difendevano il paese; un assalto diretto permise di conquistare il recinto del cimitero, che – debitamente preparato – era stato il fulcro della resistenza.

Perdere una vittoria

Gli austriaci dovettero ritirarsi verso Verona e i piemontesi, inseguendoli, giunsero in vista della città. Il risultato poteva essere notevole, perché Radetzky non aveva una seconda linea da opporre e nemmeno molte riserve da gettare nella mischia.

Per gli attaccanti il difficile poteva dirsi superato. Eppure, proprio a questo punto, intervenne l'inefficienza dei comandi piemontesi: senza rendersi conto che avevano sfondato le linee nemiche e senza avere un preciso obiettivo dell'operazione, pensarono che la battaglia fosse finita. La mancanza di idee chiare, ma anche l'assenza d'informazioni sul nemico e di una conoscenza adeguata del territorio, che permettessero di comprendere quale enorme vantaggio era stato acquisito, seppur a caro prezzo, furono all'origine del disastro.

Dal loro punto di vista i comandi piemontesi avevano semplicemente considerato esaurito il loro compito: avevano constatato che Radetzky non era uscito a combattere in campo aperto, che da Verona non era giunto nessun segnale d'insurrezione, che dalle altre zone del fronte non giungevano notizie confortanti e perciò diedero l'ordine di ripiegare. Da parte sua Radetzky per alcune ore paventò il disastro. In questo senso s'era espresso con un giovane arciduca aggregato all'esercito, tale Francesco Giuseppe, diciottenne che di lì a pochi mesi sarebbe diventato imperatore e che già qualche giorno prima aveva scritto alla madre da Verona:

> I piemontesi sono tanto superiori che se non arrivano rinforzi al più presto, difficilmente l'esercito potrà resistere qua.[6]

La sera stessa del 6 maggio, invece, gli imperiali potevano rioccupare le posizioni e tirare un gran sospiro di sollievo. Avevano avuto 72 morti e 190 feriti, i piemontesi rispettivamente 110 e 776: per ciò che era successo fino ad allora durante la campagna, era stata una giornata sanguinosissima.

Dopo questo tentativo fallito l'esercito piemontese tornò nell'inazione più completa, ma ormai qualcosa si era definitivamente rotto. I soldati persero ogni briciola d'entusiasmo, gli ufficiali più giovani – tutti nobili di provata fede sabauda e non certo rivoluzionari arrabbiati – cominciarono a criticare apertamente i superiori, i generali anziani continuarono a mettere in scena i loro dissidi e Carlo Alberto a far celebrare messe e a convocare consigli di guerra che duravano ore e ore e non producevano niente.

Il ventiseienne Cesare Magnani Ricotti, che poi avrebbe salito tutti i gradini della carriera fino a diventare ministro della Guerra nel 1870, parlando di Santa Lucia scriveva:

> Il combattimento fu molto caldo e si fu che col sacrificio di molti uomini che le nostre truppe ebbero vantaggi insignificanti; i nostri generali si dimostrarono come al solito abilissimi per scegliere la cattiva via.[7]

Enrico Morozzo della Rocca, scudiero e amico strettissimo dell'erede al trono Vittorio Emanuele, destinato a diventare un generale assai influente, commentava:

> Si passava dall'entusiasmo alla critica, alla mormorazione, a odiose supposizioni e calunnie contro i superiori, senza neppure risparmiare la figura del Re.[8]

Alfonso La Marmora, uno dei grandi protagonisti, nel bene e nel male, del Risorgimento, ribadiva:

> I soldati e parecchi dei subalterni sono buoni, ma i generali e quasi tutti gli ufficiali superiori sono di una incapacità incredibile.[9]

Generali per un'altra guerra

In quei giorni il ventitreenne Giuseppe Govone, che sarebbe diventato uno dei migliori generali nella storia dell'esercito italiano, era un sottotenente appena uscito dall'Accademia di Torino. Scriveva a casa:

> Finora la guerra è stata condotta scioccamente. Non una operazione strategica decisiva, niente di menomamente grande, tutto infantile e sciocco. E ciò è frutto di molteplici comandanti: ognuno vuole avere la sua influenza e dare il suo buono o cattivo consiglio. La sorte ne ha fatti prevalere sovente di pessimi.[10]

Tutti gli storici che hanno affrontato quella guerra, credo possano essere d'accordo sulle parole del giovane Govone.

La domanda ovvia è la seguente: se un ufficiale alla prima esperienza aveva questi pensieri, è possibile che un re, la sua corte e un intero stato maggiore di generali non si rendessero conto almeno in parte di ciò che non funzionava?

Purtroppo la risposta non è così semplice. Il punto di partenza è ben espresso da Luigi Salvatorelli:

> Tutta l'ispirazione regio-governativa del quindicennio era stata nel senso della Santa Alleanza e dell'intesa con l'Austria; come d'improvviso, l'Austria poteva divenire, per coloro che erano stati educati così, il nemico mortale? La guerra fu fatta dall'alta ufficialità piemontese per dovere d'ufficio, per fedeltà dinastica ben più che per sentimento nazionale. [...] È il duca di Genova, cioè il fratello di Vittorio Emanuele, a dirci, nella sua relazione finale sulla guerra, che ufficiali e soldati andarono a combattere per una causa contraria del tutto ai principi nei quali erano stati allevati finora.[11]

Dunque i comandi piemontesi combatterono una guerra non sentita, anzi opposta alle loro convinzioni, idee e cultura.

Questo spiegherebbe già molte cose, che diventano più chiare se s'aggiunge un'altra considerazione: i generali piemontesi non era buoni militari. Ne ho già parlato in precedenza, a proposito del regno di Carlo Felice. Sin da quegli anni la selezione dei comandi avveniva sulla base della fedeltà dinastica e delle idee politiche. I generali del 1848 avevano fatto carriera in seguito a valutazioni al negativo: *non* erano rivoluzionari, *non* erano intellettuali, *non* leggevano libri, *non* erano troppo moderni, *non* erano troppo amati da popolo e soldati. Nulla che riguardasse anche il saper comandare in battaglia.

«Dei giorni si fa come il lupo»

Ma chi erano questi comandanti tanto criticati?

A capo dell'esercito c'era il re, Carlo Alberto, noto per la sua proverbiale incapacità di prendere decisioni. La sua storia personale era stata tormentata e per molti versi sfortunata. La guerra aveva aggiunto ai suoi problemi anche l'angoscia per le responsabilità che gli toccavano. Forse interpretò gli eventi come una sorta di fardello penitenziale, che sfociava in un'ossessione religiosa: indossava il cilicio, sosteneva d'avere visioni riguardo alla condotta della guerra, passava ore in chiesa a pregare ed era in corrispondenza con una suora, detta santa e veggente, che – anche lei – vaticinava riguardo le scelte militari. Inoltre aveva difficoltà di rapporti interpersonali: altissimo, sempre pallido o cereo, diffidente, chiuso e un po' tetro, non comunicava certo ottimismo o entusiasmo.

D'altro canto era sicuramente coraggiosissimo e disposto a ogni sacrificio personale: se le guerre si fossero potute vincere con lo spirito di sacrificio e il senso del dovere, Carlo Alberto sarebbe stato un nuovo Napoleone.

Alle sue dirette dipendenze c'erano due personaggi considerati mediocri e tenuti in poca stima da tutta l'ufficialità: Carlo Canera di Salasco, capo di stato maggiore, e Antonio Franzini, ministro della Guerra al campo. La loro inadeguatezza non li esimeva dal dare pareri e intervenire nell'elaborazione dei piani, con i risultati che è facile immaginare.

Il migliore dei generali era Eusebio Bava, comandante in capo, un ufficiale di vecchio stampo, ma sufficientemente capace e intellettualmente abbastanza aperto. Aveva qualche difficoltà: era suddito di un re che voleva comandare in prima persona l'esercito; aveva intorno colleghi invidiosi che sempre intervenivano a dire la loro su ogni questione; non poteva contare su un buon carattere. Si tenne dentro la bile e la frustrazione per tutta la guerra, ma pochi mesi dopo la fine pubblicò un memoriale in cui diceva peste e corna del re, dei colleghi ufficiali e dei soldati.

Il gesto non era da bravo ufficiale, né da galantuomo, e gli costò la carriera.

Bava aveva sotto di sé il I corpo d'armata, formato da due divisioni affidate a personaggi che sarebbero usciti presto dalla storia (questo è già un giudizio sulle loro qualità): Federico Millet d'Arvillars e Vittorio Garretti di Ferrere. Il primo lasciò, nel momento cruciale, per malattia; il secondo fu tra i generali allontanati alla fine della guerra per un comportamento molto vicino alla diserzione.

Il II corpo d'armata era guidato da Ettore Gerbaix de Sonnaz. Una presenza quasi obbligatoria: da mezzo millennio c'era sempre almeno un De Sonnaz in guerra a fianco dei Savoia. Non era il peggiore fra i generali, ma era anziano e svogliato, straparlava dopo i pasti perché, diceva, per sostenersi era costretto a bere molto e in quei casi malediceva le operazioni militari. Le sue divisioni era comandate da Federici, destinato anche lui all'oblio, e da Broglia, che invece sapeva fare il suo mestiere, ma che contava molto poco nella gerarchia delle decisioni.

Infine la quinta divisione, considerata di riserva, era agli ordini del duca di Savoia, Vittorio Emanuele, figlio ed erede di Carlo Alberto: un giovane, non un genio della guerra, ma nemmeno un disastro come gli altri.

Le colpe poi scendevano per la gerarchia. Bava nelle sue memorie parlava così dei colleghi dopo Santa Lucia:

> Molti uffiziali superiori si fecero vedere a piedi durante tutto il fatto, molti cessarono di far uso degli spallini [per non essere individuati dai tiratori nemici] e si fecero crescere la barba. A poco a poco la moda si caccia anche tra i soldati [...] e cominciano quindi a liberarsi del sakò, poi degli spallini e della cravatta, quindi di tutto quanto loro poteva essere d'impaccio. Posta così da banda la tenuta militare, non tardarono a farsi sordi anche alle leggi disciplinari del servizio.[12]

All'ufficiale di grado più alto faccio rispondere un soldato semplice, uno dei pochi che hanno lasciato un diario della loro vicenda. Si tratta di Boggio Bertinet, di Biella, che a maggio scriveva:

> Gli ufficiali vivono alla giornata come i soldati; dei giorni si fa come il lupo ed altri giorni si guarda per aria senza mangiare.[13]

All'inizio dell'estate ribadiva:

> Qui siamo ricoperti come l'edera pieni di pidocchi, tutti gli ufficiali sono anche ricoperti. Ora sono arrivati pantaloni di fustagno: siamo mezzi soldati e mezzi civili [...]. Ma del resto è come se fossi nel deserto, lontano dagli abitati, non siamo comodi bisogna vivere così, alla giornata. Io sono ancora in ordine, ma ve n'è che sono proprio mal in arnese: fa pietà vedere la truppa così disordinata.[14]

Cambia il linguaggio tra i due estremi della scala gerarchica, ma i concetti sono molto simili.

14
Quasi una vittoria

Dopo Santa Lucia trascorse quasi un altro mese d'inattività. Ormai, dall'inizio della guerra, quando Radetzky era solo un comandante sconfitto che si ritirava attraverso la Lombardia e il Quadrilatero sembrava un'isoletta imperiale nei flutti della rivoluzione, le cose erano molto cambiate. Il maresciallo aveva riorganizzato le truppe, aveva ricevuto aiuti e sistemato gran parte dei problemi nelle sue retrovie.

Siccome a metà maggio era arrivato il parco d'assedio piemontese, messo in azione contro Peschiera, Radetzky decise di fare un tentativo per allentare la morsa sulla piazzaforte e, nel caso tutto fosse andato bene, anche per rovesciare l'intero schieramento nemico. Così, a partire dal giorno 27, fece uscire da Verona in direzione di Mantova una forza imponente, formata da 43 battaglioni di fanteria, 54 squadroni di cavalleria e 151 cannoni. La sua intenzione era di puntare quello che considerava il ganglio più debole degli attaccanti: i paesi di Curtatone e Montanara, tenuti da una forza mista costituita da una piccola divisione regolare toscana, una formazione di volontari toscani, tra cui anche un battaglione di studenti universitari, e un battaglione napoletano.

Contro questi 5400 uomini, con artiglieria ridicola e senza cavalleria, mossero quasi 20.000 austriaci perfettamente equipaggiati, che travolgendo i toscani avrebbero potuto prendere alle spalle la «siepe» piemontese sul Mincio, costringendola a ribaltare lo schieramento. A quel punto sarebbe uscita una colonna da Verona, per portare aiuto a Peschiera. Questo era l'obiettivo minimo: se l'esercito sardo si fosse lasciato prendere dal panico, magari c'era anche modo d'ottenere molto di più.

Prima, però, bisognava pensare a Curtatone e Montanara.

L'attacco austriaco avvenne su tre colonne: una per ognuno dei due paesi e una terza che doveva aggirare la posizione da sud. L'assalto frontale iniziò alle 10 del mattino del 29 maggio, ma incon-

Curtatone, Montanara e Goito, 29-30 maggio 1848

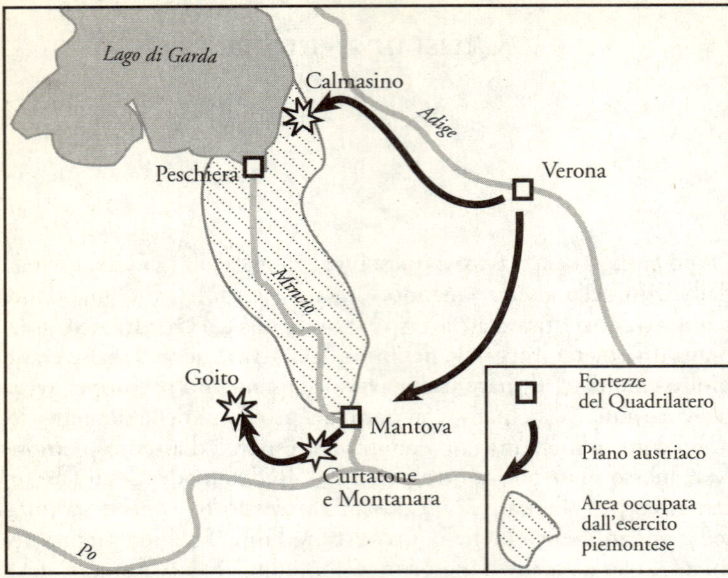

trò una difesa tanto ostinata quanto inaspettata. Solo alle 14 gli austriaci riuscirono a far retrocedere la prima linea dei difensori verso le case dei paesi, dove proseguì la resistenza accanita. Alle 16, dopo sei ore di combattimenti durissimi, il comandante toscano De Laugier ordinò il ripiegamento: da Curtatone la maggior parte dei difensori riuscì a raggiungere prima la località delle Grazie e poi Goito; a Montanara, quasi accerchiata, la situazione era molto più difficile e solo la metà dei difensori riuscì a evitare la cattura.

Alla fine della giornata gli italiani dovevano contare 166 morti e 518 feriti, oltre a 1178 prigionieri, quasi tutti presi a Montanara. Confrontando queste cifre con l'esiguità del contingente è facile dedurre quanto fosse stato forsennato il combattimento. Confrontandole, invece, con le perdite subite dai piemontesi nelle altre battaglie, si può parlare di una differenza nella convinzione che animava la lotta e nella determinazione a mantenere gli impegni presi. In ogni caso il sacrificio non era stato inutile: l'avanzata austriaca era stata fermata e il comando piemontese aveva potuto, seppur con incredibile lentezza, far affluire i rinforzi e attendere così l'urto austriaco nella piana di Goito, alle spalle dei due villaggi contesi.

Goito

Nonostante le notizie provenienti da Curtatone, i comandi sabaudi non riuscivano a farsi un quadro della situazione e non sapevano bene come comportarsi: dopo due mesi d'inattività, vedere gli austriaci in movimento offensivo era una gran brutta sorpresa. Probabilmente non presero nemmeno in considerazione l'ipotesi di andare in aiuto degli alleati e solo verso la fine della giornata decisero di portarsi a Goito, visto che gli austriaci non erano stati in grado d'inseguire da presso i toscani.

Il giorno 30 attesero l'urto con uno schieramento essenzialmente difensivo, articolato su tre linee successive. La battaglia cominciò tardi. Il piano di Radetzky prevedeva un attacco a sinistra e al centro, mentre sulla destra doveva svolgersi un'ampia manovra d'accerchiamento. Tuttavia a sinistra gli austriaci ottennero pochi risultati, a causa del terreno sfavorevole e del fuoco preciso delle artiglierie piemontesi. Al centro riuscirono ad avanzare oltre la prima linea, ma vennero contrattaccati con successo dalla seconda. Della colonna che doveva compiere l'accerchiamento non si sapeva nulla.

Dopo tre ore di combattimento Radetzky ordinò di ripiegare: restarono sul campo 43 morti e 253 feriti piemontesi, 68 morti e 331 feriti austriaci: perdite nemmeno confrontabili con quelle del giorno prima, soprattutto considerando il numero notevolmente più alto dei soldati schierati. A sera giunse la notizia che la colonna austriaca uscita da Verona per portare aiuto a Peschiera era stata intercettata e respinta dal generale Bes presso Calmasino. A quel punto Peschiera si era arresa.

A prima vista, quindi, una vittoria su tutti i fronti: i testi tradizionali sottolineano che i soldati piemontesi inneggiarono a Carlo Alberto re d'Italia.

Considerazioni tra ieri e oggi

Visitando i campi di battaglia di Curtatone, Montanara e Goito si resta spiazzati, più che delusi. A Montanara non c'è nulla – o almeno io, vagando da normale turista, non ho visto nulla –, mentre a Curtatone c'è un monumento trascurato e trasandato, che risale (a occhio) ai tempi del fascismo e ricorda unicamente il sacrificio del battaglione di universitari toscani. Che questi volontari si fossero ben comportati è fuori di dubbio e il fatto che persone destinate a diventare classe dirigente mettessero a repentaglio la vita (allora gli studenti universitari erano una percentuale piccolissima della popolazione e avevano davanti a sé una carriera brillante pressoché assicurata) era certamente un fatto degno di menzione.

E gli altri?

Rimane l'impressione di un monumento che di risorgimentale non ha molto. Più che una celebrazione dell'avvenimento, sembra un omaggio alle virtù militari della gioventù universitaria in genere: c'è anche il ricordo del battaglione universitario che combatté nella guerra d'Etiopia, assieme ai nomi di tanti atenei nazionali.

Il fatto che quel piccolo memoriale ai bordi di uno stradone trafficato sia decisamente poco per ricordare uno degli avvenimenti più importanti, conosciuti e soprattutto amati del Risorgimento, non è il solo difetto. Perché comporta una falsificazione della storia: fa credere che lì combatterono solo i volontari universitari, ingigantendo il loro contributo e sminuendo quello degli altri. Invece a Curtatone e Montanara resistettero certamente gli universitari, con indubbio eroismo, ma a fianco di volontari toscani di vari ceti, le guardie civiche di diverse città, alcuni reparti regolari dell'esercito toscano e un battaglione regolare napoletano che, tra l'altro, si comportò benissimo.

Comunque, ci si domanda anche il perché di così poca attenzione alla battaglia. Anche a voler ignorare il fatto d'armi in sé, qui combatté, per esempio, Carlo Lorenzini, che con lo pseudonimo di Collodi fu poi l'autore di *Pinocchio*, e con lui medici, fisici, chimici destinati a luminose carriere scientifiche e che sarebbero diventati anche deputati, senatori, ministri.

Una prima spiegazione è che secondo il canone monarchico del Risorgimento non fosse opportuno dare molto risalto a un'impresa di volontari, rispetto alle gesta dell'esercito regolare. Una seconda è che la memoria di Curtatone fosse imbarazzante per un altro motivo, anche più grave. Per tutta la giornata non fu inviato nemmeno un soldato in aiuto dei resistenti, tanto che, scavando tra le memorie di quel tempo, si scopre che i volontari superstiti, più che fieri della loro prodezza, erano inferociti contro i piemontesi, che li avevano abbandonati al massacro.

Memoria a Goito

Siccome la tesi tradizionale dice che il sacrificio dei volontari servì a dare tempo ai piemontesi per preparare la battaglia del giorno seguente, sono andato a Goito a vedere cosa rimane di quella che è considerata la maggiore vittoria italiana della Prima guerra d'indipendenza.

La riposta è semplice: non c'è nulla.

Il monumento ai bersaglieri, che compare anche sulla copertina del depliant turistico del paese, non si riferisce alla battaglia del 30 maggio, ma al piccolo scontro del 9 aprile, durante il quale i bersaglieri, appunto, ebbero il battesimo del fuoco e il loro fondatore, Alessandro La Marmora, rimase ferito.

Dentro al municipio una lapide ricorda che a Goito Carlo Alberto fu salutato dai soldati come re d'Italia: il che non dice nulla riguardo alla battaglia e alla guerra. Anzi, la lapide fa pensare a un'apoteosi: invece quell'esultanza era l'inizio della fine. Per capirlo, però, bisogna fare una serie di ragionamenti a ritroso.

15

Uno sguardo più ampio

Una guerra si può raccontare attraverso le battaglie e le decisioni dei comandi. Volendo approfondire, si analizzano le composizioni degli eserciti, le qualità dei comandanti e, sebbene per la prima metà dell'Ottocento non sia un dato molto significativo, la qualità delle armi. Ma per un conflitto come la Prima guerra d'indipendenza questi elementi forniscono solo un'immagine parziale e tutto sommato distorta degli avvenimenti. La guerra del 1848 non si può comprendere osservando solo gli eserciti schierati: bisogna allargare il campo a un'area territoriale molto più ampia e a diversi altri temi.

Si tratta, perciò, di ripercorrere gli avvenimenti descritti nei capitoli precedenti, guardandoli da altre angolazioni.

I punti di vista

Considerato con occhi piemontesi, il problema della guerra era rappresentato da un esercito nemico chiuso nelle sue fortezze del Quadrilatero, a controllo di una piccola porzione di pianura compresa tra Mincio e Adige. La questione era come scalzare il nemico da quelle posizioni, ammettendo che ce ne fosse davvero la volontà.

Se si prova ad allargare lo sguardo e a osservare la vicenda in una dimensione italiana, la guerra prende un altro significato e un altro aspetto. A partire dal 23 marzo gli austriaci avevano dovuto ritirarsi nel Quadrilatero, sgomberando la Lombardia. Alle loro spalle, nel frattempo, Venezia aveva proclamato l'indipendenza e le città del Veneto erano insorte. Il dominio imperiale sul Lombardo-Veneto si riduceva quindi al Quadrilatero, a sudest del lago di Garda, alla valle dell'Adige e, a oriente, ai territori al di là dell'Isonzo. Con Vienna in rivolta, il governo caduto e l'esercito frantumato, l'imperatore non poteva in alcun modo inviare aiuti.

Il 23 marzo Carlo Alberto aveva varcato il Ticino e proclamato la guerra contro l'Austria, ma il suo non era l'unico esercito messo in campo. I toscani lo imitarono, varcando gli Appennini con alcuni reparti dell'esercito regolare – buone truppe, ma numericamente scarse, perché i sovrani di Toscana non avevano mai posto molta attenzione alle cose militari – e molti volontari.

Dall'Emilia era entrato in Veneto l'esercito pontificio, guidato da un piemontese, che era fuggito in esilio dopo i moti degli anni Trenta e s'era fatto le ossa combattendo in Spagna: Giovanni Durando. Non era una grande armata, ma si avvicinava pur sempre ai 10.000 uomini, tra i quali spiccavano per qualità i mercenari svizzeri. Ai soldati pontifici si affiancava una colonna, numericamente di poco inferiore, di volontari laziali. Infine, da sud saliva l'esercito napoletano, guidato da un altro dei liberali che avevano conosciuto l'esilio: Guglielmo Pepe, già incontrato tra gli uomini di Murat nel 1815 e poi a Rieti nel 1821.

Insomma, non si può negare che in guerra contro l'Austria fosse entrata l'Italia intera, seppur frazionata negli eserciti dei vari Stati. A voler essere pignoli si può obiettare che tutti i sovrani che mandavano le loro truppe contro Radetzky, negli anni precedenti avevano mantenuto i loro troni ricorrendo, direttamente o indirettamente, alle baionette austriache.

Sul piano strategico sicuramente la guerra non si poteva circoscrivere al solo fronte del Mincio, perché si combatteva anche in Veneto e più a est ancora: sull'Isonzo, dove il generale Nugent stava cercando di costituire un nuovo corpo d'armata, e subito alle spalle del Quadrilatero, tra Padova, Treviso e Vicenza. Considerando questo quadro, appare evidente che la questione decisiva fosse questa: Radetzky non poteva tentare niente, se prima non sistemava le cose alle sue spalle, se non riusciva a ricevere rinforzi e a mantenere aperta una linea di collegamento con il resto dell'impero.

La situazione europea

Se si amplia ulteriormente la visuale, guardando all'Europa come al campo di battaglia della rivoluzione, nella primavera-estate del 1848 si individuano due fulcri: il primo proprio in Italia, dove resisteva l'unico esercito austriaco pienamente efficiente e fedele alla monarchia (il poeta Franz Grillparzer riassunse efficacemente il

Lo scenario nella primavera 1848

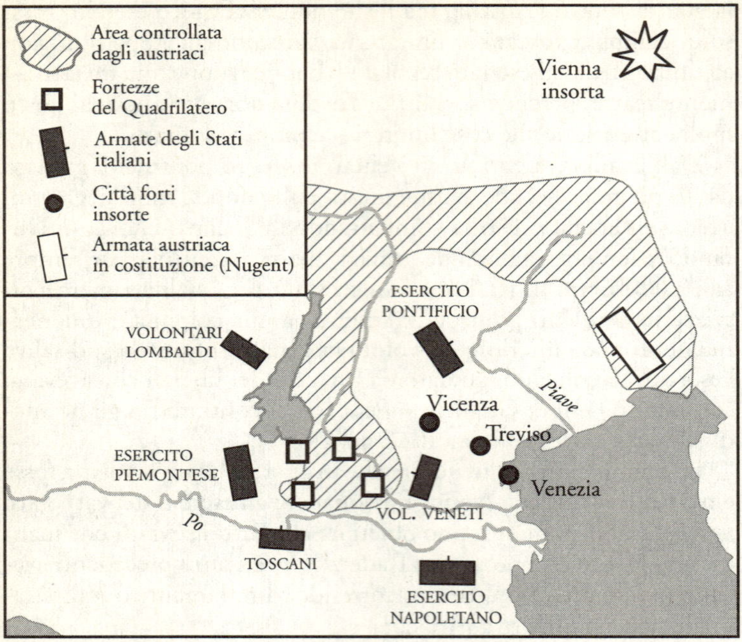

concetto in un verso dedicato a Radetzky: «L'Austria è nel tuo accampamento»);[15] il secondo a Parigi, dove si era costituito un governo repubblicano.

All'epoca si trattava di vedere se la neonata repubblica francese decideva di muovere l'esercito, considerato ancora il migliore in Europa, per appoggiare le rivolte scoppiate ovunque, in particolare in Italia. Non avvenne nulla di simile e le risorse finirono impegnate in una lotta interna tra estremisti e moderati, vinta da quest'ultimi. Ma ugualmente l'incognita francese ebbe grande importanza nello scenario italiano, perché molti confidarono nell'aiuto di Parigi. Cattaneo, per esempio, a Milano tentò di rifiutare l'abbraccio piemontese, contando proprio sull'arrivo dei francesi. A Venezia Manin fece scelte che alla fine lo penalizzarono (trascurò l'organizzazione di un esercito veneto o di stringere un'alleanza efficiente con il Piemonte), perché sperava nei francesi e nello stesso senso andarono le cose a Roma, l'anno successivo.

Il problema dei volontari

C'è un altro aspetto della guerra che potrebbe suggerire spunti di riflessione un poco inusuali. La questione potrebbe essere riassunta in una frase: il Quarantotto italiano iniziò come una rivoluzione, ma fu combattuto come una guerra regolare. Rivoluzione e guerra regolare sono due cose distanti e differenti: come si passò dall'una all'altra e cosa significò questa mutazione?

La domanda ci porta fuori dal solco della storia narrata secondo tradizione, per la quale la Prima guerra d'indipendenza fu un conflitto combattuto essenzialmente tra Piemonte e Austria. Invece in campo c'erano altri eserciti e, soprattutto, una forza che fino a quel momento aveva sempre vinto le sue battaglie: gli insorti.

Non più insorti, non ancora soldati

Un grande rammarico dei democratici e una delle accuse che con maggior acredine furono rivolte a Carlo Alberto e al suo seguito conservatore fu proprio d'aver completamente ignorato le risorse che le rivolte avevano messo a disposizione.

I lombardi e i veneti avevano dimostrato di saper combattere e di aver voglia di farlo: affrontando grandi pericoli, avevano ottenuto i loro successi, seppur limitatamente a situazioni particolari, come poteva essere la lotta sulle barricate, strada per strada, nelle città. La loro posizione cambiò quando entrarono in azione gli eserciti regolari – considerando soprattutto quello sabaudo – e perciò da insorti diventarono volontari.

Non si trattava soltanto di un problema lessicale. I volontari non erano più l'esercito di popolo e rivoluzionario che qualche democratico aveva sognato, ma qualcosa d'aggiuntivo all'armata regolare: una sorta di ibrido, non più insorti, non ancora soldati. Come parte di un esercito, per quanto atipica, dovevano essere giudicati non per gli ideali, le motivazioni, la determinazione, ma per la loro concreta efficacia bellica. E qui cominciavano i problemi.

La lettura storica di parte democratica, privilegiando la spinta ideale, li descriveva entusiasticamente: per Cattaneo i volontari erano

> quei generosi che per redimer[e l'Italia] sacrificavano i loro interessi, i loro agi della vita, la vita stessa.[16]

I militari regi li vedevano come il fumo negli occhi. Scriveva Alfonso La Marmora a un amico:

> Capisco perfettamente che chi è stato militare davvero non regge al modo di servire dei volontari, quantunque ve ne siano dei bravi e che abbiano reso da principio dei servigi alla causa italiana.[17]

Ma chi erano?

Il primo passo per capire come una rivoluzione finì per diventare una guerra regia è sapere chi fossero, nel concreto, i combattenti.

Anna Maria Isastia recentemente ha contato che nel 1848 operavano in Italia 350 reparti di volontari, differenti per numero, armamento, addestramento, intenti.[18] Alcuni potevano essere paragonati a eccellenti unità dell'esercito regolare, altri non erano molto differenti da bande di briganti o, al contrario, da scolaresche in gita.

In un'ipotetica classifica, al vertice si poneva Luciano Manara, che aveva guidato l'assalto decisivo a Porta Tosa, alla fine delle Cinque giornate di Milano. Il suo gruppo d'insorti, tra i quali molti sarebbero passati alla storia come figure eroiche del Risorgimento – per esempio i fratelli Dandolo ed Emilio Morosini –, era in realtà un reparto d'eccellente livello, che si sarebbe distinto ancora in tanti episodi di combattimento. Lo stesso Manara, però, gettava acqua sul fuoco, scrivendo, mentre inseguiva la colonna di Radetzky in ritirata da Milano:

> Noi partiamo in discreto numero [3000] ma io ci scommetto la testa che al primo scontro resterò io solo con i dugento delle barricate di Porta Tosa.[19]

A oriente dell'Adige c'erano gli animosi Crociati veneti, che rappresentavano il braccio armato delle rivolte nelle città del Veneto. Erano coraggiosi e motivati, ma anche convinti che combattere in campo aperto fosse lo stesso che lottare sulle barricate. Mossero verso il Quadrilatero e attaccarono gli austriaci tra Montebello e Sorio: erano poco più di 2000, per tre quarti con sole armi bianche, contro 3000 austriaci ben addestrati e armati, con cavalleria e cannoni. Facile immaginare chi vinse e chi, dopo una resistenza coraggiosa, abbandonò il campo.

Nella galassia dei volontari non c'erano solo eroi, begli spiriti o ingenui idealisti, ma anche gruppi mossi da intenti oscuri. In Lombardia operava la banda di Bois Gilbert, «sessanta assassini armati di fucile»,[20] in Veneto quella di un tale Anfossi, che

> seppe compiutamente disonorarsi, rendendosi oggetto del disprezzo presso le altre legioni e di spavento per i pacifici abitatori dei luoghi nei quali stazionava.[21]

Un esercito mancato?

Ma pur con tutte le differenze, i pregi e i difetti, questi volontari furono davvero una risorsa sprecata?

La risposta è no, se per combattere si ritenevano utili solo reggimenti ordinati e disciplinati come quelli regolari.

La risposta sarebbe probabilmente sì, se almeno si fosse tentata una fusione tra le due anime militari di quel momento: le truppe regolari a formare la struttura solida e disciplinata e i volontari a infoltire le linee, contribuendo con l'entusiasmo e anche la loro originalità a rendere imprevedibili e innovativi i reparti. Qualcosa di simile a quanto avevano fatto i prussiani nelle guerre contro Napoleone. Nei rari casi in cui questo avvenne, i risultati furono notevoli: a Curtatone e Montanara, i volontari toscani si comportarono così bene, proprio per la vicinanza delle truppe toscane e napoletane; nell'assedio di Vicenza l'integrazione tra regolari pontifici e volontari veneti fu molto proficua.

Le ragioni di una scelta

Almeno tre ordini di ostacoli impedirono la nascita di un esercito che si sarebbe potuto chiamare italiano.

Innanzitutto, a confronto con gli eserciti regolari del tempo, che portavano ancora una chiara impronta di antico regime, i volontari non erano soldati: non sapevano tenere linee e formazioni, non avevano disciplina e soprattutto rappresentavano una realtà insurrezionale, o comunque popolare, del tutto opposta agli intendimenti dei sovrani.

Poi c'era la questione politica. I militari regi, soprattutto piemontesi, vedevano nei reparti popolari nemici politici, più che delle opportunità di rinforzo. Un re tentennante, generali scelti in base a benemerenze poliziesche e una nobiltà timorosa di qualsiasi cambiamento vedevano nei volontari nient'altro che accolite «infette di comunismo e repubblicanesimo»,[22] che andavano sciolte, perché «vi fu chi gridò a morte Carlo Alberto e nessuno si alzò per maledirlo».[23]

Difficile, su queste basi, costruire una proficua collaborazione: un conto, infatti, è pensare a cosa si sarebbe potuto fare, un altro è considerare chi fosse a prendere decisioni.

Luigi Salvatorelli al riguardo scrisse una frase di grande saggezza:

> Gli spiriti non si possono muovere a destra e sinistra, avanti e indietro alla battuta di una bacchetta governativa.[24]

In terzo luogo i piemontesi non intendevano condividere con nessuno, e tanto meno con le teste calde, una vittoria che consideravano certa. Alla fine della guerra doveva essere chiaro chi avesse vinto e, di conseguenza, chi avrebbe comandato.

Forse proprio l'apparente facilità della vittoria e l'assenza di una minaccia credibile furono i motivi determinanti a sfavore della fusione tra le due anime che combattevano gli austriaci. Forse, se ci fosse stato maggior timore di una sconfitta o la percezione di maggiori difficoltà, si sarebbe manifestata anche più disponibilità ai compromessi.

La presunta facilità della guerra influenzò anche i democratici, soprattutto milanesi, e gli altri protagonisti delle rivolte. Costoro avevano fatto il possibile per spingere alla costruzione di eserciti regionali, ma contro la malavoglia generale poterono ben poco: furono messe in cantiere delle divisioni lombarde, ma prima mancarono i soldi, poi le armi, poi le divise e poi un comandante. Queste iniziative erano inoltre condite con litigi, diffidenze, lungaggini, di cui nessuno si preoccupò più di tanto. Sembrava che non ci fossero né un'urgenza né un'importanza vitale. Finché tutto procedette bene, le discussioni parvero addirittura salutari; quando le cose presero ad andare male, non ci fu più tempo per rimediare.

SCONFITTE, RAPPRESAGLIE ED EMARGINAZIONE

Quello tracciato sin qui è il quadro teorico della questione. Ma naturalmente c'era anche un aspetto decisamente concreto: i volontari esistevano e all'indomani delle Cinque giornate erano usciti da Milano e da altre città lombarde e s'erano messi all'inseguimento degli austriaci. Non li si poteva semplicemente fermare e far tornare alle loro case: in un certo senso la guerra era ancora la loro.

Consumarono i primi giorni nell'attesa impaziente che i piemontesi, avanzando con una lentezza esasperante, arrivassero in linea e poi assistettero al loro lento dispiegamento.

A Castelnuovo e in Trentino

I volontari insistevano per avere qualcosa da fare e alla fine il comando piemontese decise d'inviarne circa 200 in esplorazione al di là del Mincio. L'incarico era delicato, perché quegli uomini sarebbero stati tra i primi a entrare nel territorio controllato dagli austriaci. Era ragionevole aspettarsi che andasse con loro qualche reparto regolare oppure qualche ufficiale esperto. Invece nulla.

Il 9 aprile questi soldati improvvisati ed entusiasti fecero più di quanto era stato loro chiesto e riuscirono a conquistare una polveriera austriaca, con 500 barili di polvere, nel paese di Castelnuovo. Il giorno successivo, di fronte all'immancabile contrattacco, per un po' resistettero e poi ripiegarono.

Un episodio di poco conto, ma accadde che la rabbia austriaca si rivolse contro gli abitanti del paese, colpevoli di aver accolto festosamente i patrioti: l'11 aprile 113 persone furono massacrate o morirono nelle case incendiate a causa di un bombardamento d'artiglieria. Dopo una settimana, quando passò da Castelnuovo l'allora maggiore Alfonso La Marmora, i corpi delle vittime erano ancora insepolti.[25]

Non era stato un caso: Radetzky aveva deciso di dare un esempio, che scoraggiasse gli abitanti dei paesi nella zona del Quadrilatero dall'imitare i castelnovesi, e diede ampio risalto pubblico all'operazione, facendo sfilare per le strade di Verona gli uomini che vi avevano partecipato.

È doloroso notare che di quei fatti resta poca memoria. Nei resoconti del Risorgimento la vicenda è sovente ignorata. Oggi a Castelnuovo del Garda ci sono una Sala consigliare 11 aprile 1848 e, sul municipio, una piccola lapide dipinta, che ricorda il rogo di 230 case e «le vittime innumerevoli». Probabilmente quei morti, che nessuno pensò d'onorare né di vendicare, furono considerati soltanto un serio imbarazzo.

Esito simile ebbe la spedizione di un'altra piccola colonna di volontari, inviata verso il Trentino per bloccare la valle dell'Adige, l'unica via attraverso la quale il Quadrilatero e Radetzky potevano comunicare con il resto dell'impero. Era una mossa brillante e assolutamente ragionevole, ma per i volontari non si trovò né un cannone né l'appoggio di un reparto regolare. Salasco, aiutante del re, si giustificò dicendo che «dobbiamo tenerci uniti e serrati per tentare la prova delle armi dando o ricevendo in campo aperto una battaglia di somma rilevanza e senza dubbio decisiva». Concetti sacrosanti, se poi ci fosse stata davvero una battaglia e non mesi di completa inattività.

Inutile dire che quei pochi volontari vennero presto sconfitti e ricacciati e che le conseguenze di tanta leggerezza ricaddero sui trentini che li avevano accolti a braccia aperte.

Alla fine i volontari lombardi furono emarginati e spediti in montagna, a presidiare quella parte di frontiera tra Lombardia e Trentino dove si sapeva che non sarebbe successo nulla e a condurre una triste e noiosa vita di sacrifici in alloggiamenti di fortuna e capanne di frasche. Scrisse malinconicamente Luciano Manara:

> Ci si tenne qui abbandonati, demoralizzati ad aspettare a braccia aperte i mezzi di poter morire per la patria che ci vengono rifiutati.[26]

Tirate le somme, probabilmente i volontari furono una risorsa sprecata, tanto quanto fu uno spreco non approfittare dell'eccezionale opportunità offerta dalla ritirata austriaca da Milano e dalla debolezza di Radetzky nel primo mese di guerra. I regi e i democratici privilegiarono le loro identità e i loro ideali rispetto agli obiettivi comuni e alla possibilità di cooperare. Così vennero entrambi sconfitti.

16
Guerra in Veneto

Dal mese di marzo il Veneto era diventato a tutti gli effetti un campo di battaglia, strategicamente forse più importate del fronte sul Mincio. Finché la regione non fosse tornata sotto il controllo imperiale, Radetzky difficilmente avrebbe potuto prendere iniziative.

Quando la rivoluzione trionfò a Venezia e fu proclamata la Repubblica, le principali città venete insorsero e cacciarono gli austriaci (tranne Verona, naturalmente). Le truppe imperiali dovettero ritirarsi sull'Isonzo e, nonostante il morale a terra, la scarsità di armi ed equipaggiamenti e le molte diserzioni, cominciarono a costituire il primo nucleo di una nuova armata. Da parte loro, invece, gli insorti non furono in grado di creare un esercito rivoluzionario, anche se non subirono nessun tipo d'interferenza paragonabile a quella sabauda in Lombardia.

Venezia, che avrebbe dovuto prendere la guida del movimento, in qualche misura s'estraniò dalla lotta e preferì affidarsi alla diplomazia e alla speranza di un aiuto francese, piuttosto che al compromesso con la Terraferma – era chiamato così tutto ciò che non era laguna – e soprattutto con i monarchici piemontesi. A questo proposito Manin dichiarava che «non occorre chiamare truppe straniere; i volontari nazionali debbono bastare alla Repubblica».[27] Il problema è che alla teoria non seguì la pratica: per molti mesi l'organizzazione di un vero esercito non fu tra le priorità dei veneziani.

Montebello e Sorio

Le altre città cercarono di molestare gli austriaci con una propria forza militare. La prima mossa, a cui ho già fatto cenno, fu sciagurata. Sospinta dall'entusiasmo per le facili vittorie nelle insurrezioni, una colonna di poco più di 2000 volontari, dei quali meno della metà – forse solo un quarto – con armi da fuoco, si mise in marcia verso Verona. Si trattava dei cosiddetti Crociati veneti,[28] un'organizzazione in cui s'erano riuniti gli insorti delle diverse città. Un cronista li descriveva così:

> Avevamo vestiti di tutte le forme: paletò, mantelli, giachettoni, blouse di tela; croci di ogni dimensione sulle braccia, sul petto; berretti, cappelli e cappelloni di tutte le forme, di tutti i colori, con piume di ogni foggia, ed eravamo armati come malandrini e briganti, con daghe, spade, sciabole, stili, pistoloni, pistole, tromboni, schioppi da caccia, fucili a pietra focaia.[29]

Questa massa confusa e pittoresca l'8 aprile si scontrò, tra le località di Montebello e Sorio, con 3000 austriaci usciti da Verona per approvvigionamenti e si batté con coraggio, ma in breve, essendo del tutto inadeguata a uno scontro in campo aperto, fu messa in rotta. La sconfitta si rivelò un durissimo colpo agli entusiasmi insurrezionali. D'un tratto la vittoria non apparve più né certa né a portata di mano e svanì l'illusione che gli austriaci si potessero cacciare tanto facilmente.

Altrettanto debole fu la resistenza opposta in Friuli, dove s'intrecciarono il disinteresse veneziano per un fronte considerato non importante, la presenza di comandanti incapaci o improvvisati e soprattutto la convinzione che l'Austria, in profonda crisi, non fosse in grado di trovare le forze per costituire un nuovo corpo d'armata. Così il generale Nugent, avanzando con le truppe che era riuscito a radunare, trovò poca resistenza. Gli insorti si opposero con episodi di valore, ma subirono anche fughe e diserzioni, tanto che alla fine il Friuli tornò in mani austriache.

Due fronti

A questo punto, tra disillusione e timore per un futuro che non appariva più tanto radioso, i comitati rivoluzionari cercarono di correre ai ripari. Molti si domandarono se non fosse necessario prendere qualche provvedimento, come indire una leva per reclutare uomini, imporre tasse per armarli, cercare alleati e aiuti. Ma alla fine non si fece nulla. Quasi tutti gli italiani che avevano disertato dall'esercito imperiale, e che avrebbero potuto rappresentare il primo nucleo di un vero esercito veneto, se n'erano già andati a casa e ci si accorse che improvvisare un'armata non era una cosa facile. Restavano giusto i vari gruppi di volontari, con i loro comandanti più o meno capaci, più o meno affidabili, e senza una vera organizzazione.

Venezia, inoltre, continuava a mantenere il suo isolamento e così i veneti della Terraferma decisero di collegarsi alla rivolta lombarda e di prendere accordi anche con i piemontesi. Questi, proprio come avevano fatto in Lombardia, non s'interessavano più di tanto a quanto avveniva tra insorti e volontari e neppure la constatazione che una forte presenza militare in Veneto avrebbe accerchiato a tutti gli effetti il Quadrilatero poté far cambiare loro idea.

L'unica concessione che Carlo Alberto fece ai veneti – oltre a pochi uomini e qualche ufficiale, mandato più per osservare gli eventi che per dirigerli – fu di dirottare in loro aiuto gli eserciti pontificio e napoletano, che altrimenti avrebbero dovuto prendere posizione a fianco dei piemontesi.

Il primo ad arrivare fu l'esercito pontificio: non una grande armata – 10.000 uomini, con un nucleo di 3500 mercenari svizzeri –, guidata da un ex esule piemontese, Giovanni Durando, cui s'affiancavano 7000 volontari laziali al comando di un fervente repubblicano: Andrea Ferrari. Durando, di fede monarchica, era considerato eccessivamente prudente e spesso indeciso; al contrario Ferrari, troppo impulsivo e aggressivo: tra le due parti dell'esercito romano, inutile dirlo, non correva buon sangue.

Cornuda

Dei due fronti veneti, verso est o verso il Quadrilatero, prioritario era quello orientale, per fermare la marcia di Nugent ed evitare che congiungesse le sue forze a quelle di Radetzky. Ma nonostante questa considerazione e la presenza dell'esercito pontificio, l'avanzata austriaca dal Friuli non conobbe pause significative. Inoltre le truppe di Nugent s'ingrossavano di continuo, rinforzate dagli uomini che arrivavano dai Balcani.

Il generale austriaco impiegò tre giorni per riparare i ponti sul Tagliamento, rotti dagli insorti; poi aggirò da nord le difese apprestate sul Piave, passando da Bassano, e infine tornò verso il fiume, impegnando battaglia contro i volontari di Ferrari, il 9 maggio a Cornuda, senza che i regolari di Durando intervenissero.

Ferrari si schierò per resistere all'attacco e avvisò i pontifici di quello che stava succedendo. Durando rispose: «Vengo correndo», e se avesse mantenuto la parola, avrebbe probabilmente ottenuto una notevole vittoria, sorprendendo gli austriaci sul fianco. Invece si fece ingannare da alcune manovre nemiche che sembravano preludere a un'avanzata, assai pericolosa, in un altro settore. Fece muovere le sue truppe, poi le ritirò, poi le spostò e alla fine non fece nulla.

I volontari, dopo dodici ore di resistenza, dovettero cedere e la battaglia fu persa con gravi conseguenze: l'armata di Nugent raggiunse il Quadrilatero e si unì al grosso delle forze di Radetzky. Nel campo veneto, invece, si moltiplicarono le voci di tradimento, prese piede la sfiducia nei confronti del generale monarchico e si approfondirono le diffidenze tra le diverse anime del movimento patriottico. Da questo momento la Terraferma cessò di rappresentare una forza attiva nello scenario della guerra e poté solo badare a difendersi.

La resistenza in Cadore

Mentre si combatteva in pianura, un'altra battaglia avveniva sui monti del Cadore, in un contesto marginale rispetto al conflitto, ma che ugualmente rappresentò una delle pagine più significative dell'intero periodo risorgimentale.

I montanari guidati da Pier Fortunato Calvi si erano organizzati in corpi franchi di pochi uomini, un'ottantina, temibili per via delle carabine rigate di cui erano muniti, delle loro abilità di cacciatori e della conoscenza dei luoghi. Gli abitanti delle valli formavano una sorta di guardia civica; anche quelli che non avevano armi da fuoco erano attivi, costituendo le «batterie di pietre», cioè incaricandosi di far cadere vere e proprie frane sugli assalitori.

Nel mese di maggio, mentre Nugent avanzava in Veneto, i cadorini riuscirono a respingere più volte gli attacchi, culminati il giorno 27 in un grande assalto da parte di 8000 soldati con nove cannoni. Eppure, nonostante la vittoria dei pochi contro i molti, era chiaro che senza aiuti e rifornimenti, qualsiasi difesa, anche la più eroica, era destinata a cedere. Così, pur invitti, i cadorini preferirono smantellare le difese e i più compromessi tra loro presero la via dell'esilio.

17

Gira il vento

Quando Nugent raggiunse il Quadrilatero, Radetzky, che nel frattempo aveva passato indenne la giornata di Santa Lucia, poté considerare d'aver superato la fase più grave della crisi. Si ritrovava con un corpo d'armata in più, mentre ne attendeva un altro in arrivo dal Trentino, aveva le spalle relativamente al sicuro e la convinzione che gli avversari non erano poi molto decisi, né sul Mincio né oltre l'Adige.

Per gli italiani le notizie continuavano a essere cattive. Il 29 aprile Pio IX, in un'allocuzione a Roma, aveva proclamato che il papato non poteva schierarsi con uno dei contendenti in lotta – anche gli austriaci erano cattolici e, a ben vedere, sembravano più vicini alla Chiesa di Roma che non gli insorti italiani –, ma doveva rimanere *super partes*. L'affermazione non ebbe effetti immediati, ma segnava comunque il prossimo ritiro dei pontifici dalla contesa.

I NAPOLETANI

Se nel Veneto si era messo in mostra il peggio dei movimenti insurrezionali, quanto a impreparazione, imprevidenza, superficialità e incapacità decisionale, per affossare la lotta non poteva mancare il voltafaccia di un principe. Nel racconto della guerra è quasi assente, infatti, l'esercito italiano che, almeno sulla carta, era il più importante e preparato: quello napoletano.

Le truppe del regno borbonico, sotto la guida di Guglielmo Pepe, erano avanzate lentamente lungo la riviera adriatica e si erano sistemate a sud del Po. A metà maggio si stavano preparando per varcare il fiume, quando ricevettero la notizia della vittoria della controrivoluzione a Napoli.

Era stata una vicenda confusa e piuttosto ambigua. Il 14 maggio si era diffusa nella capitale borbonica la voce che il re volesse cancellare le concessioni con un colpo di mano. Per scongiurare l'eventualità si era mobilitata una piccola folla, che cominciò a erigere barricate. Non sembra che i democratici fossero molti, forse un migliaio, e che, inoltre, pochi fossero i napoletani e più numerosi i provinciali. Sta di fatto che il re ordinò alle truppe – confidando soprattutto nei mercenari svizzeri – di reprimere la rivolta, cosa che avvenne anche con il concorso del popolino, i cosiddetti *lazzaroni*, da sempre fedeli alla monarchia e ostili a intellettuali e borghesi. Finì in un bagno di sangue, sulle barricate e nelle strade adiacenti, seguito da una vera e propria caccia al liberale.

Il passo successivo di Ferdinando II fu di richiamare le truppe mandate a nord, poiché servivano «per la sicurezza del paese». Pepe, nelle sue memorie, ricorda la lacerazione che si aprì nell'esercito alla notizia dell'ordine di ritirata: alcuni ufficiali di artiglieria, genio e cavalleria erano intenzionati a restare e a combattere anche contro il volere regio; gli ufficiali della fanteria in gran parte volevano rientrare subito a Napoli. Non mancarono manovre subdole: a moltissimi soldati giunsero lettere delle mogli, che scongiuravano i mariti di tornare a casa, per non perdere il favore del re e l'unico salario che permettesse di dar da mangiare ai figli.

Così l'esercito riprese la strada verso sud e in Veneto entrarono solo poche unità rimaste fedeli a Pepe: si comportarono bene ed ebbero un ruolo importante negli eventi, ma pur sempre limitato.

Anche la flotta napoletana, che incrociava con quella sarda a protezione di Venezia, ricevette l'ordine di ritirarsi. L'ammiraglio Raffaele de Cosa aveva già in qualche misura disubbidito al re, quando, dopo aver portato ad Ancona le truppe destinate a combattere, di sua iniziativa aveva proseguito per l'Adriatico settentrionale. In quella zona era poi rimasto, sordo ai richiami che gli arrivavano da Napoli. Di fronte all'ordine perentorio di tornare a Reggio, dove doveva mettersi a disposizione per combattere contro i siciliani, chiese d'essere esonerato dal comando. Non voleva passare, da un giorno all'altro, dalla lotta liberale alla repressione assolutista. Un piccolo gesto di onore e coerenza, che non ha trovato molto spazio nelle memorie risorgimentali e che va ricordato, perché in seguito la flotta borbonica mostrò un comportamento molto più liberale rispetto a quello dell'esercito.

Un omaggio a Radetzky

Se gli avvenimenti si rivelavano via via sempre più infausti per gli italiani, al di là dei loro errori e delle loro divisioni, la colpa – o il merito, secondo il punto di vista – fu del maresciallo Radetzky, un uomo che nel 1848 aveva già ottantuno anni: non era un genio militare, né un grande stratega, ma un abilissimo artigiano, che conosceva alla perfezione cosa servisse e cosa fosse superfluo in guerra.

Era considerato un'anomalia nel panorama militare europeo, perché, in virtù della sua età e del suo passato, poteva permettersi un'autonomia dalla burocrazia statale e anche dalle direttive dei capi dell'impero che ad altri era vietata. Si può dire che difese il mondo della Restaurazione ignorando bellamente gli ordini e le pastoie che i governi della Restaurazione stessa tentarono d'imporgli. Costruì l'armata italiana secondo le sue opinioni e convinzioni: alla fine le sue truppe erano considerate le migliori dell'esercito imperiale, tanto che arrivavano osservatori da tutta Europa per prenderle a esempio.

Le esercitazioni erano il suo chiodo fisso e la misura della sua concezione militare: mentre tutti gli eserciti europei, tranne quello francese, negli oltre trent'anni che passarono da Waterloo al Quarantotto rimasero pressoché immobilizzati nelle caserme, gli uomini di Radetzky continuarono a marciare e a tenersi preparati, in simulazioni di scontri e combattimenti.

Quando si trattò di combattere davvero, il maresciallo aveva soldati e ufficiali che sapevano come far funzionare la macchina militare, dagli aspetti più banali, come disporre sentinelle e avamposti o predisporre alloggi e rifornimenti, ai più complessi, come interpretare gli ordini e come comportarsi in loro mancanza. Infine, poiché le esercitazioni avvenivano nell'area del Quadrilatero, le truppe conoscevano il terreno palmo a palmo: un vantaggio inestimabile, quando arrivarono i piemontesi.

L'iconografia mostra un uomo d'aspetto severo, ma sicuramente non altezzoso, un'altra caratteristica rara nell'ufficialità di quei tempi. I suoi uomini lo chiamavano «papà Radetzky», gli ufficiali lo stimavano e lo seguivano: la situazione era l'esatto opposto dello scontento e dei mormorii che serpeggiavano nell'esercito sabaudo.

Il maresciallo aveva anche un altro prezioso vantaggio sui suoi avversari, che si dibattevano fra cento dubbi ideologici. Il suo orizzonte mentale era sgombro. Credeva fermamente nell'imperatore e nell'impero asburgico – di cui peraltro vedeva chiaramente limiti e pecche – e rimaneva legato a una visione di concreto buonsenso: un governo buono era quello che teneva tranquilla la gente, evitava guerre ed epidemie, dava sicurezza a tutti, un po' di giustizia e qualcosa da mangiare. Il vecchio soldato boemo, che aveva combattuto in tutt'Europa e che nei suoi ultimi anni si trovava benissimo in Italia, non comprendeva i nazionalismi, che gli apparivano solo come pericolosi incubatoi di conflitti.

A vedere quello che sarebbe successo nei cento anni seguenti, non si può che provare un minimo di simpatia e solidarietà per il grande maresciallo.

18
La caduta di Vicenza

La battaglia di Goito del 30 maggio, che fu la maggior vittoria piemontese della guerra, come recita il canone tradizionale, ebbe come conseguenza la resa di Peschiera. L'idea di Radetzky di passare all'offensiva era stata infranta dalla strenua resistenza dei toscani a Curtatone e Montanara. Il piano austriaco era fallito.

I piemontesi festeggiavano, ma il maresciallo non era scosso più di tanto e questo fa pensare che in realtà la battaglia di Goito non fu né una gran battaglia né una gran vittoria. Probabilmente Radetzky aveva notato che, nonostante i volontari l'avessero bloccato per una giornata intera, i piemontesi erano riusciti a malapena a radunare le forze per fermarlo a Goito, ma non per imbastire una qualunque azione controffensiva. Questo significava che il loro schieramento era troppo esteso e mal concepito: la definizione di Cattaneo, della «siepe innanzi alla Lombardia», era proprio esatta.

Radetzky, perciò sapeva di avere in mano la soluzione del rebus e non volle lasciarsela sfuggire: se il colpo verso occidente era fallito, doveva riprovare a oriente. Fece ripiegare le truppe su Mantova e poi, praticamente senza nemmeno farle riposare, le condusse a marciare contro il cuore della difesa veneta: Vicenza.

La città si poteva dire quasi un passaggio obbligato per controllare il Veneto. Se gli imperiali l'avessero conquistata, avrebbero ottenuto due risultati sostanziali. In primo luogo avrebbero definitivamente sgomberato la strada che dal Quadrilatero portava verso Trieste e da lì verso le provincie orientali e i Balcani, il maggior serbatoio di truppe dell'impero. In questo modo Radetzky si sarebbe garantito un gettito continuo di rinforzi. Il secondo risultato sarebbe stato l'isolamento di Venezia, libera nella sua laguna, ma tagliata fuori dal resto della regione.

Proprio per questi stessi motivi Vicenza era difesa dal grosso delle forze che combattevano gli austriaci a est del Quadrilatero: 11.000

uomini, tra regolari pontifici – compresi i mercenari svizzeri –, volontari veneti, emiliani, marchigiani, studenti universitari e perfino una legione arrivata dalla Francia e guidata da Giacomo Antonini.

La città era stata attaccata già due volte. Il primo assalto era avvenuto il 20 maggio, quando il corpo d'armata di Nugent, sconfitti i volontari a Cornuda, s'era unito alle forze del Quadrilatero. Una colonna aveva marciato su Vicenza, forse sperando di sorprenderla scoraggiata e impreparata. Invece i difensori erano determinati e tra loro combatterono anche i veneziani, con Manin e Tommaseo, che per la prima volta – e forse troppo tardi – dimostrarono d'aver compreso che la difesa di Venezia non poteva essere disgiunta da quella del Veneto. La colonna fu respinta e i volontari guidati da Antonini si permisero addirittura d'attaccarne la retroguardia, mentre si ritirava verso Verona.

Tre giorni dopo gli austriaci ritentarono l'impresa, questa volta colpendo da est e da ovest, per dividere i difensori. A Porta San Felice, però, trovarono che i campi della periferia cittadina erano stati allagati e che perciò potevano avanzare solo lungo il terrapieno della strada, mettendo così in vantaggio i difensori. A Porta Santa Croce, secondo punto d'attacco, furono respinti per tre volte. Una loro terza colonna, incaricata di puntare ai colli Berici che dominano la città, non raggiunse nemmeno l'obiettivo. Alla fine di una giornata di combattimenti il generale Thurn und Taxis, al comando degli imperiali, dovette dare l'ordine di ritirata.

Assalto ai colli Berici

Il 10 giugno si scatenò l'attacco decisivo, guidato personalmente da Radetzky, che concentrò le forze – 30.000 uomini e 124 cannoni – a sud della città, dalla parte dei colli Berici. Una quota minore delle truppe aveva il compito di minacciare gli altri lati della città, ma solo per tenere occupati i difensori. Il maresciallo giudicava evidentemente che fosse meglio attaccare posizioni forti, in alto, piuttosto che ritentare un assalto alle mura, già fallito due volte.

Per capire questa mossa, bisogna tener conto della collocazione di Vicenza. Trovandosi in pianura, la città era circondata da mura, che a sud si appoggiavano ai colli Berici. Dalle alture si dominava tutta la zona urbana: riuscire a portare lassù i cannoni significava colpire a piacimento, come sparando da un balcone in un cortile.

Giovanni Durando, il comandante pontificio che sovrintendeva alla difesa, disponeva di qualche uomo in meno rispetto a quindici giorni prima, perché i veneziani erano tornati in laguna e altri erano stati mandati a Padova e a Treviso. Delle forze rimanenti circa la metà era destinata alla difesa dei colli, su diverse linee che s'appoggiavano principalmente alle ville della zona; il resto rimaneva in città, suddiviso tra le mura e la riserva.

Una prima fase dell'assedio trascorse praticamente tutta in attacchi d'assaggio, che furono ricacciati. La seconda vide l'assalto a tutta la linea dei colli Berici, con una direttrice principale da sud verso nord, verso la villa Ambellicopoli e il santuario di Monte Berico, e un'altra che investiva la villa palladiana della Rotonda, il cui possesso avrebbe permesso di minacciare il fianco dei vicentini. La difesa fu ovunque ostinata, ma la pressione degli austriaci, costantemente in superiorità numerica, era troppo forte. I difensori tentarono anche un contrattacco, guidato da Massimo d'Azeglio e da un colonnello tornato da poco dall'esilio e destinato a una lunga carriera, Enrico Cialdini. La mossa non ebbe successo e Cialdini stesso rimase ferito in modo gravissimo.

Ragionamenti sulla capitolazione

Quando si rese conto che i colli Berici erano perduti, il generale Durando chiese la resa: «L'onore lo permette, l'umanità lo domanda», fece scrivere nel manifesto con cui annunciava ai vicentini la capitolazione.

La decisione prendeva un po' tutti di sorpresa: colpiva i volontari, che avevano ben combattuto e avrebbero continuato a resistere. Sorprendeva le truppe pontificie, che, nonostante fossero state spesso criticate, avevano anch'esse combattuto bene, motivate dalla presenza dei volontari al loro fianco. In tutta la campagna subirono, tra morti e feriti, 2000 perdite su poco meno di 10.000 uomini: un numero elevatissimo che testimoniava la loro determinazione. Eppure non trovarono grandi estimatori:

> La linea pontificia è peggio dei napoletani, che a Treviso, alla prima cannonata, i cavalli della vanguardia si sono rovesciati addietro alla fanteria e tutti sono scappati come ladri.[30]

Molte critiche si riversarono proprio su Durando, per non aver valutato l'intensità dell'attacco austriaco e per non aver impiegato tempestivamente le sue riserve. Ma soprattutto perché, di fronte a un rovescio, per quanto grave, pensò subito alla resa.

In realtà forse in nessun altro momento delle guerre risorgimentali si poté misurare così efficacemente quale fosse la differenza di concetto bellico – ai tempi si sarebbe detto *spirito* – tra regolari e volontari. La questione era semplice: con la presa dei colli gli austriaci avrebbero potuto bombardare la città senza che le artiglierie vicentine, peraltro scarse, potessero rispondere. Questo motivo fu sufficiente, agli occhi di Durando, per capitolare.

Molte altre volte insorti e volontari si sarebbero trovati a resistere per giorni (come a Brescia) o addirittura per mesi (come a Messina) a bombardamenti pesanti, eseguiti anche da artiglierie di fortezza molto vicine ai bersagli, e non per questo chiesero la resa. La differenza stava, probabilmente, nelle capacità e nelle volontà di chi era animato da un ideale e di chi ragionava secondo i criteri della scienza della guerra.

Da una parte il modo di combattere, per così dire, idealistico imponeva resistenze disperate, che rendevano più difficile la vittoria al nemico, ma alzavano enormemente il numero delle perdite. Dall'altra chi seguiva i manuali riusciva a preservare le truppe, ma applicando alla lettera certe regole non era poi in grado di sfruttare le situazioni favorevoli che si creavano.

Nel caso specifico Durando si arrese non appena si trovò in situazione di svantaggio, convinto di operare con umanità e senso dell'onore, come appunto fece scrivere nel suo manifesto. Tuttavia non prese nemmeno in considerazione il fatto che, se avesse prolungato la resistenza, avrebbe dato un serio grattacapo a Radetzky, il quale non poteva restare a lungo con tante truppe attorno a Vicenza, lasciando sguarnito il Quadrilatero.

Moltissimi tra i difensori rimasero convinti che, continuando a combattere, si sarebbe dato modo ai piemontesi d'intervenire in loro aiuto. In un racconto della battaglia per Vicenza uno dei difensori scrisse che per ben due volte vide delle truppe avvicinarsi alla città e tutte e due le volte s'illuse che fossero i tanto attesi sabaudi.[31] Eppure, a quanto risulta, i piemontesi non presero nemmeno in considerazione l'ipotesi di fare qualcosa: forse non s'erano nemmeno accorti che il Quadrilatero era sguarnito e che Radetzky se n'era andato altrove. Questo darebbe ragione a Durando, che almeno evitò maggiori perdite umane e scongiurò gravi danni alla città. Resta il fatto che tutta la vicenda va ad aggiungersi alla lista delle occasioni, se non proprio perdute, certamente non sfruttate.

Dopo la resa i pontifici, salutati dal nemico con l'onore delle armi, si diressero a sud, per varcare il Po, dando la loro parola d'onore che non avrebbero combattuto per i seguenti tre mesi. Evidentemente Radetzky, firmando la clausola, era sicuro di chiudere la partita entro l'estate.

Nella capitolazione i volontari, che avevano dimostrato di poter rappresentare un'entità militare di tutto rispetto, purché fossero riusciti a organizzarsi con un po' di disciplina e ad agire al fianco di soldati regolari, vennero addirittura dimenticati: un ennesimo sgarbo, a dimostrazione dell'insanabilità della frattura tra le parti del Risorgimento. Molte formazioni di patrioti, demoralizzate, si sciolsero; le rimanenti si diressero a Venezia, che era ancora libera, ma isolata.

Con la caduta di Vicenza terminava l'effettiva resistenza veneta e Radetzky poteva considerare di avere le spalle davvero al sicuro: non gli restava che prepararsi allo scontro finale con i piemontesi.

La memoria

L'assedio sembra ancora ben vivo nella memoria dei vicentini, soprattutto per merito del piccolo, ma ben allestito, Museo del Risorgimento e della Resistenza. Più che lapidi e monumenti, mi pare utile citare un volumetto molto ben fatto, promosso dall'amministrazione comunale, con il titolo *Vicenza dentro la storia*.[32] Non si tratta della semplice rivisitazione di un episodio, ma di un viaggio nella sequenza degli avvenimenti che, da Napoleone alla Resistenza contro il nazifascismo, hanno condotto Vicenza a essere la città che oggi è. Proprio come tappa di una storia più ampia e complessa, l'assedio del giugno 1848 è entrato a far parte dell'identità cittadina e questo è, forse, il modo più corretto di trattare le vicende risorgimentali e dar loro un senso e una logica d'attualità.

19

L'amaro calice di Custoza

Con la caduta di Vicenza la bilancia prese a pendere decisamente a favore degli austriaci, che subito misero a segno un'altra mossa determinante, anche se non sul campo di battaglia.

Radetzky venne a sapere che il suo governo stava per concludere un armistizio con i piemontesi, con il quale avrebbero ceduto la Lombardia. Era una questione di prospettive. Il maresciallo, vedendo le cose dal campo, aveva capito che il conflitto stava prendendo la piega a lui più propizia. I membri del governo, che avevano dovuto abbandonare Vienna e constatavano che la gran parte dell'impero era ancora in rivolta, ritenevano che un accordo in Italia chiudesse almeno una falla.

Probabilmente questa non era nemmeno una decisione presa all'improvviso, ma in qualche modo era stata già impostata da tempo: forse era proprio quella che s'aspettava Carlo Alberto, il motivo per cui aveva affrontato la guerra non come una situazione del tipo «o vincere o morire», ma come un affare da affrontare con prudenza e distacco.

Per il maresciallo, invece, era una beffa: aveva tenuto duro per tutto il tempo in cui nessuno avrebbe scommesso un soldo sul suo successo e adesso che la vittoria era a portata di mano, rischiava di vedersela sfuggire per un inghippo politico-diplomatico. Ancora una volta non si diede per vinto. Inviò a spron battuto alla corte degli Asburgo il principe Felix zu Schwarzenberg, buon militare e ottimo diplomatico, e questi tanto fece e tanto disse che la proposta fu ritirata e non si parlò più di armistizio, né di cessione di territori.[33]

La guerra continuava e il suo esito sarebbe stato deciso sul campo.

Cinque giorni di lotta

Delle battaglie italiane quella di Custoza del 1848 (ce ne sarà un'altra altrettanto sfortunata nel 1866) è una delle meno studiate, nonostante abbia deciso la Prima guerra d'indipendenza. I motivi del disinteresse sono probabilmente tre. Il primo è piuttosto ovvio: non è piacevole approfondire una sconfitta, che rappresentò un fallimento per la casa reale e una prova molto poco dignitosa per i comandi dell'esercito. Il secondo: a Custoza si manifestò un crollo progressivo della volontà di combattere, ancor prima che un'inferiorità nelle manovre e nei combattimenti. In questo senso è complicato spiegare e capire cosa successe. Il terzo motivo: ricostruire e raccontare la battaglia è assai difficile, perché non si trattò di una giornata di combattimenti, in cui evidenziare mosse e contromosse degli schieramenti, ma di una sequenza piuttosto disordinata e casuale di scontri, durata ben cinque giorni.

Le premesse piemontesi

Serve fare qualche passo indietro, anche rispetto a Goito, e tornare a quanto detto su Santa Lucia, che fu il vero spartiacque del conflitto. Per far mente locale, è utile ricordare le descrizioni degli ufficiali che si levavano le spalline per non farsi riconoscere, dei soldati coperti di pidocchi, con abiti che in buona parte non erano più militari, mentre la disciplina s'allentava. Bisogna riprendere le aspre critiche ai comandi e alla stessa direzione del re, che manifestavano un crollo della fiducia e una completa assenza d'entusiasmo. L'esercito, dal soldato semplice al generale, aveva il morale a terra.

Per giunta, se il morale era basso, lo schieramento era ancor più deficitario. Un cordone – la «siepe» – che andava da Rivoli, a est del lago di Garda, fino alla confluenza del Mincio nel Po. Una linea ininterrotta che a prima vista poteva offrire in ogni punto lo stesso grado di resistenza, ma che in realtà, di fronte a un attacco concentrato in un settore, non permetteva manovre, né prevedeva riserve da far intervenire.

La verità era che Carlo Alberto non pensava alla difesa. Nei due mesi abbondanti che erano trascorsi da Santa Lucia, ultima impresa tentata dal comando sabaudo, il re continuò a chiedere al suo comandante in capo, il generale Bava, di progettare offensive ora per bloccare Mantova, ora per puntare su Verona, ora per procedere oltre l'Adige. Ogni volta questi piani venivano discussi, modificati, ridiscussi e poi accantonati. Insomma, due mesi di totale assenza d'iniziativa, che impedì di pensare seriamente a rinforzare le posizioni, fortificando villaggi e cascinali, e permise agli austriaci di agire a loro piacimento in Veneto.

Per ironia della sorte, proprio nel bel mezzo di questa inerzia, ci furono due episodi favorevoli: Goito, di cui s'è detto, e Governolo, a sud di Mantova, dove il 14 giugno ci fu una brillante vittoria sabauda. Il presidio austriaco del villaggio venne sgominato con un assalto di fanteria, combinato con una mossa a sorpresa dei bersaglieri, che s'erano portati dietro la linea nemica nascosti su barconi. Si trattò di un piccolo fatto, che non influì minimamente sul quadro generale e anzi, al pari di Goito, creò l'illusione che la situazione fosse ancora in divenire, se non addirittura favorevole alle armi piemontesi.

Primo e secondo giorno: Rivoli, Sona e Sommacampagna

L'attacco austriaco iniziò il 22 luglio a Rivoli, all'estremità settentrionale del fronte piemontese, a opera del III corpo d'armata austriaco, proveniente dal Trentino.

La divisione di De Sonnaz resistette senza grandi difficoltà. Ma era l'assaggio di una manovra più ampia e infatti solo il giorno seguente si ebbe il vero attacco, diretto su Sona e Sommacampagna e condotto con una grandissima superiorità: 60 battaglioni appoggiati da 183 cannoni, contro 20 battaglioni con 20 cannoni, più una piccola riserva.

La colonna imperiale era uscita da Verona sotto un forte temporale ed era giunta a contatto con i piemontesi senza che questi se ne rendessero conto, perché non avevano avamposti, né un efficace servizio di esploratori. Inoltre gli austriaci si mossero con astuzia, filtrando tra le posizioni piemontesi e cercando di aggirarle, anziché attaccarle frontalmente. Così, in meno di mezza giornata, la divisione sarda dovette abbandonare la linea che aveva occupato per tre mesi e ritirarsi a Cavalcaselle, presso Peschiera.

Vista sulla carta non era una disfatta irreparabile: l'avanzata austriaca aveva scalzato le difese, ma non era riuscita a distruggere la divisione, che anzi aveva subito, tra morti, feriti e prigionieri,

Rivoli, Sona e Sommacampagna, 22-23 luglio 1848

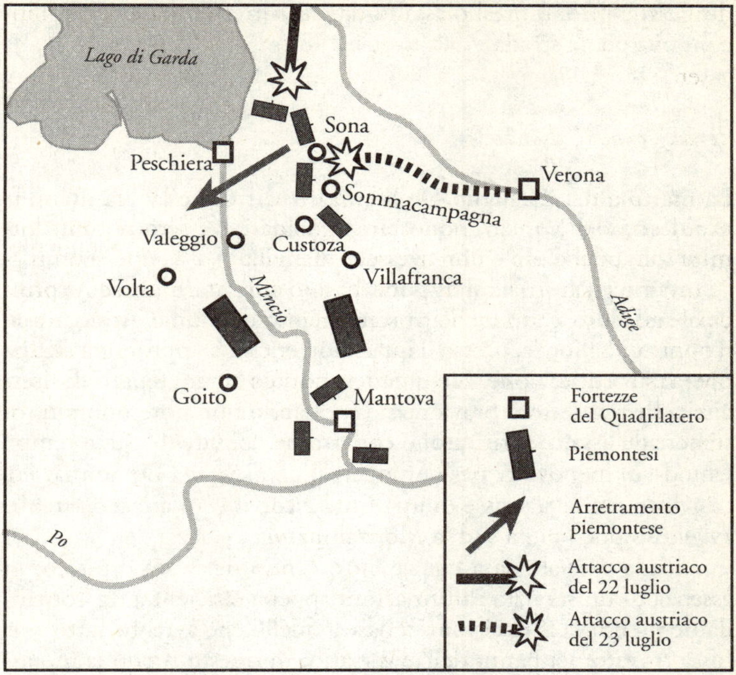

solo 400 perdite, meno della metà di quelle austriache. Qualche storico ha anche suggerito che Radetzky, senza volerlo, avesse fatto un favore ai piemontesi, razionalizzando il fronte e cancellando un'appendice inutile, che indeboliva la linea.

Tutto vero, se non si tiene conto del fatto che la sconfitta mise in risalto le deficienze dello schieramento e l'incapacità dei comandi di reagire con prontezza: nessuno si mosse dal resto del fronte per portare aiuto. Soprattutto il rovescio agì sul piano psicologico: se prima i soldati, inattivi da molto tempo, si consideravano inutili, adesso cominciavano a sentirsi perdenti; se prima la fiducia nei comandi era scarsa, adesso scompariva del tutto e i soldati si ritenevano abbandonati; se prima il morale era basso, adesso cedeva al disfattismo.

Inoltre i servizi (vitto, munizioni, sanità), che già nei mesi di sosta si erano dimostrati assai carenti, nel momento del bisogno collassarono: interi reparti restarono a digiuno, altri senza munizioni, mentre convogli di rifornimenti vagavano senza sapere dove dirigersi e furono presi d'assalto da chi, altrettanto per caso, l'incontrava per la strada.

Terzo giorno: Salionze

La mattina del 24 luglio De Sonnaz fece ritirare la sua divisone alla destra del Mincio, nonostante i soldati avessero potuto dormire solo poche ore e non avessero mangiato.

Intanto gli austriaci si disponevano ad affrontare l'ostacolo principale alla loro avanzata: l'attraversamento del fiume. Attaccarono il ponte di Salionze, presso il quale non era stata approntata alcuna opera di fortificazione. Lo difendevano solo alcuni reparti di riservisti, che resistettero bravamente e, quando non poterono più sostenere gli assalti, si ritirarono con ordine. Ci sarebbe stato tempo e modo di manovrare per respingere il nemico, ma De Sonnaz era convinto che si trattasse di una finta e che il vero attacco sarebbe avvenuto poco più a sud, a Monzambano.

Accadeva qualcosa a cui s'è fatto cenno nel sesto capitolo: in assenza di un servizio informazioni appena efficiente, un comandante prendeva le decisioni in base a quello che avrebbe fatto se si fosse trovato nei panni dell'avversario. In questo modo erano assai probabili gli errori, che diventavano inevitabili se il comandante in questione era anziano, stanco e con scarse o addirittura nessuna motivazione.

Così De Sonnaz fece marciare le sue truppe fino a Monzambano, per farle tornare sui loro passi quando risultò evidente che l'attacco vero era a Salionze e che ormai gli austriaci avevano passato il fiume e costituito una testa di ponte sulla riva destra. Al momento di presentarsi davanti al nemico, i soldati non erano più in grado di combattere: marciavano da diverse ore, non avevano mangiato e si trovavano sotto il sole di un bel 24 luglio in Pianura Padana. Vennero inesorabilmente respinti, via via che giungevano sul posto, senza che gli ufficiali volenterosi – che pure c'erano – riuscissero a dare un minimo d'ordine all'attacco. Finalmente De Sonnaz si rese conto dell'inutilità dello sforzo e diede il segnale di ritirarsi verso sud, a Borghetto.

La situazione diventava drammatica: molti uomini morirono di sfinimento lungo la strada, ma il generale, nella sua relazione,

Salionze, 24 luglio 1848

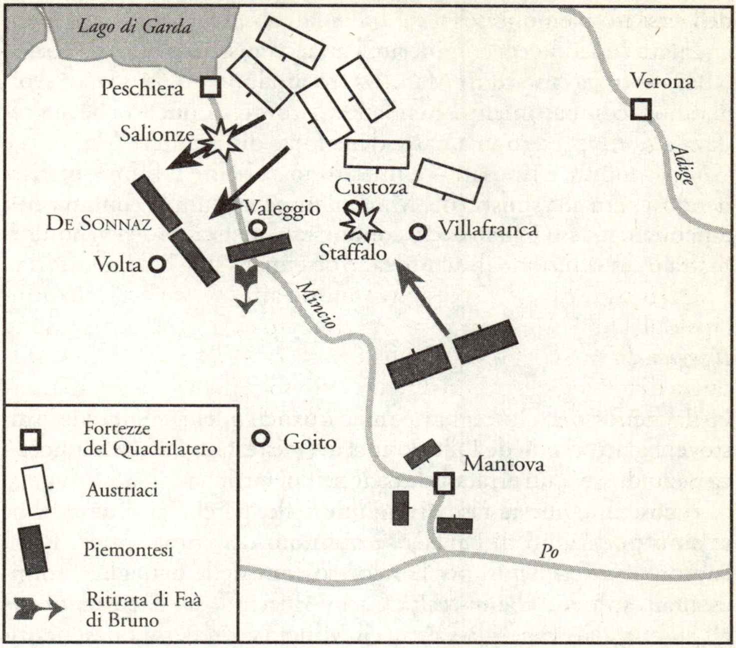

diede la colpa dell'infausta giornata agli ufficiali «dei partiti estremi», che secondo lui non avevano obbedito agli ordini.

Non era ancora finita. Borghetto si trova sul Mincio e il suo ponte è protetto, sulla sponda orientale, da Valeggio, a circa un chilometro e mezzo di distanza. Tra i due paesi si elevano alcune alture e anche un antico castello: si trattava di posizioni decisamente favorevoli alla difesa di quella che era divenuta ormai la chiave dello schieramento piemontese. Avrebbe dovuto tenerle il generale Faà di Bruno, che però la mattina, di sua iniziativa, le aveva abbandonate, portandosi alla destra del fiume. Non appena informato, Bava gli aveva ordinato, con modi anche piuttosto bruschi, di riprendere la linea iniziale. A sera, all'avvicinarsi di alcuni reparti di cavalleria austriaci, Faà di Bruno si era nuovamente ritirato, cedendo la posizione senza combattere.

Era una perdita molto grave, non solo perché allargava il varco che si era creato nel fronte piemontese, ma perché nel frattempo alla sinistra del fiume stavano succedendo cose importanti e la posizione di Valeggio rappresentava il raccordo tra le due masse dell'esercito piemontese.

Infatti, quando era cominciato l'attacco austriaco, Carlo Alberto e Bava si trovavano fuori Mantova, molto lontano da dove si svolgevano i combattimenti. Rendendosi conto di quello che succedeva a nord, presero una parte delle forze dislocate tra Mantova e Goito – intatte e riposate – e iniziarono a risalire il fiume, mantenendosi però alla sinistra del Mincio. Appena giunti a contatto con il nemico, presso Villafranca, condussero un attacco nel vallone di Staffalo, in direzione di Custoza, e ottennero una chiara vittoria.

Il sogno del re

Nella confusione che regnava e all'oscuro di quel che succedeva altrove, la vittoria diede l'illusione d'aver arrestato l'avanzata nemica e condusse a un'errata valutazione dei fatti.

Ricostruire questa fase diventa difficile, perché ci si deve basare su supposizioni di pensieri e opinioni dei comandanti. Pieri, l'autore di riferimento per la ricostruzione delle battaglie risorgimentali, sostiene che in realtà Carlo Alberto fosse al corrente che gli austriaci avevano già varcato il Mincio e ritenesse questa notizia come la chiave del suo successo.[34]

Il re immaginava che Radetzky volesse semplicemente scendere a sud, per prendere alle spalle le divisioni che bloccavano Mantova, e poi entrare al sicuro nella fortezza: cioè eseguire la stessa manovra di due mesi prima, a Curtatone, Montanara e Goito, ma speculare: da nord a sud verso Mantova, piuttosto che da sud a nord verso Peschiera. Su questo presupposto si costruì una previsione della battaglia dall'esito a dir poco trionfale. Bastava che De Sonnaz fermasse gli attacchi sulla linea tra Borghetto e Volta Mantovana, giusto il tempo di permettere a lui di muovere verso Custoza, sfondare e sorprendere il grosso dell'esercito nemico alle spalle, costringendolo alla battaglia sulla destra del Mincio, tagliato fuori dalle sue basi: praticamente una vittoria certa e completa.

Secondo Pieri il re tenne all'oscuro di quello che sapeva sia lo stato maggiore sia Bava. Forse non si fidava di loro, forse non voleva veder sfumare l'occasione, discutendo per ore in uno dei soliti chilometrici consigli di guerra che non portavano a nulla. Oppure non voleva dividere con nessuno il merito della vittoria e così

L'idea di Carlo Alberto per Custoza

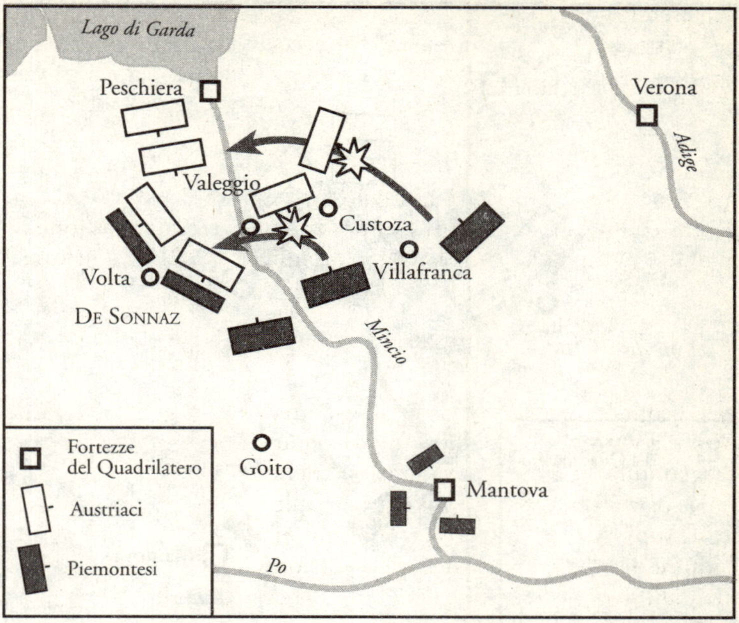

essere il solo eroe della giornata. Sarebbe stata l'agognata rivincita di un sovrano sfortunato, che sapeva benissimo d'essere chiamato Tentenna, per le sue indecisioni, e d'essere bersaglio di critiche e ironie per la condotta della guerra.

Quarto giorno: Custoza

Queste sarebbero le premesse sulle quali si arrivò, il 25 luglio, allo scontro di Custoza. Se Carlo Alberto si sentiva già vincitore, Radetzky non si sentiva per nulla sconfitto e aveva già provveduto a rimediare a una situazione che, oggettivamente, era pericolosa. Invece di proseguire con il piano iniziale, che prevedeva l'attacco alla destra del Mincio, raccolse le forze sulla sponda sinistra, ricorrendo sia alle truppe che avevano già passato il fiume, sia a una parte della riserva e facendo arrivare una brigata fresca da Verona.

Così, quando la mattina Carlo Alberto diede l'ordine d'attacco, invece di trovare, come s'aspettava, un nemico in crisi, sorpre-

Custoza, 25 luglio 1848

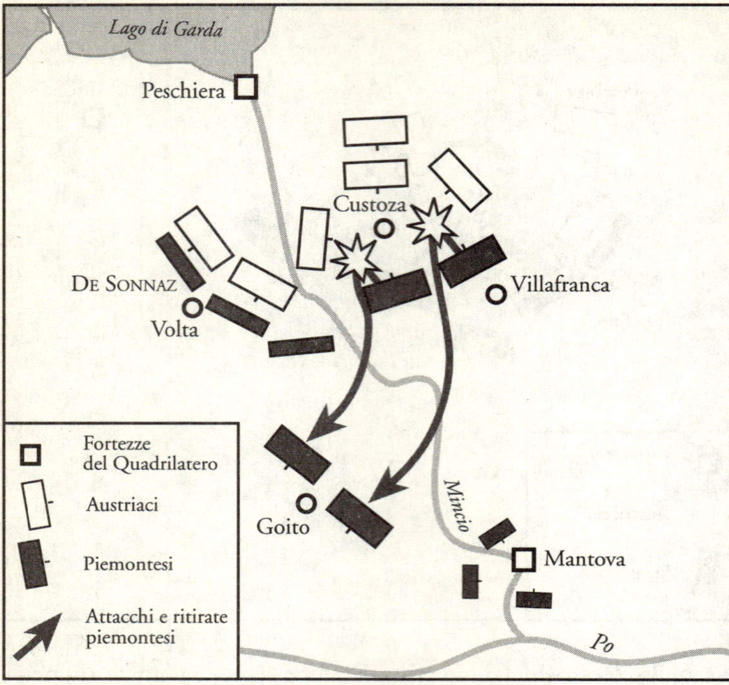

so fuori posizione, si scontrò con un avversario che ovunque era forte e perfino superiore nel numero di uomini e cannoni. Come se non bastasse, si manifestarono i soliti problemi logistici, che ritardarono i movimenti e indebolirono la foga degli assalitori.

Nonostante tutto l'attacco fu condotto, come sempre, con coraggio e ostinazione: qualche posizione venne presa e l'esito della lotta fu a lungo in bilico. Anzi, c'era ancora un certo margine favorevole ai piemontesi, perché in quel momento De Sonnaz – fermo sulla destra del Mincio – si trovava alle spalle degli austriaci e avrebbe potuto, incalzandoli, metterli in grave crisi. Perciò Carlo Alberto inviò un messaggero a spron battuto per ordinargli d'attaccare, ma l'anziano generale rifiutò, sostenendo che le sue truppe erano esauste. Solo dopo un consiglio di guerra infuocato accettò di muoversi, ma chiedendo una dilazione di tre o quattro ore. Infine, al momento di dare l'ordine, cambiò nuovamente idea.

Intanto nella piana a sinistra del Mincio, tra Valeggio, Custoza e Villafranca, la battaglia infuriava tra attacchi e contrattacchi condotti sempre con grandissima determinazione. Ma ormai gli austriaci erano in vantaggio e lentamente i piemontesi dovettero ritirarsi. A fine giornata Radetzky restò padrone del campo, ma non inseguì i piemontesi, che poterono ritirarsi in ordine. Entrambi i contendenti contavano perdite pesanti, quasi equivalenti (un migliaio per parte tra morti, feriti e prigionieri), ma nessuno dei due risultava disfatto.

La differenza sostanziale era che Radetzky aveva in mente un piano e teneva sotto controllo la situazione: anche quando s'era trovato in difficoltà, era stato abbastanza lucido per riuscire a rimediare. Su Carlo Alberto pesava invece la solita indecisione, aggravata dalla delusione per una vittoria che considerava certa e che invece gli sfuggiva. L'amarezza si trasformò in dubbio: poiché aveva sbagliato le previsioni della mattina, poteva essersi ingannato anche su altro. Forse in quel momento il nemico muoveva verso Mantova, per tagliarlo fuori dal resto dell'esercito, e isolarlo alla sinistra del fiume.

Così, non solo diede ordine di sospendere le azioni, ma fece ripiegare alcune forze verso sud, per evitare sorprese da quella parte e mandò un biglietto a De Sonnaz, in cui l'autorizzava, se costretto da cause maggiori, a ritirarsi anche da Volta Mantovana, chiave della difesa alla destra del Mincio.[35] Anche questa volta tenne Bava all'oscuro di tutto.

Quinto giorno: Volta

Fu quindi una brutta sorpresa per lo stato maggiore piemontese scoprire, la mattina del 26 luglio, che Volta era stata abbandonata e per di più con il permesso del re.

Per cercare di rimediare, Carlo Alberto ordinò a De Sonnaz di tornare sui suoi passi e rioccupare il paese, ma il generale obiettò che le sue truppe erano ancora troppo stanche per mettersi in marcia. Il re acconsentì a un ritardo e si offrì di passare in rivista le truppe per sollevarne il morale. Fu probabilmente una scena penosa: i soldati, sfiniti e disfatti, impettiti davanti al loro sovrano; questi, che avrebbe dovuto infondere forza ed entusiasmo, si presentò silenzioso, febbricitante e «terreo in viso», come scrisse Cattaneo. Un personaggio da tragedia, più che un comandante in battaglia.

Volta, 26 luglio 1848

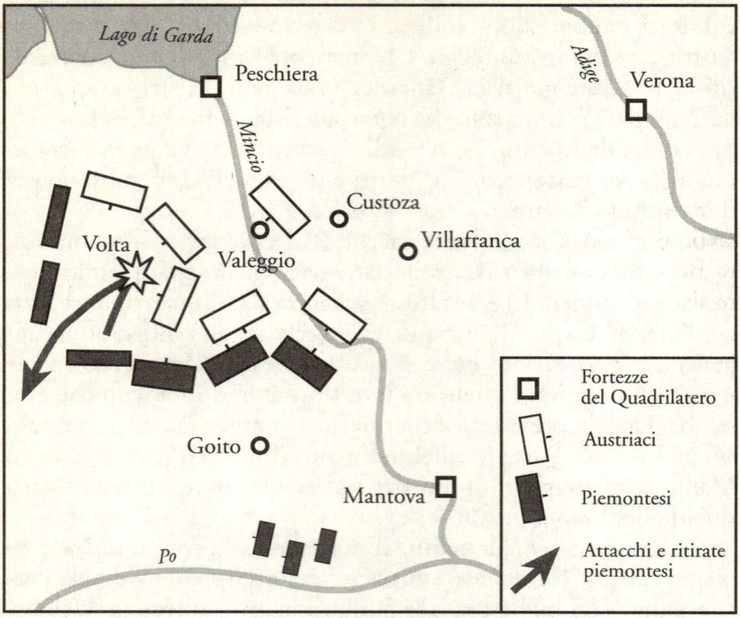

Quando le truppe si misero in movimento e giunsero davanti a Volta, si resero conto che il ritardo era stato fatale e si trovarono a dover prendere d'assalto il paese: gli austriaci, infatti, le avevano precedute di una manciata di minuti e avevano preso posizione. La lotta fu durissima, condotta casa per casa, e continuò anche dopo il tramonto. Tuttavia gli austriaci ebbero con regolarità rinforzi numerosi. I piemontesi li ricevettero scarsi e fuori tempo e così, all'alba del 27 luglio, dovettero abbandonare il paese e iniziare la ritirata.

Carlo Alberto convocò un consiglio di guerra e l'opinione della maggioranza degli ufficiali fu che la battaglia fosse finita e che bisognasse trattare con Radetzky per porre fine alla guerra. Per il re era la fine di un sogno e la sconfitta un calice amarissimo da bere. Probabilmente gli passarono davanti agli occhi i mesi sprecati e le tante occasioni perdute. Solo lui sapeva come fosse arrivato a quel punto e quali fossero state le ragioni vere delle sue scelte. Quello che sicuramente non sapeva era che il calvario era tutt'altro che finito.

Custoza oggi

Come già detto per altri luoghi della Prima guerra d'indipendenza, anche in quelli della grande battaglia di Custoza non si trova un granché a ricordare gli avvenimenti. Se un turista visitasse la zona senza essersi preparato in precedenza, poco o nulla gli direbbe che in quei luoghi le sorti d'Italia subirono una brusca svolta.

Esistendo poco di concreto a memoria della battaglia, si deve lavorare di fantasia. Sulla collina che domina Custoza, il cosiddetto Belvedere, sorge una torre ossario che dovrebbe commemorare sia la battaglia del 1848, sia quella del 1866, ma che in realtà, per la collocazione e per molti altri particolari, si riferisce principalmente alla seconda.

Nella mia mente la balconata che gira attorno al corpo dell'edificio, a metà altezza, è il monumento ideale, ancor più che della singola battaglia, dell'intera guerra del 1848. Da lassù si possono vedere (o intuire) molti dei luoghi in cui si svolsero i combattimenti (Pastrengo, Goito, Santa Lucia, Volta, Valeggio, Rivoli, Verona, Peschiera), che s'individuano seguendo le indicazioni poste sul parapetto. Sembra che si materializzi la frase con cui Cattaneo riassumeva la conduzione della guerra; la riprendo, più brevemente:

> Tutti quei fatti d'arme [...] avvennero [...] entro il raggio di una giornata di cammino. Era il circolo magico segnato dalla politica del re. [...] I generali del re non abbracciarono mai colla mente tutto il campo della guerra [...] si circoscrissero da principio a quel breve arco di venti miglia che segue il corso superiore del Mincio [...] ma sempre facendo siepe innanzi alla Lombardia, con quel modo di guerra che soleva farsi un secolo addietro; e che non potendo essere offensivo, alla fine dei conti non riesce nemmeno difensivo.[36]

Il «circolo magico segnato dalla politica del re», il succo e il riassunto di quella guerra, visto dalla balconata della torre ossario di Custoza diventa concreto e visibile.

20

Il calvario dell'esercito piemontese

Custoza fu una sconfitta, senza ombra di dubbio, ma il peggio doveva ancora arrivare. La ritirata attraverso la Lombardia fu una delle pagine più nere nella storia dell'esercito piemontese e di conseguenza anche una delle meno studiate.

I primi segnali di cedimento si ebbero già all'indomani di Custoza e partirono dai piani alti. Alcuni dei generali che avevano partecipato controvoglia alla guerra e che tanto meno condividevano gli ideali che l'avevano causata, giudicarono d'aver esaurito il loro compito e d'aver combattuto a sufficienza per salvare l'onore. Così, mentre il comando dell'esercito discuteva sulle mosse da intraprendere, il generale Aix di Sommariva, che guidava la prima divisione, senza attendere indicazioni iniziò a ritirarsi verso l'Oglio, seguito da un altro generale con le sue truppe, Garretti di Ferrere. L'armata sarda si vedeva sottrarre due delle cinque divisioni che la formavano: la cosa era grave sotto tutti i punti di vista, ma ancor di più perché le due divisioni erano costituite da truppe fresche, che erano sempre rimaste ferme davanti a Mantova, senza combattere.

Al comando non rimase altra scelta che far retrocedere tutto l'esercito. L'Oglio, dopotutto, sarebbe stato una buona linea sulla quale fermarsi, riposarsi e riorganizzarsi, evitando una ritirata troppo lunga e demoralizzante.

Bava, però, valutò che il fiume fosse troppo povero d'acqua e non offrisse una possibilità di difesa sufficiente. Un ufficiale lombardo avrebbe potuto spiegargli che la scarsa portata d'acqua era dovuta ai canali artificiali che si dipartivano dal fiume per l'irrigazione: sarebbe bastato chiuderli e l'Oglio sarebbe tornato alla sua portata normale.[37]

Ma naturalmente non c'erano lombardi nel comando e l'Oglio venne abbandonato. La ritirata continuò sino all'Adda, mentre Radetzky inseguiva da vicino, tanto per aumentare lo sconforto e acuire i problemi dei piemontesi: il maresciallo non ricambiava la cortesia di Carlo Alberto all'inizio della guerra, che gli aveva permesso di ritirarsi in pace verso il Quadrilatero.

La linea dell'Adda era buona e il fiume gonfio d'acqua. Eppure, nuovamente, il generale Aix di Sommariva riprese a scappare non appena gli austriaci si avvicinarono. Per sfondare la linea difensiva agli imperiali bastò un cannoneggiamento, che causò due feriti!

Il crollo

Il morale dei piemontesi, dai generali ai fantaccini, finì sotto i tacchi. C'erano comandanti che accusavano i soldati, secondo la legge universale per cui il superiore fa ricadere la colpa sull'inferiore. Dabormida, ministro della Guerra, quando si trovò a riferire in Parlamento di quei giorni nefasti, riassunse l'opinione dell'ufficialità dicendo che

> al primo rovescio esso [l'esercito] si era sciolto, che i soldati piemontesi non potevano avere la disciplina degli austriaci, che essi erano moralmente mal disposti, senza fucili, senza sciabole, senza bajonette.[38]

Bava, il comandante in capo, raccontò nel suo memoriale:

> Quale cangiamento improvviso! Questi soldati, pochi giorni prima coraggiosissimi erano diventati pusillanimi, temevano perfino l'ombra del pericolo.[39]

E quindi, poco più avanti:

> Una trentina di vigliacchi si abbandonano distesi al suolo, protestando di più non poter proseguire la marcia e non ci fu verso di farli rialzare. Nella mia carriera militare non mi venne mai veduta una tale prostrazione: erano taluni rassegnati a soffrire ogni danno, fosse anche la morte, senza dolersi, senza far motto, purché non si trattasse di combattere.[40]

All'estremità opposta della scala gerarchica il soldato Boggio Bertinet fa eco:

> Padre e fratello, è stato spaventoso: per sedici giorni e notti siamo stati in marcia forzata, siamo arrivati così distrutti che non si può raccontare. In quei giorni abbiamo avuto anche fame perché gli austriaci hanno preso molte volte i nostri viveri; si entrava nei paesi dove vi era molta confusione e non si trovava nulla. Caro padre, non posso dire di più, si camminava giorno e notte e con questo caldo potete immaginare in che stato siamo.[41]

Anche Carlo Cattaneo annotò le scene della disfatta:

> Interi battaglioni, nella funesta persuasione della sfortuna e della mala direzione e nella licenza delle marce notturne, gettavano armi e valigie e si spargevano per le strade, a sgomento e confusione dei popoli.[42]

Dramma a Milano

L'epilogo si ebbe a Milano, nella città che aveva cacciato gli austriaci, che s'era affidata – non del tutto convinta – alle armi piemontesi e adesso le vedeva tornare sconfitte, mentre alle loro spalle avanzava trionfante Radetzky. Chi poté se ne andò, per sfuggire alle ritorsioni e alle vendette che sicuramente sarebbero seguite al rientro degli austriaci; chi rimase cercò di capire – e si può immaginare con quale stato d'animo – quali fossero le intenzioni delle parti in lotta, per dedurre cosa aspettarsi dal futuro.

Per i generali sabaudi Milano rappresentava prima di tutto un problema strategico, ma Carlo Alberto rifiutò tutte le proposte di ritirata che prevedessero di lasciare la città al suo destino. Probabilmente non era un gran militare né un buon politico, ma sicuramente era persona d'onore e non voleva abbandonare la città che l'aveva festeggiato e acclamato come un liberatore. Sperava, forse, d'avere il tempo di riorganizzare l'esercito, per resistere sfruttando l'intrico di canali, villaggi e cascine della piana intorno alle mura.

Il rientro in città degli ufficiali piemontesi non fu né facile né gradevole: dovevano affrontare la rabbia e la delusione di chi credeva d'aver consegnato una vittoria bella e confezionata e si ritrovava, senza colpa, coinvolto in una sconfitta.

Uno scrisse: «Città muta e deserta, i pochi rimasti freddi, con l'amarezza e il rimprovero sulle labbra».[43] Un altro: «Impossibile entrare in città senza essere esposti ad insulti e fucilate».[44] Qualcun altro, invece, con ancora un briciolo di fiducia nell'avvenire, cercava di trovare spunti d'ottimismo: ora che popolo milanese e soldati piemontesi si trovavano fianco a fianco, forse c'era una possibilità di vittoria...

Lo racconta, per esempio, Bava: a una prima impressione decisamente negativa («Rientro a Milano: si credeva di trovare entusiasmo e aiuto e invece freddezza e rimprovero. Città tetra e abbandonata») seguì un ritorno di speranza, quando cominciarono a circolare voci di difesa a oltranza e la gente si preparò alla resistenza: «Festeggiati e ristorati i nostri soldati avrebbero fatto prodigi di valore».[45]

Invece quella sera stessa fu deciso l'armistizio: era bastato un piccolo combattimento a Melegnano, risolto con un'immediata ritirata sarda, per far pendere definitivamente la bilancia dalla parte dei pessimisti (o dei realisti, che dir si voglia). La sera del 4 agosto il re e i suoi generali si trovarono d'accordo nel porre fine alla guerra.

Per i milanesi fu un tradimento bello e buono, per di più da parte di chi era pronto ad andarsene, lasciando loro a pagarne le spese. In città esplose la rabbia e il popolo s'ammassò attorno alla residenza di Carlo Alberto: non c'era modo di difendere il palazzo e, per amore o per forza, il re dovette dare assicurazione che Milano non sarebbe stata abbandonata.[46] Quando uscì su un balcone, per parlare alla folla, qualcuno gli sparò un colpo di fucile. Non lo colpì, la pallottola si piantò nel soffitto di una stanza, ma la cosa destò un'impressione enorme: sparare a un re non era cosa di tutti i giorni.

Una pallottola molto simbolica

Quel colpo di fucile, di cui si parla poco nei libri di storia, credo abbia un ruolo fondamentale, non solo per capire gli avvenimenti di quei giorni, ma tutto il Risorgimento e anche una buona parte della successiva storia italiana.

Come fatto in sé, il fallito attentato – se di attentato si può parlare – era un'inezia. Il re si chiuse nel palazzo; quindi a sera i bersaglieri comandati da Alfonso La Marmora lo portarono in salvo, dopo aver sfondato l'anello di barricate che bloccava la zona e sgomberato la residua folla. Per Carlo Alberto la guerra finiva nel peggiore dei modi, con l'umiliazione di una fuga ignominiosa in carrozza, protetta dai soldati e salutata da qualche altra pallottola.

In quel momento fu chiaro che il movimento italiano si spaccava in due: da una parte il re sardo, i suoi generali e i suoi ufficiali, convinti d'aver compiuto il proprio dovere e d'essere semplicemente in credito di fortuna. Scrisse Della Rocca:

> Fremevo di rabbia per le ingiurie fatte al Re, per l'ingratitudine di Milano verso di lui, verso i principi, verso noi tutti, soldati e ufficiali, che avevamo esposta la vita e sostenute dure fatiche per l'indipendenza del popolo lombardo, il quale ora, senza tener conto delle prime vittorie, insolentiva alle disgrazie finali.[47]

Dall'altra parte i patrioti, i volontari, gli entusiasti, che vedevano i loro ideali e le loro vittorie vanificati dall'inettitudine delle vecchie *chabraques* e sacrificati alle ragioni della casa regnante.

Questa frattura, simboleggiata da una pallottola sparata a caso, non si sarebbe mai più rimarginata.

Le prime gesta di Garibaldi

In questo clima di tragico crepuscolo fece il suo ingresso in scena un personaggio giunto dal Sudamerica con straordinarie referenze di comandante di guerriglieri e corsari: Giuseppe Garibaldi. È facile immaginare come, nei mesi precedenti, i comandi piemontesi avessero trattato l'esotico avventuriero: lo fecero girovagare per comandi e ministeri, tra Lombardia, Piemonte e Liguria, senza permettergli di fare nulla.

Solo dopo il disastro di Custoza il governo lombardo gli volle affidare un reparto di volontari, con l'ordine di agire sulle Prealpi bergamasche nel quadro di una difesa sull'Adda. Poi, come detto, la difesa non ebbe luogo e il condottiero nizzardo si trovò al comando di una banda di gente armata quando ormai ogni forma di resistenza andava esaurendosi. Nei primi giorni d'agosto si mosse tra i laghi a nord di Milano, cercando di tenere viva la resistenza contro gli austriaci, ma lottando soprattutto contro le diserzioni, stimolate anche dalla vicinanza del confine svizzero. Nelle sue *Memorie* racconta di «mucchi di fucili abbandonati [che] si vedevano all'alba nel campo»,[48] lasciati da chi, nella notte, se n'era andato. Anche Mazzini, che s'era aggregato alla banda, preferì rifugiarsi oltre confine.

Nonostante i durissimi colpi al morale di chi ancora cercava di lottare, Garibaldi riuscì a portare i suoi prima ad Arona, sulla sponda piemontese del lago Maggiore, poi attraversò il lago, sbarcò a Luino e continuò per due settimane un'incessante guerriglia nel territorio tra il lago, il confine elvetico e la pianura milanese. Ingaggiati molti piccoli scontri, ottenne qualche vittoria – la più nota all'Albergo della Beccaccia, tra Varese e Luino, contro tre compagnie di croati –, che ovviamente non poteva cambiare il corso della guerra. Alla fine, inseguito da forze austriache enormemente superiori, riuscì a riportare in salvo in Piemonte gli ultimi sessanta uomini che erano rimasti al suo fianco.

PARTE QUINTA

La sconfitta della rivoluzione

21
Messina

Il Quarantotto era cominciato con le esplosioni rivoluzionarie nelle città: Palermo, poi Parigi, Vienna, Berlino, Milano, Venezia. Era seguita – prima in Italia e poi in Ungheria – una fase di guerra tradizionale, con eserciti che si affrontavano in campo aperto; alla fine, quasi si trattasse di un giro di ruota, tornarono protagoniste le città.

Nella fase iniziale le insurrezioni italiane – in centri lontani e anche molto diversi gli uni dagli altri – erano scoppiate su una base di ragioni locali e particolari, ma avevano trovato poi respiro più ampio nel cercare qualche forma di coesione e collaborazione con altre rivolte simili. Nella fase finale, invece, ci fu una sorta di ripiegamento all'interno delle singole realtà: Roma lottava per Roma, così fece Messina e così Venezia; Genova e Brescia, seppur con motivi differenti, furono le sole a mantenersi fedeli a ideali superiori alle vicende locali.

Ci furono comunque esili fili che legavano gli avvenimenti in una qualche unitarietà del movimento risorgimentale: rimaneva in primo luogo la speranza nell'Italia indipendente e unita, che non rappresentava più un obiettivo immediato, ma sopravviveva almeno come vaga aspirazione a una casa comune. A questi esili fili davano maggior forza le persone che per loro scelta, o anche solo perché sospinte dagli eventi, passarono da una città all'altra accomunando le diverse esperienze: le più note furono Manara e i suoi bersaglieri, Garibaldi e la sua legione, Pepe e alcuni transfughi dell'esercito napoletano, Mazzini e i suoi. Grazie a loro il Quarantotto mantenne l'aspetto di movimento con un'identità nazionale riconoscibile.

Alla rivolta di Palermo, nel gennaio 1848, era seguita la sollevazione di tutta la Sicilia. L'unica città che non riuscì a cacciare i borbonici fu Messina. C'era un motivo: la cittadella, una gigantesca fortezza con la forma di stella a cinque punte, in grado di difendersi dagli attacchi provenienti dal mare, di dominare il porto e di controllare la città. Una fortezza che poteva ricevere rifornimenti dal mare e che non sarebbe mai caduta per assedio: chi voleva prenderla doveva assaltarla.

Inoltre le sue difese erano integrate da una serie di forti: sulla falce di terra a controllo del porto quello di San Salvatore; sulla marina del porto il Real Basso; sulla collina alle spalle della città Castellania, Rocca Guelfonia e Gonzaga; a sud, nella zona detta Terranova, dove si trovavano le caserme e gli altri apprestamenti militari, c'era il piccolo forte Don Blasco. Dall'altra parte dello stretto, sulla costa della Calabria, altri forti ancora e soprattutto le basi da cui giungevano rinforzi e rifornimenti.

Una città protagonista

Messina iniziò la sua rivolta a fine gennaio 1848 e le prime mosse, in realtà, furono più di trattativa che di lotta, nella speranza che i borbonici accettassero di lasciare la città senza combattere. Però, durante i colloqui, una cannonata casualmente sparata dal forte Real Basso uccise una donna e un ragazzo e diede ai messinesi il segnale dell'insurrezione. Ai borbonici giunse da Napoli l'ordine di tenere la città e la fortezza a ogni costo: Messina doveva diventare la testa di ponte napoletana in territorio siciliano.

Così, mentre altrove gli insorti non incontravano quasi resistenza, a Messina la lotta fu subito durissima. Alla prima, molte altre cannonate seguirono: la città fu bombardata per diversi giorni dai 300 cannoni e obici della cittadella, dei forti e della nave *Carlo III*. Poi, dal quartiere Terranova, mossero i soldati. Pensavano, forse, di trovare una popolazione piegata e spaventata dal bombardamento: invece vennero ricacciati quasi ovunque da formazioni spontanee di popolani, tra i quali emersero figure destinate a diventare emblemi di una lotta che sarebbe durata più di sette mesi, come Antonio Lanzetta, Francesco Munafò e Rosa Donato, detta l'Artigliera del Popolo, rappresentante delle tantissime donne che diedero un contributo sostanziale ai combattimenti.

La sera del 29 gennaio i borbonici sconfitti dovettero rientrare nelle caserme. Per migliorare il loro dispositivo di difesa, occuparono il monastero di Santa Chiara e per questo vennero scomunicati dall'arcivescovo. Tutta Messina, ogni rango e ceto, era quindi unita nella lotta.

Tra la fine di gennaio e i primi giorni di febbraio ai borbonici restò solo il controllo della cittadella, di alcuni forti e di Terranova, con le caserme. A questo punto era chiaro che la lotta sarebbe stata lunga ed estenuante e Messina dovette organizzarsi: a differenza delle altre città dell'isola, il suo problema era che l'insurrezione non aveva speranze di vittoria, se si fondava solo sull'entusiasmo e il coraggio popolari, armi spuntate e inefficaci contro le mura e i cannoni delle fortezze.

I borbonici asserragliati

La vittoria si poteva conquistare solo attraverso l'organizzazione: servivano truppe regolari, sufficientemente rifornite, con artiglierie che potessero controbattere quelle dei forti e con piani studiati per razionalizzare gli attacchi. La città si diede un comitato generale di governo, con una sezione dedicata alla guerra guidata dal generale Ribotti: fu deciso di dare una paga ai combattenti, di organizzare batterie e trinceramenti, fu chiesto l'aiuto delle altre città siciliane e del governo che si stava costituendo a Palermo. La speranza era che tutta l'isola comprendesse che l'indipendenza passava da Messina: finché non si prendeva la cittadella, i borbonici avevano una base per la riconquista della Sicilia.

A Palermo, intanto, si discuteva per formare un esercito regolare, ma senza che si giungesse a risultati concreti. Le cose procedevano a rilento e senza risolutezza, anche perché sembrava che, tutto sommato, le questioni militari non fossero prioritarie: la protezione diplomatica di Francia e Inghilterra pareva sufficiente a scongiurare pericoli immediati e l'evolversi del Quarantotto in Europa era una promessa di sviluppi positivi. Con la fine di febbraio le operazioni militari rallentarono ulteriormente e sembrò che tutte le urgenze svanissero.

A Napoli, intanto, già operava un governo costituzionale. Eppure nemmeno i democratici potevano accettare la secessione dell'isola. Si fecero tentativi di mediazione, offrendo a Messina uno statuto speciale, addirittura di capitale della Sicilia, se poneva fine alla rivolta e rimaneva fedele al sovrano. Il rifiuto fu netto.

Il 12 febbraio si arrese il forte di Milazzo e i rivoltosi s'impadronirono così di un'altra cinquantina di cannoni, mentre la cittadella messinese restava sempre più l'ultimo baluardo borbonico in Sicilia. Il 22 febbraio fu il momento di massimo sforzo degli insorti per risolvere la situazione: conquistarono il forte Real Basso con una manovra che combinava un bombardamento e un assalto, guidata da Giacomo Longo, un ufficiale d'artiglieria borbonico passato alla rivoluzione. Un attacco verso Terranova ottenne alcuni successi, ma non decisivi.

Seguì una fase di stasi, in parte dovuta all'inerzia del governo di Palermo, in parte alla situazione generale italiana, che stava mutando velocemente e che, vista dallo stretto, appariva non poco confusa. Era il marzo 1848 e l'Austria, tradizionale baluardo dei regimi assoluti, sembrava attanagliata da una crisi irreversibile. Napoletani e piemontesi la combattevano uniti in nome dell'Italia. Eppure gli stessi napoletani, il giorno di venerdì santo, 21 aprile, ordinavano un bombardamento su Messina, che era insorta anch'essa nel nome dell'Italia unita. Il governo di Palermo, nel frattempo, offriva la corona di re di Sicilia a Ferdinando duca di Genova, secondogenito di Carlo Alberto, il re di Sardegna che in quel momento era alleato dei napoletani.

Non deve sorprendere, quindi, che progetti e decisioni non fossero né chiarissimi né tempestivi.

La controffensiva

Questa situazione veramente complicata (e anche un po' farsesca) trovò una necessaria semplificazione a metà maggio, quando la «primavera» napoletana venne soffocata nel sangue, Ferdinando II gettò la maschera, richiamò le truppe dalla guerra e iniziò la repressione delle forze democratiche.

Il Borbone ottenne successi ovunque nei suoi domini continentali, tranne che in Calabria, dove si trovò a combattere contro la guardia nazionale appoggiata da bande guidate a volte da nobili locali, a volte da capi popolani. Ma ormai la ruota girava contro gli insorti. Durante l'estate i piemontesi, nella Pianura Padana, passarono dalla perdita di Vicenza alla sconfitta di Custoza, mentre l'esercito napoletano conduceva una poderosa offensiva per riconquistare la Calabria. Non fu una campagna facile, contro insorti che ben conoscevano il terreno ed erano per lunga tradizione abituati a organizzarsi in bande, ma alla fine risultò vincente.

La vicenda ebbe un brutto risvolto anche per la Sicilia. Ribotti e Longo, i due cervelli migliori della resistenza messinese, erano partiti con 600 volontari per sostenere la rivolta calabrese, convinti che la Calabria fosse l'avamposto della libertà siciliana e che la cittadella di Messina, una volta privata dei rifornimenti provenienti dal mare, avrebbe dovuto arrendersi. Le cose invece andarono male e i volontari furono catturati da una nave borbonica, mentre cercavano di ritornare sull'isola.

Le Cinque giornate di Messina

Ai primi di settembre tutto era contro i siciliani. Sulla costa di Reggio, al comando del generale Carlo Filangieri, si trovavano i 14.000 uomini che avevano soffocato la rivolta calabrese, oltre ai 4000 appartenenti a truppe scelte, soprattutto svizzeri e cacciatori, che erano giunti da Napoli e che si sommavano ai 5000 di guarnigione a Messina e a 1500 marinai. A ben vedere una forza molto più consistente e decisa di quella che pochi mesi prima si era presentata sul Po, in aiuto dei piemontesi, e per di più ben guidata. Filangieri, l'ufficiale che si era distinto sul Panaro agli ordini di Murat, era un generale capace, di formazione napoleonica e di idee liberaleggianti; tenuto in disparte in tempo di pace, tornava in auge nei momenti di bisogno.

A queste truppe si opponevano, in Messina, grossomodo 6000 cittadini, con addestramento, armamento e disciplina molto differenti. Tra loro brillavano sia le squadre che avevano partecipato alla prima fase dei combattimenti, sia i cosiddetti *camiciotti*. Di questi si sa piuttosto poco, nonostante siano ricordati tra i simboli della rivolta: vengono genericamente descritti come combattenti molto giovani, di grande ardore, che indossavano per uniforme una corta tunica. Altri reparti, invece, erano molto poco affidabili per valore e disciplina: alla fine dei conti si può dire che la resistenza messinese si fondasse su non più di 2500-3000 uomini. I mesi d'inazione non avevano visto miglioramenti sensibili sul piano militare: dal resto dell'isola erano giunte in aiuto alcune formazioni di volontari, ma non l'esercito regolare siciliano (che comunque, tra ritardi e dubbi, contava a malapena sei battaglioni con un rudimento di organizzazione).

Messina, settembre 1848

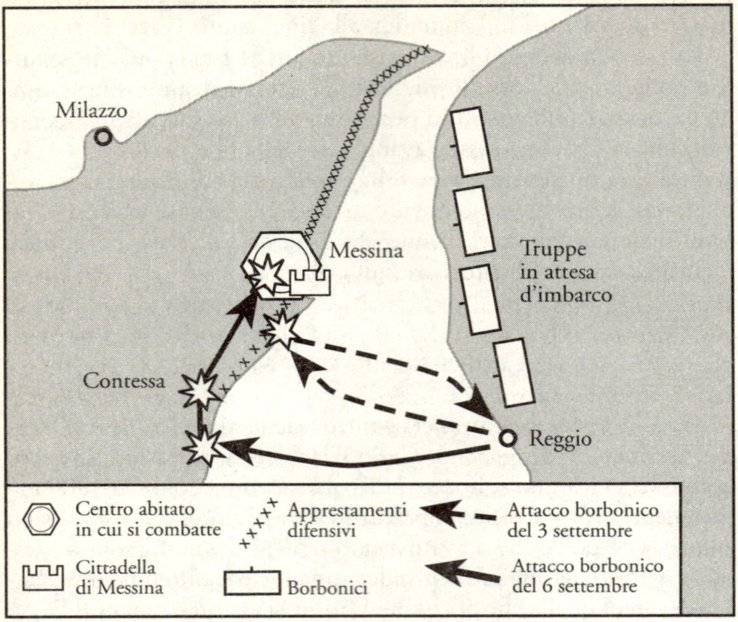

Qualcosa era stato fatto per gli apprestamenti difensivi. La costa a nord della città (cioè verso lo stretto vero e proprio) era ben munita. A sud, invece, dove non si attendeva uno sbarco, s'era fatto molto poco. In città erano state organizzate diverse batterie, tutte orientate per sparare sulla cittadella e poco utili contro attacchi provenienti da altre direzioni. Un grave problema era rappresentato dai comandi: persi in Calabria Longo e Ribotti, le responsabilità spettavano a due ottimi personaggi, scarsamente competenti nelle cose di guerra, l'imprenditore Antonio Pracanica e l'avvocato Domenico Piraino; il colonnello Orsini, che nel comitato di governo doveva rappresentare la guida militare, si dimostrò inferiore alle attese.

Storia di crudeltà

L'attacco borbonico cominciò il 3 settembre, con uno sbarco di alcuni battaglioni di cacciatori e svizzeri a sud della città, proprio dove le difese erano meno curate. Popolani e *camiciotti* resistettero bene: le barricate fermavano le truppe avanzanti, mentre i tiratori le bersagliavano dai tetti e dagli alberi.

La lotta fu ferocissima e risultò chiaro che il popolo messinese non avrebbe ceduto facilmente, ma che d'altra parte i borbonici non si sarebbero fatti scrupoli pur di piegare la città insorta.

In questi casi la storia delle efferatezze è sempre difficile da ricostruire e viene rimpallata tra le due fazioni: certamente una lotta selvaggia, casa per casa, portava all'esasperazione dei toni e la rabbia, la frustrazione e l'esaltazione facevano il resto. I regolari diedero fuoco alle case che resistevano, massacrando chi trovavano, senza riguardo al sesso o all'età; i difensori fecero lo stesso con i nemici e ne portavano le membra sanguinanti in trionfo. In questi casi è sempre difficile distinguere tra dicerie, propaganda e realtà. Comunque molti svizzeri presi prigionieri (i mercenari erano accusati delle peggiori nefandezze) vennero fatti a pezzi, c'è chi dice 60, chi 80, chi addirittura 200. La relazione borbonica sulle operazioni racconta che i brani di carne, braccia e gambe, venissero arrostiti e poi venduti per le vie della città come «rotolo di carne napoletana».[1] La notizia fece il giro d'Europa e – debitamente sfruttata dai conservatori – sottrasse agli insorti parecchie simpatie.[2]

Alla fine gli attaccanti dovettero ritirarsi e la città esultò per la vittoria, convinta d'aver scongiurato il pericolo. Ma fu un'illusione di breve durata.

Re Bomba

Cominciò allora il bombardamento della città da parte delle fortezze e delle navi.

L'intensità fu tale da far capire che i borbonici non si sarebbero tirati indietro neanche di fronte «allo sterminio» dei messinesi, come scrisse uno dei difensori,[3] pur di raggiungere il loro scopo. I comandanti del bombardamento, da parte loro, si giustificarono dicendo che gran parte delle distruzioni furono causate dai colpi degli insorti, che essendo artiglieri improvvisati, sbagliavano spesso la mira; inoltre, siccome le batterie cittadine si trovavano in mezzo all'abitato, inevitabilmente i colpi tirati dai forti e dalle navi cadevano anche sulle case.

Comunque fosse, per questa vicenda Ferdinando II passò alla storia come Re Bomba. Le cronache del cannoneggiamento, dei crolli e degli incendi (e poi delle spaventose violenze del saccheggio) fecero il giro del mondo per bocca dei testimoni inglesi e francesi presenti sulle navi in porto. Tutto ciò contribuì a gettare discredito sul regime borbonico e la pessima fama così guadagnata giocò poi un ruolo importante negli eventi del 1860.

Intanto, mentre la lotta era ancora aperta, gli aiuti concreti che giunsero a Messina da parte del governo di Palermo e delle altre città siciliane furono sempre molto scarsi: non si era compreso che ogni risultato ottenuto fino ad allora, dalla Costituzione all'indipendenza dell'isola, fosse strettamente legato all'esito di quella lotta.

«Una spaventevole difesa»

Il 6 settembre fu ritentato lo sbarco, ancora più a sud, presso il villaggio di Contessa (oggi Contesse), dove non era stata preparata nessuna opera difensiva. Filangieri portò davanti alla spiaggia le navi *Stromboli* e *Nettuno*, che trainavano otto barche cannoniere e altri dodici scafi adattati al trasporto di artiglierie. I cannoni spazzarono la spiaggia e aprirono la via alle fanterie, che scesero a terra da venti barconi.

Nonostante lo spiegamento di forze messo in campo dai napoletani, la difesa di Contessa fu ugualmente accanita. Per averne ragione, ci vollero quattro assalti da parte di nove battaglioni scelti. Ci vollero anche tutta l'abilità e l'ostinazione di Filangieri, perché anche quell'attacco non fallisse.

La battaglia imboccò una china irreversibile. La resistenza messinese sarebbe stata ancora eroica, ma avrebbe anche dimostrato i limiti delle difese cittadine: la disuguaglianza fra le squadre – alcune intrepide oltre ogni limite, altre che cedettero o si diedero alla fuga non appena videro che la situazione si faceva disperata –, la mancanza di capi militari esperti, le carenze del piano di difesa.

I borbonici dovettero combattere casa per casa, per poter avanzare verso la città. Anche nella relazione ufficiale napoletana si trova testimoniata la durezza della lotta: «una spaventevole difesa» è la definizione data da Filangieri. Si legge, per esempio, che una compagnia di granatieri svizzeri conquistò un giardino, ma per tenerlo dovette ricacciare ben tre assalti dei rivoltosi, che sopraggiungevano da un vicolo vicino. Un battaglione riuscì a conquistare una batteria di mortai, ma subito fu bersagliato da

> un triplice fuoco di nemici invisibili che tirando da vicino a colpo sicuro decimarono questi soldati.[4]

Intanto, mentre si combatteva nei quartieri meridionali, nel porto si assisteva allo spettacolo drammatico dei messinesi che cercavano di fuggire dal disastro imminente, usando qualsiasi imbarcazione o semplicemente per allontanarsi dalla città o per trovare asilo sulle navi straniere presenti in rada. I capi del comitato di governo si rivolsero agli inglesi e ai francesi perché facessero da mediatori per un armistizio, ma senza risultato: Filangieri voleva conquistare la città e non era disposto a transigere.

Eppure, nonostante le diserzioni fossero sempre più gravi (le principali erano state quelle di La Masa, che se n'era andato con 2500 uomini abbastanza addestrati, e di Orsini, che chiese asilo su una nave francese in porto), malgrado circolassero per la città voci di resa e le truppe nemiche continuassero ad avanzare, la resistenza proseguì. La città bruciava e i popolani non cessavano di combattere: il convento di Santa Chiara, ultimo baluardo, dovette essere conquistato dai borbonici stanza per stanza, scannando chi veniva preso ancora vivo. Gli ultimi *camiciotti* sopravvissuti preferirono buttarsi in un pozzo piuttosto che arrendersi.

Le differenze di comportamento tra gli insorti vennero ben riassunte in una frase di Piraino, quasi un epitaffio alla rivolta:

> Eransi consumati fatti di grandissima bravura e di incredibile codardia; d'una abnegazione favolosa e di funeste diserzioni, di gloria e di vergogna.[5]

Il 7 settembre, dopo cinque giorni di battaglia feroce, la città si arrese, semidistrutta e in gran parte incendiata. Il conto preciso delle vittime non fu mai fatto; pesavano la ritrosia borbonica ad ammettere i caduti di una guerra intestina e le difficoltà ad accertarli fra i rivoltosi di ogni strato sociale, dei quali molti erano arrivati da fuori città. Pieri parla di 2000-3000 caduti per i borbonici, tra morti e feriti, e grossomodo d'altrettanti per i difensori, cui bisogna aggiungere i morti a causa dei bombardamenti e degli incendi e i massacrati nella selvaggia lotta casa per casa. Tantissimi messinesi, infine, fuggirono verso l'interno dell'isola.

Nella relazione borbonica le accuse di ferocia e di violenza estrema sono naturalmente minimizzate, ma non rigettate: il fatto che comprenda una lunga nota che dettaglia tutti i casi in cui, in condizioni simili, francesi e inglesi – tra i più decisi nel denunciare gli eccidi – infierirono sulla popolazione civile, fa pensare che qualcosa di tremendo davvero successe.

La fine dell'indipendenza siciliana

Con Messina cadeva l'intera Sicilia. In realtà le truppe borboniche entrarono a Palermo solo il 15 maggio 1849, giusto un anno dopo la repressione della rivolta a Napoli, ma solo perché, di fronte a una resistenza decisamente flebile (guidata da un militare polacco, Ludwik Mieroslawski, ingaggiato per comandare il neonato esercito isolano), non avevano voluto affrettare i tempi e avevano preferito avanzare senza correre rischi. Solo a Catania incontrarono qualche resistenza; altrove le forze siciliane si dispersero o si arresero o, ancora, si rifugiarono a Palermo, dove capitolarono.

Alla fine bisogna annotare che di un'intera isola, con una lunga tradizione d'indipendenza e di autogoverno e con risorse non indifferenti, la sola Messina s'era immolata: il governo repubblicano aveva chiaramente fallito sia nel costituire uno Stato che fosse una credibile alternativa a quello borbonico, sia nel difendere la propria indipendenza. Ciò non toglie che il 1848-49 della Sicilia fu un esperimento di autonomia politica compiuto e relativamente duraturo, al pari di Roma e Venezia.

Tuttavia sulla vicenda siciliana pesarono un certo isolamento rispetto al movimento nazionale e un carattere più regionale: per questi motivi venne in qualche misura messa in disparte. Se nella narrazione tradizionale del Risorgimento le altre repubbliche furono considerate luci di libertà, quella siciliana fu presto dimenticata.

La rivolta messinese oggi

Visitare Messina alla ricerca di tracce dell'insurrezione e delle Cinque giornate è un'esperienza strana, soprattutto se si tiene conto che gli avvenimenti cittadini – come recita una lapide sul municipio – furono «antesignani» dell'intero processo risorgimentale.

In primo luogo si deve ricordare che il terremoto del 1908 rase tutto al suolo: per questo motivo gran parte dei luoghi dell'insurrezione e la stessa città ottocentesca non esistono praticamente più. Ma la catastrofe naturale non può spiegare quella sorta di rimozione della memoria che mi è sembrato di cogliere visitando la città, oltre che consultando le ricostruzioni tradizionali del Risorgimento.

In diverse altre occasioni ho constatato che il ricordo dei fatti risorgimentali è appannato, sbiadito, in qualche caso del tutto svanito. Però, se questo si può comprendere quando si tratta di una battaglia, è meno giustificabile quando coinvolge la storia di una comunità.

Tornano in mente le parole dedicate alle Cinque giornate di Milano: «Ricordare quel periodo è come ricordare i nostri nonni e i nostri bisnonni. È come sfogliare un album di famiglia, dove è facile riscoprire (o scoprire per la prima volta) l'orgoglio di discendere da chi seppe compiere quel passo così coraggioso». Anche nella capitale lombarda ho trovato una memoria perlomeno sbiadita, ma resta il fatto che le vicende quarantottesche sono comunque ben presenti nella tradizione.

Invece, il ricordo degli avvenimenti messinesi è stato posto ai margini della narrazione diffusa del Risorgimento. Sicuramente le Cinque giornate di Messina furono contraddistinte da violenze e crudeltà imbarazzanti per entrambe le parti e altrettanto sicuramente ebbero una componente locale più importante che in altri casi. Eppure rimangono un grande momento della storia d'Italia e soprattutto un esempio di determinazione e partecipazione popolari che hanno pochi confronti.

Anche i personaggi della rivolta sarebbero degni di miglior fama: per non dire degli eroici combattenti, come Rosa Donato, Antonio Lanzetta o la squadra Pagnocco,[6] leggo in una recente storia della città la vicenda di un medico borbonico, Ferdinando Palasciano, che curò i feriti senza badare alla loro appartenenza e per questo rischiò la fucilazione, poi commutata in un anno di carcere a Reggio Calabria.[7] Ai tempi tale genere di soccorso, che non guardava alla bandiera, era un gesto inusuale, tanto che divenne famoso in tutta Europa, proponendosi in qualche misura come antesignano dello spirito che avrebbe portato alla fondazione della Croce Rossa.

Simbolo triste della memoria emarginata – se non addirittura «sbagliata» rispetto al racconto tradizionale del Risorgimento – è la cittadella: a onta di qualsiasi terremoto, anche politico, la grande fortezza che fu spagnola e poi borbonica sta ancora là, giusto dietro la stazione ferroviaria dove i treni vengono sbarcati dai traghetti. È un rudere dimenticato da tutti, che in passato, oltre a offrire rifugio ai poveri della città, è stato anche mutilato, per consentire la costruzione della stazione.[8] Senza entrare nei risvolti della politica attuale e senza avventurarmi nella questione di come venga interpretato il Risorgimento nel Meridione d'Italia, credo sia almeno auspicabile che abbia un destino migliore e più vitale, come del resto la memoria delle Cinque giornate.

Per finire, sono stato a Contesse, dove avvenne lo sbarco borbonico: oggi il luogo è nella periferia di Messina, con palazzi e officine, e nulla vi ricorda quell'impresa, che militarmente fu un piccolo capolavoro di organizzazione.

22
L'inverno della rivoluzione

Mentre l'esercito borbonico riconquistava la Calabria e preparava l'attacco a Messina, nella Pianura Padana la guerra giungeva all'epilogo. Tanto l'esercito napoletano appariva efficiente e deciso, tanto l'armata sarda che lasciava la Lombardia era lo spettro di quella che vi era entrata in marzo. I soldati erano sfiniti, gli ufficiali umiliati e silenziosi. Alcuni letteralmente affranti, come La Marmora:

> La stanchezza, le preoccupazioni, le sofferenze dei soldati in questo triste giorno a Milano, in cui fummo ricoperti d'insulti e di umiliazioni, non mi hanno lasciato che il tempo di piangere qualche lacrima. Siamo arrivati solo ieri, in condizioni deplorevoli e talmente stanchi che mi è stato impossibile scrivere una sola parola.[9]

Altri, invece, si lasciavano prendere da una sorda rabbia:

> Il nostro esercito è in piena decomposizione per mali ordini, per completa mancanza di comando e di fiducia. I soldati mancano di tutto e sono indisciplinati.[10]

Molti reparti si erano sfasciati e mostravano ampi vuoti, altri si erano costituiti spontaneamente, riunendo gli sbandati. Ai militari si mescolavano i milanesi in fuga: tristi figure che avevano perso tutto e si allontanavano dalla loro città con ogni mezzo: carri, carretti a mano, cavalli, asini; i più erano a piedi e non pochi portavano tutti i loro averi in un fagotto tenuto sulla testa o in una gerla sulla schiena. Non era raro nemmeno vedere soldati aiutare i civili, oppure un bambino sfinito o una donna sul cavallo di un ufficiale piemontese.

ROSSI, NERI E INTERMEDI

Tornata in Piemonte, l'armata sabauda, a partire dal re fino all'ultimo soldato, si trovò a interrogarsi sul futuro e a cercare risposte non facili, soprattutto se si contava che per la prima volta nella sua lunga e monolitica storia era divisa in due fazioni ostili, che avrebbero voluto prendere decisioni opposte.

Da una parte i *neri*, o *codini*, concordi nell'affermare che le idee innovative di democrazia e liberalità avevano condotto il paese alla rovina, alla sconfitta, e che solo un ritorno alla tradizione avrebbe riparato ai danni commessi. Dall'altra parte i *rossi* – ovvero i liberali, democratici o rivoluzionari che fossero –, convinti della bontà delle riforme e che la colpa di tutto fosse dei nobili. Ai loro occhi costoro avevano sabotato la guerra all'inizio con la loro inettitudine e impedendo alle forze rivoluzionarie di partecipare alle operazioni e alla fine avevano affossato ogni residua speranza con la diserzione e il tradimento.

In realtà stava succedendo qualcosa di molto più profondo e duraturo di una semplice lotta tra conservatori e innovatori.

La cosiddetta parte dei *rossi* si stava avviando, forse senza rendersene pienamente conto, a una spaccatura sostanziale. Fino ad allora si considerava che il popolo costituisse l'intero corpo sociale che non fosse nobiltà o clero: gli accadimenti dell'anno avevano spezzato questa unità e mostrato che esistevano diverse gradazioni di rosso.

Eric Hobsbawm scrisse lucidamente riguardo a questo periodo che

> i liberali moderati dell'Europa occidentale fecero due importanti scoperte: che la rivoluzione era pericolosa e che per ottenere soddisfazione ad alcune delle loro [...] richieste, se ne poteva fare a meno. La borghesia cessò d'essere una forza rivoluzionaria.[11]

Questa è la definizione, data a più di un secolo di distanza, di fatti che ai tempi non potevano essere percepiti e interpretati con la stessa chiarezza e nitidezza, ma che tuttavia in Piemonte s'affermarono con una rapidità e in maniera così drastica da lasciare stupiti.

Nel gennaio 1848 si era ancora in pieno assolutismo, alla metà dell'anno in piena rivoluzione; solo un anno dopo, alla metà del 1849, la rivoluzione era già sconfitta. L'ala popolare e rivoluzionaria era stata zittita, ma nello stesso tempo era stata praticamente espulsa dai processi decisionali anche l'ala *nera* più retriva. Prese il potere l'elemento moderato, formato dai borghesi e dai nobili più liberali, che avrebbe poi guidato la fase che condusse all'unità italiana.

I passi sostanziali di questa trasformazione videro la luce durante un inverno di tribolazioni, riforme di istituzioni, avvicendamenti di persone, cui seguirono una nuova sconfitta militare e un secondo periodo difficile. Però questo cambiamento sofferto, doloroso e assolutamente imprevedibile e impensabile solo un anno prima, fece del Regno di Sardegna uno Stato differente dagli altri della penisola. Quelli che si erano ritirati dalla lotta, come lo Stato della Chiesa o il Regno delle Due Sicilie, erano riusciti a evitare la sconfitta – e quindi, nel breve, potevano ritenere d'aver operato le scelte giuste –, ma si trascinarono il fardello di istituzioni del tutto obsolete, che poi non ressero alla prova dei fatti.

I mesi del travaglio

Tra l'agosto 1848 e il marzo 1849 il Piemonte affrontò una serie di problemi che definire giganteschi sarebbe perfino riduttivo.

Doveva innanzitutto decidere se continuare la guerra o tentare altre strade; se avesse scelto per la prosecuzione, aveva la necessità di modificare l'esercito, che si era dimostrato assolutamente inadeguato. Quest'opera immane andava compiuta in tempi strettissimi e in un clima politico arroventato. Per di più non partecipavano al dibattito solo i piemontesi, ma anche tutti quei patrioti, esuli e profughi, che i rovesci dell'estate avevano fatto confluire oltre il Ticino.

L'armistizio Salasco, dal nome del generale che l'aveva firmato, era una semplice sospensione delle ostilità, che potevano quindi essere riprese in un momento qualsiasi oppure definitivamente accantonate, chiedendo un trattato di pace.

La decisione giusta poteva sembrare ovvia. Con l'esercito a pezzi, il popolo deluso, l'economia che stentava, non si vedeva come il Piemonte ritenesse di poter rovesciare l'esito di una guerra che aveva già perso, quando tutte le condizioni erano più che favorevoli.

Eppure le speranze avevano, o sembravano avere, qualche fondamento. La rivoluzione europea aveva subito sconfitte, ma si dimostrava ancora vitale. A Parigi era stata battuta l'ala più estremista, che governava dalla primavera; però la Francia continuava a essere una repubblica, seppur moderata. A Vienna, nell'autunno 1848, era scoppiata una seconda rivoluzione, ancor più radicale, che aveva indotto alla fuga l'imperatore: le avrebbe fatto seguito la rivolta dell'Ungheria, che resistette a lungo a tutti i tentativi imperiali di sconfiggerla e alla fine venne piegata solo con l'intervento russo. In Italia, se la rivoluzione era stata sconfitta in Lombardia e nella Terraferma veneta, la città di Venezia restava ancora libera repubblica e in Toscana e a Roma gli insorti avevano cacciato arciduca e papa. Solo nel Meridione, dopo la caduta di Messina, i giochi si potevano dire finiti, anche se la Sicilia, seppur debole, era ancora in armi.

Su queste basi, tutto sommato, non si poteva concludere che la guerra fosse inevitabilmente perduta. Molti pensavano che una volta posto rimedio alle lacune più evidenti dell'armata, la rivincita fosse possibile, sfruttando i problemi che ancora travagliavano l'impero asburgico. Altri, ancora più ottimisti, si dicevano convinti che sarebbe bastato allontanare i generali codini, per ottenere risultati notevolmente migliori.

Un nuovo esercito per una nuova guerra

Nell'autunno non era stata presa nessuna decisione definitiva sul conflitto, ma era impressione generale che si puntasse alla ripresa delle ostilità. In ogni caso era inevitabile una riforma. Stava sotto gli occhi di tutti che l'armata fosse a pezzi e che non sarebbe servita né per una nuova guerra né in un'eventuale pace: era un corpo malato che aveva bisogno di cure.

Nonostante qualche generale avesse tentato di sostenere il contrario, la truppa non aveva grandi colpe: il soldato piemontese mostrava doti di tenacia, coraggio e obbedienza da almeno due secoli. Bisognava tutt'al più evitare che tra i primi richiamati ci fosse chi aveva formato una famiglia e iniziato un'attività lavorativa. Queste persone non potevano considerare la guerra se non come gravissimo sacrificio, che avrebbero affrontato senza nessun entusiasmo: tornare a casa il più presto possibile era il massimo delle loro aspirazioni. Al problema si rimediò modificando i meccanismi di reclutamento, così come furono migliorati i servizi che erano stati un male cronico per tutta la guerra. Non erano cose che s'improvvisavano dalla sera alla mattina, ma si cominciò comunque ad agire in quella direzione. Ma il problema enorme era rappresentato dai comandi, a partire dai gradi più alti e scendendo fino al livello di battaglione e di compagnia. Su questo punto, oltre tutto, la questione diventava politica.

Armata rossa o nera?

I *rossi* non diedero molto peso a tali questioni. Erano convinti – una debolezza comune dei movimenti popolari sino ai giorni nostri – che quando il popolo scendeva in campo a combattere, la vittoria era assicurata per una sorta di benevolenza della dea Storia: le questioni pratiche di organizzazione, rifornimenti, addestramento, oltre a quelle più antipatiche di gerarchia e disciplina, si potevano lasciare in secondo piano, come relitti di autoritarismi passati.

Pensavano che per sistemare le cose bastasse mandare a casa i nobili superbi e incapaci, sostituendoli con ufficiali provenienti da esperienze napoleoniche o dai campi di battaglia insurrezionali di Spagna, Portogallo, Polonia.

D'altra parte nemmeno i *neri*, o *codini*, persero il sonno a difendere il loro operato e comunque non avevano nessuna intenzione di partecipare all'edificazione di un esercito di nuovo modello. Quello vecchio a loro andava benissimo e aspettavano solamente una nuova e più sonante sconfitta, che spazzasse via definitivamente gli odiati innovatori e rivoluzionari.

Se una fazione si disinteressava dei problemi squisitamente militari, tutt'al più ricorrendo a vuoti slogan, e se quella opposta faceva altrettanto, aspettando solo che tutto andasse a catafascio, sul ponte di comando dell'esercito restò un pugno di uomini, che – ostacolati sia da destra sia da sinistra – iniziarono a considerarsi di *centro* e *moderati*.

Il gruppo era composto da ufficiali che erano rimasti ai margini della guerra nei mesi precedenti oppure che l'avevano cominciata in posizioni subalterne, rispetto all'ufficialità assolutista, essendo ancora piuttosto giovani. Dopo la misera prova data dal vecchio esercito in quel 1848, si ritrovarono sbalzati all'improvviso in posizioni d'assoluta responsabilità. L'esempio più eclatante fu quello di Alfonso La Marmora, maggiore di artiglieria in marzo, generale e ministro della Guerra in ottobre.

Il re e il comando supremo

La grande maggioranza degli osservatori, non solo militari, dava la colpa della sconfitta a Carlo Alberto. Che il re non fosse un grande stratega, si sapeva, non avendo alcuna esperienza militare: ma l'esperienza, a quei tempi, non era considerata un requisito fondamentale per comandare un esercito. Il sovrano decideva; i suoi tecnici, cioè i generali, dovevano tradurre le sue determinazioni in concetti operativi. L'accusa principale a Carlo Alberto era proprio di non aver saputo prendere decisioni e di non aver nemmeno stabilito chi lo facesse al posto suo.

Il re ovviamente non era d'accordo e addirittura pubblicò un libretto, seppure anonimo, per difendere il suo operato, dando la stura alla consuetudine tutta italiana dei memoriali giustificativi di comandanti sconfitti: se ne sarebbero visti in gran quantità per oltre un secolo di storia nazionale.

Sotto di lui c'era il generale Eusebio Bava, che tra tutti forse non aveva le colpe maggiori. Nell'autunno e nell'inverno attese a lungo d'essere nominato comandante supremo per la ripresa della guerra: quando capì che ci si orientava verso qualche nome straniero e che c'era sempre di mezzo il sovrano come capo dell'esercito, si lasciò prendere dalla rabbia e pubblicò anche lui un memoriale, che era abbastanza sincero e acuto (una manna per gli storici), ma oltremodo polemico e sconveniente, tanto da costargli la carriera.

Una soluzione che avrebbe accontentato tutti sarebbe stato un generale francese: come dire un repubblicano che non suscitasse sospetti di simpatie retrograde, ma al tempo stesso proveniente dal migliore degli eserciti, a detta di tutti gli europei del tempo, e quindi professionalmente inattaccabile. Il generale Lamoricière, per esempio, aveva un brillante passato di vittorie in Algeria, era un conservatore e comunque un deputato della repubblica. Dopo estenuanti trattative l'accordo fallì. La Marmora, che si trovava a Parigi proprio per trovare un nuovo comandante, decise di tornare a Torino a mani vuote. Gli si offrivano solo personalità di secondo piano, che non prese in considerazione perché, come scrisse a un amico, «generali mediocri ne abbiamo anche noi»:[12] non propriamente un complimento per l'ufficialità piemontese nel suo insieme.

Sfumata l'ipotesi francese e non essendo disponibile un italiano che avesse qualità, appoggi e carattere giusti, si ripiegò su un polacco quasi sconosciuto, Wojciech Chrzanowski, che si può tranquillamente considerare la scelta al ribasso di un gruppo di persone che non sapevano mettersi d'accordo. A sentire i testimoni dell'epoca, era l'esatto opposto di come ci si immaginava fosse un condottiero. Bava lo descrisse come «un polacco, uno scimmiotto piccolo, brutto, con una voce da musico»; per di più non masticava una parola d'italiano. Tutti i generali fecero a gara a chi lo trattava con minor rispetto, ma siccome non rappresentava la vittoria d'alcuna fazione, nessuno si oppose alla sua nomina.

Carlo Alberto, invece, lo accolse volentieri, perché non lo vedeva come un concorrente, pensava che fosse al più un consulente, e quindi riteneva che sarebbe stato ancora lui a guidare l'esercito. Da parte loro i democratici, che poco s'intendevano di cose militari, si convinsero d'aver sistemato adeguatamente le brame di comando del re, mettendogli accanto uno di loro gradimento, di scuola napoleonica e combattente per la libertà polacca.

Ufficiali cercansi

Scendendo di un gradino nella gerarchia, si apriva la questione scottante dei comandanti di divisione: proprio fra questi nell'estate s'erano avuti gli esempi di peggior comportamento. Aix di Sommariva, Garretti di Ferrere e Falletti di Villafalletto erano i più compromessi. I democratici volevano che fossero processati per tradimento, ma Carlo Alberto giudicò che fosse punizione sufficiente cacciarli dai comandi che detenevano per onor di casato da secoli. De Sonnaz fu mandato a comandare la guarnigione di Genova.

Il problema era come sostituirli.

Lo scarso numero di ufficiali rispetto alla truppa era un altro inconveniente individuato nel conflitto. Era intuitivo che più ufficiali fossero stati disponibili, minore sarebbe stato il numero di uomini agli ordini d'ognuno e quindi più efficace la loro azione. Un conto era badare allo schieramento, alla disciplina e alle motivazioni di cinquanta soldati, un altro essere responsabili di cinquecento.

Ma come trovare tanti ufficiali?

Negli anni precedenti, quando l'efficienza dell'armata era un problema secondario, gli ufficiali provenivano dalla nobiltà e il loro numero era integrato da borghesi che intraprendevano la carriera delle armi. Un eccesso di borghesi avrebbe tolto quel carattere d'esercito dinastico e nobiliare che era così spiccato nell'armata sabauda. Dopo il disastro della guerra, in buona parte imputabile proprio ai militari di famiglie aristocratiche, quel carattere era diventato una sorta di tara da estirpare. Il guaio ulteriore era che bisognava trovare ufficiali già pronti, perché non c'era tempo per formarne di nuovi.

Esistevano tre serbatoi disponibili: gli esuli dei moti del 1821, gli esuli dei moti del 1831 e gli ex napoleonici.

Del primo gruppo pochi ormai erano ancora in servizio attivo, dopo ventotto anni, ma uno almeno dev'essere ricordato, perché rappresentava la prova vivente della contraddizione con cui il Piemonte aveva affrontato la guerra.

Era il conte Ettore Perrone di San Martino, rifugiato in Francia, dove aveva fatto un'ottima carriera. Al momento della guerra era tornato per offrire la sua spada al re, come si diceva a quei tempi, ma tra i comandanti dell'esercito aveva trovato molti che avevano voluto il suo esilio. Per un lungo periodo fu collocato in posizione defilata, con il compito d'organizzare un improbabile esercito lombardo.

A disastro avvenuto, alcuni si ricordarono che fosse un eccellente generale e alcuni, addirittura, lo candidarono al comando supremo. Peccato che formalmente gli pendesse ancora sul capo una condanna a morte per i fatti del 1821 e proprio per quegli stessi ideali per i quali adesso il Piemonte era in guerra. L'amnistia arrivò, in seguito a un dibattito parlamentare e a uno dei primi discorsi di Camillo Benso di Cavour (ancora pressoché sconosciuto), che si espresse in suo favore. Perrone comunque ebbe solo una divisione, forse perché il comando supremo immediatamente dopo la cancellazione della condanna capitale era troppo persino in quei tempi turbolenti.

Poi c'erano gli esuli del 1831, detti *spagnoli*, perché erano andati a combattere in Spagna, un po' per motivi ideali, un po' per sbarcare il lunario. Rientrati in Italia, presentavano molti tratti genericamente simili: in virtù della loro esperienza pratica erano un gradino superiori, per capacità militari, ai loro colleghi rimasti in patria, che avevano frequentato le scuole militari della Restaurazione. Tutti vennero accolti con sospetto, considerati corpi estranei al mondo dell'esercito sardo: dovettero quindi vincere ogni diffidenza, dimostrandosi ancora più intransigenti dei colleghi. Tutti gli *spagnoli*, infatti, espressero sempre un profondo disprezzo per la guerra delle bande, per i volontari, per le insurrezioni.[13] La peculiarità del momento li proiettò quasi direttamente dalla condizione di esuli – quindi di ricercati – a quella di alti ufficiali.

Tra loro c'erano personaggi come i fratelli Giacomo e Giovanni Durando (Giovanni era stato alla testa delle truppe pontificie in Veneto), Manfredo Fanti, che sarebbe diventato ministro della Guerra nell'Italia unita, Domenico Cucchiari ed Enrico Cialdini.

Infine, terzo serbatoio cui attingere era quello degli ex napoleonici. Le guerre terminate nel 1815 avevano lasciato in giro per l'Europa un gran numero di militari, che non conoscevano altro mestiere che quello delle armi. Negli anni successivi questa gente s'era offerta per tutti i conflitti e a trentatré anni di distanza dal tramonto del grande condottiero vantava ancora una discreta presenza sul mercato internazionale degli ufficiali.

Alcuni di questi personaggi arrivarono in Piemonte sospinti dalla fama loro attribuita d'essere comandanti di parte democratica. Per esempio, quel tale Gerolamo Ramorino che durante i moti degli anni Trenta aveva perso al tavolo da gioco i soldi per allestire una spedizione mazziniana.

La Divisione lombarda

La novità forse più grossa dell'esercito piemontese, nell'inverno 1848-49, fu la costituzione della Divisione lombarda.[14]

Negli intenti di chi la volle rappresentava il tentativo di trovare un punto d'incontro e di fusione tra l'entusiasmo e la determinazione dei volontari e la disciplina e l'organizzazione dei soldati regolari. Poteva essere un'ottima idea, per quanto tardiva, anche se c'era da obiettare che una sola divisione rispetto a tutto il movimento italiano dei volontari era come un topolino partorito da una montagna. Eppure anche questa sola e piccola divisione ebbe una nascita sofferta e un'esistenza contrastata e molto sfortunata.

Contro i volontari esuli dal Lombardo-Veneto si accanì Radetzky, che decise la confisca dei loro beni. Anche le gerarchie militari piemontesi, almeno nei loro esponenti più conservatori, non furono tenere: dare addestramento e cannoni ai volontari, sostenevano, era come tirarsi in casa la rivoluzione. Questi sentimenti di ostilità coinvolgevano anche la popolazione, che vedeva nei volontari le teste calde all'origine dell'infausta guerra.

Scriveva a questo proposito Luciano Manara, che nella Divisione lombarda militava come ufficiale dei bersaglieri:

> Ci troviamo il disagio di essere volontari, e per di più lombardi in terra piemontese, additati come i responsabili della guerra, i rivoluzionari, le teste calde [...] In questi paesi il genere di vita d'un volontario è una bestemmia, è una cosa inconcepibile. Qui non avvennero rivoluzioni, non si videro le giornate di marzo.[15]

Il colpo mortale fu inferto al momento di decidere chi ne sarebbe stato il comandante. Di certo non poteva essere un nobile in odore di assolutismo, né un monarchico convinto e nemmeno un buon generale liberale o repubblicano: in questo caso la Divisione lombarda sarebbe stata vista come un pericolo eccessivo per le istituzioni e la monarchia.

La scelta cadde su quel Ramorino di cui si parlava poco sopra e fu pessima. Oltre al vizio del gioco e a una propensione spiccata per i divertimenti, il generale si portava dietro il soprannome di Marmorino, che gli era dedicato per la solerzia e spiegava bene che tipo di personaggio fosse. Di lui e del suo seguito Manara, che oggi sarebbe definito un duro e puro, scriveva:

> Sbottigliano *bordeaux* sotto gli occhi delle signorine di Vercelli a teatro, a suon di banda [...] i miei cari colleghi e superiori di Spagna e Africa, sono un ammasso di canaglia che fa il soldato per mestiere e se ne ride del motivo che dovrebbe avergli messo in mano le armi.[16]

Probabilmente, se qualcuno gliel'avesse chiesto allora, Ramorino e i suoi «colleghi» avrebbero ricambiato definendo Manara un onesto idiota idealista. Questo per comprendere come andassero le cose.

23
Marzo 1849

La preparazione della guerra fu molto più lunga e importante della guerra stessa. Il lavoro svolto nell'inverno 1848-49, anche se non portò risultati immediati, tanto che la ripresa del conflitto si rivelò un disastro, ebbe conseguenze fondamentali e durature, perché permise d'impostare l'esercito piemontese che poi ebbe ragione degli austriaci (anche se non da solo).

Sulla carta il Piemonte riprendeva la guerra con ben 150.000 uomini inquadrati in una struttura più razionale, guidati da generali più capaci (erano sopravvissuti alla disfatta dell'anno precedente solo Bes e i due principi Savoia), con a fianco volontari organizzati in unità più efficienti, con il contributo degli esperti ex napoleonici e *spagnoli*.

Ma, appunto, sulla carta. Nella realtà la situazione era molto diversa.

I 150.000 uomini erano in gran parte reclute inesperte, inserite in reparti formati da veterani disillusi, usurati dalla campagna precedente e lontani dalle loro case da almeno un anno. La disciplina e il morale, crollati dopo Custoza, erano sempre molto bassi e le polemiche, le lotte intestine, la propaganda politica e l'inverno passato in baraccamenti e campi di fortuna non avevano certo contribuito a risollevarli.

L'epurazione degli ufficiali era stata limitata ai personaggi palesemente impresentabili: la scarsa disponibilità di sostituti e le resistenze politiche avevano impedito che venisse condotta a fondo. Così il tentativo di riforma non migliorò la qualità degli ufficiali nel suo complesso, ma ne peggiorò la compattezza e creò scontento sia a destra sia a sinistra.

Per quanto riguardava il comando, la situazione era forse più cattiva che nell'anno precedente, nonostante gli sforzi di cambiamento. Carlo Alberto continuava a voler comandare e Chrzanowski, isolato e malvisto dalla stragrande maggioranza dei generali piemontesi, non poteva far altro che appoggiarsi al sovrano e avallarne le decisioni. Il risultato fu che, ancora una volta, i rapporti tra le unità dell'esercito e lungo la scala gerarchica mancarono di chiarezza, tempestività e soprattutto di fiducia reciproca.

Con queste premesse non deve stupire che non ci fosse un piano generale. L'idea di base – e in questo si sentiva la mano dei democratici – era di fare tutto il contrario dell'anno prima. Allora si era tardato troppo a muovere e poi lo si era fatto in maniera troppo timida? La nuova campagna sarebbe stata condotta all'assalto, per sfruttare l'entusiasmo dei volontari e portare aiuto alle insurrezioni che – tutti ne erano sicuri – sarebbero scoppiate in Lombardia. Fu anche preparata una colonna, guidata da Gabriele Camozzi, che doveva portare aiuti e armi gli insorti.

L'anno precedente la manovra si era anchilosata nel «circolo magico segnato dalla politica del re»? Questa volta si sarebbero cercati lo spazio e la profondità. Una divisione, agli ordini di La Marmora, sarebbe partita da Sarzana, in Liguria, per attraversare gli Appennini, piombare su Parma e così minacciare alle spalle le posizioni austriache.

Dominava la convinzione che Radetzky non avrebbe rischiato una guerra sul Ticino, con il rischio di trovarsi l'intera Lombardia insorta alle spalle: si pensava che probabilmente si sarebbe ritirato, forse addirittura nel Quadrilatero.

Il re diede il suo contributo: volle che il centro dell'armata fosse schierato a nord, verso Novara, invece che in una posizione più centrale, verso Casale o Alessandria, come avrebbero voluto i manuali di strategia. Insisteva, inoltre, che l'avanzata puntasse su Milano, anche se quella non era la direttrice migliore. Carlo Alberto voleva a tutti i costi cancellare il ricordo umiliante della fuga di otto mesi prima.

La fine di un'avventura

Invece, ancora una volta, tutto andò storto. Com'era successo a Custoza, Radetzky pianificò le sue mosse accettando una certa dose di rischio, convinto che i comandi piemontesi non sarebbero stati pronti a elaborare contromosse.

La guerra del 1849 secondo le intenzioni dei piemontesi

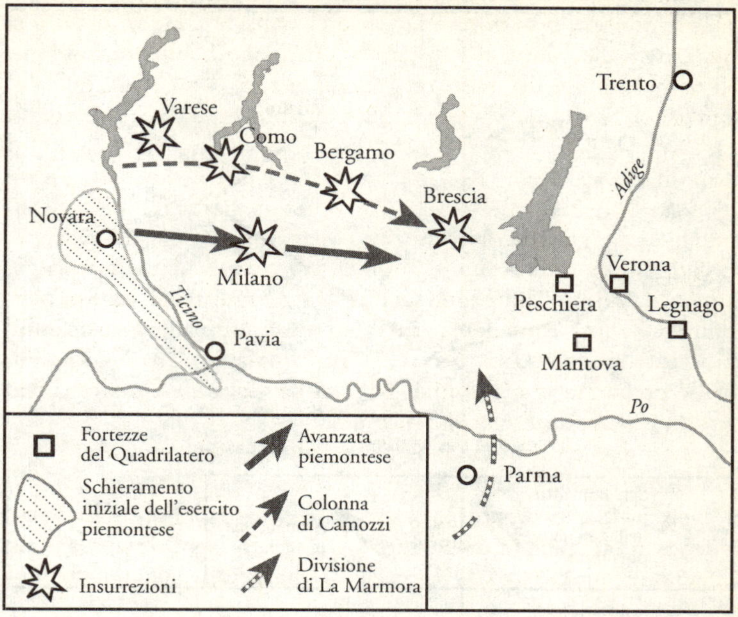

Il 12 marzo fu denunciato l'armistizio e il 14 Radetzky sembrò radunare le sue divisioni per muoversi verso Lodi e l'Adda, avvalorando le ipotesi di ritirata. Il giorno 18, fuori Milano, lontano da occhi indiscreti, cambiò direzione e puntò verso Pavia e il basso Ticino, dove raccolse praticamente tutte le truppe a sua disposizione, lasciando il resto della Lombardia sguarnito, e scelse di prendere l'iniziativa meno prevedibile: passare il Ticino e attaccare di sorpresa.

Carlo Alberto e Chrzanowski si trovavano a Novara e ignoravano le intenzioni del maresciallo austriaco. Seguendo il loro piano iniziale, senza fretta, avevano inviato delle unità in esplorazione, indirizzandole verso Milano e Vigevano. Queste avevano anche sostenuto qualche piccolo scontro vittorioso, come in località Sforzesca, presso Vigevano, ma non avevano individuato il grosso del nemico. Tutto sembrava svolgersi come sperato: gli austriaci si erano già ritirati verso est.

Si può quindi capire lo sgomento e la sorpresa quando il re e i suoi generali scoprirono che Radetzky non solo aveva fatto tutto

L'attacco di Radetzky, marzo 1849

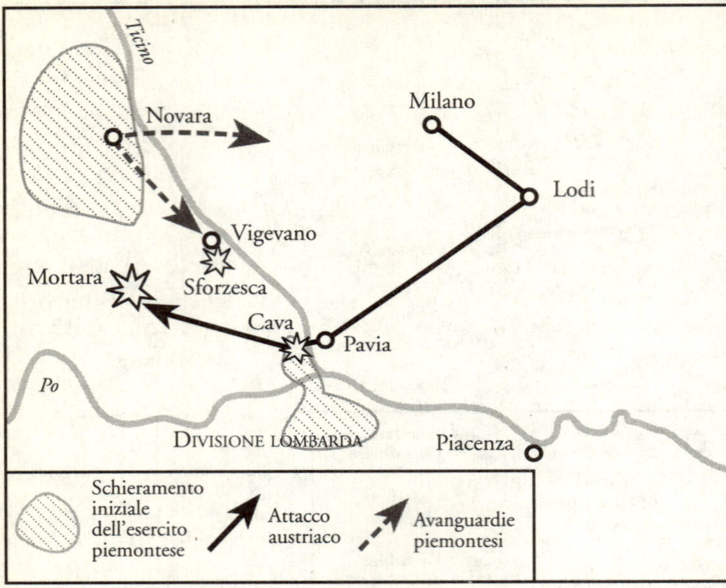

il contrario di quello che s'aspettavano, ma aveva anche già passato il Ticino ed era entrato in Piemonte. Cos'era successo?

All'epoca i ponti sui fiumi erano ben pochi e in caso di guerra tutti venivano sorvegliati con attenzione. Tra Lombardia e Piemonte, nella zona di Pavia i ponti erano soltanto due: uno in città, sul Ticino, e uno a Stradella, sul Po. Su entrambi doveva vigilare Ramorino con la Divisione lombarda. Il generale, per qualche motivo – fidandosi della sua esperienza, a causa di errate informazioni, per semplice trascuratezza o, come qualcuno arrivò a ipotizzare, per tradimento –, decise che se gli austriaci avessero voluto attaccare, lo avrebbero fatto cercando di passare dal ponte di Stradella. In base a questa convinzione schierò le sue forze sulla sponda meridionale del Po, lasciando davanti a Pavia poche centinaia di uomini, tra i quali i bersaglieri di Manara.

Così l'avanguardia di Radetzky, che consisteva di alcune migliaia di uomini con molti cannoni, non trovò praticamente ostacoli: Manara e i suoi si difesero strenuamente presso il villaggio di Cava – oggi Cava Manara, in onore dell'episodio –, ma non poterono far nulla. Sarebbe servito un miracolo, ma non avvenne.

Per ironia della sorte la Divisione lombarda, che avrebbe dovuto essere l'emblema del patriottismo e del nuovo modo d'intendere l'esercito e la guerra, fu la responsabile del disastro strategico e, in buona parte, della sconfitta che arrivò di lì a pochi giorni. Alla fine dell'avventura Ramorino fu fucilato per disobbedienza. Rimane solo da osservare che il suo comportamento, seppur ampiamente criticabile, non fu peggiore di quello di tanti generali che l'anno precedente avevano palesemente disobbedito agli ordini e non erano per questo finiti davanti al plotone d'esecuzione. La differenza era ovvia: Ramorino dovette pagare il suo passato napoleonico e di avventuriero, l'estraneità alla cerchia degli ufficiali sabaudi e soprattutto la diffidenza che si nutriva verso i volontari ai suoi ordini. Era un perfetto capro espiatorio.

Mortara

Comunque la frittata era fatta e i comandi piemontesi si ritrovarono gli austriaci in casa, a sud del loro schieramento, quando se li aspettavano in Lombardia, a oriente. Per tamponare la falla, Chrzanowski mandò in tutta fretta due divisioni – quella di Durando e quella del principe Vittorio Emanuele – verso Mortara e altre due verso Vigevano. Mossa ovvia e chiara, ma che sul campo divenne complicata, perché ogni divisione ignorava i movimenti delle altre.

A Mortara il risultato fu uno schieramento difettoso e inadeguato: nonostante si combattesse in Piemonte, i comandanti ignoravano molti dettagli topografici, come strade e canali, che potevano ostacolarli oppure aiutarli. Inoltre, giunti in posizione nel pomeriggio, non credevano di dover affrontare gli austriaci prima del giorno seguente. Invece le avanguardie imperiali non persero tempo e attaccarono subito in forze.

La battaglia, cominciata prima del tramonto poco fuori la città, continuò per gran parte della notte all'interno dell'abitato. Il merito della vittoria austriaca andò a un buon comandante, Benedek, che intuì le difficoltà in cui si trovavano i piemontesi e affondò l'attacco proprio contro il loro nucleo principale, nella notte e al centro della città. Per farlo dovette partire dal presupposto che non avrebbe incontrato grande capacità di reazione. Ebbe ragione e alle luci dell'alba Mortara era in mano austriaca: 2000 piemontesi che vi erano rimasti accerchiati s'arresero.

La situazione strategica

La vittoria di Mortara spalancava a Radetzky tutte le strade del Piemonte, ma con il rischio, se decideva d'avanzare, d'essere tagliato fuori dalle sue basi lombarde e di trovarsi accerchiato.

Ugualmente Radetzky ordinò ai suoi di proseguire. Il problema era: da che parte?

Il maresciallo ignorava dove si trovasse il grosso dell'esercito piemontese e ormai aveva poco tempo, perché il suo vantaggio d'iniziativa non poteva durare a lungo. Decise quindi di muovere le truppe a raggiera, inviando una colonna verso Casale, un'altra verso Vercelli e un'altra ancora verso Novara. Il pericolo che correva era grande, perché ciascuna delle tre colonne sarebbe stata inevitabilmente più debole dei piemontesi, quando li avesse incontrati. Ma evidentemente fidava nella capacità dei suoi generali di comprendere la situazione e di agire per il meglio non appena il nemico fosse stato individuato. In questa specie di gara a mosca cieca, la colonna che si dirigeva a nord, formata dal II corpo d'armata al comando del maresciallo D'Aspre, incappò nelle linee avanzate piemontesi schierate davanti a Novara. Contando ancora sulla superiorità d'iniziativa, D'Aspre ordinò l'attacco. Non sapeva d'essersi imbattuto nell'esercito sabaudo praticamente al completo.

La battaglia di Novara

Per comprendere cosa sia successo in quel lontano 23 marzo 1849, sono ricorso a un vero esperto: Paolo Cirri, novarese, conoscitore di luoghi, fatti e documenti, autore di diverse pubblicazioni sulla battaglia.[17] Ecco il suo racconto.

Era un giorno freddo di fine marzo, così freddo che la notte successiva avrebbe nevicato. L'esercito piemontese era accampato attorno a Novara, con tre divisioni a sud della città, poco meno di due a est e una a ovest. L'umore non era buono. Lo smacco di Cava e poi la sconfitta di Mortara avevano spento i già non eccessivi entusiasmi. C'erano molti soldati e ufficiali convinti di quello che facevano, ma molti altri erano a dir poco scontenti. Qualcuno protestava contro le «teste calde» politiche, i pessimisti lamentavano i tanti problemi di un esercito rappezzato in tutta fretta; tanti, soprattutto nobili e conservatori, si trovavano lì solo per obbedienza al sovrano, senza entusiasmo e senza calore.

La mattina, quando Carlo Alberto passò in rassegna le truppe, si sentirono pochi degli abituali «Viva il re! *Vive le roi*!» (molti sudditi parlavano il francese come prima lingua e quasi tutti lo capivano, in misura maggiore che l'italiano).

Oggi, uscendo da Novara sulla strada che porta a Mortara – si chiama corso XXIII Marzo, in ricordo della battaglia, anche se nell'Ottocento si discusse a lungo se fosse il caso di dedicare una via a una sconfitta disastrosa –, si arriva a una rotonda da cui parte la strada per Olengo: questo paesino era l'estremo avamposto meridionale dello schieramento piemontese. Entrando nell'abitato e svoltando in una piccola via a destra, cinquanta metri prima della chiesa, si arriva alla propaggine meridionale: davanti c'è la campagna aperta, alle spalle le case. Se ci s'immagina un territorio molto più ricco d'alberi, filari, siepi e boschetti di quanto non sia ai giorni nostri, si ha grossomodo l'idea di cosa potesse vedere una sentinella piemontese all'incirca alle undici di quel giorno infausto.

Qui giunsero le avanguardie del II corpo d'armata austriaco, che sloggiarono facilmente dal paese le poche forze piemontesi e continuarono nell'avanzata. Il grosso che le seguiva si avvicinò a Novara su tre direttrici: due ai lati della strada Mortara-Novara e la terza più a occidente, investendo un sobborgo chiamato Cittadella, dove c'era la prima divisione comandata da Durando.

Cosa successe nel sobborgo è abbastanza facile da raccontare. Durando doveva fronteggiare un nemico che disponeva di circa un quinto delle sue forze, eppure non prese nessuna iniziativa. Gli ordini che aveva erano di restare sulle posizioni e così fece, ingaggiando uno sterile duello di artiglieria a distanza. In questo modo non ebbe responsabilità burocratiche, ma non diede nessun contributo al centro della battaglia, solo un chilometro alla sua sinistra.

Lungo la strada di Mortara le cose andarono in tutt'altra maniera. Oltre Olengo e fino alla Bicocca, nella zona meridionale di Novara, corrono circa due chilometri di un terreno insolito della Pianura Padana: se tutti i dintorni della città sono piuttosto piatti, qui la campagna è più mossa, con piccole alture e avvallamenti, ai tempi disseminati di alberi, vigne e siepi, che riducevano molto la visuale e dividevano il campo di battaglia in tanti segmenti distinti.

Inoltre in questo tratto di campagna si trovavano – e si trovano ancora – alcune grandi cascine, che s'offrivano bene come punti di resistenza. La battaglia si concentrò quindi attorno a questi edifici, che furono presi e persi dalle due parti molte volte. Tra un caposaldo e l'altro si aprivano ampi spazi vuoti, in cui piccole unità potevano avanzare: fu così, per esempio, che una pattuglia di ungheresi per poco non catturò Carlo Alberto, mentre si spostava lungo il fronte.

Gli austriaci riuscirono a raggiungere le case della Bicocca prima che i piemontesi organizzassero la difesa. Ma restava il fatto che un solo corpo d'armata austriaco s'era andato a infilare a testa bassa nel grosso dell'esercito piemontese. Quindi qualcosa doveva ben succedere. A mezzogiorno iniziò a muoversi la divisione del duca di Genova, che si era accampata vicino al cimitero di Novara. Il suo arrivo, dando manforte alla resistenza delle due divisioni già impegnate, costrinse gli austriaci a ripiegare.

Per ripercorrere oggi gli sviluppi della battaglia, si dovrebbe partire da Olengo e arrivare fino alle propaggini della città, seguendo l'avanzata austriaca. Poi si dovrebbe tornare indietro, ancora fino a Olengo, accompagnando il contrattacco piemontese. Uno dei due percorsi si potrebbe fare lungo una stradina a ovest della strada principale, detta strada del Mago: anche lungo quella via si combatté incessantemente e ne sono testimonianza parecchie palle di cannone ancora infisse nella facciata di una cascina prospiciente la strada.

Quando il duca di Genova raggiunse Olengo, si ebbe il momento chiave della battaglia: di fronte al duca, a est della strada di Mortara, gli imperiali avevano perso molto terreno; a ovest l'arciduca Alberto era indietreggiato meno, ma anche lui ormai era allo stremo. Sulla strada, intanto, i carriaggi impedivano l'affluire di rinforzi austriaci, mentre i piemontesi avevano ancora due divisioni praticamente inutilizzate, oltre a quella di Durando, che avrebbe potuto intervenire in breve, se solo avesse messo un po' d'energia in più e si fosse sbarazzato delle poche forze che aveva davanti.

Sarebbe stato sufficiente decidere un contrattacco generale e probabilmente la giornata sarebbe finita con un disastro per gli austriaci. Invece Chrzanowski non solo non mandò rinforzi a Olengo, ma ordinò al duca di Genova di tornare sui suoi passi. Una curiosità: il maggiore austriaco Hubel fu insignito del titolo di barone di Olengo, perché i suoi superiori si convinsero che con il suo comportamento eroico aveva salvato l'armata dalla disfatta e posto le premesse per la vittoria che giunse poi a sera. Non sapevano che in realtà i piemontesi avevano rinunciato a proseguire nell'attacco, perché così dicevano gli ordini che avevano ricevuto!

Novara, 23 marzo 1849 - mattino

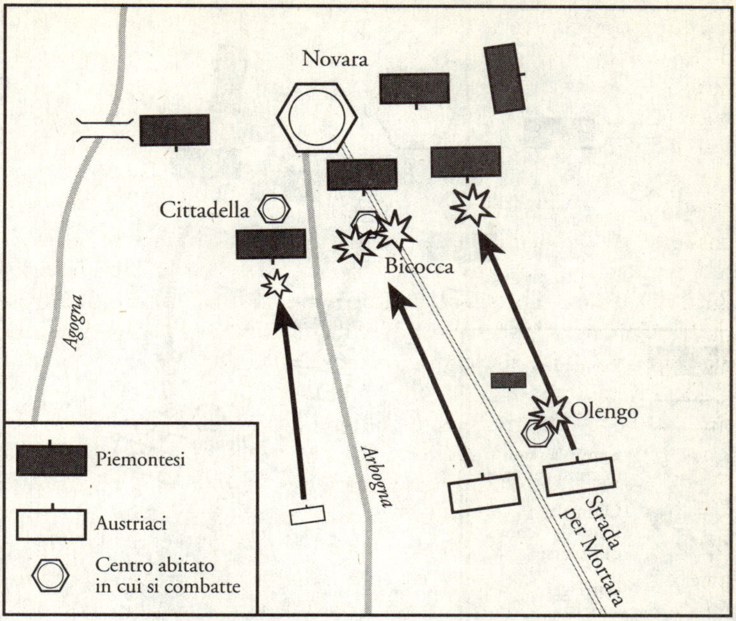

La decisione del comando piemontese ebbe un esito disastroso. A metà pomeriggio il corpo d'armata del maresciallo D'Aspre, che si era riorganizzato ed era stato rinforzato da un altro corpo appena arrivato, superando l'ingorgo dei carriaggi, ricominciò ad attaccare, sloggiando i piemontesi prima da Olengo e poi via via dalle altre cascine, fino alle prime case della Bicocca.

Qui avvenne un altro fatto strano: buona parte dei difensori piemontesi cedette di schianto e si ritirò in disordine. La relazione piemontese sulla battaglia diede la colpa alla propaganda sovversiva che aveva incrinato il morale degli uomini. Dalla relazione austriaca, invece, si deduce un motivo differente: una brigata, comandata dal generale Maurer, era riuscita a passare per un vallone a ovest del campo di battaglia ed era sbucata inaspettata quasi alle spalle delle linee piemontesi. Il fatto curioso è che il vallone non era ignoto ai difensori, visto che qualche ora prima se n'era avvantaggiato il duca di Genova per il suo attacco.

A questo punto, tra le cinque e le sei del pomeriggio, sotto il cielo nuvoloso che cominciava a scurire, la battaglia era persa, ma anco-

Novara, 23 marzo 1849 - ore 14

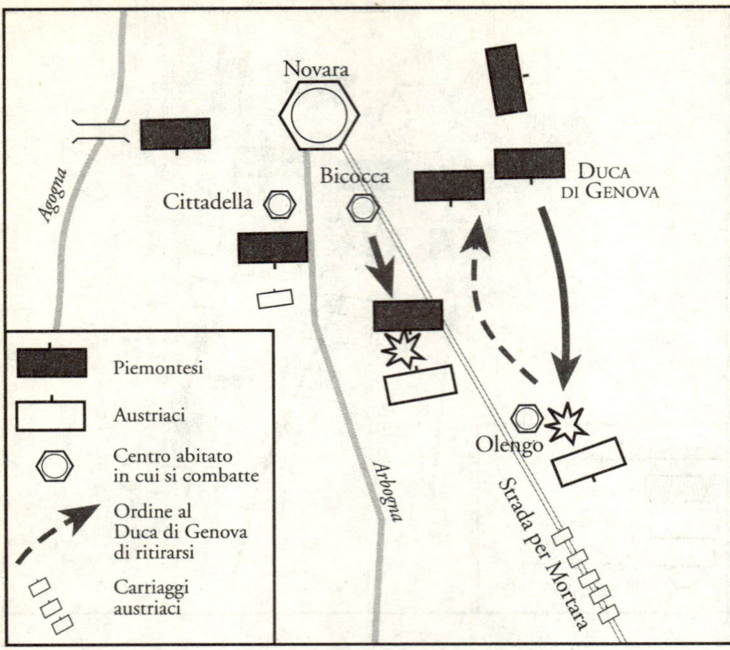

ra non si trattava di una disfatta. Il duca di Genova riuscì a fermare l'ala destra austriaca, che cercava di aggirare la città da oriente, e le truppe si ritirarono abbastanza ordinatamente dalla Bicocca.

Il dramma si avverò, invece, quando da occidente, cioè dalla strada per Vercelli, apparvero le avanguardie del IV corpo d'armata austriaco, che aveva marciato tutto il giorno da Mortara verso Vercelli, cambiando direzione per «correre al cannone». Tra i piemontesi iniziarono a verificarsi casi di panico e mentre alcune unità, più o meno in ordine, si mettevano in salvo a nord della città, altre entravano nell'abitato e si abbandonavano alla rabbia, alla frustrazione o alla semplice violenza. Il saccheggio di Novara e i tentativi di reprimerlo continuarono tutta la notte, fino a quando, la mattina, entrarono in città gli austriaci.

Questa è la battaglia nella parole di Cirri. Ora, se si volesse cercare di riassumere la giornata del 23 marzo in due sole frasi, si potrebbe dire: la mattina 15.000 austriaci riuscirono a evitare il disastro con-

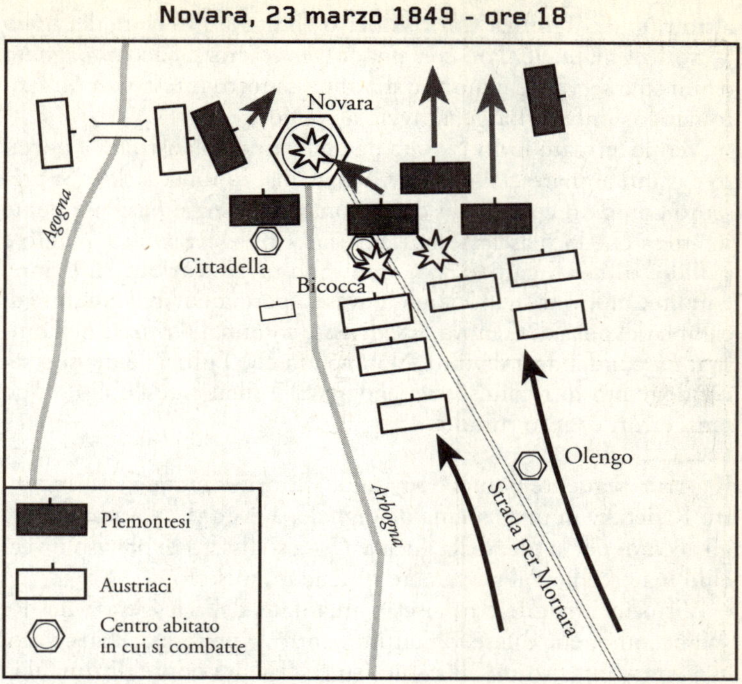

tro 60.000 piemontesi, grazie alla buona sorte e agli errori dei comandi sabaudi; il pomeriggio, giunti i rinforzi, gli austriaci vinsero.

Ma a ben vedere c'è un'inesattezza nei numeri: infatti, dei 60.000 piemontesi che si trovavano attorno a Novara, combatterono effettivamente circa la metà. La seconda e la terza divisione furono impegnate da mattina a sera; la quarta, del duca di Genova, dall'una in poi; la prima, di Durando, sprecò solo munizioni alla Cittadella; la brigata Solaroli non si mosse dalle sue posizioni a est della città e la divisione di riserva, del duca di Savoia Vittorio Emanuele, contribuì solo inviando qualche rinforzo.

Dramma notturno

Mentre per le vie della città le truppe ancora disciplinate ingaggiavano vere e proprie battaglie contro gli sbandati carichi di bottino, nell'oscurità della notte tra il 23 e il 24 marzo si compiva un altro tipo di dramma: Carlo Alberto abdicava in favore del figlio Vittorio Emanuele. Poi, con una leggera carrozza, accompagnato da un solo servitore e munito di un passaporto intestato a un fantomatico conte di Barge, si avviò all'esilio.

Venne fermato fuori Novara da una pattuglia austriaca e portato davanti al maresciallo Thurn Valsassina, in una cascina. Si presentò come un colonnello dimissionario e rimase pazientemente in attesa che lo rilasciassero. L'austriaco lo descrisse alto, magro e pallido, di modi garbati, che tradivano un'educazione superiore, e molto, molto triste. Quando giunse a parlamentare l'aiutante di campo del duca di Genova, il sedicente colonnello rimase nell'ombra, nascondendosi il volto. Non voleva che l'ufficiale del suo secondogenito lo riconoscesse: agognava il silenzio e l'oblio, dopo tanti errori e tanto rumore.

Il giorno seguente il nuovo sovrano, Vittorio Emanuele II, incontrò Radetzky in una cascina di Vignale, a nord di Novara, e prese gli accordi per la fine della guerra. Cosa si dissero di preciso il vecchio maresciallo e il giovane re rimane un mistero.

Vittorio Emanuele ne uscì ammantato della leggenda del Re galantuomo, che difese lo Statuto contro le pretese dell'austriaco, che voleva un ritorno all'assolutismo. Si sente odore di rimaneggiamento dei fatti secondo il canone monarchico del Risorgimento. Ciononostante qualcosa di vero dovette esserci. Probabilmente il neosovrano chiese che gli venissero lasciate abbastanza forze e sufficiente autorità per rimediare a quello che considerava un errore commesso dal padre: aver dato troppa libertà e troppo potere ai democratici.[18] In effetti, nei tempi subito successivi alla sconfitta, il Piemonte sembrò cancellare molte conquiste liberali.

Però non fu un ritorno alla Restaurazione: lo Statuto rimase in vigore e il Regno di Sardegna imboccò una strada politica sufficientemente innovativa e originale, che nel giro di pochi anni lo portò a dimostrarsi uno Stato completamente differente dagli altri della penisola, nel frattempo rimasti immobili a osservare gli avvenimenti. Almeno in parte questa rapida trasformazione si deve ascrivere a merito del nuovo sovrano.

La battaglia oggi

Le zone in cui si combatté il 23 marzo 1849 si attraversano entrando in Novara dalla strada proveniente da Mortara. A sinistra di questa arteria, lungo la via del Mago, si vedono alcune cascine con ancora infisse nei muri palle di cannone sparate quel giorno. Un'altra palla è visibile sullo spigolo della chiesa della Bicocca, alla periferia della città.

Appena prima della chiesa, sul lato sinistro della strada, si trova l'ossario, una piramide grigia con una grande croce bianca. Sorge all'incirca nel punto più avanzato cui giunsero gli austriaci, nel pomeriggio, prima d'essere temporaneamente ricacciati. Non si può definire un bel monumento: l'interno è buio e angusto, stipato di bandiere, sciabole, lance, cannoni, lapidi, i cui colori dominanti sono il nero, il bronzo scuro e il grigio. Da tetri oblò si spiano le ossa dei caduti, biancastre, ingrigite dal tempo e dalla polvere.

Nel centro della città si trova il palazzo Tornielli Bellini, sede storica della Banca Popolare di Novara: in una delle sue sale più raccolte Carlo Alberto dettò l'atto di abdicazione. A nord della città, nella frazione di Vignale, c'è la cascina in cui Vittorio Emanuele II incontrò Radetzky. La segnala una lapide accanto all'ingresso: non c'è altro da vedere, oggi come probabilmente anche in passato. Eppure negli anni successivi al famoso colloquio si vendettero centinaia di cimeli dell'evento, comprese alcune decine di tavoli su cui i due grandi personaggi firmarono l'armistizio, ovviamente fasulli.

Ogni anno, durante la domenica prossima al 23 marzo, la battaglia è rievocata con grande concorso di gruppi storici in uniformi d'epoca. La zona dove si combatté, nella periferia meridionale della città, è tutelata come Parco della Battaglia, per proteggere l'ambiente naturale (o almeno quel che ne rimane) e per mantenere il ricordo degli avvenimenti. Il visitatore, tuttavia, non deve aspettarsi molto: oltre a qualche cartello esplicativo nei punti principali, collocato qualche anno fa dall'Associazione Amici del Parco della Battaglia, si trova ben poco.

24

Genova e la Divisione lombarda

Nei giorni successivi alla battaglia di Novara, in Piemonte avvennero moltissime cose, ma soprattutto ci fu un'ondata di panico che travolse tutto e tutti.

I democratici temevano che la sconfitta segnasse la fine di ogni speranza di rinnovamento, la revoca dello Statuto e la cancellazione del Parlamento, oltre che l'onta di un'occupazione austriaca, anche se limitata ad alcune città. Era concreta la possibilità di un ritorno al governo della nobiltà *nera*, che vedeva nella batosta subita dall'esercito il naufragio delle idee liberali e del governo *rosso*. Manara lo scriveva chiaramente:

> Gli ufficiali piemontesi fuggenti dal campo, ritornano in carrozza alle loro aristocratiche famiglie e sghignazzano come d'una vittoria.[19]

Ma nemmeno i *neri* potevano gioire. Il disastro militare umiliava tutti e, per quanto riguardava la politica interna, era forte il timore che i *rossi*, pur di non recedere dalle loro posizioni, facessero scoppiare una rivoluzione. L'esercito che avrebbe dovuto difendere sovrano e nobiltà era in pezzi e la paura di una catastrofe aleggiava palpabile.

In questo clima di cataclisma politico, di disfatta militare e di tramonto di un'era, si presentarono i casi di Genova e della Divisione lombarda: fatti poco noti, perché – come per Messina – difficili da inquadrare nel racconto tradizionale del Risorgimento.

La Divisione lombarda, condotta a sud del Po da Ramorino, era rimasta lontana da Novara, tagliata fuori dall'avanzata austriaca: il suo comandante l'aveva poi abbandonata ed era stato arrestato sul lago Maggiore.

I volontari avevano di fronte un futuro oscuro, a dir poco. Gli ufficiali temevano d'essere considerati complici di Ramorino e processati. Se evitavano il tribunale, non avevano che la triste prospettiva d'entrare nell'esercito sabaudo, accettando umilianti declassamenti (un esempio: un colonnello fu ammesso con il grado di sottotenente).[20] Per militari lombardi e veneti, che si erano formati nelle scuole asburgiche e non avevano fatto mistero di considerarsi superiori ai loro colleghi piemontesi, era un boccone decisamente indigesto.

Ai soldati andava anche peggio: avevano lasciato famiglie e lavoro per patriottismo o, forse, sete d'avventura. Ora, a disastro avvenuto, dovevano rendersi conto che non potevano semplicemente tornare a casa, perché erano stati dichiarati disertori e i loro beni confiscati. D'altro canto in Piemonte non erano molto amati: la gente comune li considerava le «teste calde» responsabili della guerra, mentre i militari li accusavano del disastro originato dall'errore di Stradella. Per i politici erano una minaccia inaccettabile, una sorta di baluardo insurrezionale, con cui non si sapeva che fare: non si potevano rispedire là da dov'erano venuti, ma non potevano nemmeno restare in Piemonte.

Gli uomini della divisione si sentivano stanchi, arrabbiati, delusi, esasperati, disperati. La prospettiva era che andassero a combattere dove ancora resistevano le insurrezioni, a Roma, a Venezia o in Toscana. Con i tempi che correvano, una sorta di dignitoso suicidio. L'alternativa era l'esilio oltre le Alpi.

Genova la rossa

Mentre la Divisione lombarda si consumava acquartierata a Bobbio, sul versante settentrionale degli Appennini, a Genova, a pochi chilometri in linea d'aria sul versante meridionale, succedevano cose importanti.

La città da circa trent'anni era sottoposta ai Savoia, ma non aveva ancora digerito la perdita dell'indipendenza e della libertà; l'orgoglio le rendeva difficile la convivenza con i piemontesi. Tanto più che era profondamente *rossa* e aveva contribuito generosamente alla fase democratica e patriottica del Quarantotto.

All'indomani della sconfitta di Novara si sparsero voci incontrollate, secondo le quali sarebbe stato abolito lo Statuto, sarebbe andato al governo il partito conservatore e, soprattutto, Genova e Alessandria sarebbero state consegnate agli austriaci come città ostaggio, in attesa del trattato di pace. I genovesi reagirono e inviarono messi a Torino con la proposta di una disperata resistenza: portare il governo e tutte le forze militari nella loro città e lasciare che gli austriaci si sfiancassero nell'assedio.

L'idea era suggestiva, ma di difficile attuazione, tanto più che implicava la rinuncia all'intero Piemonte, a partire dalla capitale. A Genova timori e malumori montavano e il 1° aprile cominciarono le sommosse, che non trovarono molta resistenza: dopo poche ore il comandante della guarnigione si arrese. Quasi senza fatica, la città si ritrovò libera, difesa da potenti fortificazioni, con orgoglio da vendere e arsenali pieni d'armi. Inoltre si profilavano due prospettive di soccorso, buone per gli insorti e veri incubi per tutti coloro che non fossero *rossi* sfegatati: la flotta sabauda stava rientrando dall'Adriatico con la sua maggioranza di marinai liguri (che in più di un'occasione avevano imposto la loro volontà ai comandanti e s'erano anche ammutinati), mentre la Divisione lombarda, armata, addestrata e democratica, si trovava pochi chilometri a nord. Per il re sarebbe stato davvero difficoltoso raddrizzare la situazione e gli scenari possibili si presentavano nefasti. I due estremi erano accettare la nascita di una repubblica genovese indipendente e democratica oppure chiedere l'intervento austriaco, che avrebbe affossato ogni residuo di idealità risorgimentale.

L'incredibile assedio

Con l'esercito in disfacimento intorno a Novara, l'unica forza che poteva essere inviata a Genova era la divisione di La Marmora, quella che avrebbe dovuto, partendo da Sarzana, entrare in Lombardia da sud. Arrivata a Parma, era stata sorpresa dalla notizia della rotta ed era tornata sui suoi passi.

La Marmora, a marce forzate, la portò in vista di Genova, a San Pier d'Arena (allora si scriveva così), nella convinzione che il tempo fosse un fattore determinante per risolvere la crisi. Se i rivoltosi avessero avuto agio di sistemare le difese e organizzare la resistenza, la città sarebbe diventata quasi imprendibile. Solo serrando i tempi e cercando di prevenire le mosse dei genovesi, c'era speranza di venire a capo della questione.

Il calcolo si dimostrò esatto e a noi oggi rimane solo da osservare che se tali lucidità di ragionamento e velocità d'attuazione avessero avuto spazio l'anno precedente, la storia della guerra e forse dell'Italia tutta sarebbe stata differente.

Comunque le forze piemontesi davanti ai bastioni cittadini erano irrisorie, a partire dal fatto che non disponevano nemmeno di un cannone. Eppure successe l'impossibile. La Marmora tentò il *bluff*, finse d'avere grandi forze e mandò il capitano Govone (che in seguito diventò uno dei migliori generali dell'esercito italiano) e il tenente Pallavicini (che poi fece sparare a Garibaldi all'Aspromonte) a trattare la resa dei forti.

Oggi i resti di quelle fortificazioni sono inglobati tra vie e palazzi, ma ai tempi fronteggiavano la campagna. I due ufficiali e quattro bersaglieri si presentarono alla prima, il forte Lunetta del Belvedere, che si trovava in cima a una ripida salita. Il capitano presentò l'intimazione di resa e, cosa incredibile, il ponte levatoio fu abbassato e la guarnigione cedette le armi. Cosa successe davvero rimane un mistero: i difensori, tutt'altro che motivati e decisi, forse atterriti dalla prospettiva di portare la rivolta alle estreme conseguenze, optarono per la resa oppure, come sostengono le fonti dei rivoltosi, in città c'erano traditori che agivano in favore dei piemontesi e che, nel caso particolare, tanto fecero da indurre gli insorti a non combattere.

Ma non era finita. Govone e i suoi compagni ripresero la salita e raggiunsero il forte successivo: il Crocetta. Si ritrovarono su un ponticello in pietra, di fronte a un muraglione liscio, alto dieci metri, con feritoie da cui sbucavano, verosimilmente, canne di fucile o di cannone: un ostacolo da gelare il sangue a qualsiasi attaccante. Però anche qui successe l'incredibile e il forte si arrese. Govone riprese la salita e si presentò davanti al terzo forte, il più possente di tutti, il Tenaglia. Qualche pallottola fischiò, ma alla fine i piemontesi ottennero la resa. Siccome i difensori non avevano le chiavi dei cancelli esterni, i bersaglieri entrarono arrampicandosi con delle corde.

Però i tre forti si trovavano fuori dalla cerchia dei bastioni: un altro ufficiale riuscì a scalare le mura e a impadronirsi del tratto fino a Porta degli Angeli. Tre forti e una buona parte di bastioni conquistati da un pugno di uomini in mezzo pomeriggio sono un record forse ineguagliabile. È una storia difficile da capire e da credere, a meno che non si trovi qualche ragione nelle testimonianze della parte avversa.

Un autore rimasto anonimo, che raccontò le vicende genovesi viste dall'interno, parla dell'opera di traditori, ma dice anche che la rapidità delle mosse di La Marmora e la decisione e la sfrontatezza di Govone fecero leva sull'impreparazione e la poca sicurezza dei difensori. Ma soprattutto aggiunge:

> Pochi in Genova erano ammaestrati nel tiro del fucile, nessuno – tranne qualche marinaio della marina mercantile – in quello del cannone. S'inviarono [...] a presidiare i forti dapprima i militi della Guardia Nazionale e indi i popolani di buona volontà; ma per gli uni e per gli altri il cannone era un arnese [...] pericoloso più ad essi che al nemico. Di più – militi e popolani dopo uno o due giorni che erano rimasti nei forti, volevano ad ogni costo ritornare [...] alle loro famiglie, né v'era mezzo di trattenerli. Le loro donne assediavano l'ingresso dei forti e li trascinavano via.[21]

Visto in questa luce, l'incredibile assedio si ridimensiona. Resta il fatto che in poche ore e senza sparare un colpo la città di Genova perse ogni suo vantaggio e forti e mura caddero in mano ai piemontesi. A ben vedere la faccenda poteva considerarsi conclusa, ma La Marmora volle ugualmente dare una lezione alla città, in modo che si arrendesse sconfitta e non le si permettesse di giungere a una contrattazione. Siccome aveva ricevuto notevoli rinforzi, guidati dal fratello Alessandro, e adesso poteva disporre anche dell'artiglieria, ordinò dapprima il bombardamento e poi l'attacco. Ai combattimenti fece seguito il saccheggio, con il triste corollario di stupri e violenze: la commissione che dovette poi stabilire il risarcimento dei danni, valutò che quelli provocati dal saccheggio fossero superiori di quasi dieci volte a quelli causati dal bombardamento.

All'alba del 6 aprile Genova si arrese e una nave americana portò verso l'esilio 450 genovesi tra i più compromessi nella rivolta. I piemontesi s'insediarono come un esercito occupante.

La fine della Divisione lombarda

Mentre si consumava la tragedia di Genova, che faceva la Divisione lombarda? In un primo momento deliberò di marciare verso la città. Tuttavia alcuni ufficiali intervennero a convincere i rappresentanti dei soldati che era il caso di trattare con il governo, mettendo sul tavolo della discussione anche il loro futuro. Quando fu chiaro che la volontà delle istituzioni non era di giungere a un accordo, ma solamente di guadagnare tempo, la divisione si mise in marcia.

Purtroppo aveva già perso molto mordente e parecchi uomini. Guide malfidate la condussero per sentieri appenninici così scoscesi da obbligare a lasciare indietro bagagli e cannoni. Quella che alla fine vide il mare della Liguria non era più l'unità militare vanto dei patrioti italiani, ma una massa di straccioni senza armi né divise. Manfredo Fanti, uno degli ufficiali *spagnoli*, prese in mano la situazione e riuscì a impedire che gli uomini s'imbarcassero per raggiungere Genova. Con questa azione pose il primo gradino di una carriera che l'avrebbe portato ai galloni da generale e alla carica di ministro della Guerra.

Solo alcuni reparti, tra cui i bersaglieri agli ordini di Manara, riuscirono a organizzarsi per raggiungere Roma e andare a difendere la repubblica che vi era nata: poi i francesi, che assediavano la città eterna, impedirono altre partenze.

I resti della divisione rimasero in Liguria, quasi a rappresentare la cattiva coscienza di un processo patriottico incompiuto e insincero: a onore di questi uomini bisogna dire che, nonostante avessero subito disinganni e traversie d'ogni tipo, non si abbandonarono a nulla di riprovevole, né furti né violenze né saccheggi.

25
Brescia

La storia di Brescia è una parte di Risorgimento difficile da spiegare e difficile da capire: vi si mischiano errori, assurdità, eroismo, ingenuità, crudeltà e tanta passione. Soprattutto quello che sconcerta è che la rivolta della città, sicuramente una delle pagine più alte di sacrificio dedicato a un'ideale di libertà, fu del tutto e sin dall'inizio assolutamente inutile.

La radice del dramma si deve andare a cercare nel Piemonte dell'inverno 1848-49, quando si voleva porre rimedio agli errori compiuti nella campagna del 1848. Tra quelli più evidenti c'era il mancato utilizzo delle risorse patriottiche e così era nata l'idea di creare una rete insurrezionale in Lombardia che si attivasse al momento della ripresa del conflitto.

Venne dapprima costituita una vera e propria centrale, mascherata sotto il nome di Comitato di lavori statistici, che doveva tenere i contatti con i patrioti lombardi, inviare denaro e armi, organizzare un sistema di fiduciari e distribuire un foglio clandestino, il «Bollettino per l'emigrazione», che fungesse da portaordini. La cosa funzionò assai bene e si arrivò anche a predisporre una colonna di volontari, guidata dal bergamasco Gabriele Camozzi, che dal lago Maggiore doveva entrare in Lombardia, all'inizio della guerra, portando armi e fucili per le rivolte e creando un diversivo che impensierisse gli austriaci. Insomma, un movimento molto simile a quello che nella Seconda guerra d'indipendenza avrebbe operato Garibaldi con i suoi cacciatori delle Alpi.

Il piano, se non poteva certo garantire la vittoria, aveva perlomeno una solida base e buone possibilità di riuscita. A patto che ci si credesse.

Finché alla testa dell'esercito piemontese rimase Bava, che non era certo un liberale, ma era aperto e pragmatico, e finché a Torino dominò una visione di sincero rinnovamento rispetto alla primavera e all'estate di Custoza, anche l'idea delle insurrezioni lombarde venne sostenuta. Quando la scelta del comando cadde su Chrzanowski e tutto tornò sostanzialmente in mano a Carlo Alberto, si rinnovò anche la diffidenza verso patrioti e insorti.

La disponibilità di armi e denaro si ridusse e la fiducia per il comitato insurrezionale si raffreddò. Alla ripresa della guerra Camozzi in effetti entrò in Lombardia, muovendo tra Varese, Como e Lecco, giungendo sino a Bergamo, ma la sua azione fu debole, poco convinta e in molti casi trovò anche poca collaborazione.

Tuttavia l'azione del comitato non era un interruttore che si potesse accendere e spegnere a piacimento. Assomigliava più a un seme che, a seconda del terreno su cui cadeva, attecchiva bene o meno bene, in maniera imprevedibile.

Ritardi e voci incontrollate

Il seme della rivolta attecchì con straordinario vigore a Brescia per una serie di coincidenze. La città era stata fortemente multata, negli ultimi giorni prima della riapertura delle ostilità, perché i gendarmi avevano scoperto delle armi nascoste in un magazzino. Inoltre le montagne circostanti erano rifugio di disertori e renitenti alla leva austriaca, molti dei quali si erano organizzati in bande, unendosi a popolani delle valli. La più nota di queste bande era guidata da un prete, don Pietro Boifava, figura originale di patriota rozzo, onesto, sanguigno, entusiasta ed esuberante. Infine la decisione di Radetzky, di raccogliere tutte le forze a sua disposizione per lanciarle al di là del Ticino, aveva indebolito la guarnigione bresciana, riducendola a poco più di 500 uomini.

Dalla parte dei patrioti, le ultime direttive del Comitato di lavori statistici avevano imposto come guide delle rivolte i moderati, se non i supermoderati, per puntare a una «rivoluzione dunque addomesticata, la meno rivoluzionaria possibile», come la definisce Piero Pieri.[22] Questo poteva essere comprensibile, alla luce della diffidenza piemontese e nell'ipotesi che l'esercito di Carlo Alberto fosse giunto in brevissimo tempo. In questo quadro le insurrezioni sarebbero state utili a minacciare Radetzky alle spalle e a permettere un tranquillo trapasso di poteri tra amministrazioni. Nel caso che invece le rivolte prendessero davvero piede, risultava ovvio che figure tanto moderate da risultare grigie non fossero in grado di controllare la piazza.

Tutti questi furono i presupposti del dramma, a cui bisogna aggiungere l'aspetto imprevedibile: la circolazione di false notizie.

All'epoca s'impiegava ben più di una giornata di cavallo per andare da Novara e Brescia e, considerando che un patriota non poteva galoppare in tutta tranquillità attraverso un territorio controllato dagli austriaci, le notizie della sconfitta piemontese non arrivarono che due o tre giorni dopo il 23 marzo. Il ritardo permise che si diffondessero voci fasulle – di cui non si è mai conosciuta bene l'origine –, e che queste voci durassero fino al giorno 30, cioè a una settimana di distanza dai fatti, creando un quadro della situazione del tutto fantasioso.

Le Dieci giornate

Alla metà di marzo, dopo la denuncia dell'armistizio, Brescia rimase sostanzialmente tranquilla. Per dare il via alla sollevazione, il comitato insurrezionale aspettava che giungessero armi e soldi, inviati da Camozzi, e magari anche le avanguardie delle truppe sabaude.

Invece il 23 marzo, mentre a Novara si combatteva, la rivolta scoppiò spontanea, a causa dell'arrivo degli emissari austriaci che dovevano riscuotere la prima rata della multa stabilita in seguito al ritrovamento delle armi. Non ci furono molti scontri: la città finì in mano alla Guardia civica e gli austriaci si ritirarono nel castello. Dalla fortezza, per dieci giorni, la guarnigione cannoneggiò l'abitato e mise all'opera i suoi tiratori. Ancora oggi, salendo lassù, si può ben comprendere come la città si stendesse inerme ai piedi della fortificazione e come fosse facile colpire quasi ogni casa. Ma i bresciani seppero sopportare.

A questo punto diventò chiaro che i moderati non erano in grado di tenere testa a una situazione così incandescente, tanto più che in buona parte i benestanti e gli alti funzionari imperiali avevano già lasciato la città anticipando la villeggiatura pasquale, «sicché il 21 e il 22 le carrozze da viaggio uscivano senza interruzione dalle porte».[23] Fu così che da un lato la guida della rivolta passò a figure più decise e di idee politiche estreme, che andarono inflessibilmente verso lo scontro aperto; dall'altro, ad affrontare la difficile situazione, rimasero solo i militari.

Il secondo giorno fu dato l'assalto all'ospedale militare, dove vennero prese armi e provviste – rispettando i malati – e il terzo passò con la popolazione tutta intenta nei preparativi della difesa. Da parte loro gli austriaci, con la quasi totalità delle forze raccolte oltre il Ticino, facevano molta fatica a trovare truppe per soffocare la rivolta. I primi rinforzi, meno di mille uomini, giunsero da Verona e Mantova il 26 e attaccarono la porta della città che dava in quella direzione: Torrelunga. I soldati non solo incontrarono una formidabile resistenza, ma ebbero anche modo di comprendere che gli insorti avevano trovato un ottimo comandante nella figura di uno studente ventitreenne, con poca esperienza militare, ma grandi doti umane, di intelligenza e coraggio: Tito Speri.

Questi avvenimenti possono apparire oggi in tutta la loro sostanziale assurdità, se solo si tiene conto che il comandante austriaco sapeva per certo che la battaglia di Novara aveva segnato la fine della guerra e che l'armistizio era stato già firmato. Sapeva quindi che la resistenza bresciana non aveva ormai nessun senso. Cercò di comunicarlo ai rivoltosi, ma le sue parole furono interpretate come un inganno per ottenere la resa.

Le notizie che circolavano tra i bresciani erano opposte: gli austriaci sconfitti si stavano ritirando attraverso la Lombardia e le città insorgevano. Bisognava tener duro ancora un poco e presto sarebbero giunti i piemontesi.

Il 27 e il 28 si combatté ancora alla Torrelunga, mentre le artiglierie del castello continuavano il bombardamento. I rivoltosi tentarono anche una sortita, che si risolse in un fallimento. Intanto proseguiva il carosello delle notizie fantasiose: siccome di piemontesi vittoriosi non se ne vedevano, iniziò a girare la voce che gli austriaci avessero sì sconfitto Carlo Alberto, ma che Chrzanowski si fosse ribellato, esautorando il poco amato re e quindi sconfiggendo gli austriaci in una seconda battaglia. Agli assedianti, che si appellavano all'armistizio di Vignale, i bresciani rispondevano con le loro verità, tra le quali una davvero sorprendente: che nelle trattative di resa si fosse concesso a Radetzky di non divulgare la notizia della sua sconfitta, in modo che si potesse ritirare attraverso la Lombardia senza danni.

In questa ridda di fantasie ottimistiche non si può non leggere soprattutto la volontà dei bresciani di non arrendersi e l'ostinazione di aggrapparsi a qualsiasi appiglio, per quanto labile, pur di mantenere viva l'idea di libertà. Il prezzo dell'illusione fu altissimo.

La repressione

Intanto gli austriaci facevano affluire sempre più rinforzi e giunsero a contare su circa 5000 uomini. Una parte di queste truppe entrò nel castello per una strada sotterranea, detta via del Soccorso: con loro c'era un comandante destinato a triste fama, il maresciallo Haynau, che sarebbe passato alla storia come la Iena di Brescia. Radetzky ebbe a definirlo «un rasoio da usare e riporre».

Il 31 marzo la battaglia volse alla fine, con un attacco contemporaneo dall'esterno, contro le porte delle mura, e dall'interno, con le truppe che scendevano dal castello verso il centro della città. I bresciani, di tutti i ceti, uomini e donne, perfino infermi e ragazzi, combatterono ancora con accanimento. I due punti focali della lotta furono piazza dell'Albera – dove oggi sorge il monumento a Tito Speri – e Torrelunga. A sera i difensori dovettero cedere. Le case e le barricate nelle strade del centro cittadino furono l'ultimo terreno di scontro tra una popolazione disperata e un attaccante che aveva deciso di non risparmiare nulla pur di aver ragione degli insorti. Scrisse il maresciallo Haynau:

> Feci aprire subito un terribile bombardamento sulla città e ricominciare l'assalto. Attesa la grave perdita che avevamo già sofferta, l'ostinazione e il furore del nemico, si dovette procedere alla più rigorosa misura; comandai perciò che non si facessero prigionieri, e fossero immediatamente massacrati tutti coloro che venissero colti coll'arma in mano; le case da cui venisse sparato, incendiate e così avvenne che il fuoco già incominciato, parte ad opera delle truppe, e parte dal bombardamento, si appiccò in parecchi luoghi.[24]

I quartieri furono via via riconquistati dagli austriaci e lasciati in balia di soldati imbestialiti da una resistenza tanto ostinata. Quando alle 16,30 del 1° aprile un frate salì al castello per presentare la resa, le brutalità non cessarono. Per tre giorni le porte della città furono tenute chiuse, formalmente per impedire la fuga degli insorti, in realtà per dare corso alla tremenda punizione: il saccheggio.

Alcune migliaia di soldati, molti dei quali violenti che avevano commutato la pena carceraria nel servizio militare, ebbero mano libera e, anzi, vennero incoraggiati a rubare, uccidere e violentare. Tutte le persone catturate, che a vario titolo potevano essere considerate responsabili della rivolta, furono condotte al castello e imprigionate, in parecchi casi fucilate. Quando, dopo giorni spaventosi, la situazione cominciò a tornare a una parvenza di normalità, Haynau decise di infliggere alla città una forte multa, con la quale, in pratica, Brescia pagava le spese dell'assedio e anche delle pensioni concesse alle famiglie degli austriaci caduti. Come ultima beffa, i soldati organizzarono una specie di mercato, in cui proponevano ai bresciani di comprare gli oggetti rubati durante il saccheggio.

Le Dieci giornate oggi

La terribile vicenda di Brescia è uno dei momenti risorgimentali meglio ricordati, tanto da mantenere una propria vitalità nonostante il tempo trascorso. Girando per la città in veste di turisti, se ne colgono molti indizi. Il Museo del Risorgimento, nel castello, dedica moltissimo spazio al 1849 ed è anche promotore di studi in cui vengono ricostruiti esaurientemente sia gli avvenimenti, sia il contesto della rivolta. Inoltre, cosa che non ho riscontrato in altre situazioni, si è cercato di recuperare informazioni sulle vittime. Un CD prodotto dal Comune di Brescia, con un'ottima ricostruzione degli eventi, raccoglie i nomi di 378 caduti – non tutte le vittime, certamente, ma quelle in qualche misura identificate –, indicandone professione, età e motivo del decesso: un semplice elenco, ma anche un dato molto potente a restituire vita e drammaticità a quelle giornate.[25]

Un altro indizio che contribuisce alla sensazione di una memoria viva è il tono di molte lapidi, sempre abbastanza sincero e non retorico e ufficiale, come succede altrove nella grande maggioranza dei casi. Per esempio, a Torrelunga la resistenza è ricordata con queste parole, forse non condivisibili, ma sicuramente non banali:

> Brescia, negando fede alla sconfitta di Novara insegnò che il soccombere può essere più glorioso e fecondo del vincere.

In questo senso alcune lapidi dedicate a singoli episodi, quasi istantanee di quei momenti, dimostrano una cura dei particolari che va oltre la commemorazione di dovere. Se ne trova una, per fare un esempio, che ricorda il sacrificio di Carlo Zima, un fabbro che fu catturato dagli austriaci e cosparso di pece; non appena gli diedero fuoco, si gettò su uno dei suoi aguzzini, abbracciandolo e facendolo morire con sé.

Una storia terribile, ma non fondamentale, si dirà. Eppure viene subito in mente che a Milano non c'è quasi nulla, tranne una via, che ricordi il calzolaio Pasquale Sottocorno, che andò con l'acquaragia a dar fuoco al portone di una caserma che i suoi compagni non riuscivano a espugnare. Dettagli, ma qualcosa vorranno pur dire. Come il fatto che Brescia, negli anni seguenti il 1849, mantenne una connotazione spiccatamente liberale, nonostante la tremenda prova subita: fu, per esempio, una delle città che diedero più volontari a Garibaldi.

Come ultima indicazione, una visita al castello è decisamente consigliabile. Oggi la fortezza da cui gli austriaci bombardarono le case è un posto bellissimo, pieno di vita e d'iniziative: un cortile ombroso e appartato – il luogo delle fucilazioni dei prigionieri – è il legame ideale con quei tempi, forse ancor più del museo che pure è ospitato tra quelle mura.

26
Roma

Il filo delle vicende romane dev'essere riannodato, più che agli ultimi avvenimenti piemontesi, alla primavera del 1848, quando in Veneto combattevano i reparti dell'esercito pontificio al comando di Giovanni Durando.

Il 29 aprile papa Pio IX aveva dichiarato che lo Stato della Chiesa si ritirava dal conflitto, poiché era suo dovere rimanere equidistante tra le parti, quando una guerra, come quella tra piemontesi e austriaci, vedeva cattolici in entrambi gli schieramenti. Quel momento aveva segnato il giro di boa della politica romana e l'abbandono delle posizioni liberali e delle aspirazioni patriottiche: da lì in poi la situazione era andata precipitando, con un distacco sempre più marcato tra il pontefice, in quanto monarca assoluto, e i democratici.

Quando alcuni esaltati assassinarono Pellegrino Rossi – il capo del governo, che cercava di barcamenarsi tra l'irrigidimento del papa e le spinte sempre più democratiche della piazza –, Pio IX si convinse che fosse meglio abbandonare San Pietro. Il 24 novembre 1848 lasciò l'urbe, travestito, per andare a rifugiarsi a Gaeta, sotto la protezione dei Borbone di Napoli.

Per tutta risposta a Roma venne proclamata la repubblica. I primi tempi furono tranquilli e di attesa: se il pontefice si aspettava che in sua assenza la città sprofondasse nell'anarchia, rimase deluso. Il governo funzionò discretamente, varò riforme e riuscì perfino, il 21 gennaio 1949, a tenere le elezioni. In effetti, se si superava un certo spiazzamento dovuto alla comparsa di segni dimenticati da tempo, come gli alberi della libertà o l'appellativo di «cittadino» con cui i romani si rivolgevano l'un l'altro, la repubblica appariva quanto mai moderata e addirittura pignola nel non dare appigli alla parte avversa per accusarla di ingiustizie o soprusi.

Alla notizia della sconfitta di Novara fu chiaro che il vento era cambiato e che bisognasse prepararsi a lottare per difendere le nuove istituzioni. Nell'emergenza la guida della repubblica venne affidata a un triumvirato formato da Giuseppe Mazzini, Carlo Armellini e Aurelio Saffi.

La scelta era decisamente coraggiosa e poneva lo Stato repubblicano in urto praticamente con tutto il resto della penisola: era la «repubblica dei briganti», come l'ha felicemente definita Claudio Fracassi.[26] Basti dire che Mazzini, uno dei tre capi del governo, era ricercato dalle polizie di tutti gli altri Stati italiani, dove, se catturato, difficilmente avrebbe potuto scampare alla forca. Persino l'altra repubblica ancora in vita, la veneziana, tenne contatti piuttosto blandi con la consorella, ritenendoli in qualche misura compromettenti di fronte alla platea europea.

Ciononostante Pio IX incontrò molte difficoltà a trovare chi lo aiutasse a riprendersi il trono temporale. I rappresentanti del governo repubblicano si mostravano ragionevoli e persino condiscendenti, nel tentativo di non dar ragione a nessuno di attaccarli. Il papa, che invece era oltremodo rigido nella sua richiesta di truppe straniere che reprimessero la repubblica e ripristinassero lo Stato della Chiesa, senza discussioni e concessioni. Questo alienò parecchie simpatie a Pio IX, che alla fine trovò soccorso proprio nel luogo dove, in teoria, non avrebbe dovuto nemmeno avere risposta: la Francia repubblicana, che le rivolte liberali, a partire da quella di Milano, avevano inutilmente atteso come salvatrice e che ancora rappresentava la speranza degli insorti veneziani.

La decisione francese era dovuta a diverse ragioni. Dopo l'ondata rivoluzionaria del 1848 e la repressione delle tendenze più estreme, a Parigi era sorta la stella di un lontano erede di Napoleone, Luigi Napoleone Bonaparte, eletto presidente della seconda repubblica. Questi, all'inizio del percorso che lo avrebbe portato nel giro di pochi anni a diventare imperatore con il nome di Napoleone III, aveva bisogno dell'appoggio dei cattolici francesi per poter prevalere nelle lotte interne. Inoltre, siccome si presentava sulla scena europea con un nome che destava ancora molta preoccupazione, se non timore, doveva tranquillizzare le altre potenze circa le sue intenzioni. Reinsediare il pontefice, soffocando quella che veniva descritta come una pericolosa centrale di anarchia e sovvertimento, era una mossa che coglieva entrambi gli obiettivi.

L'intervento francese

Il 25 aprile 1849 le navi francesi gettarono l'ancora davanti a Civitavecchia e sbarcarono 7000 uomini – non molti, però sceltissimi, il meglio dell'esercito francese –, guidati dal generale Oudinot, con la missione di liberare Roma «dagli stranieri venuti da tutte le parti d'Italia a opprimere il popolo della Città Eterna».[27]

Sulla carta i repubblicani romani potevano schierare forze superiori, calcolabili in 14.000 o 15.000 uomini, che però erano dispersi in tutto il territorio dello Stato, a Bologna, ad Ancona e alla frontiera meridionale con il regno borbonico, considerato inizialmente la minaccia più diretta e pericolosa. Per la difesa dell'urbe in realtà era disponibile solo una metà di quelle forze: una parte dell'esercito pontificio – senza il meglio, i mercenari svizzeri –, i volontari provenienti dalle varie regioni dello Stato, gli universitari e infine i due reparti che poi sarebbero stati protagonisti, ovvero i 600 bersaglieri di Luciano Manara, soli superstiti in armi della Divisione lombarda che fossero riusciti ad arrivare nel Lazio, e la Legione italiana guidata da Giuseppe Garibaldi.

Un corsaro

All'epoca Garibaldi era certamente un personaggio pittoresco, con un'aura esotica e una capacità di trascinare gli uomini e ammaliare le folle che aveva pochi confronti. Ma ancora non era il patriota e l'eroe cui oggi siamo abituati a pensare. Lo si riteneva un avventuriero o un corsaro – come del resto amava definirsi –, incontrollabile, ingestibile, molto restio ad accettare di mettersi agli ordini di un'organizzazione superiore. Guidava la sua Legione italiana, male armata e peggio abbigliata, molto poco marziale e praticamente indistinguibile da una banda di briganti. Nell'inverno passato sugli Appennini, infatti, aveva dovuto spesso «arrangiarsi», per procurarsi cibo e alloggio. E non era solo questione di abiti e di furti: Garibaldi aveva dovuto fare ricorso anche alla fustigazione e addirittura ad alcune fucilazioni, per imporre la disciplina.

Inizialmente la presenza a Roma di questi personaggi suscitò diffidenza e, anzi, venne osteggiata da molti. Manara e i suoi uomini, ordinati e addestrati alla piemontese, non apprezzavano l'indisciplina dei legionari: dopo qualche scaramuccia, però, i due reparti presero a rispettarsi e ad agire insieme, dimostrandosi una realtà militare fenomenale. Mazzini e il suo «esperto» militare, Carlo Pisacane, rimasero invece sempre molto diffidenti nei confronti di quegli individui poco rassicuranti e del loro «singolare condottiero» (la definizione è di Piero Pieri). Solo quando fu necessario raccogliere tutte le forze per fronteggiare i francesi, Garibaldi e i suoi furono chiamati nell'urbe. Però, anche qui, si cercò di tenerli da parte, destinandoli a un settore che secondo gli strateghi romani era secondario.

«Se i baluardi fossero guerniti con bimbi»

Roma non era una città fortificata: certo, aveva un giro di mura, ma di fondazione molto antica e troppo lungo per poter essere difeso efficacemente. Due erano i punti in cui un attacco era più plausibile. Il primo si trovava a sinistra del Tevere, dove le mura erano più basse: tuttavia gli assalitori, riuscendo a passare, si sarebbero subito trovati nei quartieri popolari, dove potevano aspettarsi un'opposizione strada per strada, se non casa per casa. Il secondo era il Gianicolo, più difficile da prendere, ma che una volta conquistato avrebbe permesso di piazzare i cannoni in posizione dominante, minacciando l'intera città. I capi romani propendevano per la prima ipotesi e perciò al Gianicolo mandarono Garibaldi e Manara. Pensavano di tenerli in disparte, invece li mettevano al centro della scena.

Il 30 aprile, infatti, Oudinot decise d'attaccare proprio in quel settore, così da chiudere in fretta la questione. Forse confidava nella scarsa reputazione di cui godevano i combattenti italiani. Scrisse Garibaldi nelle sue *Memorie* che l'attacco fu portato con sufficienza e in modo

> veramente disprezzante [...] attaccò non in altra guisa [...] se i baluardi fossero guerniti con bimbi. [...] per sbaragliare quattro *brigands d'Italiens* [...] non aveva creduto necessario procurarsi una carta di Roma.[28]

Ancora più esplicito è un biglietto trovato su un ufficiale caduto, che riassume il piano d'assedio:

> Attaccare Roma alle due porte più salienti, inseguire il nemico con la baionetta sui reni, e riunirsi in piazza del Vaticano.[29]

Invece i francesi incontrarono una resistenza formidabile, al punto che dovettero ritirarsi fuori dalle mura. Non solo: messi in difficoltà da una sortita di Garibaldi e minacciati d'accerchiamento, finirono per ripiegare su Civitavecchia e lì sospendere le operazioni in attesa di rinforzi.

Probabilmente Garibaldi avrebbe voluto sfruttare il momento e condurre più a fondo il contrattacco, per allontanare in maniera definitiva gli assalitori, ma venne fermato da Mazzini e dagli altri politici, che speravano di arrivare a un accordo con i francesi, considerati pur sempre fratelli repubblicani.

Così la prima fase dell'assedio finì con una chiara vittoria dei difensori. Si presentò il plenipotenziario francese – Ferdinand de Lesseps (l'uomo che poi realizzò il canale di Suez) –, per iniziare le trattative.

Si capì, quando ormai era troppo tardi, che lo scopo era soltanto di guadagnare tempo e permettere l'arrivo di rinforzi. I romani erano stati sottovalutati e con lo stratagemma di una trattativa i militari francesi tentavano di rimediare all'errore. Da parte loro i difensori non riuscirono ad avvedersene, perché nel frattempo dovettero preoccuparsi di fronteggiare un'altra minaccia.

La lotta contro i borbonici

A sud era entrato nei territori della repubblica l'esercito di Ferdinando II, re delle Due Sicilie, con 12.000 uomini ben addestrati, reduci dalla vittoriosa campagna contro i siciliani. Le forze romane mossero agli ordini di Pietro Roselli, un onesto ufficiale senza molta esperienza. Appariva chiaro, alla luce dei combattimenti del Gianicolo, che il vero comandante avrebbe dovuto essere Garibaldi, ma i capi politici, Mazzini in testa, pensavano che fosse importante dimostrare ai governi europei che l'esercito repubblicano, guidato da un romano, non era un'accolita di «stranieri venuti da tutte le parti d'Italia», come sosteneva Oudinot.

Garibaldi, oltre che un «singolare condottiero», era uno straniero a tutti gli effetti e venne messo in secondo piano. Si generò così una sorta di dualismo, nella direzione delle operazioni militari, che ebbe notevoli ripercussioni. Con questi problemi ed equivoci si arrivò alla battaglia di Palestrina del 9 maggio.

La cittadina laziale era una piazzaforte sin dai tempi di Roma antica, in ottima posizione su di un colle. Garibaldi vi schierò i suoi e subì l'attacco di due colonne di borbonici, numericamente superiori. La prima fu ricacciata in brevissimo tempo dai bersaglieri di Manara. La seconda, più forte, ebbe la stessa sorte, pur resistendo qualche tempo in più, investita dalla reazione dei legionari di Garibaldi, affiancati da un piccolo battaglione di universitari e da altre forze varie.

Nel frattempo il governo romano e il plenipotenziario francese giungevano a definire una tregua. Garibaldi intendeva approfittare dell'occasione per mettere in rotta i borbonici, mentre Roselli e Pisacane si mostravano più cauti, tanto che non l'assecondarono nell'iniziativa di condurre i suoi uomini ad attaccare a Valmontone. Fu così che i borbonici poterono mettersi in salvo con una fuga notturna.

L'episodio di Palestrina, che chiuse la parentesi dell'inglorioso intervento napoletano, induce a una riflessione. Il comportamento di Ferdinando II, infatti, appare perlomeno incongruo. Il re disponeva di un esercito efficiente, che dall'anno precedente combatteva con successo e aveva inoltre la motivazione supplementare di ripresentarsi di fronte alla platea europea come salvatore del papa, facendo dimenticare il bombardamento e gli orrori di Messina.

Eppure si può dire che quasi non ci fu guerra nel Lazio. Secondo le testimonianze, i soldati borbonici si mostrarono estremamente riluttanti a combattere; probabilmente influì la concomitante tregua, che impedì di condurre la guerra a fianco dei francesi; forse il re di Napoli nemmeno si aspettava di trovare tanta resistenza. Resta il fatto che un esercito potente si ritirò davanti a pochi «briganti»: un segnale di cui tener conto, quando, in seguito, in tutte le occasioni di scontro con Garibaldi, i borbonici si trovarono sempre a mal partito.

L'assedio e la fine

L'esercito fece appena in tempo a tornare a Roma, che Oudinot annunciò la ripresa delle ostilità: la fiducia che Mazzini e gli altri politici avevano riposto nei fratelli repubblicani francesi si era dimostrata infondata e anche ingenua. Il tempo della tregua era servito a Oudinot per organizzare un vero corpo d'armata: 30.000

uomini, un potente parco d'assedio e forti reparti del genio, per scavare trincee e mine.

Di fronte a uno spiegamento simile, le deboli mura della città e il piccolo esercito repubblicano non avevano speranze di resistere. Per giunta, nella notte prima dello scadere della tregua, i romani persero alcune posizioni fondamentali.

Fu una storia confusa. La tregua sarebbe terminata il 1° giugno, ma Oudinot aveva comunicato che non avrebbe attaccato «la piazza» prima del giorno 4. La sera del 3 Roselli visitò le posizioni determinanti per la difesa sul lato del Gianicolo – villa Pamphili e villa Corsini, poco fuori le mura – e rassicurò i difensori che non avevano nulla da temere. Invece nella notte i francesi, che evidentemente consideravano quelle posizioni tecnicamente fuori dalla «piazza» e quindi estranee agli accordi, diedero l'assalto ed ebbero successo: i romani erano impreparati, molti vennero colti nel sonno, a villa Pamphili gli attaccanti trovarono addirittura i cancelli aperti.

Garibaldi, dolorante per una ferita di qualche tempo prima, si trovava altrove, come Manara e la gran parte degli ufficiali. Così soltanto il giorno successivo fu organizzato il contrattacco, che durò molto a lungo e vide certamente gesti di grande eroismo, ma dimostrò pure che i francesi combattevano con tutti i vantaggi: erano superiori numericamente (16.000 contro 6000) e in posizioni fortissime, da cui potevano bersagliare con comodo gli avversari. Inoltre i romani andarono all'assalto alla spicciolata, via via che arrivavano in zona: questo venne poi considerato un errore di Garibaldi. Nonostante tutto, per due volte ripresero le ville, ma non riuscirono a resistere ai contrattacchi nemici.

A sera la battaglia per Roma era decisa: Oudinot controllava le due chiavi della difesa del Gianicolo e i repubblicani registravano, su un fronte di poche centinaia di metri, un bilancio di mille caduti, tra morti e feriti. Scrisse Garibaldi:

> I migliori ufficiali e sottufficiali erano morti o feriti, il nemico era rimasto padrone della chiave di tutte le posizioni dominanti, e fortissimo com'era di numero e d'artiglierie, vi si stabilì solidamente.[30]

L'assedio durò ancora un mese. La resistenza si concentrò sul Gianicolo, nelle ville Giacometti e, soprattutto, del Vascello, stoicamente guidata da Giacomo Medici. Il 21 giugno i francesi aprirono una breccia nelle mura, ma incredibilmente Garibaldi e Manara riuscirono ad arroccarsi qualche centinaio di metri indietro, prolungando ancora la battaglia. Intanto la città veniva bombardata, ma con scarsi risultati. Gli artiglieri francesi cercavano di non colpire i monumenti cristiani – e a Roma è veramente difficile scansarli – e ottennero solo di aumentare la solidarietà di abitanti e difensori.

«Con serietà»

La sorte della repubblica era comunque segnata. Nel crepuscolo della rivoluzione e sullo sfondo del panorama della città eterna alcune delle figure più luminose della lotta patriottica decisero scientemente di sacrificarsi. Scrisse Luciano Manara:

> Noi dobbiamo morire per chiudere con serietà il Quarantotto. Affinché il nostro esempio sia efficace, noi dobbiamo morire.[31]

Sulle vicende risorgimentali sono stati versati fiumi di retorica, spesso artefatta o pretestuosa. Quelle due parole, «con serietà», con cui il ventiquattrenne Manara, padre di due figli, pose il suggello alla sua esperienza (e non si dimentichi quante traversie avesse sopportato in nome dei suoi ideali e massimamente a causa di quelli che avrebbero dovuto essere suoi alleati), rappresentano il più alto monumento di un'epoca che avrebbe potuto segnare un inizio del tutto differente della storia unitaria italiana, ma che per tanti motivi fu solo un rosario di occasioni perdute.

La storia militare ha poco altro da raccontare. Tra il 29 e il 30 giugno i difensori dovettero sgomberare la villa del Vascello. Manara cadde negli ultimi combattimenti.

I francesi offrirono una tregua prima dell'assalto finale e il governo repubblicano impiegò il tempo che gli rimaneva per promulgare una Costituzione, che rimase come suggello legislativo all'esperienza democratica.

Il 3 luglio Roma depose le armi. Garibaldi, alla testa di un piccolo esercito di poco meno di 4000 uomini, rifiutò di arrendersi e lasciò la città dirigendosi a Venezia, ultimo baluardo dei patrioti ancora in armi.

Si trattò della fuga di una colonna di uomini demoralizzati e spesso anche indisciplinati, inseguiti da decine di migliaia di soldati di cinque eserciti: pontifici, francesi, austriaci – che nel frattempo avevano conquistato la Romagna e le Marche –, borbonici, perfino spagnoli, giunti nel Lazio (con comodo) per combattere a fianco del papa.

Le vicende di questa tragica epopea sono molto note, segnate dalla morte di Anita Garibaldi nelle valli di Comacchio, ma non credo di doverle annoverare tra le battaglie risorgimentali: piuttosto andrebbero ricordate in un manuale di manovre e astuzie militari.

27
Venezia

La fine della repubblica veneziana fu la conseguenza diretta delle scelte politiche attuate nei tempi migliori della primavera 1848.

Da allora, quando tutto sembrava andare bene, il governo della città lagunare aveva cercato di distinguersi dal resto del movimento patriottico italiano tenendo un occhio puntato sulle aspirazioni di libertà, indipendenza e unità della penisola e l'altro su una mediazione internazionale, che potesse contribuire a resuscitare la Serenissima, cancellata da poco più trent'anni. Per questo motivo Venezia non aveva mai ritenuto di porre in testa alle proprie preoccupazioni la costituzione di una credibile forza di difesa, né tanto meno aveva dedicato le migliori energie all'armamento di una flotta in qualche misura degna delle glorie passate. Fino all'agosto 1848, cioè fino all'armistizio Salasco, la presenza in Veneto di eserciti di diversi Stati italiani in lotta contro l'impero e nell'Adriatico delle flotte sarda e napoletana aveva mascherato il problema.

Una volta rimasta sola, e perduta la Terraferma, Venezia cercò di organizzarsi, tentando anche, ma senza successo, di reclutare mercenari svizzeri. Comunque per tutto l'autunno-inverno 1848-49, con gli austriaci occupati a capire cosa succedesse oltre Ticino, le forze di San Marco, al comando di Guglielmo Pepe, fecero il loro dovere e portarono a termine anche qualche azione brillante, che non servì a cambiare il quadro generale, ma dimostrò almeno la volontà di resistere.

Nel marzo 1849, quando i piemontesi ripresero la guerra, Venezia si preparò a dare il suo contributo e ad agire alle spalle degli austriaci, ma tutto finì troppo in fretta, facendo svanire l'ultima possibilità concreta di dare una svolta al destino della repubblica. Tra Novara e il momento in cui gli austriaci si presentarono in forze sulla laguna passò più di un mese, ma i veneziani non seppero trarre vantaggio dalla dilazione. È anche vero che ormai c'era ben poco da fare: l'unica vaghissima speranza era d'agire di concerto con la repubblica instaurata a Roma,[32] ma l'ipotesi fu lasciata cadere, nel timore di apparire agli occhi dei governi europei un tutt'uno con la blasfema «repubblica dei briganti», compromettendo così la possibilità di ottenere un occhio di riguardo in sede di trattative.

Un assedio atipico

Il 30 aprile, giorno del primo attacco di Oudinot a Roma, gli austriaci iniziarono i lavori per assediare il forte di Marghera, il più importante caposaldo veneziano fuori dalla laguna. Non era imprendibile, ma il terreno paludoso che lo circondava rendeva difficoltosi i lavori degli assedianti: questa particolarità e l'energica guida del napoletano Girolamo Ulloa permisero ai repubblicani una resistenza che durò quasi un mese. Quando il forte venne abbandonato, smantellato dai bombardamenti, con quasi tutti i difensori caduti, morti o feriti, in pratica la difesa della città non ne risentì. Si decise di tagliare il ponte che collegava – e collega ancora oggi – la città con la costa; in testa al troncone rimasto fu collocata una batteria d'artiglieria – la batteria di Sant'Antonio – e i veneziani si prepararono a subire l'assedio.

Considerando l'isolamento nella laguna, Venezia non correva nessun pericolo immediato. Per gli austriaci era impensabile avvicinarsi e sbarcare direttamente tra le case; inoltre i loro cannoni, sistemati sulla costa, non avevano abbastanza gittata per colpire la città. L'unico punto davvero esposto era la batteria di Sant'Antonio, che comunque subì danni ridotti: quello che gli imperiali distruggevano di giorno, i veneziani riparavano di notte.

Gli austriaci cercarono d'ingegnarsi per superare l'*impasse*; smontarono i cannoni dagli affusti per ricollocarli su appositi sostegni che permettessero di sparare con un alzo di circa 45 gradi. Anche così, però, le bombe riuscivano ad arrivare a malapena sulle case più esterne nella zona occidentale della città. Tentarono di arroventare le palle per provocare incendi, di bombardare dall'alto mediante piccole mongolfiere, provarono perfino un'incursione a nuoto contro la batteria di Sant'Antonio, ma tutti i loro sforzi risultarono vani. Il disagio e i pericoli per la popolazione, dopo lo spavento dei primi momenti, furono tutto sommato ridotti: dal punto di vista militare, una città in mezzo al mare non aveva molto da temere.

I problemi, semmai, erano altri.

In primo luogo il governo doveva mantenere alto il morale dei difensori e soprattutto non permettere cedimenti: per questo motivo al comando, al posto del compassato Pepe, vennero promosse figure più sanguigne e decise, come Ulloa e due strenui combattenti che divennero poi noti come ufficiali di Garibaldi: Enrico Cosenz e Giuseppe Sirtori. Un'altra questione urgente era fare in modo che i disagi fossero equamente distribuiti tra ricchi e poveri, per non causare scontento ed episodi di rivolta. L'equilibrio sociale era assai delicato e solo il carisma di Manin e le cure del governo permisero che reggesse per quasi tutta la durata dell'assedio.

Tutti questi problemi, comunque, erano in certa misura affrontabili.

Il colera e la fame

Dopo la sconfitta di Novara la flotta sarda aveva dovuto lasciare l'Adriatico e l'aveva fatto nel peggiore dei modi. Dapprima le navi furono sorprese da una tempesta e gettate contro la costa, sotto gli occhi degli austriaci, che da marinai d'onore non infierirono. Poi, quando vennero mandate a Venezia a imbarcare i sudditi sardi, gli equipaggi credettero fossero destinati a esseri consegnati agli austriaci e si ammutinarono. Alla fine, nel maggio 1949, quando la flotta rientrò a Genova, che nel frattempo aveva passato le sue vicissitudini, molti marinai vennero arrestati e l'ammiraglio Albini esautorato.

Per Venezia questo significava che la flotta austriaca tornava a dominare l'Adriatico, completando il blocco anche dalla parte del mare. Il problema più importante nella laguna divenne quindi il cibo. In luglio fu applicato il razionamento e quando, il 1° agosto, Sirtori riuscì a tornare da una razzia nell'entroterra con 175 buoi e altri viveri, la città festeggiò con una rappresentazione del *Guglielmo Tell* alla Fenice. Per evitare che simili incursioni si ripetessero, gli austriaci spostarono d'autorità i contadini e il bestiame dalla costa verso l'interno e rafforzarono la sorveglianza.

Ai primi d'agosto si manifestò il più insormontabile dei problemi: il colera, favorito dalla penuria di acqua pulita e di cibo; la mancanza d'igiene, nelle abitazioni malsane e nei ricoveri di fortuna sovraffollati, fece il resto. Tra l'11 e il 22 agosto morirono 2788 veneziani.

L'epidemia e la fame diedero un colpo decisivo alla concordia e provocarono rivolte del popolino, che accusava i signori di godere di vantaggi e comodità. L'avvicinarsi della sconfitta acuì l'insofferenza di molti militari, causando ribellioni anche tra loro. In queste condizioni la resistenza diventò impossibile.

Fra i rotti nugoli
dell'occidente
il raggio perdesi
del sol morente,
e mesto sibila
per l'aria bruna
l'ultimo gemito
della laguna.

Passa una gondola
della città.
«Ehi, dalla gondola,
qual novità?»
«Il morbo infuria,
il pan ci manca,
sul ponte sventola
bandiera bianca!»[33]

Così scriveva il 19 agosto Arnaldo Fusinato, che si trovava di guarnigione sull'isola del Lazzaretto vecchio. La resa fu firmata da Manin il 22 agosto. Si spegneva l'ultima brace dell'incendio scoppiato a Palermo venti mesi prima.

PARTE SESTA

Dieci anni d'intervallo

28
Tempo di riforme

Un liberale che nel settembre 1849 si fosse guardato attorno, avrebbe visto solo macerie. Il movimento innovatore e democratico si era sfasciato ovunque, con la stessa velocità con cui era montato: il 23 marzo c'era stata la battaglia di Novara, il 30 iniziava la campagna napoletana di riconquista della Sicilia (Messina era già caduta da mesi), il 1° aprile si era arresa Brescia, il 6 Genova, il 25 sbarcavano le truppe francesi per riprendere Roma, l'11 maggio gli austriaci conquistavano Livorno – con poca fatica – e ponevano fine alla ribellione toscana, il 3 luglio si arrendeva Roma e il 22 agosto Venezia.

Questa sequenza di disastri seppelliva sotto una pietra tombale il movimento risorgimentale, qualunque valore si volesse dare al termine *risorgimentale*. Non era stata cacciata l'Austria: non le era stato tolto nessun territorio e non era stata diminuita la sua influenza. Gli Stati italiani non avevano raggiunto nessuna forma d'accordo unitario, tanto meno l'indipendenza della penisola. Nessuno dei governi democratici o innovatori aveva resistito alla prova dei fatti; le organizzazioni e i partiti che li avevano sostenuti erano a pezzi e, quel che è più grave, la delusione e la disillusione serpeggiavano tra la gente. Sembrava chiaro che aderire a quelle idealità fosse una scelta perdente.

Il fallimento fu ribadito negli anni seguenti. Un moto mazziniano a Milano, nel febbraio 1853, non portò a nulla per scarsità di partecipanti e confusione tra i promotori. Nel 1857 finì come peggio non avrebbe potuto la spedizione di Carlo Pisacane, che – come i fratelli Bandiera tredici anni prima – aveva tentato di sbarcare nel Regno delle Due Sicilie per accendervi un'insurrezione. Ignorato, se non contrastato, dalla popolazione, venne facilmente sconfitto e neanche in una battaglia vera e propria, ma in un'operazione di polizia.

Per farsi un'idea di quale fosse l'umore di molti democratici, basti leggere cosa scriveva nel 1850 Gustavo Modena, famoso attore e patriota, già aderente alla Giovine Italia di Mazzini:

> Bisogna sperare e credere; ed io non ispero nulla e non credo gli uomini d'Europa suscettibili di far nulla di bene, quindi non sarei capace di scrivere nulla. Vada il mondo come sa andare, io penso che ormai ho pochi anni da vivere in mezzo a queste pecore. Ho l'anima in cenere e vorrei vedere l'universo in cenere. [...] Ti prego dunque di non contare mai su me né per scrivere né per agire. Contami morto.[1]

In questa desolazione l'unica cosa che si salvava, anche se con molti distinguo, era il ricordo dell'eroismo dimostrato da insorti e volontari: una piccola luce in quell'«universo in cenere».

Eserciti restaurati

Il partito della conservazione appariva trionfante e a prima vista sembrava ripetersi il copione già visto della Restaurazione vittoriosa sulla rivoluzione. L'Austria aveva mantenuto per intero il suo ruolo di potenza egemone nella penisola, rafforzato dalla riconversione assolutista degli Stati che avevano subito lo sbandamento costituzionale. A Roma papa Pio IX si abbandonava alla reazione più oscurantista. A Napoli i Borbone cancellavano ogni opposizione e non si ponevano altro orizzonte politico che quello d'eliminare qualsiasi possibile minaccia al trono, anche a costo di condannare se stessi e il regno all'immobilismo e all'isolamento. Nella penisola, fuori dai domini del Regno di Sardegna, tornavano in auge i meccanismi della Santa alleanza di trent'anni prima: eserciti che servissero solo all'ordine interno e, nel caso d'imprevisti conflitti, fiducia nell'intervento esterno.

I due grandi Stati centromeridionali non solo non agirono per migliorare le proprie armate, ma fecero anche diversi passi indietro. Il papa, che aveva visto il suo esercito lottare a fianco dei patrioti in Veneto e poi, almeno in parte, nella stessa Roma, sotto la repubblica, decise che non poteva più contare sulla leva fra le popolazioni e preferì affidarsi alla protezione francese. Senza l'aiuto straniero, al pontefice non sarebbe rimasta nessuna capacità militare credibile.

Più complesso il discorso per il Regno delle Due Sicilie. Sulla carta l'esercito borbonico era buono, per alcuni aspetti addirittura ottimo, purché si dimenticasse il segnale allarmante della campagna nel Lazio. Negli undici anni che seguirono fu interessato da alcune riforme e da qualche ammodernamento, ma senza toccare il fatto basilare: era un esercito della Restaurazione.

Eppure anche all'epoca, nonostante la vittoria conservatrice, si mostrava chiaro che tutti gli eserciti di stampo assolutista s'erano dimostrati pessimi ogni volta che avevano dovuto uscire dalle caserme e scendere sul campo di battaglia. Sia l'esercito napoletano sia quello piemontese, anche se in diversa misura, avevano offerto le loro migliori prove d'efficienza nella repressione delle rivolte, a Messina e a Genova. Del resto a questo soprattutto dovevano servire, a reprimere, anche a costo di passare facilmente dall'efficienza poliziesca alla pura brutalità.

Per quanto riguarda l'esercito borbonico, inoltre, bisogna ricordare che un suo punto di forza e una sorta di salvagente nelle situazioni difficili era stata la presenza di generali provenienti dall'esperienza muratiana. Quando questi comandanti cominciarono a essere davvero troppo vecchi, si scoprì che, a causa dei meccanismi propri di quel tipo d'esercito, mancavano ufficiali che fossero all'altezza, sufficientemente preparati e capaci di autonomia di giudizio. I nuovi responsabili si dimostrarono del tutto inadeguati, esattamente come i loro colleghi piemontesi nel 1848.

A ben vedere, anche il campione degli eserciti della Restaurazione, quello austriaco, non aveva dato una grande prova di sé. Con esclusione dell'armata italiana di Radetzky, che a detta di tutti fu un'eccezione legata alla figura e all'opera del suo comandante, non aveva saputo opporsi alle insurrezioni di Vienna e Budapest e addirittura, per riportare l'Ungheria sotto la corona asburgica, aveva dovuto ricorrere all'aiuto russo.

Trasformare un regno

Nel panorama di smobilitazione liberale il Regno di Sardegna era lo Stato italiano che pagava il prezzo più alto. S'era fatto sconfiggere due volte in maniera netta e umiliante: prima dissipando il vantaggio di una situazione assolutamente favorevole e poi vedendosi surclassato in ogni fase del conflitto.

L'esercito era allo sfascio. Gli storici più patriottici hanno sempre cercato un motivo di conforto nell'esaltazione della solidità del soldato piemontese: c'è del vero in quest'argomento, purché non si dimentichino la grande crisi della ritirata attraverso la Lombardia, lo scontento diffuso per molti mesi prima di Novara e il saccheggio della città dopo la battaglia del 23 marzo 1849.

Non per nulla moltissimi reparti vennero mandati in una specie di campo d'istruzione a Vaude San Maurizio, a nord di Torino, a fare marce, teoria, esercitazioni. A parole il campo doveva servire per riqualificare l'esercito, in pratica fu una punizione per raddrizzare la schiena a chi aveva sgarrato o politicamente o penalmente.

L'aspetto che però suscita maggior interesse – se non stupore – è il fatto che a differenza che nel resto d'Italia in Piemonte non si verificò un ritorno trionfante degli elementi più conservatori. Ci fu un tentativo di ripresa reazionaria all'indomani della sconfitta di Novara, culminato nell'idea di affiancare l'Austria nella repressione della rivolta toscana, ma non ebbe seguito.

La storiografia risorgimentale più tradizionale attribuisce la particolarità dello Stato sardo a tutto merito di Vittorio Emanuele II, per questo definito Re galantuomo, che decise di non sopprimere lo Statuto e di resistere alle pressioni esercitate in tal senso da Radetzky.

Si può discutere a lungo su questo tema, cercando di stabilire in che misura la decisione fu dovuta effettivamente all'onestà e alla rettitudine del sovrano o a calcoli di semplice opportunità politica. Resta comunque il fatto incontrovertibile che lo Statuto rimase in vigore e con esso il regime parlamentare. Ciò fece da baluardo a un ritorno del conservatorismo più retrivo, che avrebbe significato una chiusura culturale e politica e un ritorno alla società dei privilegi di nascita, con tutto quello che comportava. Questo indirizzo fu già chiaro alla fine del 1849, quando iniziò la discussione della legge Siccardi, che colpiva le rendite e i possedimenti della Chiesa, cioè di uno dei pilastri dei regimi assolutisti.

Una fase preparatoria

La vita democratica, pur tra mille intoppi e infiniti problemi, e il contributo degli esuli giunti da altri Stati permisero al Regno di Sardegna di differenziarsi dal resto d'Italia, mostrandosi come un faro di modernità e libertà, e ugualmente resero possibile l'affermazione di una classe politica che, se non era ottima, di certo non frenò il progresso e lo sviluppo. Tra i nuovi dirigenti, inoltre, emerse un personaggio d'enorme talento, Camillo Benso conte di Cavour, che seppe ideare e guidare un progetto a lunga scadenza, di rivincita contro l'Austria e di espansione del regno. Nessuno in Italia, sotto i regimi assolutisti, poté agire in modo appena paragonabile, né avrebbe mai potuto operare arrivando addirittura, più volte, a mettersi in urto con il sovrano.

Nei dieci anni successivi alla Prima guerra d'indipendenza venne quindi preparata la nuova sfida all'Austria. In realtà questo impegno non richiese l'intero decennio, che in buona parte fu dedicato a riforme non specificamente indirizzate alla conduzione di una nuova guerra. Infatti la lunga fase preparatoria ebbe molti risvolti: uno di crescita economica e industriale del regno, con molta attenzione alle infrastrutture; e uno istituzionale, con leggi e provvedimenti che svecchiarono l'amministrazione e rinnovarono la vita politica. In campo diplomatico si strinsero alleanze internazionali; per quanto riguardava l'Italia fu creata una rete di rapporti semiclandestini con i liberali presenti negli altri Stati.

Tutto questo, comprendendo anche la riforma dell'esercito, nel giro di pochi anni portò il Regno di Sardegna, che nel 1848 non si distingueva in particolar modo nel panorama italiano, su un gradino decisamente superiore e soprattutto gli permise di farsi trovare credibilmente pronto ad affrontare le sfide a cui fu chiamato.

Tale fase storica ebbe un carattere di unicità, che dev'essere sottolineato. Fu l'unica volta che l'Italia – o uno Stato preunitario – ideò, organizzò e condusse in porto un conflitto. Nel corso del secolo seguente l'Italia entrò in guerra sempre sull'onda di decisioni improvvisate e affrettate, sempre drammaticamente impreparata. Sarebbe successo nel 1860, quando l'imprevisto e imprevedibile successo della spedizione dei Mille impose una sequenza di decisioni militari contingenti, che alla fine dei conti produssero un'infinità di guai. Di nuovo nel 1866, quando un'offerta tedesca condusse il neonato Regno d'Italia a passare dalla pace alla guerra in pochi mesi, con risultati che si compendiarono nel disastro di Custoza. E ancora nella guerra in Africa, decisa in base a urgenze di politica interna e finita tragicamente ad Adua. Nel 1911 l'impreparazione si manifestò nella sottovalutazione del nemico turco e della resistenza libica. Nel 1915 la partecipazione al conflitto fu decisa nonostante s'ignorasse, fino a un momento prima, contro chi si sarebbe dovuto combattere. Nel 1940 si uscì dalla neutralità unicamente per la convinzione di poter sfruttare le circostanze favorevoli. A ben vedere, l'unico altro caso di guerra pensata, progettata ed eseguita fu quello della campagna d'Etiopia nel 1935-36.

La riforma dell'esercito sardo

Il cuore e la mente della riforma dell'esercito, nel bene e nel male, fu Alfonso La Marmora, che resse il ministero della Guerra per l'intero decennio, tranne che nella parentesi della guerra in Crimea. La sua opera, cominciata nell'inverno 1848-49, proseguì nella direzione impostata già prima di Novara.

Al centro dell'attenzione c'erano ovviamente le vistosissime pecche denunciate dalla guerra persa, su cui il ministro intervenne con riforme tanto profonde quanto il mantenimento del ruolo sociale e del significato politico dell'esercito permetteva.

Riguardo all'artiglieria, per esempio, agì uniformando i calibri, razionalizzando le batterie, modificando la loro distribuzione nell'armata e il loro metodo d'impiego.

Cercò di adeguare la cavalleria, per farne un'arma più efficace. Nel 1848 i reparti erano interamente formati da squadroni pesanti, cioè adatti soprattutto alla carica, mentre mancavano le unità di cavalleria leggera in grado d'accompagnare le avanguardie, di condurre esplorazioni, di molestare il nemico. Le guide, cioè le truppe specializzate nella ricognizione, nell'esplorazione e nel collegamento, vennero istituite frettolosamente solo nell'imminenza della guerra.

Un aspetto della riforma che La Marmora considerò fondamentale fu la diminuzione dei numeri delle unità. Ridusse le compagnie da 250 a 150 uomini l'una,[2] perciò il battaglione formato da quattro compagnie scese da 1000 a 600 uomini. Poteva sembrare semplice contabilità militare, ma il ministro riponeva grandi speranze in questi interventi.

In un esercito ottocentesco, come già sottolineavo nel capitolo 6, tutto ruotava attorno alla figura dell'ufficiale, che emanava gli ordini, badava che venissero eseguiti, teneva uniti gli uomini, li schierava sul campo, manteneva la disciplina, curava che il morale non cedesse e che non ci fossero sbandamenti. Se si cerca d'immaginare cosa significasse nella pratica questo carico d'impegni, si comprende perché La Marmora fosse convinto che un capitano alle prese con 150 uomini potesse ottenere un rendimento decisamente superiore a quello che doveva comandarne 250.

A questo proposito il ministro cercò anche di migliorare la qualità degli ufficiali, istituendo scuole di perfezionamento ad Asti, Biella e Pinerolo. Iniziativa lodevole, ma che non poteva dare risultati nel breve periodo. Il maggior impulso al miglioramento dei comandi fu dato dalla presenza in Piemonte di un gran numero di ufficiali provenienti da altri Stati italiani, accorsi ai tempi della guerra e rimasti agli ordini dei Savoia. Questi, sommati ai cosiddetti *spagnoli*, di cui ho parlato a proposito della Prima guerra d'indipendenza, coprirono almeno parzialmente il bisogno di quadri che la riforma comportava.

Uno sviluppo che invece venne del tutto mancato fu quello dello stato maggiore: un punto estremamente sensibile, perché implicava la gestione del comando e la pianificazione della guerra, cioè alcune delle carenze più evidenti – forse le maggiori – delle esperienze del 1848-49.

In realtà La Marmora fece poco e mantenne lo stato maggiore ben ancorato alle attribuzioni tradizionali: una sorta di segreteria o d'ufficio di consulenti, che teneva aggiornate le carte topografiche e correva a portare ordini alle dipendenze del comandante dell'esercito. In altri termini, rimaneva decisamente maggioritaria una mentalità, originata dalla scuola conservatrice, che considerava ancora prioritari in battaglia il coraggio rispetto alla strategia, la fermezza d'animo rispetto alla cultura. Di conseguenza un corpo di ufficiali che non comandasse nessuno e non portasse nessuno all'assalto era considerato un innocuo gruppo di teorici, nella migliore delle ipotesi, e un gruppo d'imboscati nella peggiore.

Per capire l'importanza di queste scelte e quale fosse la direzione in cui ci si muoveva in altri paesi, bisogna ricordare che proprio in quegli stessi anni, in Prussia, Von Moltke stava costruendo il suo stato maggiore come vera élite intellettuale e propositiva dell'esercito. Nel 1866 e nel 1870 avrebbe poi stupito il mondo, pianificando campagne con tale grado di precisione da far diventare leggendaria l'efficienza bellica tedesca.

La leva

L'aspetto della riforma che risultò più complesso e incontrò maggiori opposizioni fu quello della leva.

Le prime modifiche, per togliere dalla prima linea i soldati sposati e i più anziani non furono complicate. Il dibattito fu lungo, aspro e articolato quando si trattò dell'adozione di un sistema di tipo francese, per un esercito di qualità, con una ferma allungata a quattro o cinque anni. Il progetto incontrò così tante opposizioni, che venne approvato solo nel 1857, dopo la guerra di Crimea e quando un nuovo conflitto con l'Austria sembrava imminente.

Con la nuova legge la popolazione maschile si ritrovò divisa in tre gruppi. Al momento della chiamata avveniva un sorteggio: le reclute che estraevano numeri bassi si ritrovavano a fare una leva lunghissima – che sommata al periodo detto «a disposizione» poteva arrivare a undici anni –, durante la quale non potevano né lavorare né sposarsi. Il secondo gruppo doveva invece assolvere a obblighi molto leggeri – nell'ordine delle poche settimane –, ma con il richiamo in caso di guerra. Infine il terzo gruppo era del tutto libero da qualsiasi impegno militare.

Sulla casualità del sorteggio interveniva il meccanismo della sostituzione, con il quale si poteva evitare il servizio militare pagando una tassa che serviva a stipendiare un sostituto. Così i soldati del primo gruppo finirono per essere sempre i figli delle classi inferiori: povera gente, in maggioranza analfabeta, di certo illetterata, per la quale non si poteva pensare a nessun altro addestramento che un'obbedienza meccanica e passiva. Questo ai tempi era ciò che si diceva esercito di qualità: la definizione andava intesa in senso settecentesco, mettendo in primo piano obbedienza, disciplina ed esecuzione meccanica degli ordini. I giovani delle classi abbienti evitavano il servizio più duro e tendenzialmente riuscivano a non entrare nella leva, perché potevano pagare, oppure si proponevano per diventare ufficiali.

Una visione moderata

La Marmora era convinto che la sua riforma rappresentasse la correzione necessaria ai problemi dell'esercito *regio*: va messo in rilievo questo aggettivo, perché rappresentava il fulcro di tutta l'opera. La riforma manteneva infatti la struttura, i compiti e il ruolo sociale tradizionali dell'esercito e si limitava a introdurre le modifiche suggerite dall'esperienza e dalla pratica.

Il suo limite era descrivibile con le stesse parole: manteneva la struttura tradizionale e si limitava *solo* a introdurre le modifiche suggerite dall'esperienza e dalla pratica. Non inventava nulla, non presentava alcuna novità concettuale e si limitava a correggere (o in qualche caso a mascherare) le manchevolezze di un esercito che alla prova dei fatti si era dimostrato sorpassato.

Era una visione moderata del problema militare, che cercava soprattutto di depurare l'armata dell'ala nobiliare più retriva, incapace e indisciplinata, e nello stesso tempo di sbarrare il passo a quella più radicalmente democratica, ritenuta socialmente pericolosa. In realtà alla prova della guerra si sarebbe scoperta anche troppo moderata: un aggiornamento più che una riforma vera e propria, una sistemazione e non una soluzione. Eppure tanto bastava perché l'armata sabauda potesse dimostrarsi largamente superiore agli altri eserciti della penisola, rimasti ancorati alle vecchie concezioni.

29

Guerra in Crimea

In senso stretto la guerra di Crimea non sarebbe legata al Risorgimento italiano: fu combattuta sulle coste russe del Mar Nero e non vi furono mai pronunciate le parole libertà, indipendenza o unità d'Italia. Però in qualche modo ne fa parte, un po' per la collocazione temporale – a metà tra le due prime guerre d'indipendenza – e un po' perché rappresentò uno strumento diplomatico che permise di modificare il quadro e i rapporti di forza in vista della sfida all'impero asburgico.

Per questi motivi va presa in considerazione. Senza contare, infine, che si dimostrò una sorta di laboratorio bellico d'assoluto interesse.

Una crisi a Oriente

Nel 1853 la politica europea fu scossa da una gravissima crisi originata da motivi futili. Bisognava decidere chi, tra i monaci ortodossi protetti dalla Russia e quelli cattolici sostenuti dalla Francia, dovesse detenere la chiave di una chiesa di Gerusalemme e avesse diritto ad appendere una stella natalizia sulla mangiatoia di un presepe: questioni che provocarono tafferugli tra fedeli delle due confessioni.

Questo fu il pretesto. Vero argomento del contendere era l'influenza internazionale sul regime ottomano che governava Gerusalemme e che da lì a non molto sarebbe stato definito il Grande malato d'Europa. Il problema aveva moltissime implicazioni: la sistemazione dei vastissimi territori dell'impero turco, che andavano dalla Persia al Marocco, dal Caucaso al Sudan, il destino di una buona metà del Mediterraneo e, fattore cruciale, l'accesso della Russia a questo bacino attraverso i Dardanelli.

L'impero degli zar si sentiva forte: negli ultimi cinquant'anni aveva sconfitto Napoleone, aveva aiutato l'Austria a reprimere la rivolta ungherese ed era un pilastro riconosciuto della Restaurazione. Così agì in maniera piuttosto decisa: diede poco peso alla fase diplomatica e passò subito alle armi. Ma fece male i conti, perché Francia e Inghilterra non si lasciarono intimidire e, nonostante le distanze, si schierarono a sostegno del barcollante impero turco. L'Europa si trovò sull'orlo di una guerra continentale.

Il conflitto ebbe una prima fase lungo il Danubio – culminata nell'assedio di Silistria, dove i turchi resistettero a lungo, mentre avanzava un'armata anglo-francese di soccorso – e una seconda nella penisola di Crimea, nella Russia meridionale.

Una guerra moderna e anacronistica

La guerra di Crimea fu un conflitto contraddittorio: presentò aspetti molto antiquati e anacronistici a fianco di altri moderni e addirittura, per molti versi, profetici, anticipatori di temi e soluzioni che avrebbero trovato sviluppo compiuto solo mezzo secolo più tardi e oltre.

Un carattere di modernità fu che i combattimenti si svolsero in una lontana penisola che non era contesa da nessuno e che nessuno voleva conquistare, perché non aveva valore strategico né economico. Semplicemente i comandi francese e inglese decisero che serviva portare la guerra sul suolo russo, allo scopo di rendere più pressante e diretta la minaccia allo zar, per costringerlo a desistere dalle pretese espansionistiche verso sud. La penisola di Crimea venne scelta perché raggiungibile anche dai turchi e climaticamente meno ostile del resto della Russia.

Si trattava di un modo estremamente moderno di pensare il conflitto, mai applicato prima: una guerra *esportata*, secondo un'idea figlia della percezione di sé di due potenze europee – Francia e Inghilterra – con interessi globali e con la capacità, ma soprattutto la mentalità, di portare ovunque la propria forza.

Si ebbe allora la più grande operazione di sbarco anfibio che fosse mai stata approntata e che portò circa 60.000 anglo-francesi in territorio russo.

Ci fu una prima battaglia sul fiume Alma, vittoriosa per inglesi e francesi, soprattutto in virtù della migliore qualità delle loro armi, che sparavano più lontano e con maggior precisione. Anche il fatto che la superiorità tecnologica avesse un'influenza diretta sull'esito di una battaglia fu un segno di cambiamento nelle cose militari.

La vittoria però non venne sfruttata e la guerra s'incancrenì. I russi si concentrarono attorno a Sebastopoli, rinforzando le difese con un grandioso sistema di trinceramenti. Agli alleati anglo-francesi e turchi non rimase che fare altrettanto. A guardare le fotografie del tempo – la guerra di Crimea fu anche il primo conflitto ampiamente documentato dai fotografi –, le si potrebbe confondere con quelle della Prima guerra mondiale. Anche le descrizioni letterarie potrebbero essere riferite a un conflitto del secolo a venire. Scriveva Tolstoj:

> Incontrerete delle barelle, qualche marinaio, dei soldati con le pale, vedrete micce di mine, ricoveri pieni di fango nei quali piegandosi si possono infilare solo due uomini, e là vedrete esploratori dei battaglioni del Mar Nero che si cambiano le scarpe, mangiano, fumano la pipa, vivono e vedrete di nuovo dappertutto lo stesso fango puzzolente, tracce d'accampamento e dappertutto rottami di bronzo di tutte le forme possibili.[3]

L'idea di base degli alleati era che la superiorità delle loro artiglierie terrestri e navali potesse costringere Sebastopoli a cadere in un tempo ragionevolmente breve. S'impegnarono allo spasimo, arrivando a sparare 12.000 colpi al giorno, ma non ottennero che scarsi risultati: le difese in terra delle trincee assorbivano i colpi e venivano ricostruite con assoluta facilità. Così la guerra, invece di diventare una rapida dimostrazione di potenza, si trasformò in un usurante conflitto di posizione.

Si trattava di una lezione fondamentale, per chi fosse stato in grado di capirla. Le trincee erano in grado di sconvolgere il concetto di guerra: la superiorità tecnologica veniva annullata, il coraggio e le doti di resistenza delle truppe apparivano inutili, se non suicide, quando una delle due parti si trovava esposta al fuoco mentre l'altra restava ad attenderla nei suoi ripari. Anche la capacità di manovra era vanificata, di fronte a una linea interrata, invisibile e inamovibile.

Tutto ciò erano molto difficile da accettare, per chi intendeva la guerra come arte, come scienza o, romanticamente, come fulgore di coraggio e temerarietà. Una lezione così ostica venne cassata e dimenticata molte volte nella storia. Sarebbe successo già una decina d'anni dopo, durante la guerra di Secessione americana, e in seguito nel conflitto anglo-boero e nella guerra russo-giapponese; solo nella Grande Guerra la semplice e terribile verità divenne così evidente da non poter più essere ignorata.

In Crimea la conseguenza dell'errore di valutazione fu che, dopo un inverno durissimo, a primavera la situazione era ancora in stallo: i russi difendevano la città e tenevano un esercito all'esterno per garantirsi un margine di manovra, mentre gli alleati non riuscivano in nessun modo a venire a capo del rebus.

L'opinione pubblica in Francia e in Inghilterra iniziava a dar segni di nervosismo. Ecco un'altra nota d'assoluta modernità: grazie al telegrafo, per la prima volta una guerra era raccontata quasi in diretta dai giornali di casa.

L'intervento piemontese

Per condurre a termine un conflitto che stava diventando lungo e oneroso oltre ogni aspettativa, francesi e inglesi cercarono alleati. Si rivolsero in prima istanza agli austriaci, che però non se la sentirono di prendere le armi contro l'impero russo, partner della Santa alleanza, a fianco del quale avevano combattuto sia contro Napoleone, sia in Ungheria. Alla fine adottarono una sofferta politica di neutralità, che scontentò sia gli occidentali sia i russi.

In questo quadro Cavour intravide lo spiraglio per introdurre il Piemonte nello scenario europeo e rinnovare l'immagine trita e banale che gli europei avevano degli staterelli italiani: inefficienti regimi, estranei al concerto delle diplomazie continentali.

La guerra, apparentemente inutile, visto che non portò guadagni o annessioni, permise al Regno di Sardegna di sedere al tavolo del Congresso di Parigi, per le trattative di pace, e di porre le basi per le alleanze e gli appoggi che avrebbero condotto alla Seconda guerra d'indipendenza. Fu un tassello fondamentale nel paziente lavoro di tessitura e preparazione che era in corso dal 1849 e che nella politica italiana rappresentò un caso unico di organizzazione e lungimiranza.

Partenza per l'Oriente

Il 10 febbraio 1855 il Parlamento del regno approvava la partecipazione alla guerra. Il giorno seguente moriva Ferdinando di Savoia, duca di Genova e comandante *in pectore* della spedizione. La responsabilità del comando passò allora ad Alfonso La Marmora, che non possedeva le doti di lungimiranza di Cavour e che quindi non era entusiasta del nuovo incarico: gli dispiaceva interrompere il faticoso lavoro di riforma e ammodernamento dell'esercito, per andare a combattere in lande lontanissime una guerra di cui non comprendeva lo scopo.

In poche settimane la spedizione era pronta, contando su 18.000 uomini organizzati in due divisioni, agli ordini di Giovanni Durando e Alessandro La Marmora, sostituito poi da Ardingo Trotti. Le brigate erano comandate da Giorgio Ansaldi (che morì tra i primi), Manfredo Fanti, Enrico Cialdini e Rodolfo di Montevecchio. Per tornare ai ragionamenti fatti nel capitolo precedente, si vede che in qualche misura la riforma aveva già preso piede e nei comandi si trovavano tre dei cosiddetti *spagnoli*: Durando, Fanti, Cialdini, mentre un quarto, Giacomo Durando, subentrava ad Alfonso La Marmora nelle funzioni di ministro della Guerra.

Il 13 aprile il corpo di spedizione lasciava Torino diretto a Genova, per imbarcarsi su vascelli piemontesi, francesi e inglesi. Le complessità delle operazioni d'imbarco e il viaggio richiesero quindici giorni, ma alla fine dei conti il Piemonte poté presentarsi sulla scena internazionale con una dimostrazione di notevole efficienza.

Il trasferimento fu lungo ed estenuante per dei poveri soldati che in prevalenza erano montanari e che in vita loro non avevano mai visto acqua salata: soffrivano il mal di mare, le scomodità degli spazi ristretti e della compagnia di muli e cavalli, la scarsità d'acqua e il vitto «inglese», a base di carne secca e rum. Giunte davanti alle coste della Crimea, le navi dovettero attendere non poco, perché l'unico approdo, attraverso cui passava tutto il necessario per l'armata degli alleati, che era cresciuta nel frattempo a 150.000 uomini, non era che la piccola baia di Balaklava. Nelle fotografie dell'epoca il luogo si vede così fitto di alberi e vele, con le navi talmente vicine, che sembra si potesse saltare dall'una all'altra. La quantità di materiali che doveva essere avviata alle truppe era tale che i francesi avevano costruito persino una piccola ferrovia, per muovere velocemente i rifornimenti: per i tempi un'iniziativa quasi da fantascienza.

Il 9 maggio scesero a terra gli ufficiali e solo il 20 si poté completare lo sbarco. Il 25 il contingente era schierato per un'avanzata lungo il fiume Cernaia, a fianco degli alleati: un semplice movimento di truppe sorvegliato da lontano dai cosacchi. Gli italiani poi furono assegnati a lunghi ed estenuanti turni nelle trincee, da cui assistevano al vero sforzo bellico: l'assedio di Sebastopoli. Si combatteva sotto le mura della città a colpi di trincee di avvicinamento e di approccio, cioè scavando passaggi che permettessero di avvicinarsi il più possibile alle mura rimanendo al coperto. Sembrerebbe poca cosa e invece fu una fase estremamente cruenta: francesi e inglesi perdevano 100-150 uomini al giorno, i russi anche di più.

Il 17 e il 18 giugno ci fu un grande bombardamento sulla città e poi un assalto generale, da cui i piemontesi furono esclusi: l'onore della battaglia era riservato agli alleati, che si consideravano superiori. Fu una fortuna, perché il tentativo finì in un sanguinoso fallimento.

Cernaia e Sebastopoli

Il grande evento, per quanto riguarda le truppe sarde, si presentò il 16 agosto, quando i russi cercarono per l'ennesima volta di scardinare le difese nemiche e di allentare la morsa attorno a Sebastopoli. Una parte notevole dell'assalto fu diretta contro la giuntura tra lo schieramento italiano e quello francese. Nonostante la veemenza e il coraggio, i soldati russi, definiti «automi vestiti di grigio», non poterono nulla contro la fucileria e il fuoco d'artiglieria di truppe sistemate al riparo delle trincee.

Per gli italiani fu una giornata buona, non certo memorabile. La Marmora, parlandone a un amico, usò questi termini:

> Ti dico del combattimento o battaglia (come la vorranno chiamare) della Tchernaia.[4]

Magnani Ricotti così considerò le notizie giunte in Italia di una grande vittoria:

> Sono tutte esagerazioni, ma pure invenzioni del giornalista. Io e la mia batteria e tutte le truppe [...] fecero il loro dovere, ma nulla di sorprendente o di straordinario.[5]

Ciononostante, la battaglia della Cernaia entrò nella storia tradizionale del Risorgimento come una grande vittoria piemontese. Costò agli italiani 14 morti, 156 feriti (tra i quali il generale Montevecchio, che morì di lì a poco) e due dispersi, mentre i francesi, che avevano resistito all'assalto principale, ebbero 181 morti e 1224 feriti; i russi impiegarono due giorni per portare via i loro caduti. I numeri non vogliono dire tutto, ma qualcosa comunque dicono.

Dopo la Cernaia i generali dello zar non tentarono più attacchi contro le linee nemiche e l'assedio di Sebastopoli poté farsi sempre più stringente. L'assalto finale ebbe luogo l'8 settembre e fu ancora una volta cruentissimo: solo a sera i francesi riuscirono a conquistare il loro obiettivo, il bastione Makaloff, ma al prezzo di 1500 morti, 1400 dispersi e quasi 4000 feriti; gli inglesi, invece, fallirono al bastione Gran Redant e denunciarono la perdita di quasi 1500 uomini tra morti e feriti. Questa volta anche gli italiani della divisione di Cialdini avrebbero dovuto partecipare, ma il loro movimento, siccome connesso a quello degli inglesi, fu rinviato al giorno seguente. Tuttavia non ci fu più nessun assalto, perché nella notte i russi sgomberarono la città, lasciandosi dietro alcune migliaia di cadaveri, i feriti intrasportabili e un desolato panorama di distruzione.

Finale a sorpresa

La caduta di Sebastopoli segnò sostanzialmente la fine delle operazioni militari, ma non la fine della guerra. Gli eserciti rimasero in Crimea fino alla primavera dell'anno successivo, ma quasi senza combattere, perché non c'erano più obiettivi strategici da raggiungere, mentre la fine delle ostilità veniva decisa ai tavoli della diplomazia. Per gli alleati questo significò il secondo inverno nella penisola russa, per i piemontesi il primo: una stagione di temperature rigidissime trascorsa in capanne di fortuna, dette *gourbi* (fosse con un tetto di fascine, coperto di zolle di terra e sterco di animali), dovendo improvvisare i rifornimenti di guanti, pellicce, maglie di lana. L'inazione favorì il malcontento e l'indisciplina. Per dirla con le parole di Tarchetti:

> Ozi tormentosi di quelle lugubri giornate d'inverno, sepolti in quelle profonde capanne scavate nella terra e coperte di uno strato immenso di neve.[6]

A fine marzo 1856 giunse la notizia che i rappresentanti dei paesi belligeranti, riuniti a Parigi, avevano raggiunto un accordo e il conflitto poteva considerarsi terminato. In Crimea l'evento venne festeggiato in un modo che oggi lascia un po' sbigottiti, ma che la dice lunga su come venisse vissuta la guerra ancora alla metà dell'Ottocento.

Dapprima i cannoni di tutti gli eserciti spararono 101 salve; subito dopo soldati e ufficiali d'entrambi gli schieramenti s'incontrarono amichevolmente. Gli inglesi organizzarono corse di cavalli per gli ufficiali di tutti i paesi, alleati ed ex nemici, di fronte a un pubblico di 3000 spettatori a cavallo e di alcune migliaia appiedati, con un colpo d'occhio indimenticabile per l'incredibile varietà di elmetti, uniformi, pennacchi e ogni altro possibile addobbo militare.

Ma l'evento più memorabile fu il banchetto offerto dal comandante russo a tutti gli ufficiali, di tutti gli eserciti. I generali trovarono posto in una tenda decorata con trofei, gli altri in tavolate all'aperto; per tutti ci fu «profusione di vini e squisitezza di cibi».[7] Alla fine i calici si levarono in onore dei vari regnanti. Un ufficiale piemontese, Genova di Revel, annotò che «regn[ava] la massima fratellanza ed allegria durante la riunione».[8]

Il colera più letale delle armi

La guerra di Crimea fu molto sanguinosa per tutti gli eserciti che si trovarono ad attaccare bastioni possenti o sistemi di trincee. Per l'armata piemontese, coinvolta nel solo combattimento della Cernaia, il bilancio sarebbe stato del tutto leggero – 14 morti –, se le generali condizioni di vita, in accampamenti malsani e improvvisati, non fossero state pessime e non si fosse scatenata una spaventosa epidemia di colera.

Il morbo si manifestò già all'indomani dello sbarco. La prima persona a morire fu un cappellano militare, l'11 maggio. Da quel momento le cifre dei ricoveri e dei decessi salirono in maniera vertiginosa, con una punta massima di 73 morti in un solo giorno, il 7 giugno: tra loro ci fu anche Alessandro La Marmora, il fondatore dei bersaglieri. A fine giugno la situazione era ancora terribile e gli ospedali, diventati tre, ospitavano quasi 2000 uomini.

Poi i decessi iniziarono a scemare, ma non per questo le infermerie si vuotarono: in agosto, quando l'epidemia era pressoché finita, c'erano poco meno di 2000 uomini ricoverati con patologie varie; nel gennaio dell'anno seguente erano ancora 1528.

Un'annotazione doverosa: gli ospedali non erano certamente paragonabili agli istituti sanitari moderni, ma soltanto luoghi in cui venivano trasportati e concentrati i malati.

> Chiamano ospedali di 300 letti certi cattivi baraccamenti dove non v'era nulla per i poveri malati; chiamano infermerie di 200 letti le tende nelle quali si ricoverano sulla nuda terra quei poveri sventurati.[9]

Genova di Revel racconta di aver visto in una di queste tende ospedale un infermiere che passava con un secchio d'acqua e un pennello a inumidire le labbra dei malati, ammucchiati alla bell'e meglio, per mancanza di spazio.[10]

I pochi medici presenti – di tutti i paesi in guerra – non avevano rimedi efficaci per il colera ed erano ridotti a distribuire, come profilassi, caffè ogni mattina e, come cura, un quantitativo di acquavite.[11]

In Piemonte si sapeva ben poco di come si vivesse in Crimea e comunque le sofferenze vennero accettate come un fardello connesso alla guerra. In Inghilterra, invece, le descrizioni del «Times» delle condizioni atroci in cui versavano i malati e i feriti fecero scandalo e indussero un'agiata gentildonna a partire per il Mar Nero. Florence Nightingale, la «signora con la lampada», come divenne universalmente nota, intervenne sulle condizioni inumane degli ospedali, cercando d'introdurre una minima professionalità: niente più che igiene e pulizia e un po' d'attenzione alle esigenze dei malati, cose che oggi appaiono ovvie, ma che ai tempi erano ignote a una classe medica dominata dall'ignoranza, dall'approssimazione e dalla superstizione.

La Nightingale introdusse anche le statistiche di guarigione come metro per giudicare l'efficacia delle cure e si procurò la consulenza di un cuoco francese, per studiare quali fossero i cibi più adatti ai convalescenti: altri due contributi di modernità di quella strana guerra.

PARTE SETTIMA

La Seconda guerra d'indipendenza

30
Novità in campo

Alla fine del 1858 la lunga marcia piemontese verso una nuova guerra contro l'Austria era terminata. L'esercito era pronto: non era il migliore possibile, ma era comunque notevolmente superiore rispetto a quello di dieci anni prima. La preparazione diplomatica aveva garantito l'appoggio dei due ex alleati della guerra di Crimea: l'Inghilterra, che guardava con occhio benevolo alla causa piemontese, e la Francia, con la quale era stato concluso un trattato che prevedeva l'intervento in caso di aggressione austriaca. Il patto era chiaro nel dare e nell'avere: l'aiuto francese non sarebbe più stato solamente una vaga speranza, come per i rivoltosi del Quarantotto.

Prima di vedere gli eserciti all'opera, bisogna però considerare due elementi importanti: chi fossero i francesi, militarmente parlando, e come fosse stato risolto il problema del contributo dei volontari.

L'esercito francese

A metà Ottocento l'armata francese, erede di quella plasmata da Napoleone, era considerata la migliore del mondo. La Restaurazione non era riuscita a demolirla, grazie in particolare all'opera di due ministri della Guerra, già marescialli dell'impero – Gouvion-Saint-Cyr e Soult, che fu anche più volte capo del governo –, e all'enorme patrimonio popolare di stima e affetto che la circondava. In Francia non era successo niente di paragonabile a quanto era accaduto negli Stati italiani dopo il Congresso di Vienna, quando gli eserciti avevano dovuto fare un gran passo indietro e ignorare gli straordinari insegnamenti del ventennio di guerre rivoluzionarie e napoleoniche.

L'Armée si distingueva per la scelta della leva a ferma lunghissima, attenuata socialmente dal meccanismo delle esenzioni a pagamento e dall'ampia presenza di ufficiali provenienti dai quadri inferiori, che garantivano solidità, esperienza e omogeneità con la truppa. Inoltre, mentre gli eserciti europei avevano trascorso la prima metà del secolo a occuparsi soprattutto di ordine pubblico, l'Armée aveva combattuto una lunga, crudele e sanguinosa guerra per la conquista dell'Algeria.

Cominciato nel 1830 e concluso nel 1857, questo conflitto (che tuttavia sarebbe rimasto acceso ancora nei decenni successivi) fu soprattutto una vicenda di sistematica ed estenuante guerriglia e rappresentò per i militari francesi una preziosissima – seppur dolorosa – scuola di guerra.

Perciò soldati e ufficiali sapevano cosa significasse combattere, conoscevano a menadito qualsiasi accorgimento per tendere o evitare trappole o agguati, disponevano di tutti i ritrovati e le invenzioni per rendere un po' più accettabile la vita al fronte. Già in Crimea i piemontesi avevano scoperto quanto l'equipaggiamento francese fosse molto più funzionale del loro e in molti casi l'avevano copiato: tende portatili, forni da campo, calzature, barelle per i feriti erano d'ispirazione transalpina. Inoltre gli ufficiali, in virtù delle eccellenti scuole militari, della tradizione napoleonica e dell'esperienza algerina, erano considerati di maggior levatura rispetto ai colleghi di altri eserciti. Erano abituati a stare vicino ai loro soldati e ritenevano il coraggio personale e l'aggressività in battaglia come titoli di merito. Messi a confronto con i comandanti piemontesi, si sarebbero dimostrati molto più portati ad attaccare e a dare l'esempio personale. In ogni scontro della guerra in Italia contro gli austriaci almeno un generale sarebbe caduto alla testa dei suoi uomini.

Zuavi e turcos

La guerra d'Algeria lasciò un'altra impronta duratura nell'esercito francese: i reggimenti efficaci e combattivi composti da soldati detti zuavi e *turcos*.

Gli zuavi prendevano il nome da una *cabila*, cioè un clan o tribù, chiamata Zwawa. I primi battaglioni comprendevano solo nordafricani, agli ordini di ufficiali francesi: poi le unità vennero allargate anche a soldati metropolitani, per divenire, infine, esclusivamente europee. Che fossero truppe speciali lo si capiva già dalle uniformi, molto più elaborate di quelle normalmente in uso fra le truppe continentali: una corta giacca decorata con cordoni e alamari, una camicia, una lunghissima fascia che avvolgeva la vita e che finiva pendente di lato, larghi pantaloni rossi stretti al polpaccio, i cosiddetti pantaloni alla zuava, cui in seguito s'ispirò la moda, scarpe con alte ghette bianche. Il copricapo era un fez floscio, con un pompon, oppure una sorta di turbante.

Per molti versi simili per impostazione e uniformi erano i battaglioni coloniali di tiratori (*tirailleurs*) nordafricani, detti *turcos*. Il nome glielo avevano dato in Crimea i russi, i quali – vedendoli combattere con fez e turbanti – li confondevano con i turchi. I soldati avevano carnagione scura o olivastra, parlavano male il francese, mischiandolo con l'arabo, avevano usi e costumi decisamente esotici e in battaglia combattevano con la foga crudele e le grida selvagge dei guerrieri africani. Quando apparvero in Italia, rappresentarono una novità sconvolgente per il grigio ambiente militare piemontese. Ben presto ci si accorse che il loro pittoresco abbigliamento non era nemmeno lontanamente la cosa più importante.

L'assalto alla baionetta

Paragonabili almeno in parte ai bersaglieri, ai cacciatori e agli *Jäger*, zuavi e *turcos* avevano ottimi fucili, che sapevano usare bene. Inoltre erano in grado di muoversi e di sparare senza ricorrere alle formazioni serrate. Ma era soprattutto la loro filosofia di combattimento ciò che li rendeva differenti da ogni altra truppa: cercare sempre, direttamente e senza esitazioni, il corpo a corpo o quella che allora si chiamava «scherma con la baionetta».

Per capire cosa significasse, bisogna pensare che gli eserciti derivanti dai modelli settecenteschi, com'erano quelli della Restaurazione, cercavano di ottenere la vittoria attraverso la capacità di schierarsi, sparare, manovrare: solo in casi estremi, se il nemico non cedeva la posizione, ricorrevano allo scontro ravvicinato. Invece zuavi e *turcos*, provenienti da scenari africani dove la guerra aveva meno regole e rispondeva ad altre consuetudini, si gettavano all'assalto lanciando alte grida, per disorientare e spaventare l'avversario, e avanzavano velocemente sfruttando ogni riparo e asperità del terreno, fidando nelle loro doti di agilità e destrezza. Strisciavano, rotolavano, s'acquattavano, s'arrampicavano, senza nessuno scrupolo di dignità militaresca, ma con notevolissima efficacia (alla battaglia di Palestro, per esempio, dovendo attaccare una linea nemica al di là di un canale, molti di loro si levarono i pantaloni: nessun soldato europeo lo avrebbe mai fatto, anche a costo di trovarsi poi a combattere con i calzoni zuppi, con il fastidio e l'impaccio conseguenti). Raggiunta una posizione propizia per l'ultimo balzo, partivano per l'assalto decisivo di corsa, senza perdere tempo a sparare, con le baionette spianate, urlando e senza molto badare alle perdite subite.

In Europa questo modo di combattere – che molti definivano «feroce» oppure «barbaro» – si dimostrò efficacissimo. Soprattutto l'impeto posto nell'aggressione e l'incuranza per le perdite subite avevano un effetto terrorizzante, poiché sembrava che nulla e nessuno potesse fermare quei diavoli con il fez floscio.

Con il tempo l'esempio di questi reparti francesi e il loro concetto del combattere fecero scuola. A partire proprio dalla Seconda guerra d'indipendenza, l'assalto alla baionetta diventò il fulcro del combattimento e si cominciò a giudicare i reparti in base alle loro capacità di condurre un'azione di questo genere.

Tutto ciò prese il valore di una specie di vangelo per ogni esperto di cose militari e si continuò a ritenerlo valido, acriticamente, anche quando i progressi tecnologici nelle armi (la mitragliatrice) resero di fatto quasi impossibili gli attacchi diretti. Ancora durante il fascismo il Duce, volendo dare l'immagine della forza militare italiana, si trovò a parlare in termini di milioni di baionette. Solo dopo la Seconda guerra mondiale le baionette vennero sostituite, come indicatori di potenza, dall'entità di forze aeree, di artiglieria e di mezzi corazzati.

Al loro apparire gli zuavi divennero presto i protagonisti della guerra, sempre al centro dell'attenzione degli osservatori, militari, civili, giornalisti o disegnatori che fossero. Tutti lodavano il loro coraggio, l'aggressività, perfino la crudeltà, mitigati appena, fuori dalla battaglia, dall'aspetto pittoresco, dalla tendenza degli uomini allo scherzo e al divertimento, favoriti da una disciplina non proprio rigorosa.

Anche questo fece scuola. I bersaglieri, per esempio, mutuarono molti aspetti della loro immagine esteriore, un po' scanzonata, dagli zuavi. I garibaldini, invece, ne adottarono sostanzialmente la filosofia di guerra: anche Garibaldi predicava la superiorità della baionetta sul fucile – amava ripetere che il fucile è il manico della baionetta – e che bisognasse attaccare senza fermarsi a sparare (in fondo s'era formato, militarmente, in un ambiente coloniale). Anche altri eserciti del tempo, come quello pontificio, imitarono queste unità francesi, a partire dalle uniformi.

La causa italiana e il gioco politico

Oltre ai soldati francesi, la Seconda guerra d'indipendenza vide altri protagonisti in qualche misura innovativi: i volontari organizzati in unità regolari.

Uno dei motivi più importanti tra quelli che avevano condannato al fallimento il movimento del 1848 era stato la mancata fusione – o anche il semplice accordo – tra il Risorgimento regio e quello popolare, tra volontari e truppe regolari. Diffidenze, aperte ostilità, obiettivi differenti, modalità contrastanti erano stati responsabili del fatto che le notevolissime risorse di cui disponeva il fronte antiaustriaco fossero finite disperse e polverizzate in rivoli, sconfitti e riportati all'ordine uno dopo l'altro.

L'unico vero esperimento organizzato, la Divisione lombarda, era stato talmente tartassato dai timori politici e bersagliato dalla malasorte, che non ebbe modo di mostrare il suo valore.

Il problema fu preso in considerazione da Cavour durante la fase di preparazione alla nuova guerra. Era necessario trovare una soluzione che rispondesse a certi requisiti: portare uomini alla causa nazionale e garantire l'appoggio delle popolazioni, ma senza scivolare nella propaganda rivoluzionaria; ottenere che agli occhi dell'Europa e dell'alleata Francia la guerra risultasse frutto di un'aspirazione nazionale e non di una politica esclusivamente sabauda; tutto questo, ben inteso, doveva accadere con modalità che non mettessero mai in dubbio la guida piemontese e monarchica del movimento.

Si trattava di un gioco politico che, per usare un eufemismo, si potrebbe definire sottile e che per molti versi sconfinò nell'asservimento degli ideali italiani alla causa dei Savoia. È anche vero, d'altra parte, che Cavour, attraverso la Società nazionale, suo strumento di controllo e organizzazione dei movimenti patriottici, offrì a tutti gli italiani che volevano combattere contro l'Austria un quadro credibile e affidabile d'azione, con una prospettiva plausibile e concreta di vittoria. La forza attrattiva di una proposta simile fu molto grande e moltissimi personaggi già protagonisti nel 1848-49 – Garibaldi e Manin in prima fila – accettarono il compromesso e si misero a disposizione della causa. Al loro seguito giunse in Piemonte un gran numero di volontari da tutt'Italia, anche se, per ovvi motivi, la stragrande maggioranza proveniva dalle regioni settentrionali e centrali.

Usare Garibaldi

Sotto il profilo strettamente militare i volontari ebbero due destini: finirono nei cacciatori delle Alpi, il reparto comandato da Garibaldi, oppure furono inseriti nell'esercito regolare. Il primo caso è quello più famoso e celebrato, anche perché allora ebbe un'evidente funzione propagandistica; il secondo, invece, fu quello sostanziale.

I cacciatori delle Alpi costituivano formalmente una piccola brigata comandata da Giuseppe Garibaldi, nominato generale per l'occasione: 3200 uomini che rappresentavano il punto più vicino al compromesso tra guerra regia e guerra di popolo che era mancato quasi completamente undici anni prima.

In realtà si trattava quasi più di un equilibrismo politico-militare che di una soluzione vera e propria. Il quadro in cui nacque la brigata fu segnato dal divieto esplicito di Napoleone III che alla guerra partecipassero formazioni rivoluzionarie o comunque non regolari, dalla contrarietà generale delle diplomazie europee a una guerra che avesse una qualsiasi parvenza d'insurrezione e dalla resistenza mai doma della classe dirigente piemontese a volontari, patrioti e irregolari in genere.

D'altra parte l'esercito piemontese aveva bisogno dei volontari per completare i quadri. Il trattato con i francesi impegnava a schierare 100.000 uomini e ne erano disponibili poco più della metà. Una leva nuda e cruda per il servizio militare sotto le bandiere sarde non avrebbe trovato grande risposta: l'idea, quindi, fu di *usare* Garibaldi per dare alla proposta i colori del patriottismo e dell'idealità.

Era una situazione equivoca fino a rasentare l'inganno. Lo riassunse molto bene Garibaldi, parlando di se stesso:

> Garibaldi dovea far capolino, comparire e non comparire: sapessero i volontari ch'era a Torino per riunirli, ma nello stesso tempo chiedevano a Garibaldi di nascondersi per non dar ombra alle diplomazie. Che condizione! Chiamare i volontari, e molti, per comandarne il meno possibile.[1]

Nonostante i presupposti, la cosa funzionò e andò anche oltre il previsto, tanto che i volontari arruolati a combattere sotto le bandiere di Vittorio Emanuele finirono per essere più di 10.000. Anna Maria Isastia, che ha studiato a fondo la questione, riporta che i volontari «tra i granatieri erano il 29%, nella fanteria di linea erano il 21%, in cavalleria erano il 18%, tra i bersaglieri il 17,5%».[2]

Il loro ruolo, però, si dimostrò anche superiore a quanto i numeri potrebbero far credere. Questi uomini diedero all'esercito una dimensione nazionale e supplirono alla mancanza d'entusiasmo di ampie fasce dei reclutati piemontesi. Per il semplice fatto che avevano raggiunto il Piemonte superando divieti e ostacoli frapposti dai governi dei loro Stati di provenienza e portando in dote l'appoggio delle popolazioni, rappresentarono gli strumenti di una capillare campagna propagandistica a favore della guerra contro l'Austria e del ruolo del Piemonte nel movimento risorgimentale.

Tutto questo fece passare in secondo piano l'ostilità malcelata dei piemontesi verso i concorrenti *stranieri* e l'antipatia nei confronti delle persone che erano ancora considerate teste calde, responsabili della guerra, proprio come ai tempi della Divisione lombarda. Ciononostante, si verificarono ugualmente molti casi in cui i volontari subirono contestazioni ed emarginazione e perfino episodi, a guerra dichiarata, in cui vennero lasciati soli in combattimento, a bella posta, dai soldati piemontesi.[3]

Le cose, alla fine dei conti, non andarono male nemmeno dal punto di vista dei cacciatori garibaldini. È vero che le resistenze dell'ufficialità regolare nei confronti dei volontari erano tutt'altro che sopite, così come le diffidenze politiche. Addirittura i diplomi per gli ufficiali garibaldini non vennero firmati dal ministro della Guerra, che si rifiutò, ma da quello degli Interni. È altrettanto vero che nei cacciatori delle Alpi finirono i volontari troppo giovani o troppo vecchi o comunque scartati dall'esercito regolare, che vennero equipaggiati con armi e uniformi di recupero; inoltre l'unità non ebbe quasi artiglieria, genio e cavalleria.

Però il loro era pur sempre un reparto regolare, inquadrato come d'uso, con le sue bandiere e le sue mostrine; non lo si poteva confondere con una banda di briganti o di rivoluzionari. Il genio militare di Garibaldi fece il resto e quella brigata di scartati finì per diventare uno dei protagonisti più positivi della guerra e fu base indispensabile per le imprese garibaldine che seguirono.

Non è esagerato dire che i 3200 cacciatori e il loro generale cancellarono la delusione e la disillusione causate dal fallimento del 1848-49 e suscitarono una nuova ondata d'entusiasmo, rivitalizzando l'idea di un Risorgimento che non fosse solo espressione della politica estera piemontese.

31
La piccola guerra

Nella Seconda guerra d'indipendenza i volontari ebbero un ruolo importante fin dall'inizio: la fecero scoppiare o perlomeno contribuirono grandemente a provocarla. I termini dell'alleanza tra Francia e Regno di Sardegna prevedevano l'intervento francese solo in caso di aggressione austriaca, ed era nel pieno interesse di Vienna evitare d'offrire appigli a Torino e a Parigi. Però il reclutamento da parte piemontese di un gran numero di volontari, il concomitante risorgere, nel Lombardo-Veneto, di movimenti antiaustriaci e il crescere del malcontento diventavano minacce sempre più concrete e difficili da controllare.

Già nel 1856 l'imperatore Francesco Giuseppe in visita a Venezia e a Milano aveva trovato un clima di grande freddezza e aveva visto gran parte della nobiltà defilarsi dai festeggiamenti pubblici. Nemmeno la concessione di alcune misure di liberalizzazione aveva attenuato il risentimento contro il dominio imperiale. La prospettiva che si delineava era di dover mantenere un controllo esclusivamente repressivo sulle terre italiane, mentre buona parte degli Stati della penisola diventavano via via satelliti di un Regno di Sardegna militarmente sempre più forte e garantito dall'alleanza francese.

Il quadro della situazione era assai sgradevole e a Vienna prese piede il partito di chi voleva risolvere la questione con un rapido conflitto, che stroncasse il fastidioso regno di Vittorio Emanuele prima ancora che i francesi potessero intervenire. L'idea era di ripetere quanto aveva fatto il maresciallo Radetzky nel 1849: in fondo erano passati solo dieci anni. Da parte sua, però, il Piemonte si preparava alla guerra ormai da tempo e non appena Vienna si orientò verso la soluzione militare, il ricorso alle armi diventò solo questione di tempo.

Il conflitto che ne seguì ebbe tre fasi ben distinte: la prima fu esclusivamente austro-piemontese e non vide battaglie, determinando per questo un successo sabaudo (la chiamo «piccola guerra»); la seconda si svolse nei pressi del Ticino, vide la partecipazione fondamentale dei francesi e si concluse con l'ingresso di Napoleone III e Vittorio Emanuele II a Milano; la terza ebbe luogo nella zona del Mincio, di fronte al Quadrilatero, e culminò con la battaglia di Solferino.

I CONTENDENTI

Il 23 aprile 1859 i plenipotenziari austriaci consegnarono l'ultimatum al governo sardo: doveva riportare l'esercito «sul piede di pace» e licenziare i volontari, altrimenti sarebbe stata guerra. Era la notizia tanto attesa, che fino all'ultimo era stata tutt'altro che certa: la diplomazia europea aveva cercato in ogni modo d'evitare un ulteriore scossone ai già pericolanti equilibri europei; Cavour, invece, ne era pienamente soddisfatto. Per quanto riguardava la politica, tutto era filato liscio, adesso toccava alle armi.[4]

L'esercito sabaudo, dopo le riforme di La Marmora, poteva schierare all'incirca 65.000 uomini, comprendendo anche i volontari, e perciò era numericamente inferiore sia a quello del 1848, sia a quello promesso negli accordi con Napoleone III (100.000 uomini). Contava però su quasi 700 ufficiali provenienti da tutta la penisola, che erano rimasti in Piemonte dopo il 1849 o che erano arrivati con i volontari. Era quindi un esercito che conteneva, seppur in embrione, una concezione d'italianità.

Le cinque divisioni in cui era organizzato erano meno numerose rispetto a quelle di dieci anni prima, ma avevano più bersaglieri, ovvero truppe d'élite; meno cavalleria, ma più leggera e mobile; più artiglieria, di migliore qualità; e anche un reparto del genio.[5] Tutto sommato un'armata più preparata, compatta e motivata, senza fratture politiche interne, ma ancora con un serio problema di comandi.

Rispetto al 1849 il numero dei comandanti papabili s'era ulteriormente ristretto: il duca di Genova era morto alla vigilia della guerra di Crimea, nella penisola russa erano caduti Alessandro La Marmora, Giorgio Ansaldi e Rodolfo di Montevecchio, mentre Ardingo Trotti aveva già lasciato il servizio. Alfonso La Marmora, padre di quell'esercito, non ebbe un comando sul campo: il re lo considerava troppo accentratore e come capo di stato maggiore gli preferì Della Rocca. Quindi, non potendo contare sui comandanti accantonati nel 1849, i caduti a Novara e in Crimea, gli epurati e gli emarginati nelle faide interne, non restava molta scelta. Avanzarono gli ufficiali che avevano un passato da esuli, ben quattro dei cinque comandanti di divisione: Cialdini, Fanti, Cucchiari e l'inossidabile Durando.[6]

Da parte austriaca la situazione non era molto differente rispetto al passato. L'esercito era sempre quello, estremamente affidabile come nel 1849, modificato e migliorato con la tradizionale prudenza e metodicità dei comandanti asburgici. La novità più grossa era che Radetzky non c'era più: era morto novantaduenne a Milano nel 1858. La sua scomparsa si sarebbe fatta sentire: le sue capacità militari, la sua personalità e la sua incrollabile fede nei valori dell'impero avevano mascherato le lacune dell'esercito, dandogli modo di forgiare un'armata a sua immagine e soprattutto di godere di grande autonomia decisionale rispetto ai poteri politici.

Il suo successore, Ferencz Gyulai, non godeva della stessa reputazione. Costantino Nigra, braccio destro di Cavour nella progettazione dell'alleanza franco-piemontese, scriveva, riportando le voci del mondo diplomatico:

> Si diceva che fosse tra i generali austriaci a lui contemporanei, il meno adatto per energie e come talento a ricevere un comando supremo in una guerra come quella.[7]

In realtà Gyulai rientrava pienamente nella norma dell'esercito imperiale: era un burocrate oberato di doveri formali e impegni istituzionali, ostinatamente legato alle piccolezze della routine militare e fissato su dettagli del servizio che oggi appaiono assurdi. Si dice, per esempio, che volesse tutti gli ufficiali con i baffi neri: i biondi dovettero tingerli e i glabri disegnarseli con il lucido da scarpe. Sotto il profilo strategico, tanto Radetzky era stato libero di prendere le sue decisioni e, nei casi estremi, d'imporle ai governanti, tanto Gyulai fu vincolato ai voleri del potere centrale. Il suo operato veniva giornalmente passato al vaglio e corretto via telegrafo. Anche nel caso non fosse un capo mediocre come si diceva, con simili pastoie difficilmente avrebbe potuto ottenere buoni risultati.

Il quadro strategico

Per comprendere la fase iniziale del conflitto, bisogna tenere presente un dato semplice, ma fondamentale: gli austriaci inizialmente erano più forti e dovevano cercare di arrivare allo scontro decisivo con i sardi prima che i francesi entrassero in Italia; i sardi, al contrario, dovevano resistere fino allo schieramento degli alleati. Più il tempo passava, più lo squilibrio tra i contendenti volgeva a favore degli italiani.

L'esercito piemontese si trovava quasi al completo a sud del Po, con il comando insediato nel paese di San Salvatore, arroccato sulle propaggini del Monferrato, a nord di Alessandria. Da quella località ancora oggi si domina tutto lo scenario che in quei giorni era al centro dei progetti e delle preoccupazioni dei contendenti. Proprio di fronte, il Po piega verso sud e forma una grande ansa, che delimitava lo schieramento sabaudo: una linea forte, protetta dal fiume e appoggiata ai rilievi delle colline. Dalla torre del paese, però, si vede anche altro: a nord c'è Novara e poco oltre il Ticino, a est, Pavia e più in là Piacenza. In un giorno particolarmente limpido si vede anche Milano.

Il problema grosso per i piemontesi era intuire da quale punto di quel panorama sarebbe arrivato l'attacco austriaco: da Pavia attraverso i ponti usati già nel 1849, sboccando a metà frontiera con tutte le direttrici strategiche aperte, o da sud, per investire Alessandria, interrompere la linea ferroviaria verso Genova, che doveva servire ai francesi, e prendere lo schieramento piemontese alle spalle? Oppure le colonne austriache avrebbero passato il Ticino a nord, subito verso Novara, attraversando un territorio sguarnito e marciando su Vercelli e quindi Torino?

Rudimenti di servizio segreto

Per sapere queste cose i piemontesi si erano dotati addirittura di due linee d'informatori: un'iniziativa del tutto innovativa in tempi in cui, per la maggior parte dei comandanti, le sole nozioni di *intelligence* considerate utili erano a malapena dove fosse il nemico e di quanti uomini disponesse.

Un ufficiale già apparso in questo racconto, Giuseppe Govone, e un maggiore dei carabinieri, il conte Buraggi, avevano organizzato

Le ipotesi di attacco austriache nel 1859

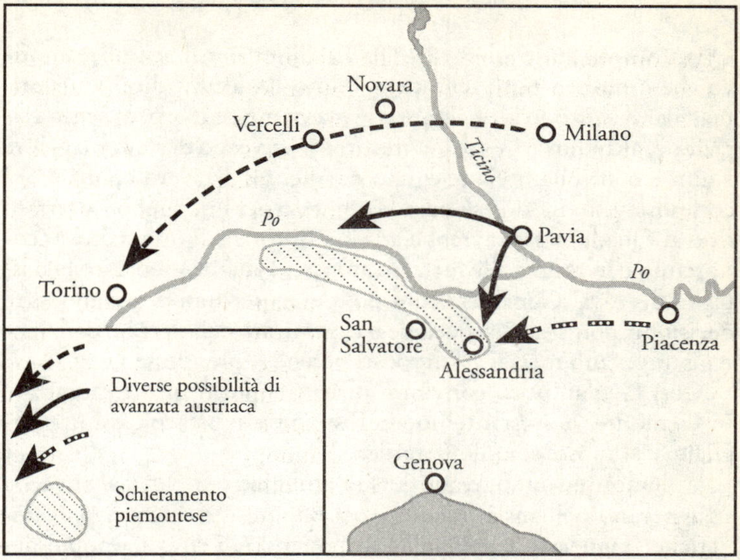

una prima linea d'informatori nelle città lombarde, con il compito di segnalare a indirizzi mascherati di Torino gli spostamenti delle truppe nemiche. Avevano anche messo a punto un semplice cifrario, in cui generali, armi e soldati erano indicati con i termini degli impresari teatrali: nomi di artisti indicavano i generali (Gyulai era il «tenore Pingolini»),[8] con «soprano», «contralto» e «basso» si distinguevano fanteria, cavalleria e artiglieria. Se si parlava di spese di «mille franchi», s'intendevano mille uomini e quando si diceva che qualcosa «andava avanti», significava che si muoveva verso il Piemonte.[9] Questa sorta di rudimentale servizio segreto resse fino a marzo e poi venne scoperto.

I due avevano anche organizzato una seconda linea di «buoni spioni» – come si diceva allora – nelle zone del Novarese e del Vercellese, che – si sapeva – sarebbero state occupate dagli austriaci. Nelle cascine e nei villaggi furono mandati uomini dei carabinieri in borghese, con il compito di tenere informati i comandi. Sembra che per la bisogna fosse utilizzata una novità imparata in Oriente: piccioni addestrati per portare messaggi. L'idea conquistò poi i generali francesi, che ne fecero un pilastro delle loro comunicazioni sul campo, fino alla Prima guerra mondiale e anche oltre.

Nervi messi alla prova

Quanto servì tutto questo? Difficile dirlo, per il semplice motivo che c'era ben poco da sapere. Tanto Radetzky, dieci anni prima, aveva avuto le idee chiare e le aveva messe in opera senza esitazione, altrettanto Gyulai, criticato dal suo capo di stato maggiore Kuhn e controllato via telegrafo da Vienna, le aveva confuse e si comportava in modo esitante. Fosse stato per lui, sarebbe arretrato fino al Quadrilatero, avrebbe atteso i rinforzi e lì, in territorio conosciuto e in mezzo alle fortezze amiche, avrebbe preparato la battaglia decisiva. Considerazioni politiche, però, imponevano altre decisioni: non si doveva cedere e dimostrare debolezza e da Vienna giungevano messaggi infuocati perché si prendesse l'iniziativa.

Così Gyulai, poco convinto, perse tre giorni prima di entrare in Piemonte, nonostante non ci fosse nessun ostacolo a impedirglielo, e si mosse solo il 30 aprile.

I piemontesi ignoravano le sue ambasce e a San Salvatore si struggevano nell'ansia, mentre voci e ipotesi si rincorrevano frenetiche. Temevano che Gyulai, disponendo di circa il doppio degli uomini rispetto a loro, puntasse a una battaglia immediata, che sarebbe stata perlomeno critica, nonostante il vantaggio del terreno. Però l'austriaco aveva libera davanti a sé la strada per Torino e poteva approfittarne: questa ipotesi toglieva il sonno a Vittorio Emanuele e ai suoi, forse in misura ancora maggiore di un eventuale scontro davanti a San Salvatore.

Dalla capitale, dove c'erano le famiglie e le case di soldati e ufficiali e tutti i simboli della monarchia, giungevano preghiere pressanti che la città non venisse abbandonata al nemico e contemporaneamente le notizie di chi ostentava sicurezza e coraggio patriottico, di chi invece aveva mandato la famiglia al sicuro in qualche casa in collina o in montagna e di chi non si vergognava d'ammettere d'essere pronto alla fuga, con i mobili caricati sui carri, se soltanto le voci dell'arrivo degli austriaci avessero trovato conferma.

La notizia buona era che pioveva a catinelle: significava che un'eventuale avanzata sarebbe stata rallentata da strade fangose e fiumi straripati.

Questo era il clima – psicologico e meteorologico – in cui viveva il comando piemontese, mentre cercava di decifrare le mosse nemiche. Il 3 maggio, a un cenno d'avanzata austriaca, vennero dati gli ordini, poi cancellati, per una ritirata generale. Il 7 sembrò che gli austriaci si fossero decisi a muovere verso Torino, seppur lentamente, perché nel frattempo le risaie erano state allagate. Il re era già pronto a correre in aiuto della capitale, quando il 10 giunse la notizia che il nemico stava indietreggiando ovunque.

Una curiosità a indicare quanto fosse confusa la situazione: proprio mentre Gyulai abbandonava l'idea di puntare verso Torino, a Vienna si festeggiava solennemente la presa della capitale piemontese. Cos'era successo? Semplicemente un errore di comunicazione. Il nome di un paese vicino a Vercelli, appena conquistato, era stato letto malamente, creando un enorme equivoco: Trino era diventato Torino.

L'arrivo dei francesi

Intanto le truppe di Napoleone III affluivano in Piemonte, migliaia di uomini al giorno. Probabilmente l'uso sistematico dei treni accelerò di molto le operazioni e scombinò i calcoli degli austriaci, che pensavano di avere più tempo a disposizione.

I francesi arrivavano per due vie. Una da Lione a Saint-Jeanne-de-Maurienne con la ferrovia, per proseguire verso Modane e il Moncenisio, valicato a piedi (era una camminata lunga, aspra e difficoltosa), e scendere a Susa, dove c'era di nuovo il treno, che portava a Torino e da lì ad Alessandria. L'altra, utilizzata dalla maggioranza delle truppe, prevedeva l'imbarco, soprattutto nel porto di Marsiglia, e il viaggio per mare verso la Liguria. Da Genova continuava per Alessandria, sulle anguste strade appenniniche, ma con la possibilità di utilizzare la ferrovia per i carichi ingombranti.

Ovunque gli alleati trovavano accoglienze calorosissime: le cronache dell'epoca sono piene di folle plaudenti, di collane di fiori per i soldati, di teatri imbandierati per gli ufficiali e d'ogni altra manifestazione di gioia ed entusiasmo.

C'era, però, qualche problema. Per quanto previsto dal trattato di alleanza, l'intervento francese sarebbe avvenuto solo in seguito a un attacco austriaco. Perciò le truppe non erano state messe «sul piede di guerra». Questo significava che in molti casi i reparti erano incompleti e gli equipaggiamenti carenti; soprattutto mancavano muli, asini e cavalli.

Sapendo di dover arrivare in Piemonte prima che gli austriaci potessero sconfiggere i piemontesi, Napoleone fece muovere l'esercito in tutta fretta, anche a rischio di creare confusione: partivano le truppe, ma non l'intendenza, oppure senza l'infermeria o mandando i soldati su una strada e gli ufficiali su un'altra. Di conseguenza, appena arrivati in Italia, i francesi necessitarono di un certo lasso di tempo per riorganizzarsi.

Molti si accorsero di essere partiti senza qualche parte dell'equipaggiamento – chi aveva bisogno di una sella, chi di un cannocchiale, chi di un cavallo – e di conseguenza cercarono di acquistarlo in Italia: così i prezzi lievitarono e raggiunsero punte astronomiche, creando non poco malcontento e qualche attrito. A Genova, soprattutto, dove migliaia di uomini necessitavano praticamente di tutto, a partire dall'alloggio, la situazione si fece pesante. La frase «Patrioti finché volete, ma innanzitutto negozianti»[10] dice quale fosse l'atteggiamento di chi teneva bottega. In seguito intervennero sia le autorità piemontesi sia la polizia militare, i casi più eclatanti furono puniti e la situazione rientrò nei limiti del tollerabile.

32
Montebello e Palestro

La prima battaglia della guerra, lo scontro di Montebello, si comprende solo alla luce dei dubbi che attanagliavano i due schieramenti.

Gyulai ignorava dove fossero i piemontesi e, soprattutto, i temuti francesi: sapeva solo che affluivano in Piemonte come un fiume in piena, ma non aveva indicazioni che gli dicessero dove si sarebbero concentrati e con quali piani. La sua convinzione era che si sarebbero riuniti ad Alessandria, piazzaforte servita dalle linee ferroviarie provenienti da Torino e da Genova, vicina ai rifornimenti che arrivavano incessantemente dal porto ligure; da lì, una volta pronti, avrebbero mosso all'attacco rimanendo a sud del Po, in direzione di Piacenza.

Da parte loro i francesi si trovavano in una terra nuova, erano frastornati dal viaggio e dai festeggiamenti e stavano facendo i conti con le carenze dell'equipaggiamento, i ritardi e i disservizi. I piemontesi, a partire da Vittorio Emanuele, si erano posti in subordine rispetto al potente alleato e attendevano ordini da Napoleone III, il quale, in base agli accordi, era anche il comandante supremo delle due armate.

In questo clima d'attesa Gyulai fu il primo a fare qualcosa o, meglio, a *dover* fare qualcosa, spinto dalle continue sollecitazioni che gli giungevano da Vienna. Progettò per il 20 maggio una vasta puntata in avanti con il corpo d'armata comandato dal conte Stadion. Si trattava di due divisioni abbondanti, che dovevano partire da Broni, appena a sud del Po, e muovere verso occidente, nel tentativo di capire chi ci fosse nello spazio tra le linee austriache e Alessandria e quali intenzioni avesse.

A posteriori i critici hanno rilevato che per trattarsi solo di un'esplorazione impiegava troppe forze: contava infatti quasi 20.000 uomini, con cavalli e cannoni, che erano probabilmente troppo pochi, se l'intenzione era d'ingaggiare battaglia dove si sospettava ci fosse il grosso del nemico. La stessa cosa dovettero pensarla anche i comandanti austriaci sul campo: se incontravano il nemico, dovevano attaccar battaglia, fermarsi e resistere oppure semplicemente tornare nelle loro linee?

Nel dubbio, su tre colonne che formavano lo schieramento d'attacco austriaco, due si fermarono non appena urtarono contro forze piemontesi e francesi, senza indagare troppo se fossero numerose o no. La terza, quella centrale, giunse a Montebello (a una decina di chilometri da Voghera) e poi si spinse anche più avanti. Forse dovette sostenere un piccolo combattimento contro i paesani, che avevano cercato di fermarla con una barricata, ma di questo si sa poco. Si sa, invece, che un'intera famiglia, i Cignoli, venne fucilata perché trovata in possesso di polvere da sparo. A questo punto Stadion diede l'ordine di fermarsi, pensando probabilmente di continuare l'operazione il giorno successivo.

La battaglia di Montebello

Fu allora che alcune pattuglie di cavalleggeri piemontesi entrarono in contatto con le avanguardie nemiche: si ritirarono ordinatamente e andarono ad avvisare il generale Forey, che comandava la divisione d'avanguardia francese, stanziata poco distante da Voghera.

Forey si mosse subito, con decisione, forse per smentire certe accuse di scarsa iniziativa risalenti ai tempi della Crimea, forse perché quella era la *forma mentis* dei comandanti francesi, sempre pronti ad andare all'assalto. Così i suoi uomini si gettarono all'attacco, ben coadiuvati dalla cavalleria piemontese, che per sei ore continuò incessantemente a molestare il nemico. Dapprima respinsero l'avanguardia austriaca che era arrivata oltre Montebello; poi resistettero a un contrattacco della cavalleria e quindi, ricevuti alcuni rinforzi, si lanciarono contro il grosso della colonna nemica, che s'era arroccata in paese.

Lo scontro fu durissimo: gli austriaci si difesero con la consueta disciplina, ma si trovarono a fare i conti con l'ardore offensivo degli attaccanti. I soldati francesi, incuranti di dover affrontare una lunga salita battuta dal fuoco nemico, si avventarono alla baionetta contro il centro abitato e ingaggiarono furenti corpo a corpo nelle strade, nei cortili e perfino all'interno delle abitazioni.

La testimonianza di un militare austriaco dice molto su come andarono le cose e conferma quanto dicevo in precedenza sull'efficacia degli assalti alla baionetta:

> I Piemontesi [*sic*] caricarono alla baionetta. Questo modo selvaggio di fare la guerra è fuori dalle nostre abitudini [...]. I nostri soldati hanno compiuto prodigi di valore, ma bisogna ammettere che questa maledetta manovra alla baionetta è il loro punto debole.[11]

Alla fine della giornata gli austriaci dovettero ritirarsi, mentre gli alleati potevano festeggiare una vittoria indubbiamente piccola per dimensioni, ma importante per il morale e perché aumentava i dubbi del nemico.

A dire il vero, suscitava molte perplessità anche negli alleati, che in ogni caso non la sfruttarono. La battaglia, infatti, non mutò lo scenario generale, pur essendo costata moltissimo: 600 perdite, tra morti e feriti, ai francesi e quasi mille agli austriaci; i cavalieri piemontesi lasciarono sul campo solo una quarantina di uomini (tra cui il comandante dei cavalleggeri di Monferrato, Tommaso Morelli di Popolo), nonostante fossero stati impegnati senza posa per tutta la giornata.

La cosa che apparve (e appare) strana è il fatto che le altre due delle tre colonne austriache praticamente non presero parte alla battaglia, mentre un loro intervento sarebbe stato forse decisivo. Perché non si mossero e rimasero inerti? Paventavano la presenza di una grossa armata, così come l'attività della cavalleria poteva far credere? Oppure l'incontro con contadini armati di schioppi e forconi fece loro temere una rivolta popolare, oltre che una battaglia con truppe regolari?

La spiegazione forse si deve cercare nella situazione generale della campagna e serve anche a capire gli errori commessi dai piemontesi dieci anni prima e quelli in cui poi, di lì a non molto, sarebbero incappati i borbonici. Quando la situazione generale è confusa, non sono chiari piani e obiettivi e manca la fiducia tra i diversi gradi, è più probabile che un comandante si accontenti di fare il minimo dovuto e di non osare nessuna iniziativa. Esattamente il contrario di quel che era accaduto agli austriaci ai tempi di Radetzky, quando la concordia fra i comandi, l'autorevolezza del maresciallo, la concretezza e la credibilità dei piani avevano come primo risultato di stimolare ogni ufficiale a eseguire appieno il proprio compito e semmai a fare anche qualcosa in più.

Dubbi e decisioni

Nei dieci giorni che seguirono la battaglia di Montebello la situazione rimase confusa. Oggi si usa un'espressione inglese – *fog of war*, «nebbia di guerra» – per indicare questo stato di cose, in cui prevalgono la scarsità d'informazioni sul campo di battaglia e il sentirsi isolati (vale per il singolo soldato come per il comandante in capo), senza potersi rendere conto di cosa stia succedendo. In quel maggio 1859 nella piana tra Lomellina e Monferrato regnava davvero la nebbia di guerra.

Napoleone III aveva sostanzialmente due opzioni per cercare d'entrare in Lombardia: attaccare a sud del Po, puntando verso Piacenza, oppure tentare di sfondare a nord, grossomodo sulla direttrice Novara-Milano. Gyulai si poneva la stessa domanda, ma al contrario: da che parte sarebbe arrivato l'attacco? Coerentemente con quanto pensava prima di Montebello, propendeva per la prima ipotesi: fosse stato nei panni dell'imperatore francese avrebbe scelto Alessandria come base delle operazioni e Piacenza come obiettivo dell'attacco. Di conseguenza prese a considerare tutto quanto avveniva più a nord, tra Sesia e Ticino, come una finta, per indurlo a spostare le truppe e a sguarnire la zona di Voghera e Pavia.

Invece, dopo qualche tentennamento, Napoleone III prese partito per la seconda opzione: l'attacco sarebbe avvenuto dal Novarese in direzione di Milano. A questo fine cominciò lo spostamento dell'intera armata da Alessandria verso Novara, servendosi in modo massiccio del treno. Fu la prima volta che le ferrovie vennero utilizzate per portare un esercito praticamente sul campo di battaglia. Forse anche questa novità trasse in inganno gli austriaci, che calcolavano fosse necessario molto più tempo per un simile spostamento di masse.

La battaglia di Palestro

Nel giro di pochi giorni il quadro della campagna cambiò. Le truppe piemontesi e francesi cominciarono a passare la Sesia per riprendere il territorio novarese, lasciato agli austriaci nella prima fase della guerra, e farne la base per l'attacco alla Lombardia. Gli austriaci cercavano di contenerle, convinti però che non si trattasse dello sforzo principale del nemico, ma di una manovra diversiva.

La guerra sul Ticino, 1859

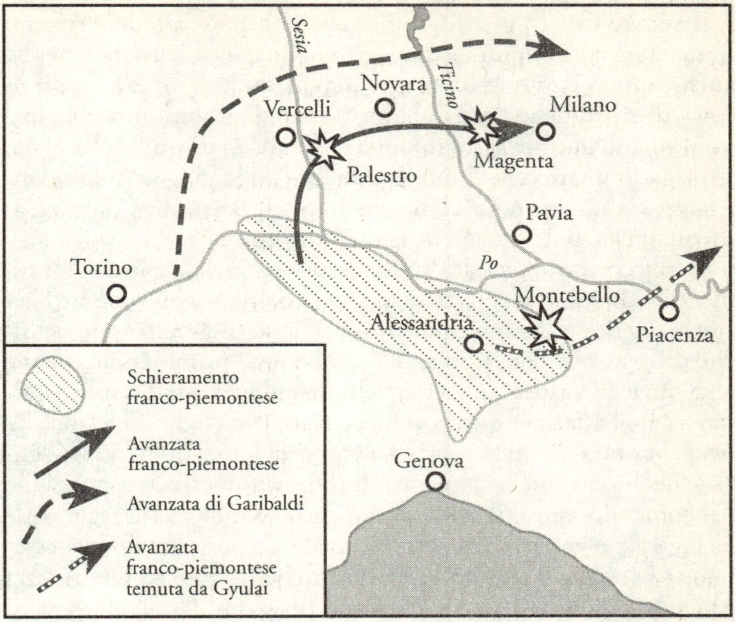

Il 30 maggio, gettati alcuni ponti sulla Sesia, i piemontesi e qualche reparto francese iniziarono a consolidare una testa di ponte in direzione di Novara e Mortara. La divisione di Cialdini puntò sul paese di Palestro, situato su una piccola altura dominante la piana, appena oltre il fiume. A una ventina di chilometri da Novara, la zona non era molto dissimile da quella in cui s'era svolta la battaglia del 1849: un territorio abbastanza mosso, con cascine e case, muretti, macchie di bosco, molti filari d'alberi, vigne e soprattutto canali e rogge a fare da ostacoli. Alla fine di maggio la vegetazione era assai rigogliosa e per i difensori era facile occultare le forze e mascherare i movimenti.

Tuttavia i piemontesi, attaccando con foga, riuscirono dapprima a far indietreggiare gli austriaci fino ai centri abitati – Palestro era il centro della battaglia, i vicini Vinzaglio e Confienza scenari secondari – e poi, con un attacco alla baionetta e un combattimento casa per casa abbastanza lungo e duro, a sloggiarli anche da lì, costringendoli a ritirarsi verso Robbio.

Era una buona affermazione, anche se non eclatante. Gyulai comunque ne fu disturbato non poco. Sempre convinto che quelle manovre fossero una finta, tuttavia non poteva cedere terreno in maniera così impunita. Impegnare battaglia a Palestro avrebbe anche potuto dargli indicazioni sulla quantità di forze presenti in zona, dissipando qualche dubbio. Quindi diede ordine che il giorno seguente due divisioni riprendessero i paesi di fronte alla Sesia, sfruttando il fatto che il fiume, gonfiato dalla pioggia abbondante, aveva rotto due ponti di barche su tre: i franco-piemontesi erano quasi isolati dal grosso della loro armata.

L'attacco era progettato su tre colonne: quella centrale doveva investire direttamente il paese di Palestro, le altre due tentare l'accerchiamento e, inoltre, impedire l'afflusso di altre truppe nemiche da ovest. Le cose non andarono bene: il primo assalto venne respinto e gli austriaci dovettero ritirarsi. Raggiunti da rinforzi, ritentarono l'attacco e questa volta con successo, facendo retrocedere i piemontesi. A questo punto, però, ci fu l'intervento provvidenziale degli zuavi del reggimento che era stato messo a disposizione del comando sardo. Il loro contrattacco fu molto efficace e volse in fuga gli avversari: così quella che per gli austriaci doveva essere una battaglia d'attacco, si trasformò ben presto in una ritirata generale, con lotte feroci soprattutto sui ponti dei canali, dove si concentrava la resistenza. I testimoni dicono che ogni corso d'acqua era ingombro di caduti, che formavano dighe di corpi.

Alla battaglia di Palestro appartiene uno degli episodi più noti dell'intera guerra, ripreso in un'infinità di quadri e stampe: Vittorio Emanuele II, che aveva guidato alcuni assalti, proclamato dagli zuavi loro caporale d'onore.

Oggi nel paese si trova un memoriale innalzato a fine Ottocento. È una costruzione che lascia perplessi, perché ha decorazioni eccentriche, in uno stile indefinibile e vagamente orientale, che svetta orgogliosa nella sua forma a guglia, a contrasto con la piramide molto più modesta che a pochi chilometri di distanza ricorda la battaglia ben più importante del 1849 a Novara. Come dire la differenza che passa tra la memoria di una vittoria e quella di una sconfitta.

Le perdite furono abbastanza pesanti per entrambe le parti: caddero 700 piemontesi, tra morti e feriti, 270 francesi e 1140 austriaci; i franco-piemontesi presero 400 prigionieri. Eppure Palestro non fu che uno scontro marginale, come Montebello, perché non portò sostanziali mutamenti nel quadro strategico, se non per il fatto che convinse Gyulai ad abbandonare la sponda occidentale del Ticino, per concentrare la difesa in territorio lombardo.

A questo punto cominciava a essere chiaro che Napoleone III aveva deciso per un attacco verso Milano e che stava cercando di radunare il più in fretta possibile tutte le forze tra Novara e Mortara. Era un momento delicato e l'imperatore francese temeva un contrattacco austriaco che sorprendesse le sue forze impreparate e ancora separate.

Gyulai però non ebbe la prontezza di sfruttare l'occasione. In realtà non riusciva ancora a comprendere il quadro complessivo della situazione, non era convinto di quello che stava accadendo e di certo non era rasserenato dalle notizie che gli arrivavano da Milano. L'imperatore Francesco Giuseppe era arrivato a Verona con un corpo d'armata e annunciava che avrebbe preso personalmente il comando. Come se non bastasse, Garibaldi stava imperversando nelle Prealpi e giungevano voci di rivolte e insurrezioni (che poi si scoprirono esagerate) che minacciavano le retrovie. Il maresciallo si convinse perciò che la cosa migliore fosse ritirarsi oltre il Ticino e attendere l'attacco.

33
Magenta

La battaglia di Palestro spostò il fronte verso est e il problema dei franco-piemontesi diventò l'attraversamento del Ticino. Non era una questione da poco: nel settore novarese c'era un solo ponte utile, tra San Martino, sulla sponda occidentale, e Boffalora, sulla sponda orientale lombarda. Inoltre Boffalora significava anche Naviglio Grande, il canale che scorre parallelo al Ticino e che, se era scavalcato da qualche ponte in più, rimaneva pur sempre un ostacolo importante.

Gli austriaci avevano dato ordine di far saltare tutti i ponti, sia quello di San Martino, sia quelli sul Naviglio. Ma per la cattiva qualità delle polveri o per errore (forse voluto?) dell'ingegnere lombardo incaricato della distruzione, i manufatti in questione erano stati solo danneggiati e poterono essere recuperati gettando passerelle sulle strutture ancora salde. Inoltre tra il 2 e il 3 giugno i francesi riuscirono a creare una piccola testa di ponte presso Turbigo, a nord di Boffalora, e questo permise la costruzione di un ponte di barche, attraverso il quale poté passare il corpo d'armata del generale Mac Mahon.

Il piano di Napoleone III era di attaccare Magenta, la cittadina sulla strada per Milano, agendo da due lati: un attacco frontale sarebbe stato portato da occidente e uno di aggiramento da nord, condotto da Mac Mahon. Era una manovra rischiosa perché dipendeva fatalmente dal passaggio dei rinforzi attraverso i due ponti improvvisati e perché intendeva colpire gli austriaci proprio dove erano più forti e avevano avuto il tempo d'organizzare la difesa.

Il 4 giugno 1859 una divisione della Guardia imperiale francese passò il Ticino senza grandi difficoltà, poiché gli austriaci avevano preferito concentrare la difesa più indietro, sul Naviglio. A mezzogiorno i francesi erano ormai sulla sponda orientale del canale e si schieravano presso i tre ponti utilizzabili: uno a nord, all'interno del paese di Boffalora, uno centrale, detto Ponte Nuovo, sulla strada rettilinea che portava a Magenta, e uno più a sud, detto Ponte Vecchio.

Di fronte avevano le posizioni fortissime degli austriaci: ogni ponte era dominato da case trasformate in fortini e da cannoni che battevano gli accessi. Per questo motivo il piano prevedeva che l'assalto frontale attendesse l'arrivo del corpo d'armata di Mac Mahon da nord, in modo da prendere gli austriaci sia frontalmente sia sul fianco. Però le cose non andarono come programmato.

Una trappola

Verso le tredici si sentì tuonare il cannone a nord e tutti pensarono che Mac Mahon avesse iniziato a muoversi; quindi venne dato l'ordine dell'attacco frontale. Nonostante la difesa disperata degli austriaci, i francesi riuscirono a superare il Naviglio sul Ponte Nuovo, che, benché seriamente danneggiato, permetteva ancora il passaggio.

Poi cominciarono i problemi: i francesi erano sulla sponda sinistra del Naviglio, ma in pochi, con i rinforzi che affluivano con il contagocce attraverso le rovine del ponte. Di Mac Mahon non si vedeva traccia. A peggiorare le cose, ecco il contrattacco austriaco, dapprima da est e poi anche da sudest, che minacciava non solo di respingere indietro i francesi, ma anche di chiuderli in una sacca tra Naviglio e Ticino.

A questo punto della battaglia, molti austriaci, dai generali ai semplici soldati, si convinsero d'essere a un passo dalla vittoria, che solo l'abnegazione e l'eroismo delle truppe nemiche – e anche la buona direzione di Napoleone III, che si trovava vicino alla zona degli scontri –, impedivano si trasformasse in un trionfo. Scriveva un ufficiale austriaco:

> Li abbiamo visti. Sono schiacciati tra il Naviglio che non riescono a superare e il Ticino con il ponte mezzo diroccato. Tanto che la loro artiglieria non è riuscita a passare. Lo scontro è stato molto duro, molti dei miei compagni sono caduti, ma non penso inutilmente.[12]

Invece i comandanti francesi riuscirono a far resistere le loro linee e a utilizzare bene le poche forze che giungevano in aiuto. Poi, d'un tratto, la spinta austriaca iniziò a diminuire, finché cessò del tutto.

Magenta, 4 giugno 1859 - pomeriggio

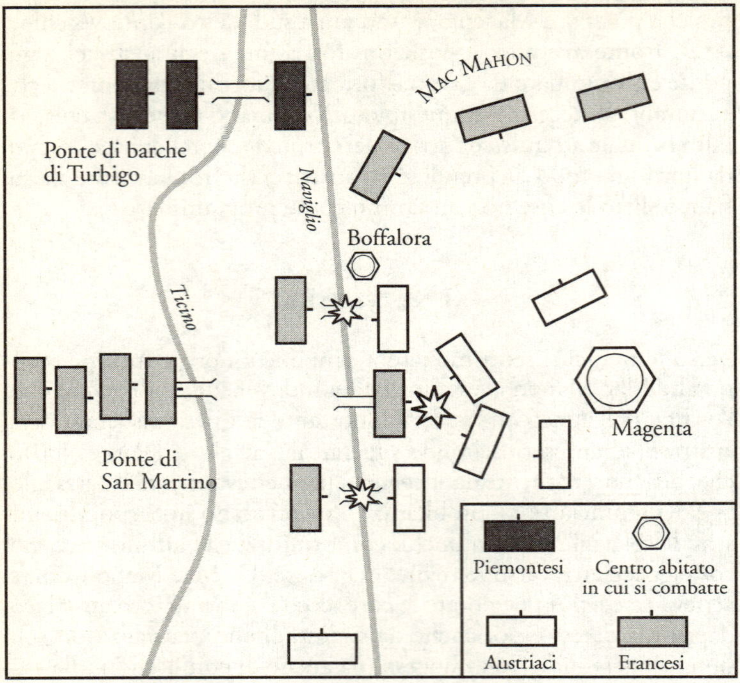

Cos'era successo? Ce lo spiega lo stesso ufficiale austriaco chiamato in causa poco fa:

> È doloroso per un soldato passare dalla vittoria – l'avevamo a portata di mano – alla sconfitta. Ora mi accorgo che siamo caduti in una trappola. Mentre noi difendevamo la linea a ovest, il Naviglio, una parte dell'esercito nemico calava verso di noi da nord.[13]

Erano le truppe di Mac Mahon, che avevano cominciato l'attacco, seppure in ritardo. Alle tredici, in effetti, le avanguardie avevano aperto il fuoco e le loro cannonate avevano tratto in inganno i comandanti delle unità sul Naviglio. Poi Mac Mahon era intervenuto a far cessare il fuoco, in attesa che tutto il corpo d'armata fosse pronto per l'attacco. Solo a metà pomeriggio, considerando soddisfacente lo schieramento, aveva dato l'ordine d'avanzare in direzione di Boffalora, per portare aiuto alle truppe che vi combattevano da diverse

Magenta, 4 giugno 1859 - sera

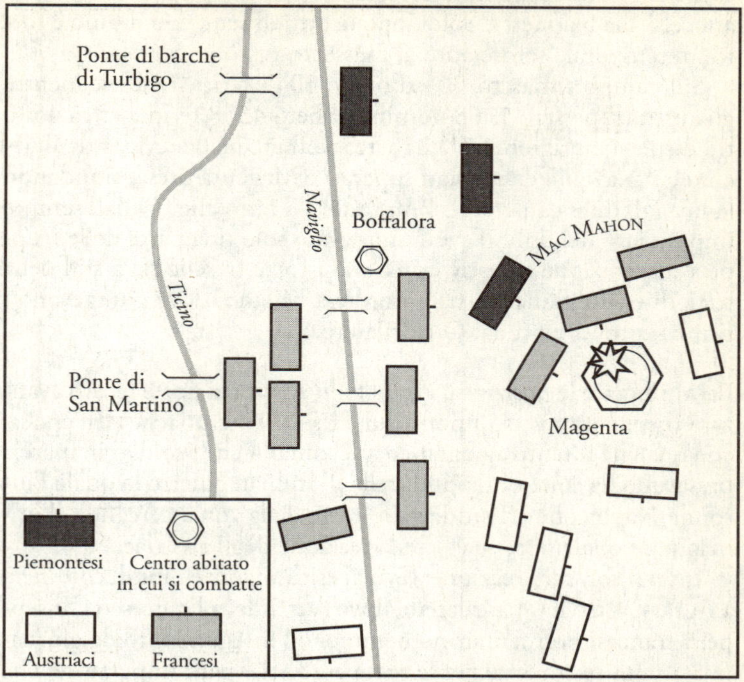

ore, e di Magenta. Intanto anche i rinforzi cominciavano ad arrivare più velocemente attraverso il ponte di San Martino. Verso le cinque gli austriaci dovettero abbandonare le loro posizioni.

La battaglia tra le case

A questo punto la situazione s'era capovolta a favore dei francesi. Da ovest, conquistati tutti i ponti sul Naviglio, il grosso delle forze poteva finalmente avanzare in terra lombarda; da nord arrivava Mac Mahon. Gli austriaci potevano solo ritirarsi, per non rischiare di finire schiacciati tra le ganasce della tenaglia. Per volontà di resistere o forse per ordini male interpretati, si serrarono all'interno dell'abitato di Magenta e si prepararono a una lotta a oltranza.

Così il tramonto fu testimone di uno scontro durissimo tra le vie della cittadina. Gli austriaci si difendevano dietro ai muri, nelle case e sui tetti, e i francesi dovettero cacciarli da ogni edificio con attacchi alla baionetta. Solo dopo le otto di sera, con il buio e sotto un temporale scrosciante, il massacro cessò.

Sul campo rimasero 564 morti e 3045 feriti francesi, mentre gli austriaci persero 1368 uomini, ebbero 4358 feriti e circa 4500 tra dispersi e prigionieri.[14] La vittoria francese era evidente: il Ticino e il Naviglio erano stati superati e Magenta presa, sfondando la linea di difesa austriaca. Però restava il fatto che Gyulai, sempre impastoiato nei dubbi, aveva impiegato solo una parte delle truppe a disposizione e perciò conservava forze fresche sia a sud della testa di ponte francese, sia a nord e a Milano, dove giungevano i rinforzi provenienti dal Quadrilatero.

Per rinforzare le posizioni, i francesi per tutta la notte fecero avanzare truppe attraverso i ponti sul Ticino. Le cronache dell'epoca, con qualche intento agiografico, raccontano che i soldati in marcia passavano davanti a una finestrella illuminata, dietro la quale l'insonne Napoleone III studiava le carte della zona, cercando d'immaginare quale potesse essere la reazione degli austriaci.

Invece non ci fu reazione: Gyulai esitò ancora e quindi cominciò a ritirarsi verso il Quadrilatero, dove l'attendeva Francesco Giuseppe. I francesi non tentarono nemmeno l'inseguimento: la giornata era stata estenuante per le truppe e anche per l'imperatore, che si era ben comportato, ma ne era uscito sfinito. Alcuni testimoni raccontavano che addirittura, nel primo pomeriggio, quando era concreto il rischio di una sconfitta, era stato colto quasi da una paralisi ed era rimasto senza parlare per alcune ore. Se la battaglia s'era conclusa bene, grande merito spettava alle capacità e alla volontà dei suoi subordinati. Comunque ora Napoleone III poteva tirare un sospiro di sollievo: nel suo futuro prossimo c'era l'ingresso trionfale in Milano.

I piemontesi

Il comportamento dei piemontesi a Magenta non fu proprio encomiabile.

Fino a pochi giorni prima l'esercito sabaudo aveva tenuto bene il campo, facendo pienamente il suo dovere: a Montebello la cavalleria aveva mostrato energia e spirito di sacrificio, a Palestro le truppe avevano agito in maniera soddisfacente. Ma questi due episodi avevano rappresentato, in qualche misura, solo i momenti di una fase preparatoria.

Avvicinandosi il giorno della grande battaglia, una certa sfiducia dei francesi nei confronti degli alleati era diventata palpabile. In parte la si doveva al fatto che Napoleone III aveva il ruolo di comandante supremo e Vittorio Emanuele, in un certo senso, non era che un suo subordinato; in parte alla cattiva nomea che i soldati italiani continuavano a portarsi dietro e che nemmeno la guerra di Crimea aveva potuto dissipare. Anche allora, quando s'era trattato di attaccare Sebastopoli, i piemontesi erano stati tenuti in seconda linea.

Così, nei piani di guerra sul Ticino, tutto l'onere e tutto l'onore furono riservati ai francesi: anche nell'ordine di passaggio sui ponti, vera chiave di volta della battaglia, le truppe francesi avevano la precedenza. Perciò il contributo sabaudo fu estremamente limitato.

La divisione di Fanti venne mandata a guardare le spalle dello schieramento, mentre Mac Mahon attaccava Magenta, e svolse il compito con lentezza e quasi svogliatamente, al punto che velatamente la s'incolpò dei ritardi del pomeriggio. Solo a sera giunse a Magenta, a passo di corsa, un reparto di bersaglieri comandato dal maggiore Angelino, seguito dalla batteria a cavallo del capitano Cugia. L'intervento sicuramente ebbe un effetto positivo sul morale dei francesi, che erano impegnati nei duri combattimenti casa per casa e si convinsero che stesse arrivando un'intera divisione in soccorso, ma nella pratica fu del tutto ininfluente.

Qui, però, intervennero considerazioni di tipo politico.

I due ufficiali, Angelino e Cugia, stesero una relazione onesta e veritiera: entrambi dichiaravano che gli uomini non avevano partecipato ai combattimenti e non avevano sparato nemmeno un colpo di cannone. Ciò significava che la vittoria di Magenta apparteneva esclusivamente ai francesi. Per ordini superiori la relazione fu cambiata, tanto da far apparire l'intervento piemontese decisivo ai fini della vittoria. Ordinava Fanti:

> Dichiarare il fuoco efficace, esaltare l'intervento e la conseguente fuga del nemico con vittorioso inseguimento dei bersaglieri. Inoltrare proposte per opportune decorazioni.[15]

Fu così che alla storia passarono scene di battaglia che non avevano rispondenza nella realtà. Ancora nel 1955 Salvator Gotta, in un'opera di divulgazione, descriveva così le ultime fasi degli scontri tra le case di Magenta:

> Gli squilli delle trombe degli italiani rincuorano le truppe francesi [...] Nell'incerto e supremo momento della battaglia, l'intervento degli italiani è giudicato provvidenziale. [...] Italiani e francesi irrompono sulla cancellata di legno della stazione ferroviaria e con slancio assaltano l'edificio difeso da un grosso nerbo di soldati, che costringono a ritirarsi. L'artiglieria italiana, piazzata di fianco, vomita incessantemente la morte tra le schiere nemiche, impedendone la tentata riscossa.[16]

La falsificazione valse promozioni un po' per tutti, quando Vittorio Emanuele, forse, avrebbe preferito punire i suoi generali pigri e lenti, perché conosceva la verità e aveva smaniato tutto il giorno affinché i suoi uomini partecipassero davvero alla battaglia, arrivando a fare persino da vigile sul ponte del Ticino, per accelerare le operazioni di transito.

La Marmora, invece, dimostrando lo stesso *fair play* di Fanti, commentò così la giornata:

> Fu grave sventura che non abbiamo preso maggior parte alla battaglia di Magenta: [...] si sarebbe potuto dire che la giornata era guadagnata per merito nostro.[17]

La battaglia oggi

Magenta è senz'altro uno dei luoghi in cui più s'è fatto per conservare la memoria di quel giugno 1859. Ancora oggi la città propone un gran numero d'iniziative di ricordo e rivisitazione, le maggiori che abbia potuto vedere. Già in epoca di poco successiva alla battaglia furono collocati cippi e lapidi, soprattutto nei punti che erano stati teatro degli scontri più cruenti e in cui erano caduti gli ufficiali di grado più alto (nella battaglia morirono tre generali: due francesi e uno austriaco). Inoltre ci sono un ossario monumentale e una statua dedicata a Mac Mahon, mentre diverse vie sono state intitolate ai caduti (una delle principali ricorda il generale Espinasse).

Un piccolo Museo della Battaglia è allestito negli ambienti della casa Giacobbe, abbastanza vicino alla stazione ferroviaria. L'edificio fu uno dei luoghi in cui la resistenza austriaca fu più accanita, come dimostra la facciata, completamente corrosa dai colpi di fucile e conservata com'era allora.

Durante la domenica più vicina al 4 giugno si tiene una rievocazione storica decisamente bella, che richiama un gran pubblico. Vi partecipano molti gruppi con uniformi e armi d'epoca, tra i quali se ne notano diversi provenienti dalla Francia (alcuni con le uniformi degli zuavi). Anche la Pro Loco vi è molto coinvolta e credo, anzi, che la rievocazione si proponga come l'evento culturale principale dell'anno: per l'occasione la città viene completamente imbandierata con i tricolori d'Italia e Francia e offre un colpo d'occhio davvero notevole.

34
I cacciatori delle Alpi

Mentre in pianura si combatteva la guerra regia, che ormai vedeva schierati due imperatori e un re, Garibaldi guidava i suoi cacciatori in una campagna molto movimentata nelle Prealpi lombarde. Tra i monti poté dare prova delle sue capacità, anche se la sua brigata non rappresentava che un centesimo delle forze complessive schierate in guerra e di conseguenza poteva influire solo in maniera ridotta sullo scenario generale. Inoltre non tutto fu glorioso, come più tardi gli esegeti del condottiero vollero far credere, e perfino Garibaldi in qualche occasione si lamentò degli uomini che aveva con sé.

Comunque fu una storia importante, che vale la pena di raccontare.

Nei giorni della «piccola guerra» i cacciatori delle Alpi si erano comportati come una qualsiasi unità dell'esercito sardo, schierandosi a Chivasso quando si temeva un attacco austriaco a Torino. Passata la paura, Garibaldi aveva cominciato la sua guerra personale. Per evitare di scontrarsi troppo presto con gli austriaci, s'era mosso all'estremo nord della pianura, sulle prime propaggini montuose, e aveva raggiunto il lago Maggiore.

Il 23 maggio aveva attraversato il Ticino a Sesto Calende, proprio dove il fiume esce dal lago, con una manovra molto ben condotta, che gli aveva permesso di sorprendere nel sonno e catturare la piccola guarnigione nemica. Quindi aveva cominciato a muoversi nel triangolo prealpino tra lago, confine svizzero e Como, già scenario delle sue azioni in tempi meno fortunati, alla fine della guerra del 1848.

Per gli austriaci rappresentava una vera incognita. La sua forza, intesa in senso tradizionale – poco più di 3000 uomini, praticamente senza cavalleria, artiglieria e genio –, era trascurabile, anche ignorando che si trattava di volontari scartati dall'esercito sardo, perché troppo giovani, troppo vecchi o indisciplinati. Però i comandi imperiali non potevano nemmeno sottovalutare la fama di Garibaldi come condottiero imprendibile e l'entusiasmo che sapeva suscitare nelle popolazioni. Era una sorta di miccia accesa per le insurrezioni che potevano esplodere nelle città lombarde. Così, per precauzione, impegnarono un'intera divisione sulle sue tracce e tennero parecchie truppe nelle retrovie, per intervenire in caso d'insurrezioni. Urban, il generale comandante della divisione, scoprì ben presto che la reputazione del suo avversario non era immeritata.

Varese

Garibaldi e i suoi puntarono subito verso Varese e lì, il 26 maggio, nel periodo tra le battaglie di Montebello e Palestro, affrontarono la brigata di testa della divisione austriaca.[18]

Probabilmente Garibaldi avrebbe preferito evitare lo scontro, dato che intendeva sempre affidarsi alla mobilità e alle azioni di sorpresa. Tuttavia, in quell'occasione, non poteva abbandonare alla rappresaglia austriaca i varesini, che lo avevano accolto con entusiasmo. Perciò schierò i suoi uomini su una linea difensiva appena fuori dalla città, per controllare sia la strada per Milano, sia quella per Como, temendo che il nemico tentasse una manovra a tenaglia. Il comando era posto a Biumo e in città era stata preparata una seconda linea di barricate e di percorsi interni, per far passare facilmente le forze da un punto all'altro del fronte.

Simile apprestamento si rivelò poi quasi inutile. Urban scelse, come scrisse Garibaldi, di «attaccare il toro per le corna»[19] e avanzò dalla strada proveniente da Milano per attaccare direttamente Biumo. Si trovò così a passare per una zona detta Vallone e praticamente a sfilare davanti ai reparti comandati da due dei migliori ufficiali di Garibaldi: Giacomo Medici ed Enrico Cosenz. Questi non si lasciarono sfuggire l'occasione e dapprima bersagliarono il nemico, poi lo attaccarono sul fianco, costringendolo a ripiegare.

La ritirata fu causata forse più dalla sorpresa per una resistenza così organizzata, che dalle perdite subite. S'interruppe quasi subito, appena fuori Varese, presso San Salvatore, dove gli austriaci ricostituirono le linee. Nel nuovo combattimento le inesperte compagnie dei cacciatori sbandarono pericolosamente e dovette intervenire Garibaldi in persona, con qualche rinforzo, per rimettere a posto le cose. Finì così: una battaglia di dimensioni decisamente ridotte, ma che ebbe un'importanza decisiva, perché portò alle stelle il morale dei garibaldini e invece aumentò i dubbi e le perplessità dei comandi austriaci.

San Fermo

Il carattere e le qualità di Garibaldi, che i suoi uomini già chiamavano il Generale, emersero in maniera ancora più chiara il giorno seguente, 27 maggio. Un militare di scuola tradizionale, dopo un combattimento – vittorioso, ma pur sempre un combattimento –, si sarebbe fermato per riorganizzare le truppe. Invece il Generale mosse immediatamente in direzione di Como, nonostante i suoi cacciatori fossero in effetti parecchio provati. Era convinto che il nemico si dovesse inseguire «finché è sconquassato da una prima batosta».[20]

Dopo alcuni scontri marginali, concentrò la sua azione contro San Fermo, una posizione importante, che dominava l'accesso al lago di Como e all'intera zona. Gli austriaci erano numericamente superiori, ma schierati su un fronte ampio, perché ignoravano da dove sarebbe arrivato l'attacco. Il Generale riuscì a far filtrare alcune sue compagnie tra le loro linee, soprattutto verso il monte Olimpino, aumentando la confusione e impedendo loro di capire quale fosse l'entità dei reparti che dovevano affrontare.

Fu così che, quando l'attacco principale verso l'oratorio di San Fermo ebbe successo (nel durissimo combattimento cadde il comandante garibaldino De Cristoforis), il panico iniziò a diffondersi tra gli austriaci. La battaglia si spezzettò in una serie di piccoli scontri sparsi, che non permisero ai difensori di ricostituire il fronte e riorganizzarsi. Alla fine gli austriaci cedettero al panico, ritirandosi ovunque e in qualche punto anche fuggendo in rotta.

A notte alta Garibaldi e i suoi potevano entrare nella città di Como, accolti trionfalmente dalla popolazione.

35

Attraverso la Lombardia

In pianura la battaglia di Magenta non aveva certo risolto la guerra: le forze austriache erano in gran parte intatte e avevano ampie possibilità di rifarsi. Probabilmente Gyulai aveva preso in considerazione l'idea di riprendere il combattimento già il giorno successivo, sfruttando una situazione ancora abbastanza favorevole, che vedeva la maggioranza delle truppe franco-piemontesi ancora alla destra del Ticino, mentre quelle in Lombardia, chiuse nella testa di ponte di Turbigo e Magenta, erano esposte ad attacchi sia da sud sia da nord.

Tuttavia, ancora una volta, prevalse la titubanza. Molti reparti erano stati gravemente scossi dalla sconfitta, alcuni s'erano già avviati verso est e si trovavano ormai troppo lontani. Alla fine il maresciallo ordinò che tutte le truppe si ritirassero verso il Mincio.

I PRIMI MALUMORI

Napoleone III poté finalmente rilassarsi e godersi la vittoria. Il 7 giugno le avanguardie raggiunsero Milano e l'8 l'imperatore, con il re Vittorio Emanuele, fece il suo ingresso trionfale in città, passando tra due ali di soldati schierati e di milanesi plaudenti, sotto quell'Arco della Pace che ai tempi si ergeva solitario all'estrema periferia urbana.

Fu una giornata d'entusiasmo e di festeggiamenti, che forse, almeno per momento, fece dimenticare ai francesi che non tutto andava secondo i piani. La spedizione si stava rivelando estremamente difficile e sanguinosa e, per giunta, il sangue versato era quasi tutto francese. I sardi si erano presentati all'appuntamento con meno soldati di quanto stabilito negli accordi (65.000 invece che 100.000) e nelle città lombarde non erano scoppiate le insurrezioni che dovevano dimostrare di fronte all'Europa lo scopo dell'intervento: liberare popolazioni oppresse.

Probabilmente l'imperatore, quando era sbarcato a Genova, aveva immaginato una campagna del tutto differente, in cui l'esercito franco-piemontese si presentava al confine del Ticino, le città lombarde insorgevano e cacciavano gli austriaci, costringendoli, com'era successo nel 1848, a ritirarsi nel Quadrilatero. Fosse andata così, avrebbe incassato un grandissimo successo di prestigio, a un prezzo veramente basso. Una volta sul Mincio, poi, le cose si sarebbero potute sistemare con le trattative, senza ricorrere alle armi.

Invece tutto sembrava andare storto: i lombardi, forse memori delle delusioni del 1848 e della tragica lezione bresciana del 1849, non si erano mossi e ogni metro di terreno conquistato costava sangue. Intanto insorgeva chi avrebbe fatto meglio a stare tranquillo: a Parma, a Modena e in Toscana i ribelli avevano cacciato i sovrani e premevano per l'annessione al Regno di Sardegna. Davvero uno sviluppo non previsto e non gradito: Napoleone III sperava che nell'Italia centrosettentrionale si potesse creare uno Stato filofrancese e ora vedeva che il progetto gli sfuggiva di mano.

Anche lo Stato della Chiesa, sin dal 1849 sotto la protezione francese, gli dava preoccupazioni. Era insorta Perugia e il papa vi aveva mandato 2000 mercenari svizzeri, che – dopo aver represso la rivolta – avevano infierito sulla popolazione per due giorni. Per fortuna (dal suo punto di vista) la cosa era finita lì, nessuno aveva messo in imbarazzo la Francia sostenendo gli insorti. Però era un altro segno che la situazione italiana si faceva pesante ed evolveva in una direzione che non era conveniente agli interessi francesi.

L'avanzata

Mentre in Milano continuavano i festeggiamenti, poco fuori, a Melegnano, ebbe luogo un combattimento tra la retroguardia austriaca e l'avanguardia francese. Gli austriaci, pur in inferiorità numerica, riuscirono a fermare quattro divisioni, resistettero a lungo e poi si disimpegnarono, sfruttando i tanti canali e fiumi della zona per evitare d'essere inseguiti. Da parte francese si lamentarono, come al solito, molte perdite, causate da una tattica sempre tesa all'assalto; nel campo nemico, d'altra parte, l'ottima prova acuì lo scontento dei generali nei confronti di Gyulai, tanto che si rasentò l'ammutinamento.

Quando le armate imperiali rientrarono nel Quadrilatero, fu

giocoforza dare una svolta alla condotta della guerra: il comando venne preso in prima persona dall'imperatore Francesco Giuseppe e Gyulai si ritirò a comandare il reggimento di cui era titolare.[21]

I franco-piemontesi cominciarono a muovere verso est, ma lentamente e con impaccio. La guerra in questa fase smarrì i caratteri di ampiezza strategica e di piani elaborati che aveva avuto sul Ticino. Non c'erano più ferrovie – sabotate dagli austriaci in ritirata – che permettessero veloci spostamenti di truppe e Napoleone III fece avanzare tutto l'esercito su una sola strada, nel timore di farsi sorprendere con le forze divise. Così tutto procedeva estremamente a rilento, su un itinerario intasato da uomini, carri e cavalli.

Almeno, a sostenere il morale, c'erano ovunque festeggiamenti, soprattutto nelle città: particolarmente entusiastici e commoventi furono quelli di Brescia, che si vedeva liberata dopo la tremenda esperienza di dieci anni prima.

Treponti

Nel contesto dell'avanzata verso est s'inquadra uno sfortunato episodio in cui incorsero i garibaldini.

Mentre gli eserciti combattevano in pianura, i cacciatori delle Alpi avevano raggiunto Bergamo e Brescia. È piuttosto difficile ricostruire quello che avvenne a questo punto. Da Brescia Garibaldi doveva puntare verso nord e a occidente del lago di Garda, con la divisione di Cialdini, per evitare che il corpo d'armata austriaco del Trentino potesse scendere da quella parte e prendere sul fianco lo schieramento franco-piemontese. In questo quadro operativo ricevette l'ordine di fare una puntata verso Lonato, insieme con l'avanguardia della divisione piemontese. Ma Napoleone III inviò un contrordine alle truppe di Cialdini e nessuno avvisò del cambiamento di programma il comandante dei cacciatori delle Alpi.

Fu così che il 15 giugno le avanguardie garibaldine, circa 1400 uomini, si scontrarono a Treponti, una decina di chilometri a est di Brescia, sulla via per Lonato, contro forze nemiche più numerose e meglio disposte. Senza l'appoggio dei regolari, la posizione di Garibaldi si fece molto pericolosa, tanto più che i suoi uomini questa volta gli scapparono di mano: infatti attaccarono in maniera imprudente, si fecero prendere dallo scoramento e si ritirarono in disordine. Solo il tempestivo soccorso di alcune unità di riserva e l'apparire in distanza della cavalleria sarda evitarono guai peggiori.

Alla fine la giornata risultò solo sfortunata e non ebbe gravi conseguenze. Cialdini, però, ne fece tesoro: quando l'anno successivo i rapporti tra esercito regolare e volontari divennero difficili, poté rinfacciare a Garibaldi di averlo salvato da una sconfitta.

Il quadro generale

La cosa curiosa è che mentre i franco-piemontesi avanzavano nella maniera più priva di fantasia, come un unico serpentone lento e sbuffante, gli austriaci temevano operazioni a larghissimo raggio. Avevano notizie della flotta francese pronta a sbarcare uomini a Venezia, delle truppe di Garibaldi e di Cialdini in marcia nelle Prealpi, per tagliare la via del Trentino, credevano che un imponente esercito francese puntasse dalla Toscana verso il loro fianco meridionale, sul Po.

In effetti in Toscana qualcosa succedeva. Vi si trovava Gerolamo Bonaparte, che nei piani del cugino Napoleone III avrebbe dovuto sedere sul trono di Firenze, dopo la cacciata degli Asburgo-Lorena. A tal fine l'imperatore aveva imposto, nei trattati di alleanza, che avesse in moglie una principessa Savoia. Gerolamo, che godeva della fama poco lusinghiera d'essere persona scarsamente affidabile, era sbarcato a Livorno, aveva assistito alla fuga degli arciduchi, senza che ci fosse bisogno di sparare un colpo, e ora, con calma e poco entusiasmo, risaliva verso settentrione alla guida di 20.000 uomini.

Gli strateghi austriaci, dunque, paventavano quattro minacce, provenienti dai quattro punti cardinali, ma l'unica veramente concreta era quella che avanzava incolonnata da ovest. E anche questa abbastanza spuntata: dopo il bagno di folla milanese, Napoleone III si ritrovava con tutti i suoi dubbi immutati. La situazione nella penisola rimaneva distante da quella desiderata e intanto dalla Francia gli giungevano notizie di crescente scontento. La moglie, l'imperatrice Eugenia, che reggeva il governo in sua assenza, gli inviava lettere preoccupate che dipingevano un quadro a tinte fosche di opposizione sempre più forte alla sua politica. La Prussia si stava muovendo per ostacolare un'eccessiva espansione francese e il papa faceva pressioni per un'inversione di rotta: dal suo punto di vista l'imperatore otteneva il solo risultato di far trionfare i liberali ovunque in Italia.

Durante l'avanzata Napoleone III ebbe un abboccamento con Vittorio Emanuele e probabilmente gli manifestò già allora l'idea di arrivare a un accordo con l'Austria. Tuttavia, mentre così ragionava, le sue avanguardie superarono il fiume Chiese e procedettero tranquille verso il Mincio, convinte che il grosso degli austriaci fosse arroccato nel Quadrilatero. Invece il comando asburgico aveva dato ordine di spostare in avanti la prima linea di difesa e di occupare le alture a ovest del Mincio, attorno al paese di Solferino. Così, forse senza che nessuno lo volesse davvero, le due armate praticamente al completo urtarono l'una contro l'altra.

36
Solferino e San Martino

La battaglia di Solferino fu uno scontro di proporzioni gigantesche, come non se n'erano più visti nell'Europa occidentale dopo Waterloo. Su un fronte di quasi venti chilometri, dalle rive meridionali del lago di Garda fino alla pianura, quasi 250.000 uomini furono impegnati in una mischia furibonda.

I piemontesi combatterono all'ala sinistra dello schieramento francese, nel settore settentrionale: in seguito, soprattutto per ragioni di politica e di propaganda nazionale, la loro azione venne separata dal contesto generale e isolata come un evento a sé stante, cui si diede nome di battaglia di San Martino.[22]

La battaglia inaspettata

Vista dal campo franco-piemontese, la linea tenuta dagli austriaci si presentava con una serie di alture, dolci e non molto alte alla sinistra, nel settore sabaudo, e via via più elevate e ripide nella zona centrale, culminanti nell'abitato di Solferino; a destra ancora colline, digradanti verso un'ampia landa pianeggiante che preannunciava la pianura a sud.

Il piano di Napoleone III era di muovere i suoi due eserciti ben prima dell'alba del 24 giugno – nel buio delle tre di notte le truppe erano già in marcia –, per dare l'assalto alla cerchia di colline su cui era convinto si trovassero solo le retroguardie austriache, lasciate a copertura dei ponti sul Mincio.

Invece, tutto l'esercito nemico era raccolto dietro la linea delle alture: fu così che la battaglia scoppiò senza che nessuno la volesse veramente. Inoltre l'assalto sorprese gli austriaci nel sonno, oppure a digiuno e con i comandanti – a partire dall'imperatore Francesco Giuseppe – lontani e impreparati ad affrontare una situazione così complessa e imprevista. Perciò i francesi ebbero sin dall'inizio il vantaggio dell'iniziativa.

La sorpresa e la situazione inaspettata spiegano anche il fatto che la battaglia non fu nient'altro che la somma di una serie di scontri furiosi per il possesso di una collina, di un villaggio, di una cascina, senza un piano generale o la parvenza di una manovra che non fosse il semplice attaccare, muovere rinforzi, ripetere l'assalto.

L'ala sinistra: San Martino

Alla sinistra dello schieramento i piemontesi dovevano attaccare la porzione del fronte più vicina al lago di Garda: i due capisaldi del nemico erano il paese di San Martino e le collinette attorno alla chiesa della Madonna della Scoperta.

Combatterono solo le tre divisioni dei generali Cucchiari, Durando e Mollard: la divisione di Fanti era rimasta attardata, quella di Cialdini si trovava a nord con i cacciatori delle Alpi.

Questo significa che, tirate le somme, nella battaglia decisiva vennero impegnati 35.000 dei 65.000 uomini che componevano l'esercito. Le tre divisioni nemmeno riuscirono a far sentire interamente il loro peso. I reparti, infatti, furono impiegati alla spicciolata, via via che arrivavano: così, quando un attacco fortunato portava a conquistare una posizione, non era mai disponibile una riserva che giungesse in rinforzo e permettesse di resistere alla reazione nemica. Per tutta la giornata si assistette a una sorta di tragico e sanguinoso elastico, con eroici assalti che costavano molte perdite e subito venivano contrattaccati e rigettati indietro sulle posizioni iniziali. Poi arrivava un nuovo reparto e l'assalto si ripeteva: solo sulle alture attorno a San Martino si contarono sette distinti attacchi piemontesi.

Sicuramente non mancò l'abnegazione di soldati e ufficiali, ma altrettanto certamente si fece sentire la cronica mancanza di un comando capace di coordinare l'azione e di fare in modo che tante vite e tanto coraggio non venissero sprecati in attacchi senza costrutto e mal congegnati. La situazione fu chiaramente descritta da un volontario che combatté alla Madonna della Scoperta:

> Ogni ufficiale, alle volte anche i sottufficiali, raggranellavano i primi granatieri che capitavano loro sotto mano e li portavano contro il nemico. Si attaccava; si sforzava una posizione, sloggiandone un

La battaglia di Solferino

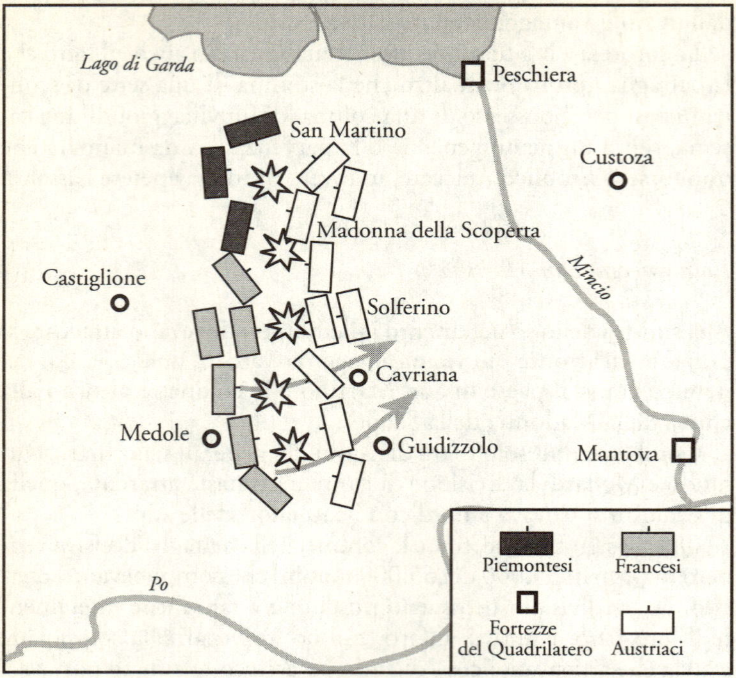

manipolo di austriaci, che si inseguiva. A un tratto, davanti a noi, si smascherava una batteria: o pure, usciva da un bosco, appariva improvvisamente dietro l'insenatura di un colle una massa nemica che ci fulminava e poneva noi in rotta. A nostra volta, trovato un riparo sufficiente, o avuto un rinforzo amico, sostavamo, ripigliavamo lena, ricaricavamo i fucili e ci slanciavamo di nuovo.[23]

L'ala destra: Medole

Sul resto del fronte i francesi, superata la prima fase di sconcerto per la resistenza inaspettata, dimostrarono una migliore organizzazione e soprattutto d'avere comandanti più abituati a fronteggiare situazioni impreviste.

L'ala destra era molto estesa e impegnava i tre corpi d'armata di Mac Mahon, Niel e Canrobert, che attaccarono la linea nemica tra i paesi di Medole e San Cassiano. Gli austriaci opposero una resistenza ostinata, che durò tutto il giorno, tanto che i centri abitati (nel pomeriggio il fronte si spostò a est, verso Guidizzolo e Cavriana) dovettero essere conquistati con una feroce lotta casa per casa.

Il centro: Solferino

Il settore centrale, che comprendeva le colline più alte, fu il cuore della battaglia. La linea di difesa austriaca si dimostrò molto efficace, soprattutto attorno a tre punti: il centro abitato di Solferino, l'antica rocca sopra il paese e il cimitero, trasformato in una sorta di fortino. I primi attacchi, condotti dal corpo d'armata del generale Baraguey d'Hilliers, vennero sanguinosamente respinti. Ancora oggi chi visita la zona, se solo nota le ripide salite, può rendersi conto di quali e quante furono le difficoltà cui i francesi andarono incontro.

Nella tarda mattinata Napoleone III, che seguiva da vicino i combattimenti (il suo comando si trovava sul monte Fenile, proprio di fronte alle alture contese), capì che la battaglia si sarebbe risolta al centro: finché gli austriaci riuscivano a tenere quelle alture, anche le loro ali avrebbero retto.

Per questo motivo lanciò all'assalto la Guardia, il meglio del suo esercito: 5000 uomini freschi, che non avevano ancora combattuto, avanzarono contro gli austriaci, i quali occupavano posizioni forti, ma stavano lottando sin dall'alba e non avevano ricevuto che scarsi rinforzi. Lo scontro divampò tremendo: arrampicandosi usando le mani, tanto erano ripidi i pendii, i francesi riuscirono alla fine a conquistare le principali posizioni: dapprima la cosiddetta collina dei Cipressi, poi il villaggio e infine la rocca e il cimitero.

A metà giornata, con la conquista delle alture centrali, la battaglia era strategicamente terminata con la vittoria francese. Ma la situazione generale era così confusa e il fronte così ampio, che in realtà la lotta proseguì per quasi tre ore. A sinistra i piemontesi continuarono ad attaccare a testa bassa, facendo pochi progressi. A destra i francesi presero il paese di Rebecco, dopo uno scontro durissimo, a cui gli austriaci risposero con il contrattacco che fu anche l'ultimo tentativo di rovesciare l'esito della battaglia. L'assalto, condotto in una zona pianeggiante, esaltò le qualità dei nuovi cannoni rigati francesi, che colpirono senza posa le linee avanzanti e soffocarono sul nascere il tentativo di manovra. Alla fine del pomeriggio scoppiò un forte temporale, che pose termine ai combattimenti. Sotto l'acqua gli austriaci cominciarono a ritirarsi verso i ponti sul Mincio, senza che i francesi s'impegnassero a inseguirli. Anche il corpo d'armata di Benedek, che aveva fronteggiato i piemontesi per tutta la giornata, iniziò a retrocedere, lasciando il settore settentrionale del fronte. Finalmente, a sera, i piemontesi raggiunsero le agognate posizioni, scacciando le ultime retroguardie nemiche.

Il regno dell'orrore

La battaglia di Solferino rappresenta a tutti gli effetti un'anomalia nel panorama del Risorgimento e come tale è stata un po' trascurata dalla storiografia italiana, mentre ha suscitato sempre grande interesse presso gli studiosi francesi e di altri paesi europei.

Il primo dato che balza agli occhi riguarda i caduti: gli austriaci denunciarono 13.005 morti e feriti, oltre a 8638 dispersi e prigionieri; i francesi 10.152 caduti e 1518 dispersi; i piemontesi 869 morti, 3982 feriti e 774 dispersi o prigionieri.[24] Come si può vedere, i franco-piemontesi accusarono un numero superiore di perdite, spiegabile per la difficoltà degli assalti a posizioni difficili, e decisamente inferiore di prigionieri e dispersi.

Queste cifre, che forse erano ritenute tragicamente normali ai tempi di Napoleone I, ormai da quasi cinquant'anni erano uscite dall'orizzonte mentale dei popoli europei. I dati sono già di per sé imponenti: dei 238.000 uomini che combatterono, da entrambe le parti, 28.000 morirono o rimasero feriti, cioè uno su otto. Statisticamente era probabile che ogni soldato sopravvissuto alla battaglia si ritrovasse a piangere o a prendersi cura di almeno un compagno del suo plotone.

Numeri enormi, davvero: 28.000 tra morti e feriti significano una teorica fila ininterrotta di corpi inerti o sofferenti lunga una cinquantina di chilometri; per percorrerla tutta, servirebbe un cammino di quasi dieci ore. Facendo un altro calcolo molto approssimativo, che consideri la mortalità del dopo battaglia (negli ospedali da campo morivano il 15-20 per cento dei ricoverati), è possibile affermare che la giornata di Solferino causò in tutto la morte di 8000-9000 uomini e l'invalidità di altri 5000.

Feriti abbandonati a se stessi

Le testimonianze dell'epoca concordano nel dire che tutto il fronte era diventato un territorio dell'orrore e della morte. Ogni coltivazione era stata rasa a zero, tutti gli alberi che potessero servire per formare barricate o rinforzi di qualsiasi genere, erano stati abbattuti. Vigneti, campi di cereali, frutteti non esistevano più e i canali, i fossi, i pozzi erano pieni di corpi di uomini o animali. Tutte le case devastate: gli austriaci avevano aperto feritoie nei muri, utilizzato i mobili come ripari, sfondato i tetti per poter sparare anche dall'alto; spesso avevano anche demolito le pareti interne per muoversi liberamente tra un locale e l'altro. I pochi edifici in cui non si era lottato erano stati saccheggiati ed è facile immaginare che in tutta l'area della battaglia non esistesse più un solo animale da cortile che non fosse stato ucciso e mangiato.

Il panorama era quello di un carnaio: corpi ovunque, spesso a mucchi, e dove non c'erano cadaveri di uomini, c'erano le carcasse di migliaia di animali, soprattutto cavalli. E poi armi, zaini, capi di vestiario, carri, casse e ogni altra cosa smarrita o abbandonata dai combattenti.

In ogni luogo, nelle case, nelle chiese, nelle tende improvvisate, all'ombra dei muri rimasti in piedi s'incontravano feriti che gemevano, in un coro ininterrotto e angosciante. Tra di loro vagavano i superstiti: qualcuno a cercare amici e conoscenti, altri a tentare d'offrire un poco di conforto.

I servizi sanitari dei tre eserciti si dimostrarono del tutto inadeguati. Già faticavano a reggere il peso di battaglie di dimensioni decisamente minori: per un evento così grande nei numeri e vasto nelle dimensioni risultarono quasi irrisori. Molti notarono che il problema non era la mancanza di medicamenti o bende, ma l'incapacità di portarli dove ce n'era bisogno e inoltre la carenza assoluta di personale in qualche misura specializzato o che almeno sapesse come comportarsi.

Il ginevrino Jean Henri Dunant, capitato per caso da quelle parti – inseguiva Napoleone III per illustrargli dei progetti di mulini –, si trovò a vagare nella desolazione e quello che vide, il dolore a cui assistette e le sofferenze di cui fu testimone rappresentarono un'esperienza talmente violenta da indurlo prima a raccontare l'orrore in un libro, *Un souvenir de Solférino* (1862), vibrata denuncia delle atrocità della guerra, e poi a impegnarsi per costituire un servizio sanitario che si occupasse dei feriti e dei sofferenti, senza badare alla nazionalità o all'appartenenza. Dalla sua opera prese origine il Comitato internazionale della Croce Rossa.

Un memoriale a Solferino ricorda che la benemerita istituzione nacque dall'orrore di quel 24 giugno 1859.

37
Considerazioni dopo la battaglia

Dopo Solferino il dato evidente era che Napoleone III fosse il vero e unico vincitore della guerra. Con la battaglia l'imperatore francese aveva ottenuto la consacrazione di capo militare che agognava e che aveva perseguito con ferrea determinazione. Agli occhi dei contemporanei, e grazie anche a qualche sapiente intervento propagandistico, la vittoria lo poneva quasi al livello del suo irraggiungibile zio. Il tono delle cronache può essere ben rappresentato da queste poche righe di prosa:

> La pioggia era cessata e il sole tornò a illuminare la cima della collina ove l'Imperatore, come in un'apoteosi, si intratteneva con Mac-Mahon e con il generale Lebrun. Dietro questo piccolo gruppo, i raggi dell'astro facevano fiammeggiare le corazze di un plotone di *Cent-Gardes* che portava gli stendardi presi al nemico. Il quadro sapeva di vittoria.[25]

A distanza di tempo, invece, è possibile dire che si trattò di una vittoria, ma che non era tutto oro quello che luccicava.

I francesi avevano vinto una battaglia imprevista, improvvisata e caotica, perché avevano soldati migliori e soprattutto ufficiali più addestrati e abituati alle difficoltà della guerra. Nel caos Napoleone III seppe usare la sua riserva, la Guardia, al momento e nel posto giusti. I suoi meriti perciò vanno riconosciuti.

Nessuno però, a quei tempi, poteva immaginare che Solferino sarebbe stata l'ultima battaglia di quel modo d'intendere la guerra e che i due principali eserciti che l'avevano combattuta – entrambi direttamente derivanti dalle impostazioni di fine Settecento, dall'armata napoleonica uno, dall'esercito assolutista l'altro – presto sarebbero stati sconfitti da un avversario decisamente orientato verso l'innovazione.

Alla battaglia, infatti, assistette, attento e interessato, Helmuth von

Moltke, capo di stato maggiore dell'esercito prussiano, che è facile immaginare traesse parecchi spunti per progettare la sua creatura, la macchina bellica che nel decennio seguente avrebbe battuto sia gli austriaci sia i francesi. Nel giro di pochi anni la solidità e la metodicità dell'armata austriaca e l'ardore un po' guascone dei francesi sarebbero diventati obsoleti a confronto dell'efficienza dello stato maggiore prussiano, capace di pianificare e organizzare intere campagne in maniera quasi scientifica, giovandosi di armi di alta qualità, prodotte da un'industria d'avanguardia, e di treni e telegrafi, che avrebbero rivoluzionato le mobilitazioni e le comunicazioni.

La situazione degli austriaci naturalmente era aggravata dalla sconfitta. A un'analisi impietosa sembrava salvarsi ben poco e infatti, nei giorni successivi alla battaglia, si levarono aspre critiche e si manifestarono forti contrasti. Un generale di cavalleria venne addirittura condannato a morte (e poi graziato), per essere fuggito di fronte al nemico; fu criticato anche il giovane imperatore, giudicato inesperto, per troppo tempo rimasto lontano dalla battaglia.

Ma tutto questo risultava in qualche misura passeggero e marginale. Il problema vero era che gli austriaci scoprivano d'un tratto che la loro armata era ancorata a vecchi concetti e non in linea con gli sviluppi degli eserciti moderni. Per tutta la campagna aveva sempre subito l'iniziativa del nemico, risultando inferiore sia sul piano tattico sia su quello strategico.

Le riforme, però, andarono per le lunghe e non furono radicali com'era necessario, tanto che ci volle una nuova e tremenda sconfitta, questa volta per mano dei prussiani, per costringere l'impero a imboccare con decisione la via del rinnovamento militare.

Un ruolo minore

La battaglia di Solferino è stata chiamata anche «dei tre sovrani», perché vi presero parte attiva Napoleone III, Vittorio Emanuele II e Francesco Giuseppe. Questa definizione, utilizzata in diversi paesi, non si è diffusa in Italia, quasi che la presenza di un semplice re accanto a due imperatori potesse sminuire il ruolo dei piemontesi.

Questo simboleggia in qualche misura il nucleo dei problemi storiografici legati a quegli eventi: una sorta di complesso d'inferiorità nei numeri e nei risultati. Rifiutando il ruolo minore e tentando di asseverare la battaglia di San Martino come una grande vittoria, esclusivamente piemontese, i comandi sabaudi finirono per evitare un'analisi approfondita di cosa non aveva funzionato.

Nell'immediatezza degli avvenimenti, tuttavia, il problema principale non era l'esame di cosa fosse accaduto e delle manchevolezze dimostrate, ma il rammarico che alla vittoria complessiva e al conseguimento degli scopi prefissati non avesse corrisposto un chiaro successo militare. Ne era cosciente Vittorio Emanuele, che per tutta la giornata aveva tempestato i suoi generali affinché conquistassero a ogni costo le posizioni austriache. Ma ogni sforzo fu inutile e il risultato fu conseguito solo quando il nemico cominciò la ritirata generale. La circostanza permise agli avversari di prendersi una piccola rivincita a parole. Francesco V d'Asburgo-Este, ultimo duca di Modena e Reggio, rifugiatosi presso il comando austriaco, così raccontava la sconfitta, che per lui significava l'addio al suo piccolo Stato:

> Destava ammirazione pensando alla fermezza di quelle due valorose armate che versavano il loro sangue per un popolo che non li cercava, per una minorità che si guardava di esporre le sue membra e la vita per la patria, e d'un governo, altrettanto piccolo quanto perfido, che solo ne approfittava.[26]

La mancata vittoria piemontese – o un comportamento nel corso della battaglia che si potesse assimilare a una vittoria – pesava anche sugli equilibri interni dei movimenti risorgimentali, sempre divisi tra politica regia e spinte popolari. Proprio per questo motivo la storiografia ufficiale ha sempre sottolineato che San Martino fu una battaglia a sé stante, distinta da quella di Solferino, e che comunque, alla fine dei conti, ci fu una vittoria. Questa interpretazione apre un problema storico che cercherò d'approfondire tra poco, parlando dei memoriali della battaglia.

La vittoria incompleta e Villafranca

Per decenni continuò la diatriba su chi avesse vinto a San Martino: questione di mero puntiglio, perché l'esito della battaglia nel suo complesso era chiaro e senza dubbio.

I sostenitori del canone tradizionale mettono in evidenza che i piemontesi tennero impegnata tutta l'ala destra dell'esercito austriaco, guidata da Benedek, uno dei generali più in vista del momento, impedendole di portare soccorso al fronte centrale. Questa visione mostra già in sé la sua debolezza. Credo allora che si debba ammettere, accantonando ogni spirito di parte, che l'armata sarda fallì sostanzialmente la prova: il minimo risultato raggiunto – tenere impegnata un'ala nemica – costò il massimo sacrificio e la vittoria finale fu diretta conseguenza dell'azione francese.

Ma c'è un'altra considerazione da fare.

Nel campo piemontese, la sera dopo la battaglia, probabilmente c'era già la percezione dell'occasione perduta, dato che nessuno era soddisfatto di come fossero andate le cose. Però la situazione appariva ampiamente rimediabile: la giornata era stata vittoriosa e ci sarebbero state altre possibilità di fare bene la propria parte.

Invece, mentre i generali cominciavano a pensare all'assedio delle fortezze del Quadrilatero, giunse notizia che Napoleone III aveva chiesto d'incontrare Francesco Giuseppe per porre fine alla guerra. L'incontro tra i due imperatori avvenne di lì a poco e pose le basi dell'armistizio di Villafranca: la guerra finiva e ai Savoia veniva ceduta la Lombardia, mentre il Triveneto rimaneva austriaco.

Per i comandi sardi era un fulmine a ciel sereno: significava che non ci sarebbe stata nessun'altra battaglia, che potesse servire come suggello all'impresa della monarchia sabauda. Così la questione passò dal campo militare a quello della propaganda e venne comodo calcare la mano sul fatto che l'imperatore francese fosse venuto meno agli accordi e con il suo «tradimento» avesse impedito la liberazione dell'intera Italia settentrionale. Questo implicava che tutto quanto era accaduto prima dell'armistizio di Villafranca venisse in qualche misura sminuito, se non dimenticato, e che non fosse più necessario approfondire colpe e meriti della battaglia di Solferino e dintorni.

Certamente gettare la colpa della fine della guerra e del mancato raggiungimento di tutti gli obbiettivi sull'imperatore dei francesi, dopo che questi aveva retto la gran parte dello sforzo bellico, era ingeneroso. Ma per i militari sardi e per il loro sovrano era forse l'unica via per uscire dignitosamente dalla sgradevole situazione, almeno sul piano interno, e per non dover ammettere un fallimento, seppur parziale.

I fatti che seguirono sono abbastanza noti: Cavour avrebbe voluto che la guerra continuasse anche senza i francesi, si precipitò al fronte per evitare la firma dell'armistizio ed ebbe uno scontro al calor bianco con il re, che gli si oppose. Vittorio Emanuele, un po' per realismo, misurando i numeri della sua armata e di quella austriaca, un po' perché, probabilmente, aveva visto i suoi generali all'opera, accettò le decisioni dei due imperatori.

Poi i semi gettati dalla politica cavouriana, attenta ai movimenti patriottici, diedero i loro frutti: all'annessione della Lombardia si aggiunsero quelle dei ducati emiliani, della Toscana e delle Legazioni, cioè le province settentrionali dello Stato della Chiesa. Cosicché, alla fine, l'esito della guerra sotto il profilo delle acquisizioni territoriali apparve decisamente positivo.

La battaglia oggi

Anche nella memoria Solferino e San Martino sono state rigidamente divise.

Solferino dedica molto spazio – e ben gestito – alla celebrazione e commemorazione dell'evento, lasciando avvertire come fondamentale il contributo francese. Del resto la battaglia, al pari di quella di Magenta, è molto nota in terra di Francia, è stata studiata ed è ricordata con piazze e strade (a Parigi, per esempio, si chiamano Rue de Solférino e Boulevard de Magenta due fra le vie più importanti ed è stata battezzata Solférino anche una stazione della metropolitana). Trova meno, invece, chi volesse dare alla visita un tono maggiormente rivolto alla ricostruzione storica della battaglia.

Il paese, con la rocca restaurata, è molto bello e le ripide salite danno idea della fatica che i soldati francesi dovettero sopportare. La torre in cima al colle ospita un piccolo museo della battaglia. Dalla terrazza si domina il panorama completo dei luoghi in cui si combatté, con un'ampia porzione di pianura. Non per nulla la torre è chiamata anche Spia d'Italia. In paese c'è una chiesa adibita a ossario, nella quale alcune migliaia di teschi, ordinatamente allineati nell'abside, osservano i visitatori. Poco lontano si trova il memoriale della Croce Rossa, in ricordo di Henri Dunant e della sua opera.

La celebrazione di Vittorio Emanuele II

San Martino è un'altra cosa. Si nota in tanti piccoli dettagli lo sforzo di sottolineare la distinzione, rispetto a Solferino, e di accreditare una piena vittoria piemontese. Anzi, *la* vittoria, decisiva ai fini del Risorgimento e dell'unità d'Italia, come per certificare che il merito si deve attribuire esclusivamente al primo re d'Italia e al suo esercito.

La polemica oggi può apparire futile, ma all'epoca fu protagonista per non pochi decenni. Ed è proprio la volontà di rimarcare che il Risorgimento fu territorio esclusivo della casa regnante e del suo esercito a segnare profondamente il luogo.

C'è una chiesa ossario, molto simile a quella di Solferino, ma più piccola, a cui si accede per un viale affiancato dai monumenti commemorativi delle unità che presero parte alla battaglia. Ma è un sito in qualche modo marginale, perché l'elemento che domina la zona e attira immediatamente l'attenzione del visitatore è invece la torre dedicata a Vittorio Emanuele II. Si tratta di un monumento importante, anzi fondamentale, per capire una certa interpretazione del Risorgimento.

Il fatto è che nell'edificio, costruito a fine secolo, in un periodo di profonde lacerazioni interne del paese, si vollero accentuare gli aspetti politici degli avvenimenti: una celebrazione del primo re d'Italia, una prova irrefutabile del diritto dei Savoia di governare il paese e dei meriti del loro esercito come protagonista unico nella costruzione dell'unità italiana. Così, agli occhi del visitatore di oggi, tutto finisce per apparire piuttosto discutibile: la torre sorge nel luogo di una vittoria dubitata e racchiude contenuti che non sono proprio esempi di limpidezza storica.

Sin dall'esterno il monumento dichiara il suo scopo, che non è il ricordo della battaglia: vi campeggia infatti la titolazione «A Vittorio Emanuele II». All'ingresso accoglie il visitatore la statua bronzea del re, coronata dalle virtù italiche e circondata dalle immagini dei generali caduti sul campo.[27] Come a dire, simbolicamente, che la base del Risorgimento sta nella figura del re e nei sacrifici del suo esercito. Solo in nicchie defilate e posteriori si vedono i busti di Cavour, Mazzini e Garibaldi.

Salendo, superata una galleria dedicata alla Prima guerra mondiale (evidentemente allestita in tempi successivi), a ogni piano si fa la conoscenza di una tappa del Risorgimento, illustrata da un affresco che occupa metà della parete. Il primo dipinto è dedicato alla guerra del 1848 e mostra una carica di granatieri durante la battaglia di Goito: un visitatore non preparato può tranquillamente credere che si tratti dell'episodio di una campagna vittoriosa (invece fu disastrosa e a Goito non si trova nemmeno una lapide che ricordi gli avvenimenti).

Per il 1849 non si fa cenno a Novara, ma viene rappresentato un momento della difesa di Venezia: la batteria di Sant'Antonio.

Per la Crimea, la battaglia della Cernaia viene descritta come una mischia feroce ed eroica, quando chi era presente la descrisse laconicamente con le parole: «Tutte le truppe [...] fecero il loro dovere, ma nulla di sorprendente o di straordinario».[28]

Per San Martino si ritrae il re alla guida di un assalto vittorioso, che pare decisivo. Inutile dire che Magenta e Solferino non sono nemmeno citate.

La spedizione dei Mille e la battaglia del Volturno, troppo importanti per essere del tutto cancellate, vengono presentate un po' sotto tono con la didascalia «Combattimento nei pressi di Capua». La sconfitta di Custoza del 1866 è sostituita dal quadrato di Villafranca, ininfluente sull'esito della battaglia, ma rappresentato nel dipinto come un episodio brillante e vittorioso. Infine la presa di Porta Pia è raccontata come una dura battaglia.

Tirando le somme, le tre campagne disastrose del 1848, del 1849 e del 1866 sono cancellate nel loro vero significato e sostituite con episodi limitati, che hanno il sapore della vittoria; Cernaia e Porta Pia vengono nobilitate per poter essere contate come vittorie; San Martino è presentata senz'altro come una grande e indubitabile vittoria. Il contributo popolare e dei volontari è relegato a una difesa perdente a Venezia, mentre Milano, Roma, i fatti siciliani e Brescia vengono del tutto trascurati; i Mille sono protagonisti di un «combattimento», termine di valore inferiore a «battaglia». I francesi non si vedono mai.

La conseguenza è che il visitatore entrato nella torre senza adeguate conoscenze ne esce convinto che il Risorgimento sia stato una luminosa sequenza di vittorie dell'esercito piemontese guidato dal re Vittorio Emanuele II. Nemmeno Carlo Alberto, il sovrano tentennante che alla fine fu sconfitto e dovette abdicare, compare da nessuna parte.

Dal terrazzo in cima alla torre la vista è splendida. L'elemento storicamente più interessante è la distanza a cui si vede la torre di Solferino, che dà conto delle proporzioni davvero enormi del campo di battaglia.

Il museo accanto alla torre raccoglie molti reperti interessanti, che forse meriterebbero maggiore spazio e maggiore attenzione didattica. Per il resto, nel paese di San Martino, oltre a cippi e lapidi, si può vedere poco che permetta una ricostruzione degli eventi. Per recarsi alla Madonna della Scoperta, infine, bisogna prima di tutto sapere che la chiesa esiste davvero e poi cercarla con tenacia. Chi non demorde scopre una piccola badia su un tranquillo colle, dove solo una lapide ricorda che il luogo fu al centro di una battaglia furibonda.

PARTE OTTAVA

La spedizione dei Mille

38
Una gran pazzia

Nei giorni di Villafranca il Risorgimento italiano sembrava arrivato al termine di un ciclo iniziato undici anni prima con le rivolte del 1848. Se non era il suo compimento integrale, l'armistizio rappresentava comunque la fine di una fase ben delineata. C'era da rammaricarsi, forse, pensando che si sarebbe potuto ottenere molto di più, se solo si fosse agito con maggior concordia, ma a conti fatti alcuni risultati erano stati raggiunti e il quadro italiano era cambiato radicalmente.

Tutti, a partire dai militari, erano convinti che in seguito al ritiro dell'alleato francese non ci fossero alternative a un lungo periodo di pace. L'interesse generale si spostò quindi a cercare d'immaginare quale sistemazione avrebbe ricevuto la penisola. Dando per scontato che la Lombardia sarebbe stata annessa al Regno di Sardegna e il Triveneto sarebbe rimasto austriaco, restava da vedere la sorte dell'Italia centrale: i ducati di Parma e di Modena, le Legazioni e la Toscana. Sul loro futuro agivano forze contrastanti: i popoli erano pacificamente insorti e si dichiaravano per l'annessione al regno dei Savoia; la Francia, però, cercava di ritagliarsi una propria zona d'influenza e l'Austria – rinforzata in questo dalle preoccupazioni del papa e del Borbone di Napoli – intendeva impedire la nascita di uno Stato italo-sardo troppo potente e capace di egemonizzare la penisola.

Quando apparve chiaro che l'intera Italia centrale sarebbe stata annessa al Piemonte, fu convincimento generale che i giochi fossero chiusi e che, stando così le cose, il Regno di Sardegna avesse raggiunto il traguardo massimo possibile.

Eventuali sviluppi erano affari per politici e diplomatici e non più per militari: lo Stato della Chiesa, sempre difeso dai francesi, appariva inattaccabile e altrettanto il Regno delle Due Sicilie, protetto, come si diceva allora, «per tre lati dall'acqua di mare e per un lato dall'acqua santa». Risultava quindi un fatto di mero buon senso dedurre che, se si voleva puntare all'unità, non fosse disponibile altra via che una forma di lega, accordo o federazione fra i tre Stati.

In base a questi ragionamenti molti militari iniziarono a pensare ai loro progetti personali: sposarsi, ritirarsi a vita privata, tentare la carriera politica. Una cosa appariva certa: il futuro, in qualunque veste si presentasse, sarebbe appartenuto all'esercito regolare, alla monarchia e alla politica sabaude. Sin dai tempi delle sconfitte del 1849 le forze popolari sembravano aver smarrito il loro ruolo: o erano state cooptate nella rete della politica cavouriana o emarginate nell'ambito dei velleitari e fallimentari tentativi mazziniani. Sembrava, insomma, che la storia d'Italia avesse imboccato una direzione ben precisa. Sembrava...

Quasi un romanzo

Invece, a onta della logica e delle evidenze, le forze di quello che ho chiamato Risorgimento popolare stavano preparando una mossa a sorpresa, destinata a riportare in mani democratiche le redini del movimento patriottico: nientemeno che un attacco al Regno della Due Sicilie, ovvero una spedizione che qualunque stratega avrebbe tranquillamente definito impossibile, a meno di non disporre delle forze terrestri, e soprattutto navali, di potenze come la Francia o l'Inghilterra.

Per questo motivo raccontare l'impresa dei Mille richiede un registro narrativo differente. Ma ci sono anche tante altre ragioni e due, in particolare, si distinguono: la spedizione dei Mille non fu per nulla paragonabile alle altre imprese militari del Risorgimento (anche nella storia mondiale si trovano pochi esempi che le stiano alla pari); inoltre, le fonti su cui si può basare il racconto sono perlopiù le memorie di chi partecipò all'impresa. Fu una storia di individui, sentimenti e ideali, non di eserciti e comandanti, come normalmente sono le vicende militari.

C'è inoltre un'evidente anomalia: le fonti di parte borbonica che si sono rese disponibili e che sono state sistematicamente studiate sono davvero molto poche. Manca, di conseguenza, una ricostruzione documentata degli eventi visti da chi stava dall'altra parte. Inevitabilmente, quindi, ci si trova di fronte a una storia che sembra tendere sempre al romanzo, ricca di spunti e aneddoti e povera di fatti; doviziosa di idealità, ma povera di senso critico. In breve, si deve ricostruire, più che un'impresa militare, una «gran pazzia», come la definì nelle sue memorie il garibaldino Giuseppe Bandi.

La preparazione

In realtà questo paragrafo dovrebbe intitolarsi *L'impreparazione*, perché la spedizione fu quanto mai improvvisata, a partire dal fatto che fino alla vigilia dell'imbarco, in pratica, non si seppe nemmeno se l'avventura avrebbe visto la luce.

L'idea iniziale era che i volontari sarebbero andati in appoggio a un'insurrezione in Sicilia: se la rivolta scoppiava, partivano; altrimenti tornavano alle loro case. Di conseguenza, alla cosiddetta Casa Bianca, la villetta presso Genova dove dimorava in quei giorni Garibaldi, si attendeva con ansia la notizia sperata.

Sembrerebbe una cosa tutto sommato ovvia e semplice, ma bisogna fare i conti con la realtà dell'epoca: i contatti con il Meridione d'Italia erano quanto meno difficoltosi, soprattutto per chi si trovasse in quegli anni nel Regno di Sardegna, liberale e quindi nemico del regime borbonico. Le informazioni giungevano a singhiozzo, imprecise e contraddittorie. Più volte venne dato l'annuncio che si salpava e altrettante volte venne invece diramato il deludente «non se ne fa niente». A Genova, intanto, continuavano ad arrivare volontari che lasciavano famiglia, studio e lavoro per partire con Garibaldi e tutti guardavano alla villetta bianca come a un oracolo. Alla fine, quando sembrava che dovesse prevalere la rinuncia, il siciliano Francesco Crispi si prese la responsabilità di confermare a Garibaldi lo scoppio della rivolta.

Non era proprio la verità: un tentativo insurrezionale c'era stato, ma era stato soffocato e solo alcune bande restavano in armi all'interno dell'isola, sotto la guida di Rosolino Pilo. Il particolare venne omesso e la vicenda si mise in moto.

Le navi per la traversata erano già state trovate: si trattava di due vapori regolarmente noleggiati presso la compagnia di navigazione genovese Rubattino, la quale si tutelò pretendendo che venisse inscenata una cattura piratesca, per allontanare almeno nella forma ogni sospetto di coinvolgimento, proprio o del governo sardo.

Per quanto riguardava armi ed equipaggiamento, l'entusiasmo non bastò. Da tempo operava, con sede a Milano, un Comitato del milione di fucili, che raccoglieva fondi e acquistava armi: tuttavia quelle ottime di cui disponeva vennero sequestrate dal governatore milanese D'Azeglio e così la spedizione dovette accontentarsi di solamente un migliaio di vecchie armi rugginose, subito ribattezzate «ferrivecchi».

Ogni altro equipaggiamento era dello stesso disastroso livello: basti dire che i Mille partirono senza munizioni né polvere da sparo, perché le scorte vennero rubate dai barcaioli incaricati di portarle a bordo delle navi.

Chi sapeva?

Affronto brevemente due argomenti che richiederebbero moltissime pagine, ma che in un racconto sostanzialmente dedicato agli aspetti militari possono essere condensati in poche righe.

La prima questione riguarda chi fosse informato dei Mille e può essere semplificata nella domanda: la spedizione fu un'iniziativa del tutto spontanea e idealistica, oppure faceva parte di un disegno concepito da altri (Cavour, la massoneria, qualche diplomazia straniera e via dicendo), a cui offriva solo una sorta di copertura patriottica?

È difficile dare risposte che non siano ovvie. Che i garibaldini agissero del tutto in segreto, non era cosa possibile. La riunione di mille uomini – tra i quali molti tenuti d'occhio dalla polizia per motivi politici (non c'erano solo studenti ingenui e confusionari) – e il viavai di emissari provenienti dai luoghi più disparati non si potevano tenere nascosti a lungo. La volontà da parte delle autorità, se non di aderire, comunque di non interferire, dovette per forza esserci.

Una pianificazione di qualcuno che non fosse Garibaldi credo sia da escludere. È un'opinione soggettiva, ma non riesco a pensare che il governo sardo o forze internazionali come la massoneria potessero ridursi a mettere in piedi, per una missione tanto delicata, un gruppo così scalcinato. Allora l'ipotesi che mi sembra più probabile, sempre restando a questo livello di semplificazione, è la seguente.

Garibaldi e le forze democratiche davvero realizzarono la spedizione con le proprie forze e qualche benevola agevolazione da parte delle autorità. Molti, in Piemonte e in Europa, era informati di quello che stava accadendo e decisero di rimanere alla finestra. Se la spedizione fosse fallita, si sarebbe parlato di un altro sacrificio eroico e inutile, come quelli dei fratelli Bandiera (nel 1844 in Calabria) e di Carlo Pisacane (nel 1857 in Campania). Se fosse riuscita, si sarebbero aperti spazi d'intervento a dir poco vertiginosi...

Chi c'era?

La seconda questione riguarda chi partecipò alla «gran pazzia».

Sui Mille si è scritto moltissimo, troppo per certi versi, troppo poco per altri, e su di loro pesa una sorta di beatificazione che impedisce di vedere i contorni reali della vicenda. Ciò si deve in parte alla natura romanzesca dell'impresa e in parte al fatto che molti protagonisti, una volta tornati a casa, formarono i ranghi di una classe dirigente inizialmente antagonista di quella liberal-monarchica e poi capace d'integrarsi.

Alcuni di questi personaggi fecero carriera politica e arrivarono persino a guidare il governo, come Agostino Bertani e Francesco Crispi, altri diventarono generali dell'esercito, altri ancora furono protagonisti della vita culturale del tempo. Quasi tutti, indipendentemente dalle scelte e dalle carriere che ebbero dopo il 1860, rappresentarono una sorta di manipolo scelto e idealizzato di quello che i movimenti popolari potevano dare e fare. Si capisce allora come sia difficile, a queste condizioni, riportare la descrizione a un livello di credibilità storica.

I Mille che partirono da Quarto il 5 maggio 1860 comprendevano sostanzialmente tre gruppi di persone.

C'erano i reduci delle battaglie insurrezionali del 1848-49, che avevano fatto le loro esperienze negli assedi di Roma e Venezia e componevano il nucleo più fidato, militarmente più capace e in certa misura professionale. Provenivano da tutte le regioni italiane e contavano ufficiali di provata qualità, come Bixio, Sirtori, Medici, Cosenz.

Poi c'erano i volontari che l'anno precedente avevano combattuto nell'esercito sardo o nei cacciatori delle Alpi e che erano originari di quasi tutte le regioni dell'Italia centrosettentrionale. Infine i volontari dell'ultimo momento, con un gran concorso di studenti universitari e di rampolli dei ceti benestanti, provenienti in maggioranza dalla Lombardia – Bergamo, Brescia e Pavia furono le città più generose – e in misura minore dalle altre regioni dell'Italia centrale e settentrionale.

Se non è possibile rubricare la spedizione come una regolare missione militare, i suoi protagonisti non erano nemmeno uno specchio della società del tempo. Tra loro si contavano 150 avvocati, 100 medici, 100 mercanti, 50 ingegneri, 50 capitani di marina, 20 farmacisti, 10 tra pittori e scultori: i rimanenti erano artigiani e operai, uno solo era contadino (in minoranza anche rispetto agli ex sacerdoti, che erano tre). Il numero di laureati era straordinariamente alto, sufficiente a quei tempi per soddisfare le esigenze di almeno cinque città di medie dimensioni.

Tra i liguri si annoveravano le truppe d'élite: i cosiddetti carabinieri genovesi, 36 volontari al comando di Antonio Mosto, che si erano armati ed equipaggiati a loro spese, addestrandosi lungamente al poligono di tiro di Genova e dimostrandosi poi soldati disciplinati e tiratori infallibili.[1] C'erano poi 23 guide, alla partenza senza cavalli, che sarebbero stati procurati in seguito. Questi uomini rappresentavano un indizio importante dell'idea che Garibaldi aveva della guerra. Il Generale poteva fare a meno di cavalleria, artiglieria e genio, ma non d'informazioni sul terreno, sulla posizione e la consistenza del nemico e su tutto ciò a cui andava incontro.

Il viaggio

Tutte le memorie concordano sul fatto che i Mille, visti alla partenza, non sembravano una forza temibile. Al di là delle differenze d'età – il più giovane aveva undici anni, il più anziano quasi settanta –, del vestiario improvvisato e dell'armamento scadente, non avevano proprio niente di marziale, anzi.

La partenza fu dilettantesca, tra barche che si smarrivano e piroscafi che non volevano saperne di mettersi in moto. Siccome non c'erano scorte di carbone per le navi e nemmeno polvere da sparo per i fucili, la spedizione fece sosta a Talamone, sulla costa toscana, dove c'era un piccolo forte con qualche riserva, a breve distanza dall'arsenale di Orbetello. Secondo il racconto più diffuso, Garibaldi si presentò con l'uniforme sarda da generale e riuscì a farsi consegnare quello che serviva, mentre alcuni volontari provocava-

I Mille in Sicilia, maggio - agosto 1860

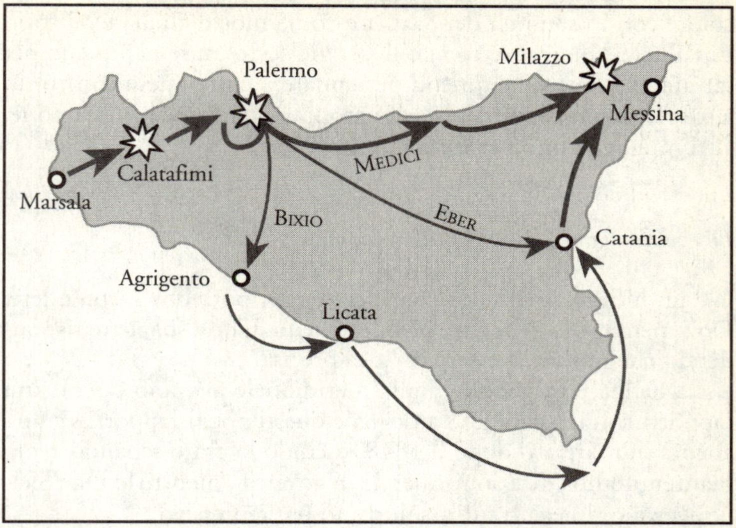

no incidenti nelle osterie e altri si assentavano per andare a fare il bagno. Prendere in parola un generale al comando di una simile masnada doveva essere abbastanza difficile e probabilmente il successo della sosta in Toscana è da annoverare tra gli aspetti di benevola connivenza delle autorità sabaude.

Durante il viaggio in nave, un volontario, probabilmente con problemi psichici, si buttò per due volte in mare, ma fu ripescato; inoltre ci furono sufficienti esempi d'indisciplina, da indurre Bixio a un discorso che probabilmente nessun ufficiale dovette mai fare a truppe regolari, tra le quali i concetti di autorità e gerarchia sono inculcati fin dal primo momento, tanto da diventare ovvi.

> Qui io sono tutto, lo Czar, il Sultano, il Papa, sono Nino Bixio! Dovete obbedirmi tutti: guai a chi pensasse di ammutinarsi. Uscirei con il mio uniforme, colla mia sciabola, con le mie decorazioni e vi ucciderei tutti! Il Generale mi ha lasciato, comandandomi di sbarcarvi in Sicilia. Vi sbarcherò. Là mi impiccherete al primo albero che troveremo, ma in Sicilia, ve lo giuro, vi sbarcheremo![2]

I problemi non erano causati solo dalla gioventù e da quel po' d'anarchia che è connaturata a ogni gruppo di volontari. Gli osservanti mazziniani non sopportavano d'avere per bandiera il tricolore con lo stemma dei Savoia e come motto «Italia e Vittorio Emanuele». Non accettavano di servire sotto un re nemmeno per salvare la forma e nemmeno per andare a combattere contro un altro re: alcuni di loro abbandonarono la spedizione a Talamone, altri mugugnarono per tutta l'impresa.

Dove andavano?

C'è un ultimo aspetto da considerare, che potrebbe sorprendere. Dove pensavano di andare i Mille? Credo di non sbagliare rispondendo che non ne avessero un'idea precisa.

La Sicilia e in genere l'Italia meridionale avevano pochissimi rapporti con il Regno di Sardegna e questi pochi rapporti s'erano ancora più rarefatti dopo il 1848, quando lo Stato sabaudo aveva mantenuto una direzione liberale di governo, mentre le Due Sicilie avevano ripiegato sull'assolutismo più repressivo.

Se ripenso a tutto quanto ho letto dell'epoca, dalle biografie ai carteggi e alle memorie, non ricordo nessun personaggio piemontese, rilevante ai fini di questo racconto, che riferisca di aver visitato il Meridione o la Sicilia tra il 1848 e il 1860. Ai tempi era normale per le persone di ceto elevato delle città settentrionali avere rapporti continui e profondi con Parigi, con Vienna e perfino con Londra; rarissimo averli con Napoli e Palermo. L'unico cenno che mi viene in mente sta nel carteggio del generale Govone, che passò per il Regno delle Due Sicilie, in nave, per andare in Crimea e tentò due volte di scendere a terra. A Napoli gli fu impedito, perché aveva passaporto piemontese, a Messina gli fu permesso, ma solo con l'accompagnamento di un commissario di polizia.

Per comprendere meglio le difficoltà di comunicazione tra nord e sud, posso portare un altro esempio, sempre dal carteggio di Govone. Nel maggio 1860 l'ufficiale prestava servizio al confine con lo Stato della Chiesa e seguiva con ansia i movimenti dei Mille, perché nei comandi sabaudi regnava il timore che i volontari in realtà mirassero a Roma. Ebbene, nonostante tutta l'attenzione che le si prestava, la spedizione venne come inghiottita dal nulla: la notizia che i Mille erano certamente sbarcati in Sicilia giunse il 26 maggio, con quindici giorni di ritardo. A quella data Garibaldi aveva già sconfitto in battaglia i borbonici e stava per entrare in Palermo.

Se le comunicazioni erano di questo tipo, non deve stupire che i Mille fossero partiti convinti di andare a sostenere una rivoluzione siciliana già in atto e forte di un esercito di 30.000 uomini. Non si sa quanti fossero informati della verità e nemmeno se Garibaldi la conoscesse tutta.

Per la gran parte di loro, come per gli abitanti dell'Europa, quello che si sapeva della Sicilia derivava dal teatro e dalla letteratura. L'isola era una terra di sogno, fertile e ricca, popolata di spiriti gentili e fieri, eredi degli eroi dei Vespri, che soffrivano sotto il giogo iniquo dei Borbone, i tiranni che avevano bombardato senza pietà Messina, pur di piegarla al loro volere. Per tutti gli abitanti del Nord era comune e diffusa l'immagine del regno meridionale come di un paese di prigioni buie e crudeli, in cui si rinchiudeva chiunque fosse anche solo in vago odore d'idee liberali:

> Sento che in quelle isole vi sono prigioni orribili [...] e le famiglie che vi hanno qualcuno, dicono – Meglio morti –.[3]

Una sorta di tirannide austriaca, ma ancora più cieca, brutale e ottusa. La distanza e l'ignoranza erano tali che quando Giuseppe Cesare Abba andò a cena presso una famiglia di Alcamo scoprì con stupore che il benestante padrone di casa sapeva solo a malapena chi fosse Vittorio Emanuele II; lo scrittore, da parte sua, non trovò altro argomento comune di conversazione, se non riandando al poeta del XIII secolo noto con il nome di Cielo o Ciullo d'Alcamo.

39
Da Marsala a Calatafimi

I piroscafi che portavano i Mille, il *Piemonte* e il *Lombardo*, giunsero davanti a Marsala eludendo la sorveglianza della flotta borbonica, che cercava d'intercettarli: anche le autorità napoletane erano perfettamente al corrente della spedizione, tanto poco segreti erano stati i preparativi avvenuti a Genova.

Due navi napoletane si presentarono davanti al porto proprio mentre i Mille stavano sbarcando. Ebbero un'esitazione e quando cominciarono a far fuoco, era troppo tardi e i garibaldini erano già al riparo, a terra.

Su questo ritardo è stato scritto molto: c'è chi sostiene che due navi inglesi, presenti nel porto, offrirono protezione ai garibaldini nel quadro di un qualche accordo segreto per favorire la spedizione. Altri dicono che la presenza delle navi britanniche – buona parte della produzione del vino Marsala era esportata in Inghilterra e la presenza nel porto cittadino di navi inglesi era un fatto abituale – ingannò i borbonici, che confusero le camicie rosse dei garibaldini con quelle dei marinai inglesi: ipotesi plausibile, se non per il fatto che, contrariamente alla credenza, all'inizio solo una piccola parte dei garibaldini indossava le camicie rosse, che poi diedero loro il nome.

Forse accadde la cosa più semplice: era ben difficile per un comandante ordinare di cannoneggiare un porto amico, con navi battenti bandiere diverse, tra le quali due che sbarcavano gente difficilmente riconoscibile, da lontano, come parte di una spedizione militare. Anche Giuseppe Bandi, che nelle sue memorie discute proprio l'ipotesi di «accordi segreti» a protezione dei Mille,[4] propende alla fine per un «contrattempo felice», dal punto di vista garibaldino.

In attesa di più degno monumento

Tra i tanti luoghi risorgimentali che ho visitato, Marsala è certamente quello dove il passato ottocentesco è più vivo, quasi palpabile. Per capirlo basta passare dalla marina ed entrare nella città vecchia per Porta Garibaldi, percorrere corso Garibaldi, bere qualcosa al caffè Garibaldi, oppure mangiare un panino Garibaldi o bere un bicchiere di marsala Garibaldi Dolce (che è una tipologia di marsala superiore). E sono solo alcuni esempi: l'eroe dei due mondi spunta ovunque, in ogni angolo della città. L'amore è poi ribadito dal piccolo, ma ben fatto Museo civico garibaldino, che vanta il personale più gentile e cordiale che mi sia mai capitato d'incontrare in un museo. (Amore peraltro ricambiato, come testimonia la vicenda della cavallina che il Generale ricevette dopo lo sbarco, battezzandola Marsala, e che portò sempre con sé, anche a Caprera, dove la seppellì con tanto di lapide, chiedendo poi di riposare al suo fianco.)

A questo legame forte, rinforzato dal fatto che, due anni dopo, Garibaldi tornò a Marsala per lanciare con il grido «Roma o morte» la campagna poi tristemente finita sull'Aspromonte, fa da contrasto abbastanza sgradevole la memoria ufficiale, per così dire, dell'avvenimento, quasi che l'affezione per il personaggio Garibaldi sia rimasta scissa da quella per la spedizione dei Mille.

Lo dicono due monumenti che non esito a definire grotteschi. Il primo è un cippo a un incrocio vicino al porto – neanche collocato sul luogo preciso dello sbarco –, che tra le frasi celebrative di prammatica reca la scritta «In attesa di più degno monumento». Data: 11 maggio 1893.

A fianco della strada e un poco appartata una stele riporta una commemorazione più recente, ma il monumento provvisorio rimane comunque il più in vista.

A poche centinaia di metri c'è invece quello che avrebbe dovuto essere il vero e grandioso monumento alla spedizione dei Mille, una sorta di gigantesca nave in cemento, collocata come se si fosse arenata sulla spiaggia. L'opera, iniziata negli anni Ottanta del Novecento, non è mai stata completata ed è sopravvissuta come struttura fatiscente, sporca e abbandonata: solo ultimamente mi è capitato di leggere sia di denunce politiche sul degrado in cui versa, sia di idee per un recupero almeno parziale. Certo che se quello che rimane come memoria di uno dei momenti più alti e gloriosi del Risorgimento italiano è quell'obbrobrio, bisogna trarre conclusioni spiacevoli su cosa sia la vitalità e la validità del ricordo risorgimentale.

Straccioni, carognoni, malandrini

L'11 maggio i Mille avevano terminato lo sbarco e nella notte parecchi di loro erano felicemente ubriachi dell'ottimo vino locale («Vi è un certo vino locale traditore e si è stati tanti giorni a digiuno!»).[5] Partirono per l'interno e durante la marcia vennero raggiunti dal barone di Sant'Anna con le sue squadre di picciotti. Doveva trattarsi di qualche centinaio di uomini, probabilmente i campieri delle tenute del barone:

> Montanari armati fino ai denti, con certe facce sgherre e certi occhi che paiono bocche di pistola. Tutta questa gente è condotta da gentiluomini ai quali ubbidisce devota.[6]

Non si sa di preciso quanti fossero questi picciotti, ma rappresentarono l'unico sostegno dato dai siciliani ai Mille, in questa prima fase, perché la popolazione rimase piuttosto fredda o timorosa.

Non è difficile immaginare che durante la marcia lo scoramento facesse presa su molti volontari: ci fu anche un disertore, che si consegnò ai borbonici, dichiarandosi pentito delle scelte fatte e ingannato su quanto avrebbe trovato nell'isola. Probabilmente a quanti iniziarono a dubitare delle possibilità di successo vennero in mente le tragiche storie degli altri che, prima di loro, avevano tentato imprese analoghe: Pisacane e i fratelli Bandiera, per fare i nomi più celebri. Ma anche se i dubbi erano forti, la mancanza di alternative tenne insieme quel piccolo esercito. Il *Piemonte* e il *Lombardo* erano stati catturati dai borbonici e non c'era altro modo di lasciare la Sicilia che da vincitori.

Perciò la colonna dei garibaldini si presentò al primo scontro con uomini in condizioni d'umore e di spirito molto diverse: chi si pentiva della propria giovanile irrequietezza, chi era soddisfatto delle scelte fatte, chi pregustava lo scontro prossimo.

Sul fronte opposto, quello che videro i soldati borbonici il 15 maggio 1860 non era che una strana accozzaglia di gente vestita nelle fogge più strane e differenti, che andavano dalle uniformi dell'esercito sardo (poche) a quelle dei carabinieri genovesi, dalle palandrane nere alle tuniche bianche e agli abiti colorati all'ultima moda. I cappelli comprendevano berretti militari e pagliette, lobbie cittadine e copricapo da caccia adorni di piume, con una certa preferenza per i cappelli conici da pastore o da bandito. Anche le armi erano le più varie e i napoletani, se a distanza non potevano distinguere che gran parte dei fucili erano solo schioppi vecchi e rugginosi, sicuramente notarono che abbondavano, soprattutto tra i picciotti, lance e picche. I due cannoni piccoli e antiquati di cui i garibaldini disponevano,[7] avendoli prelevati a Talamone, giunsero a Calatafimi a bordo di carretti siciliani dipinti con scene sacre.[8]

Insomma, agli occhi delle truppe borboniche non si presentò una minaccia seria. I soldati gridavano all'indirizzo di quei poveracci:

> Mo venimme, mo venimme straccioni, carognoni, malandrini.[9]

La battaglia di Calatafimi

Calatafimi, in sé, non fu che un piccolo scontro. Un migliaio di garibaldini male armati, con un numero imprecisato di picciotti come rincalzo, diedero l'assalto a un monte detto Pianto dei Romani, su cui erano attestati circa 2000 borbonici, in parte cacciatori e in parte fanti di linea, con due cannoni.[10] Queste truppe erano un terzo di una colonna comandata del generale Landi, inviata nella Sicilia occidentale per sgominare i piccoli focolai di ribellione che si erano accesi precedentemente all'arrivo dei Mille.

Con il complicarsi della situazione, Landi era stato raggiunto dall'ordine di rientrare a Palermo, ma prima di obbedire aveva voluto intraprendere un tentativo, per capire cosa fosse in realtà la spedizione sbarcata a Marsala di cui si parlava tanto. Da Alcamo, dove si trovava, aveva mandato tre piccole colonne in ricognizione a raggiera. Quella del Pianto dei Romani era una di queste, poi rinforzata con alcune truppe di riserva.

Quando i soldati napoletani, dall'altura su cui erano attestati, videro chi si andava schierando sul monte di fronte a loro, si lasciarono andare ai commenti sopra riportati ed è facile immaginare che si sentirono sollevati. Nei loro accampamenti circolavano voci preoccupanti, di militari piemontesi venuti per sollevare la popolazione siciliana e guidare una rivoluzione. Da quel che vedevano, le voci non avevano fondamento. Anzi, alcune compagnie di cacciatori pensarono di mettere in fuga facilmente la masnada e cominciarono a scendere dal poggio sparando. Quando si trovarono nell'avvallamento tra le due alture, secondo i racconti dei garibaldini, ebbero una prima sorpresa: sentirono una tromba suonare. Gli straccioni in rivolta di solito non avevano trombe! Poi un'altra sorpresa, il fuoco preciso dei carabinieri genovesi e quindi una carica alla baionetta, che li ricacciò indietro: a questo i borbonici proprio non erano abituati. Garibaldi nelle *Memorie* racconta che l'impeto dei suoi fu tale che dovette dare l'ordine generale di attacco, per andare a recuperare quelli che si erano spinti troppo avanti.

Così cominciò la battaglia vera e propria.

Il Pianto dei Romani presentava una serie di terrazzamenti bordati da muretti a secco, oltre che salite irregolari e più ripide. Ogni quota dovette essere conquistata alla baionetta, balzando fuori dai muretti in piena vista, anche se la conformazione del pendio causava frequenti angoli ciechi, in cui poter avanzare riparati o fermarsi a rifiatare in attesa dello slancio successivo.

Nonostante il coraggio dei garibaldini l'assalto non fu una cosa semplice. Bandi riferisce che a un certo punto la sua compagnia fu costretta a tornare all'attacco tre volte, per poter superare un gradino. Inoltre via via che il monte veniva scalato, i terrazzamenti diventavano sempre più piccoli e quindi aumentavano l'affollamento e la resistenza dei nemici. Garibaldi sostiene che la zona difficile fosse invece la valletta, esposta al fuoco. I balzi sui gradoni secondo lui erano più facili, perché brevi e «quasi al riparo delle offese».[11] In effetti, se oggi si sale sulla cima del monte, ci si rende conto che non era possibile tenere costantemente sotto tiro chi stava salendo.

L'ultimo assalto, contro le truppe nemiche al completo riunite sulla vetta, sembrava disperato e il mito garibaldino vuole che Bixio chiedesse al Generale se non fosse il caso di ritirarsi, ottenendo una risposta lapidaria, di quelle che passano direttamente nei libri: «Qui si fa l'Italia o si muore». Bandi, invece, riporta una frase meno eroica, ma più verosimile e credibile: «Ma dove ritirarci?».[12] Infine la vetta fu conquistata e un cannone catturato.[13]

In questa fase è probabile che avessero un ruolo fondamentale i picciotti siciliani, in maggioranza rimasti ad assistere allo scontro dalle alture circostanti. Un loro movimento in massa fece temere ai borbonici un tentativo d'accerchiamento, inducendoli ad abbandonare la posizione.[14]

Calatafimi oggi

Visitare il campo di battaglia di Calatafimi è un'esperienza che rimane irrisolta. Di tutti gli eventi di guerra del Risorgimento, Calatafimi è il più leggendario, il più *bello* per la memoria e il significato: il manipolo di volontari che affronta sacrifici e incognite, mette a repentaglio la vita in nome di un ideale e alla fine sconfigge il nemico, più forte, ma privo di *animus*.

In realtà, come s'è detto, non si trattò di uno scontro titanico e tuttavia è uno di quei momenti che restano nel cuore agli appassionati di storia. Con tutto ciò, il monumento più bello è lo stesso monte del Pianto Romano, così come appare, scosceso e imponente, tanto da mostrare immediatamente agli occhi del visitatore la difficoltà dell'assalto. In cima c'è un ossario, isolato e senza un'indicazione che possa davvero spiegare al passante ignaro cosa accadde lì intorno: non si vedono che le solite lapidi parecchio retoriche e molto poco esplicative.

La celebrazione del centocinquantesimo anniversario comunque ha portato una novità, perché sono stati collocati degli originali cippi in vetro, con i nomi dei caduti suddivisi per città di provenienza, formando una specie di viale delle rimembranze che unisce l'ossario a un tempietto posto nel luogo in cui presumibilmente avvenne l'ultima lotta. Tutto bene e tutto bello, ma un po' senz'anima. Cosa sarebbe costato aggiungere tre o quattro pannelli esplicativi oppure i volti malandrini e ribelli dei Mille a guardare i visitatori? Ai tempi fu approntato una specie di album con tutti i ritratti dei protagonisti: basterebbero questi a restituire un soffio di vita in più a quelle gesta lontane e a rompere la monotonia un po' polverosa delle rievocazioni sempre doverose e mai veramente sentite.

Riflessioni su una piccola grande battaglia

Nelle storie militari uno scontro avvenuto fra 3500-4000 uomini, facendo la somma delle parti contrapposte, di solito non viene nemmeno menzionato. Calatafimi invece è una delle grandi battaglie del Risorgimento, d'importanza fondamentale per la storia patria.

In primo luogo si trattò del successo indispensabile perché i Mille potessero proseguire nell'impresa. Se Garibaldi non avesse dimostrato con una vittoria che la sua presenza nell'isola era in grado di bilanciare i rapporti di forza con i borbonici, la popolazione non sarebbe mai insorta e la spedizione sarebbe finita probabilmente in un fallimento. Invece, sin dall'indomani della battaglia, la Sicilia riprese le armi contro i napoletani, attizzando gli odi rimasticati per decenni.

Il punto di vista dei borbonici

Le truppe napoletane che si ritiravano da Calatafimi vennero assalite dagli abitanti di Partinico e dovettero aprirsi la strada per Palermo con la forza. Fu un episodio di guerra civile feroce e senza quartiere, di quelli che erano l'incubo di ogni esercito, dalla guerra spagnola in poi. Non si sa di preciso cosa successe, ma molti garibaldini scrissero del disgusto provato quando giunsero nel paese il giorno seguente, vedendo corpi abbandonati ai lati della strada che cominciavano a gonfiarsi e a puzzare. Bandi aggiunge che certi partinicesi arrostirono a metà cottura alcuni cadaveri di soldati, per poterli mostrare come trofei a «Garibardo». Non per nulla i prigionieri borbonici presi dai Mille espressero tutto il loro sollievo per essere stati catturati dai «piemontesi» e non essere caduti nelle mani crudeli dei siciliani.

La sfortunata colonna napoletana in seguito venne nuovamente assaltata, a un guado, e perse anche alcuni carriaggi. Così a Palermo, insieme con i soldati sconfitti e sfiduciati, giunse anche una ricostruzione della battaglia destinata a influire pesantemente sull'idea della guerra che si stavano facendo i comandanti borbonici.

Prima dello sbarco di Marsala il generale Ruffo di Castelcicala, reduce di Waterloo (definito da Pieri, solitamente molto equilibrato, «vecchio fossile fatalista e flemmatico, senza più esperienza di guerra»),[15] aveva avuto a che fare, nel suo ruolo di comandante delle truppe nell'isola, solo con focolai di rivolta, numerosi ma militarmente poco temibili, che si disperdevano con poche fucilate. Adesso la situazione appariva tragicamente mutata. Landi presentava così la situazione all'indomani di Calatafimi:

> Soccorso, pronto soccorso. Le bande uscite da Salemi hanno coronato le colline a sud e sud ovest di Calatafimi – le masse dei

siciliani uniti alla truppa italiana sono d'immenso numero [...]. Io sono in Calatafimi sulla difensiva giacché i ribelli in immenso numero fanno mostra di volermi aggredire – prego V.E. spiccare a volo un forte rinforzo di fanteria e almeno mezza batteria perché le masse sono enormi – temo di essere aggredito e mi difenderò quanto potrò, ma se non mi giunge prossimo soccorso dovrò protestarmi e non saprei come potrebbe succedere la cosa: la posizione è troppo critica e la privazione dei mezzi di difesa mi mette nella più grande costernazione [...]. La mia colonna è circondata da nemici senza numero.[16]

Le «masse dei siciliani» e i «nemici senza numero» gettavano un'ombra minacciosa sulla guerra ed è fondamentale capire che contro questo nemico ritennero di dover combattere i borbonici, non contro l'eroico e sparuto gruppo di volontari sbarcato a Marsala. Se non se ne tiene conto, non si comprendono gli avvenimenti che seguirono.

40
Palermo

Nonostante dubbi e timori, a Palermo i borbonici erano molto forti, soprattutto dopo che avevano richiamato le loro colonne mobili dalle varie zone dell'isola e riunito la gran parte delle forze nella capitale. Schieravano 20.000 dei 25.000 uomini disponibili in Sicilia, con abbondanti munizioni, artiglieria e anche navi, caso mai servisse portarli in qualunque punto della costa.

Considerando i semplici numeri – 20.000 soldati da una parte, armati di tutto punto, e un migliaio dall'altra, a dir poco scalcagnati, a cui si potevano aggiungere i picciotti rivoltosi, di dubbia efficacia militare –, non ci sarebbero state discussioni sull'esito prevedibile della battaglia. I Mille non avevano scampo.

Il problema è che noi, oggi, conosciamo lo squilibrio delle forze: chi guardava la situazione dalle finestre del Palazzo reale di Palermo, in quel maggio 1860, vedeva un altro quadro. Dai rapporti che giungevano e dal risultato della prima battaglia doveva credere d'avere alle porte della città un forte esercito piemontese, che guidava un «immenso numero» d'insorti siciliani. «Ma allora siete davvero bersaglieri piemontesi»[17] avrebbero concluso alcuni ufficiali borbonici, tempo dopo, durante una tregua, vedendo un garibaldino colpire un colombo al volo.

Il fatto stesso di richiamare le colonne mobili era un segno di debolezza: si giudicava che distaccamenti di 5000 uomini con cavalleria e artiglieria non fossero sufficienti per far fronte al nemico. Riunendo le forze, i comandi borbonici pensavano di mettersi al sicuro, ma abbandonavano la parte centroccidentale dell'isola all'insurrezione.

Non era poi solo una questione di numeri.

Le testimonianze concordavano sul fatto che gli «italiani» non rispettavano le regole della guerra, gli schieramenti e i canoni dell'arte militare: assaltavano sempre alla baionetta e questo spiazzava sia gli ufficiali sia i soldati borbonici, abituati all'ordine e al rigore delle esercitazioni formali nei cortili delle caserme. Si diceva che combattessero come selvaggi (lo stesso che per gli zuavi e i *turcos* francesi, con cui i garibaldini avevano molte somiglianze) e che contro di loro non servissero le file e gli allineamenti sui quali tanto insistevano gli ufficiali nelle manovre. In più i soldati regi erano spaventati dagli insorti siciliani: le crudeltà che insanguinavano l'isola sin dai tempi di Messina erano note a tutti e si diffondevano voci terrorizzanti – anche se non necessariamente vere – dell'orrenda fine riservata a feriti e prigionieri.

Sulle montagne

Occorreva prendere misure. La prima fu la sostituzione del comandante. Venne fatto un tentativo per richiamare quel Carlo Filangieri che s'era messo in luce sin dai tempi di Murat e aveva salvato la situazione – dal punto di vista di Napoli – ai tempi della rivolta di Messina. Ma ormai il generale era vecchio e forse stanco d'essere considerato come una spada da estrarre nel momento del bisogno e da riporre non appena chiedeva riforme per uno Stato che vedeva andare a fondo.

Filangieri rifiutò e a Palermo arrivò il generale Lanza, settantaduenne, di un anno più vecchio del predecessore Ruffo di Castelcicala. Cattaneo avrebbe senz'altro parlato di vecchie *chabraques*, come aveva fatto per i comandanti piemontesi del 1848. Comunque Lanza agì con cautela – aveva pur sempre di fronte un'armata misteriosa, diabolica e di «immenso numero» –, ma con le idee chiare: bisognava difendere Palermo, impedendo che i garibaldini vi entrassero ed accendessero la miccia della rivolta.

La capitale siciliana si trova in una conca circondata da montagne: Lanza pensò di usarle come bastione e creò una linea di difesa formata da presidi disposti attorno alla città, con fulcro nella cittadina di Monreale, sulla strada proveniente da occidente. Non sapeva che Garibaldi aveva, tra le sue doti più spiccate, la capacità di confondere le idee all'avversario, muovendosi in modo imprevedibile e inventando diversioni e finte. Così s'era comportato sulle Prealpi nel 1848, nella ritirata da Roma nel 1849 e ancora nelle Prealpi nel 1859, quando alla guida dei suoi cacciatori aveva tratto in inganno una divisione austriaca.

In Sicilia il Generale non si smentì.

Tra il 18 e il 19 maggio giunse in vista di Palermo, sulle montagne che coronano la città, e il 21 tentò di avanzare proprio verso Monreale, ma venne fermato e ricacciato. Una colonna borbonica ne approfittò per sorprendere un concentramento di insorti e sbaragliarlo, uccidendo tra gli altri Rosolino Pilo, uno dei primi e principali animatori della rivolta isolana.

La situazione era difficile e le difese di Palermo sembravano invalicabili. Garibaldi mosse i suoi uomini sotto la pioggia, costringendoli a una marcia notturna per stradine mal segnate tra i monti. Intanto i borbonici non restavano fermi ad aspettare, ma inviavano distaccamenti e colonne a raggiera attorno alla città, per evitare concentramenti del nemico. Il 24 Garibaldi incappò in una di queste colonne, guidata dal più attivo dei comandanti borbonici, lo svizzero Von Mechel, colonnello dei mercenari, e rischiò di trovarsi circondato. Per sottrarsi dovette di nuovo mettere i suoi in marcia sotto la pioggia.

Il morale dei garibaldini era scosso, quello degli insorti siciliani ancora di più: da una settimana vagavano per i monti senza riposo, sotto l'acqua e sempre fuggendo come selvaggina braccata. A quel punto il Generale ordinò di prendere la via per Corleone, dando l'idea di volersi allontanare da Palermo e di ritirarsi verso il centro dell'isola, per riorganizzare le truppe e gli insorti. Invece, dopo pochi chilometri, divise le forze. Ordinò che qualche carro, con i pochi e inutili cannoni, i feriti e quanti tra i suoi uomini, e soprattutto tra i picciotti, non volessero più seguirlo, continuassero per Corleone. Il grosso della truppa, intanto, abbandonava la strada principale e puntava verso est, lungo viottoli disagevoli tra boschi e monti.

Von Mechel, con un altro dei migliori ufficiali borbonici, il colonnello Beneventano del Bosco, si pose all'inseguimento: tutte le persone che interrogava confermavano la direzione della ritirata e l'umore depresso dei ribelli. Non ebbe quindi nessun dubbio che Garibaldi si fosse incamminato verso il centro dell'isola e s'allontanasse da Palermo. I suoi uomini, 3000 cacciatori scelti, il meglio delle forze in Sicilia, proseguirono. Avesse potuto mandare in esplorazione pattuglie di cavalleria, il colonnello svizzero si sarebbe probabilmente accorto dell'inganno. Sapeva d'inoltrarsi in territori pericolosi, in cui era facile che piccoli gruppi di soldati regolari venissero aggrediti e sopraffatti dagli insorti; così inseguì i fuggitivi con lentezza e prudenza, tenendo i suoi sempre raggruppati.

I Mille attorno a Palermo, 20-26 maggio 1860

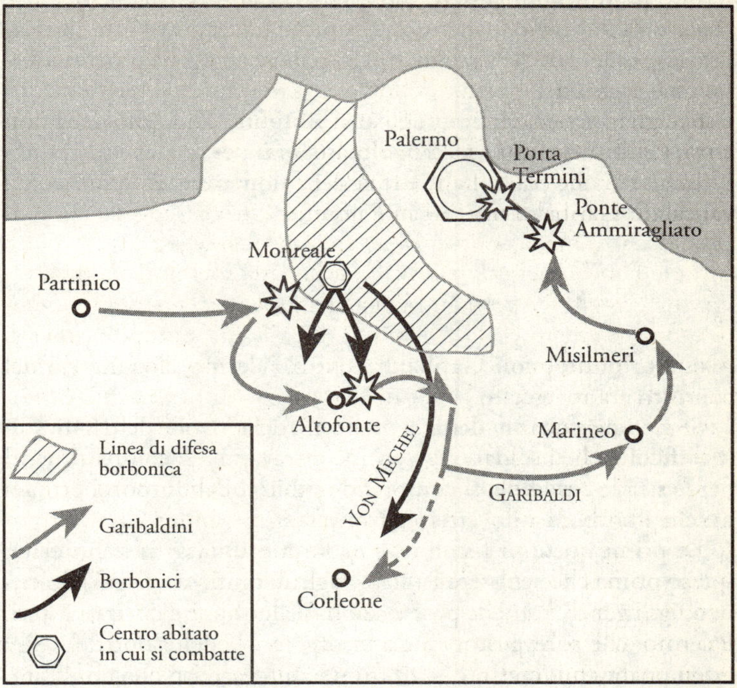

Mentre Von Mechel si allontanava, convinto di tallonare il nemico, Garibaldi faceva un largo giro, rimanendo sempre lontano dalle vie principali e occultato nei boschi, per portarsi a est di Palermo. Da quella parte, dove nessuno l'aspettava, il 26 maggio cominciò la discesa verso la città.

Le difese borboniche erano concentrate soprattutto a ovest e a sudovest, ma ugualmente i garibaldini e i picciotti dovettero combattere per aprirsi la strada. Superarono il ponte dell'Ammiragliato, preso d'impeto dopo qualche sbandamento (l'episodio è ricordato in un famoso dipinto di Guttuso), e quindi si presentarono davanti alle mura, a Porta Termini.

Non si trattava di un ostacolo da poco: la porta in sé era poco protetta, difesa da un contingente sparuto, ma per raggiungerla bisognava attraversare uno stradone battuto d'infilata da due cannoni, che sparavano a mitraglia, e dal fuoco di una nave da guerra. Ugualmente, però, bisognava fare in fretta, prima che dalle caserme cittadine giungessero i rinforzi ai difensori. Alcune squadre passarono d'impeto e poi venne approntata una sorta di barricata trasversale, che servisse da riparo almeno parziale e permettesse il passaggio del grosso.

Per rincuorare i più timorosi, sulla barricata salì il genovese Francesco Carbone, che si sedette e rimase lassù per qualche tempo tra il fischiare delle palle. La mattina della domenica di Pentecoste i garibaldini entrarono infine in Palermo.

Lotta fra le case

A questo punto, con Garibaldi dentro Palermo, l'equilibrio del conflitto era rovesciato.

Se si torna a quanto detto, a proposito delle rivolte del 1848, sulle difficoltà che i soldati regolari incontravano nei combattimenti per le strade cittadine, si comprende subito quali furono i problemi che i borbonici dovettero affrontare.

Le prime reazioni furono di assoluta brutalità: case bruciate, spesso prima che venissero lasciate dagli abitanti, saccheggi, violenze d'ogni genere e anche profanazioni delle chiese e dei monasteri. Palermo, che pareva titubante a insorgere – la delusione del 1849 era stata davvero cocente –, di fronte a un esercito che non esitava a considerarla nemica si ritrovò unita e risoluta. Perfino il clero, arcivescovo compreso, scese a patti con l'ateo Garibaldi. Per quanto riguarda questo aspetto, è interessante notare che a fianco dei garibaldini, in gran parte anticlericali e mangiapreti, i palermitani combatterono con l'immagine di santa Rosalia sulle armi: nessuno diede peso alla differenza.

Le precedenti esperienze – in Sicilia e altrove – avevano evidenziato che per i rivoltosi il problema prioritario, nello scontro con un esercito che cercava di piegarli, fosse la leadership, ovvero chi avesse l'autorità e l'autorevolezza per prendere le decisioni. A Palermo nel 1860 era disponibile la guida più carismatica che si potesse immaginare. Inoltre i garibaldini, idealisti, colti, spesso laureati, si dimostrarono una forza decisamente adatta per sostenere un'insurrezione.

A Milano, nel 1848, Radetzky con 18.000 uomini aveva dovuto cedere e lasciare la città: perciò non ci si deve stupire, se i comandanti borbonici con i loro 20.000 soldati non riuscirono a fare nulla di più. Inoltre le loro truppe scelte e i due ufficiali più intraprendenti, Von Mechel e Bosco, stavano ancora inseguendo i cannoni di Garibaldi sulla strada per Corleone.

Le barricate

Ben presto in tutta Palermo sorse una ragnatela di barricate. Nelle rare fotografie d'epoca si vedono anche tre o quattro sbarramenti lungo ogni strada rettilinea, a una cinquantina di metri l'uno dall'altro.[18] Tentare di assaltarli significava un poco come entrare nelle gabbie successive di una tonnara: superato un ostacolo, ci si trovava bloccati da un altro, mentre si veniva bersagliati dalle finestre delle case e dai tetti. Per giunta molte barricate non erano semplicemente cataste di mobili e botti, ma erano state costruite in muratura: Bandi assicura che alcune superavano in altezza il primo piano delle abitazioni.

Da parte loro i borbonici erano raggruppati principalmente nel Palazzo reale, nel Castellamare, nella Zecca e in pochi altri punti della città. Posizioni forti, ma impossibilitate perfino a comunicare tra loro e con gravi problemi di approvvigionamento. Per avere sottomano le sue forze, Lanza ordinò alle guarnigioni esterne di Monreale e Altofonte di rientrare in città, per unirsi alle altre a Palazzo reale. Non fu una buona idea: la massa di migliaia di soldati racchiusi in poco spazio non fece che peggiorare la situazione logistica, senza migliorare le possibilità di vittoria.

Ci furono numerosi combattimenti (i più importanti all'arcivescovado, alla cattedrale e al bastione Montaldo), ma senza esito decisivo. La situazione era bloccata: per i rivoltosi era quasi impossibile cacciare i soldati dai loro capisaldi; per le truppe regolari il sistema delle barricate era pressoché insuperabile. I borbonici ricorsero anche al bombardamento, che iniziò il 27 e durò ininterrottamente per tre giorni, causando gravi danni (anche questi documentati da fotografie, che mostrano palazzi sventrati e case crollate)[19] e molti morti, ma senza altro risultato se non quello di fortificare il morale dei palermitani, spinti a resistere con ancora maggior decisione.

La battaglia fondamentale probabilmente fu combattuta internamente alle truppe borboniche, nei cortili di Palazzo reale, dove quasi 15.000 soldati rimasero ammassati – vivi, morti e feriti – con poco cibo, poca acqua e quasi senza lo spazio per sdraiarsi la notte. Regnava il malumore, che sfociò in molte diserzioni, in episodi d'insofferenza, d'indisciplina e perfino di sedizione. Alcuni mercenari aggredirono un ufficiale e questo dovette rappresentare un duro monito per i comandanti.

La tregua

Il 30 maggio, dopo quattro giorni di combattimenti, Lanza inviò a Garibaldi i suoi plenipotenziari, per trattare una tregua che alleviasse le sofferenze dei soldati chiusi nei palazzi (si noti che i tempi sono all'incirca quelli milanesi del 1848; diverso, però, l'esito: Radetzky non ottenne la tregua, Lanza sì).

Accadde uno straordinario caso del destino o, se si preferisce, rifulse la buona stella del Generale. La tregua era in vigore da pochi minuti, quando a Porta Termini si presentò Von Mechel con la sua colonna. Inutilmente alcuni garibaldini cercarono d'avvisare l'ufficiale che i combattimenti erano sospesi: il colonnello svizzero avanzò fino al quartiere di Fieravecchia, dove venne fermato da due ufficiali borbonici, che portavano il sofferto ordine del generale Lanza di rispettare gli accordi presi. I rinforzi che avrebbero potuto rovesciare le sorti della battaglia di Palermo dovettero desistere e ben presto furono avviluppati da una ragnatela di barricate, che li rese inoffensivi.

Allo scadere della tregua la situazione non era cambiata. Ci fu una proroga, che diede modo ai Mille e ai palermitani di rinforzarsi ancora e di procacciarsi armi e polvere da sparo, di cui difettavano.

Intanto i comandi borbonici vivevano giorni di passione, dibattendosi tra i piani per la ripresa delle ostilità e la prospettiva della resa, mentre le truppe si lasciavano andare sempre più spesso a episodi d'insubordinazione e di diserzione. Da Napoli giungevano pochi aiuti: nel 1849, per Messina, re Ferdinando non aveva avuto esitazioni a ordinare la violenza estrema contro la città ribelle; per Palermo, Francesco II, che era sul trono da pochi mesi, non ebbe lo stesso cinismo e preferì lasciare ai militari ogni decisione.

Lanza e i suoi aiutanti probabilmente capivano che ostinarsi nella lotta avrebbe condotto a un bagno di sangue; sapevano di avere di fronte una città piena di barricate, con le grondaie dei tetti ricolme di sassi da lanciare sui soldati, ma soprattutto 160.000

abitanti decisi a resistere, che ricevevano ogni giorno rinforzi dalle province, erano organizzati dai *piemontesi* e comandati da un *diabolico* capo straniero. In queste condizioni non era da escludere che la battaglia, dopo violenze da far impallidire il ricordo di Messina, finisse con la sconfitta e la vendetta della popolazione inferocita, che avrebbe assalito e squartato i soldati, come già succedeva agli sbirri che venivano riconosciuti e catturati dalla parte sbagliata delle barricate.

La decisione era difficile e il tempo giocava a favore di Garibaldi. Alla fine le drammatiche condizioni delle truppe chiuse nei palazzi imposero la scelta: il 6 giugno venne firmata la capitolazione e il 19 s'imbarcavano gli ultimi soldati borbonici che lasciavano la città.

Gli undici giorni che cambiarono l'Italia

Nella storia militare del Risorgimento ci sono state molte fasi cruciali, nel senso letterale della parola: incroci in cui era chiaro, quasi palpabile, che si stesse decidendo la direzione degli avvenimenti futuri. Così fu agli inizi della Prima guerra d'indipendenza, per quella che ho definito occasione sprecata; così, probabilmente, anche nei primi giorni della Seconda guerra d'indipendenza, quando si fronteggiavano gli eserciti austriaco e piemontese, mentre il francese era ancora lontano.

Ma il momento in cui la sorte si trovò più in bilico e in cui, con estrema facilità, avrebbe potuto imboccare una via completamente diversa da quella effettivamente presa, è costituito dagli undici giorni che passarono tra Calatafimi e l'ingresso in Palermo dei garibaldini, tra il 15 e il 26 maggio 1860. Durante la battaglia e poi durante le spossanti marce per i monti attorno alla Conca d'oro, la spedizione dei Mille rimase sospesa tra l'ennesima tragedia degli idealisti – un disastro come quelli dei fratelli Bandiera e di Pisacane, ma di proporzioni maggiori – e il trionfo dell'incredibile e dell'imprevedibile.

Solo quando Garibaldi riuscì a entrare nella città, la vicenda imboccò una via precisa – almeno per quanto riguardava i destini dell'isola –, contraria ai borbonici. Infatti, solo diversi giorni dopo la capitolazione, il 18 giugno, giunse nell'isola la prima spedizione di rinforzo, guidata da Giacomo Medici: 2500 uomini con 8000 ottimi fucili Enfield; ne seguirono altre due, agli ordini di Cosenz e del toscano Malenchini. E con Medici probabilmente arrivarono le prime aperture governative piemontesi: l'impresa che fino a quel momento era stata ignorata – non era stata impedita, ma nemmeno aiutata –, adesso diventava un tema politico e diplomatico su cui lavorare. Per Cavour, soprattutto, rappresentava un'inaspettata riapertura dei giochi nella penisola e una possibilità d'espansione perlomeno inattesa. Dal suo punto di vista, però, diventava importante tenere la Sicilia nell'alveo delle conquiste piemontesi e impedire che diventasse una sorta di covo rivoluzionario.

Sul fronte opposto si cominciavano a vedere i limiti del giovane re Francesco II – Franceschiello o Lasagna, com'era soprannominato –, un uomo probabilmente di buona indole, ma abulico e titubante, perennemente angosciato dal paragone con il padre, sovrano cinico e ottuso, ma anche personaggio fascinoso, perché simpatico e popolaresco e sicuramente molto risoluto nella difesa dei suoi interessi.

Nelle fasi cruciali Francesco II non seppe mostrarsi deciso e crudele come il padre – ordinando la guerra senza quartiere e a qualunque costo contro insorti e *piemontesi* – e nemmeno scegliere una strada veramente innovativa di riforme coraggiose. Anche chi gli stava intorno non fu in grado di consigliarlo: la corte e persino i suoi parenti più stretti si dividevano tra conservatori rigidissimi e liberali con aperte simpatie piemontesi. Dando retta a questi ultimi, Francesco, non si sa con quanta convinzione, concesse la Costituzione e cercò d'intavolare trattative con il Regno di Sardegna e perfino con Garibaldi, per scongiurare la prosecuzione della guerra. La mossa non diede grandi risultati, se non quello di rendere ancora più confusi e irresoluti i comandanti sul campo, già abbastanza inetti e per di più in conflitto fra loro.

Dopo la resa di Palermo la presenza piemontese e l'assenza napoletana diventarono le due variabili esterne della spedizione: entrambe sono argomenti scabrosi, complessi, ancora oggi poco chiariti, che questa narrazione, occupandosi solo dei campi di battaglia, può schivare. Come del resto aggira un altro tema spinosissimo e per molti versi doloroso, che fu protagonista proprio nei mesi seguenti la conquista di Palermo.

Moltissimi contadini siciliani parteciparono all'avventura garibaldina e aderirono alla leva di un esercito meridionale spinti dalla speranza che cambiasse qualcosa nella situazione ancora feudale delle campagne. All'idealità patriottica e ai sogni unitari si affiancarono e si contrapposero potenti temi di rivolta sociale, per la distribuzione delle terre e un profondo rinnovamento politico.

Garibaldi e i garibaldini affrontarono la questione in modo perlomeno equivoco. Dove poterono, la tennero in secondo piano, considerando come priorità la guerra contro il Borbone. Dove la rivolta si spinse troppo oltre, a Bronte per esempio, minacciando una rivoluzione che avrebbe rovesciato gli equilibri sociali e compromesso il sostegno di cui la spedizione aveva bisogno, scelsero la via della repressione dura, arrivando a imprigionare e a fucilare i ribelli.

Il problema passò così, pari pari, come una patata bollente, all'amministrazione sabauda, che tutto poteva, meno che comprendere ragioni e bisogni delle miserie siciliane.

41
Milazzo

La vittoria di Palermo aveva certamente scosso il morale dei borbonici e portato alle stelle quello dei garibaldini e dei siciliani. Però non aveva posto fine alla guerra. Nella Sicilia orientale la superiorità borbonica era molto marcata, nei numeri e negli armamenti: 22.000 uomini, compresi quelli usciti da Palermo, un nuovo comandante, il generale Clary, e un sistema difensivo più efficiente. Il fulcro era Messina, dalla quale s'irradiavano distaccamenti più piccoli. Tra questi uno soprattutto era importante: Milazzo.

La città rappresentava l'avamposto verso Palermo, controllava la strada costiera ed era situata in posizione fortissima, su una penisola che si poteva attaccare solo da sud e che era dominata da un castello armato con quaranta cannoni.

Garibaldi, che nel frattempo era stato raggiunto da altri volontari provenienti dall'Italia settentrionale, cui si aggiungevano gli insorti, le bande locali e i primi reparti della leva dei siciliani (non molti, non entusiasti, ma comunque presenti), aveva diviso le sue forze in tre colonne, allo scopo di prendere il controllo dell'intera isola e anche, probabilmente, per giocare sulla confusione dei borbonici. Le colonne puntavano tutte verso est: la maggiore, guidata da Medici, procedeva per la litoranea tirrenica; le due meno numerose, comandate da Bixio e dall'ungherese Eber – ufficiale garibaldino e corrispondente del «Times» di Londra –, passavano per l'interno.

Quando giunse a Barcellona, Medici venne a sapere che truppe borboniche erano uscite da Messina e si dirigevano verso Milazzo. Non si trattava di un distaccamento numeroso, poco meno di 4000 uomini, ma era formato da soldati scelti, agli ordini di Ferdinando Beneventano del Bosco, considerato uno degli ufficiali più decisi e attivi dell'esercito di Francesco II. Medici, non appena la colonna nemica fece il suo ingresso nella città, occupò le posizioni che chiudevano la penisola e attese l'arrivo di Garibaldi e dei rinforzi.

La situazione era delicata: se i garibaldini avessero continuato ad avanzare lungo la costa verso est, avrebbero rischiato di trovarsi imbottigliati tra le forze di Messina e quelle di Milazzo. Un biglietto trovato addosso a una donna che cercava di passare le linee illustrava invece un altro pericolo: nel caso le camicie rosse si fossero fermate per attaccare la città, avrebbero dovuto essere prese alle spalle da una colonna uscita da Messina e bombardate dal mare. Fortunatamente per i Mille la missiva non arrivò a destinazione e il piano non ebbe seguito. D'altro canto i comandi messinesi, probabilmente in urto con il ministero della Guerra a Napoli, non fecero niente per mostrarsi propensi all'azione.

Una durissima battaglia

Sul campo le forze grossomodo si equivalevano. I borbonici, tra guarnigione e forze fresche, contavano meno di 5000 soldati, con una discreta dotazione di cannoni. Garibaldi aveva qualche uomo in più, ma nessun cannone.[20] Inoltre molti dei suoi erano volontari appena giunti e ancora poco addestrati oppure siciliani alla prima esperienza del fuoco; la gran parte dei veterani di Calatafimi e Palermo si trovavano con Bixio o con Eber.

Il terreno era del tutto a favore dei difensori. I garibaldini dovevano attaccare passando per una specie di brughiera – all'incirca dove oggi ci sono i quartieri a nord dell'autostrada – e poi per un intrico di casette, muri a secco, siepi di fichi d'india, filari di viti, in cui era facile organizzare la difesa. La linea del fronte andava restringendosi, via via che ci si avvicinava all'abitato, fino a giungere al punto più stretto, dove iniziava la città vera e propria, dominata dal castello.

Garibaldi così descriveva il campo di battaglia: la destra dello schieramento borbonico era scaglionata davanti all'abitato, protetta dalle artiglierie del forte, e «avea la fronte coperta da varie linee di fichi d'India». Il centro, invece, era rappresentato da un muro assai solido, in cui erano state aperte feritoie. L'ala sinistra, infine, «facea martello» rispetto al resto dello schieramento, cioè poteva prendere d'infilata chi attaccava il centro.[21]

All'alba del 20 luglio l'attacco cominciò con una mossa falsa.

Vincenzo Malenchini, un ufficiale giunto con gli ultimi rinforzi, portò i suoi uomini inesperti all'assalto di una forte posizione di cacciatori borbonici, muovendo su una spiaggia senza ripari. Subì molte perdite, che fecero vacillare tutta l'ala sinistra, fino a che non intervenne Cosenz per arginare il contrattacco nemico.

Il resto della giornata non fu altro che una sequenza ininterrotta di assalti garibaldini contro le posizioni napoletane, ora una casa, ora un muretto, ora un argine. Le azioni erano condotte con la consueta foga, anche se non sempre con discernimento. Garibaldi stesso annotò che molte cariche «potevano evitarsi» e altre si dimostrarono inutili, perché non portavano a «scoprire» il nemico nascosto tra case, muretti e alberi. Il fatto era che quando le cose si complicavano, c'erano sempre il Generale in persona o uno dei suoi migliori ufficiali – Medici, Simonetta, Missori, Cosenz o l'inglese John Dunne con il suo battaglione di giovanissimi siciliani biancovestiti – pronti a intervenire per chiudere le falle.

Come già s'era visto nelle esperienze precedenti, Garibaldi in prima linea equivaleva a un intero reparto di rinforzo: trovava un'unità demoralizzata e decimata, la riorganizzava e la portava al successo, ne raccoglieva un'altra e la conduceva in un punto del fronte dove c'era bisogno d'aiuto, in ogni modo infondeva sempre entusiasmo e fiducia agli uomini. Altrettanto, anche se non con la stessa efficacia, si prodigavano i suoi ufficiali.

Però, dall'altra parte, anche il colonnello Bosco agiva in prima a linea, a differenza di tanti suoi colleghi: anche questo serve a spiegare la resistenza dei borbonici a Milazzo.

Una nave inattesa

L'assalto procedette in tre fasi. La prima si svolse nell'intrico di case che stavano davanti alla penisola. La seconda riguardò un ponte, passaggio obbligato battuto dal fuoco di due cannoni, che venne conquistato con una attacco guidato dallo stesso Garibaldi, da Missori e da Dunne.

Quando il primo pezzo fu catturato, Bosco mandò una squadra di cavalleggeri a riprenderlo. Durante la carica Garibaldi e Missori si trovarono isolati sulla strada: l'uno si difese con la sciabola, uccidendo un cavaliere, l'altro con la pistola. L'episodio divenne presto leggenda e l'immagine di Garibaldi che duella con l'ufficiale dei cavalleggeri borbonici fu riprodotta in mille stampe.[22] Ma anche questo dimostra, ancora una volta, quanto la spedizione dei Mille fosse legata alla buona stella del comandante, che restava sempre in prima linea e si esponeva a ogni pericolo.

La terza fase vide i garibaldini avvicinarsi al nucleo centrale dell'abitato, dove le posizioni borboniche erano più forti, anche perché protette dalle artiglierie del castello. La situazione sembrava bloccata, ma apparve il *deus ex machina*. La prima nave borbonica passata ai garibaldini, la *Veloce*, ribattezzata *Tüköry* e armata di dieci cannoni, apparve inaspettatamente, accostò all'ala destra e prese a bordo Garibaldi. Questi, appollaiato tra il sartiame, diresse il tiro contro i capisaldi della difesa napoletana o forse contro una colonna che si stava preparando a un contrattacco.[23] Presi di sorpresa e costretti ad abbandonare le posizioni, a metà pomeriggio, i borbonici si ritirarono nel castello, ponendo fine alla battaglia.

A sera, nella città conquistata, Garibaldi fu visto cenare con pane, acqua e cacio e poi dormire sotto il portico di una chiesa, con la sella come cuscino. L'immagine, ritratta anche sul locale monumento ai caduti e raccontata, tra gli altri, da Alexandre Dumas, è un'altra celebre icona dell'eroe vittorioso, che non abbandona le sue abitudini semplici e frugali. La giornata era stata sanguinosa per i garibaldini: 800 tra morti e feriti contro 150 borbonici caduti. Ma c'era un motivo: le camicie rosse avevano attaccato quasi ininterrottamente un nemico in forti posizioni, dal primo mattino a metà pomeriggio, sotto il sole implacabile del luglio siciliano.

Visitando Milazzo, oggi quasi non ci si accorge che la città fu luogo di un importante episodio risorgimentale: non se ne trovano tracce, se non fosse per i nomi delle vie (una delle principali e un caffè sono dedicati a Giacomo Medici) e per un monumento ai caduti sul lungomare. Resta comunque il castello, magnifico e imponente, a dominare l'abitato. Il campo di battaglia, invece, è stato ormai interamente inglobato nei nuovi quartieri meridionali.

Il crollo dei borbonici in Sicilia

La sconfitta di Milazzo ebbe un effetto disastroso sul morale dei borbonici, soprattutto dei comandanti, ormai ristretti nella piazzaforte di Messina. Disponevano di forze consistenti e potevano ancora contare su una certa superiorità, che però si faceva via via sempre meno marcata: il problema era che non riuscivano a decidere un piano di operazioni, né a rendersi conto delle forze che dovevano affrontare.

Per tutto il mese di agosto Clary fece e disfece piani e progetti. La sua necessità più urgente era di portare soccorso agli uomini di Bosco, assediati a Milazzo. Avrebbe potuto marciare verso la penisola e cercare battaglia, contando sul miglior addestramento delle truppe al combattimento in campo aperto, rispetto ai volontari di Garibaldi; avrebbe potuto inviare rinforzi e rifornimenti via mare e addirittura ordinare un bombardamento navale. Ma non fece nulla e a fine agosto Bosco e i suoi si arresero.

Restava ancora Messina, con la sua formidabile cittadella. Tuttavia pesavano come macigni i contrasti con Napoli e soprattutto l'irresolutezza all'azione. Clary, timoroso di un attacco diretto e di una sollevazione dei messinesi, restio a uscire dalle possenti difese per paura di lasciarle sguarnite, recalcitrante a restarvi asserragliato con truppe demoralizzate e sempre meno obbedienti, non confortato da un governo diventato da poco costituzionale e in realtà litigioso e anch'esso irresoluto, alla fine cedette e firmò la capitolazione. La fortezza sul porto rimaneva in mani borboniche, ma con forze ridotte e l'impegno a non intraprendere atti ostili: cioè a non intervenire contro i garibaldini, qualunque fosse la loro azione. Se non era una resa totale, ci mancava poco.

42
Perché vinsero?

C'è una domanda che viene in mente a tutti e a cui bisogna trovare una risposta: come fu possibile che i garibaldini, pochi e malandati (almeno all'inizio), riuscirono a sconfiggere truppe enormemente superiori di numero, meglio addestrate, ancor meglio armate e comunque capaci, a detta di tutti i testimoni, di battersi con coraggio e tenacia?

Su questo tema ultimamente si affrontano due interpretazioni all'incirca opposte: una, che si può definire classica e nordista, vuole i garibaldini vincenti perché bravi e idealisti contro un regime oppressivo e fatiscente; una seconda, di formulazione più recente, che si potrebbe dire revisionista e sudista, vede nella spedizione dei Mille l'esito di una congiura internazionale, che ottenne successo praticando la corruzione dei militari borbonici e perpetrando un raggiro nei confronti dei patrioti meridionali. Tutto ciò, s'intende, a favore del Piemonte e dei grandi capitali, soprattutto inglesi.

Si tratta ovviamente di semplificazioni, ma il problema c'è e credo sia abbastanza sentito. Provare a dare una risposta, anche se parziale e limitata alle questioni militari, può illuminare su alcuni aspetti del Risorgimento.

Garibaldi

Dunque, perché i Mille vinsero? Una prima risposta è addirittura ovvia: perché avevano Garibaldi, ovvero un ottimo comandante con una capacità stupefacente di semplificare i termini della guerra. Dove un generale tradizionale vedeva «avviluppamenti», «movimenti retrogradi» o distinzioni tra «offrire» o «ricevere battaglia», Garibaldi vedeva una casa da conquistare, una collina su cui resistere o un reparto da rincuorare. Aveva una personalità assolutamente carismatica e chi lo incontrava lo seguiva come un messia.

Questo paragone non è fuori luogo: molti popolani, soprattutto donne, lo invocavano come una divinità vivente e gli chiedevano miracoli e guarigioni. In battaglia questo carisma infondeva coesione, entusiasmo, volontà di lottare e di accettare il sacrificio. Decine di testimonianze sono concordi nel raccontare che per i reparti in difficoltà niente era più efficace dell'intervento personale di Garibaldi, che rianimava gli uomini e li portava alla vittoria.

Questo però implicava che il Generale fosse sempre in prima linea. Il fatto davvero straordinario è che pareva immune, come immortale: in tutti gli scontri e le battaglie si esponeva sempre, senza risparmiarsi, eppure non veniva mai ferito. Per ironia della sorte la prima pallottola che lo colpì fu piemontese, all'Aspromonte, nel 1862.

Del condottiero Garibaldi aveva anche l'atteggiamento ascetico e responsabile che lo spingeva a condividere la vita dei soldati: al campo si coricava tra loro, dove capitava; mangiava quello che mangiavano loro; li conosceva tutti per nome. Questi costumi sono da sempre associati alle figure dei grandi capi militari: così erano descritti Annibale e Napoleone, per fare due esempi.

Gli uomini e le motivazioni

Una seconda risposta si può ricercare nel fatto che i garibaldini non erano un esercito come gli altri, soprattutto per il numero degli ufficiali e la composizione della truppa.

Negli eserciti ottocenteschi i soldati costituivano la parte passiva dell'organismo e gli ufficiali erano gli elementi capaci di attivarla. Di conseguenza, crescendo il numero degli ufficiali, maggiore diventava la combattività e l'efficacia delle truppe. Da questo punto di vista i garibaldini abbondavano: del migliaio di uomini sbarcati a Marsala almeno trenta potevano essere tranquillamente considerati ufficiali e molti di loro anche ottimi; in più, moltissimi dei soldati in qualsiasi altro esercito sarebbero stati sottufficiali.

I Mille, in altre parole, erano un corpo del tutto speciale, formato da persone che quasi tutte sapevano leggere e scrivere e per la maggioranza avevano studiato, in tanti casi anche fino alla laurea. Avevano ideali e motivazioni profonde, assenti nelle truppe di altre armate: quello che un garibaldino faceva per convinzione e spontaneamente, negli eserciti si poteva ottenere solo attraverso la disciplina, praticando un controllo continuo e la minaccia di punizioni.

Questo naturalmente non significa che tutti i garibaldini fossero eroi: già poco dopo lo sbarco ci fu un disertore e Bandi, per esempio, testimonia che a Calatafimi vide «tre o quattro dei nostri ai quali il fuoco era parso troppo caldo e se ne venivano giù al fresco».[24] Ma resta il fatto che certamente la quasi totalità aveva spirito e motivazioni di gran lunga superiori a quelli del nemico.

La baionetta

Il carisma del comandante, la presenza e la qualità degli ufficiali, gli ideali della truppa erano esaltati nella scelta di ricorrere sempre e comunque all'assalto alla baionetta. Sono rimaste celebri due frasi di Garibaldi che riassumevano la filosofia di combattimento delle camicie rosse: «Tirare da lontano è segno di paura» e «Il fucile è il manico della baionetta». Queste parole davano veste a concetti noti sin dall'antichità. Greci e romani, per esempio, sapevano perfettamente che un esercito votato al corpo a corpo sconfiggeva sempre il nemico armato di archi, che preferiva il combattimento a distanza.

Il problema di questo modo di combattere, allora come sempre, stava tutto nelle motivazioni, che dovevano essere molto forti, tali da indurre gli uomini a esporsi volontariamente al pericolo e ad affrontare a viso aperto lo scontro più violento e sanguinoso. Queste ragioni potevano risiedere in uno spirito di gruppo, che facesse dell'ebbrezza dell'assalto una virtù condivisa (com'era per gli zuavi francesi, per esempio), oppure in ideali ritenuti superiori, rafforzati dalla presenza di capi carismatici, come nel caso dei Mille.

Le debolezze borboniche

Tuttavia le grandi qualità dei Mille non sembrano sufficienti a colmare il divario di numeri e armamento nei confronti del nemico. Bisogna quindi cercare i motivi di debolezza dell'armata borbonica, nonostante quasi tutti gli osservatori dell'epoca sostenessero che fosse una compagine buona, se non addirittura eccellente.

Una prima osservazione riguarda le vicende militari dei decenni precedenti. Nonostante i giudizi positivi, l'esercito del 1860 era pur sempre l'erede di quello che s'era disciolto ai primi segni d'insurrezione nel 1821, che aveva offerto una blanda resistenza alla rivolta siciliana del '48 e che nel '49 era stato sconfitto dal debole esercito della Repubblica romana (guidato da Garibaldi) e cacciato dal Lazio senza eccessive difficoltà. Solo la campagna di riconquista della Sicilia, nel 1848-49, era stata vittoriosa, ma si era trattato, soprattutto nelle giornate cruciali di Messina, di una guerra anomala, in cui non contavano tanto idee o strategie, quanto coraggio, determinazione e, in quel caso, anche crudeltà. Inoltre, per l'occasione, il comando era stato affidato a un buon ufficiale di formazione napoleonica, Carlo Filangieri.

Tra il 1849 e il 1859 l'armata napoletana era stata rinnovata, ma limitatamente agli organigrammi e alle armi, senza modificare la realtà di fondo. Perciò, nonostante il tempo passato, la sua condizione era assimilabile a quella dell'esercito sardo del 1848: non diversi i soldati, medesimo l'addestramento, che privilegiava aspetti formali e disciplina, simili i comandanti, di estrazione nobile, inetti e presuntuosi. Come nella Prima guerra d'indipendenza i generali di Carlo Alberto non erano riusciti a vincere un conflitto iniziato con tutti i vantaggi possibili, così i comandanti di Francesco II non seppero fronteggiare una minaccia piccola nei numeri, ma innovativa nella concezione e in grado di trovare ampia adesione nei siciliani.

Inoltre il governo del regno si dimostrò tutt'altro che monolitico e deciso per la guerra. Esisteva una sorta di faglia che attraversava tutte le amministrazioni, dividendo i liberali, favorevoli a un profondo rinnovamento e a una politica più aperta, di tipo piemontese, e i conservatori, contrari a ogni cambiamento.

La frattura arrivava fino all'interno della famiglia reale e non solo rese lente e farraginose le decisioni, ma diffuse anche il concetto che si stesse combattendo una guerra sbagliata e quindi ineluttabilmente perdente. Nell'esercito ebbe anche un'altra conseguenza deleteria. I dubbi appartenevano sostanzialmente ai ceti e ai gradi superiori, mentre i soldati erano popolani refrattari alle idee liberali. Questi andarono convincendosi d'essere gli unici a combattere davvero per il re e si sentirono sempre più abbandonati da comandanti irresoluti e politicamente incerti. Nei ranghi si apriva uno scollamento, con la conseguente assenza di fiducia e di motivazioni, che via via per la china scivolosa si trasformò in aperta sedizione o in diserzioni di massa.

Il problema dell'efficienza

Fino all'apparizione dei Mille nell'esercito borbonico probabilmente nessuno aveva mai pensato di dover combattere per la sopravvivenza del Regno delle Due Sicilie. La facile considerazione era che il regno avesse nella geografia la sua migliore alleata e una sola frontiera terrestre cui badare, per di più con un Stato amico e in ogni caso inoffensivo. La definizione, già citata, del paese protetto per tre lati dall'acqua salata e per il restante dall'acqua santa descriveva una situazione favorevole, che nei lunghi anni d'isolamento si tramutò in un motivo di debolezza.

Il problema di un esercito inutilizzato, per così dire, venne inoltre acuito dal ricorso ai mercenari, che ebbe forse l'effetto di tranquillizzare gli animi del re e della nobiltà sulla tenuta delle truppe: anche se l'armata si fosse dimostrata inadeguata – si pensava–, i mercenari avrebbero garantito la soluzione d'ogni difficoltà. Accadde allora che per anni nessuno si pose concretamente e seriamente il problema dell'efficienza dell'esercito nel suo insieme.

Ma poco prima dello sbarco di Marsala ci fu un ammutinamento dei reggimenti svizzeri, che vennero sostituiti con altri reparti, composti da soldati reclutati tra svizzeri e bavaresi: sempre buonissime truppe, ma inesperte riguardo ai problemi del regno e soprattutto molto meno numerose. Così, quando Garibaldi si presentò in Sicilia, il nucleo forte dell'armata oggettivamente non era più così forte.

Su questi argomenti esiste un punto di vista neoborbonico, che a grandi linee riconosce le ragioni di debolezza finora citate, ma ne individua la responsabilità nell'intervento corruttivo di poteri esterni: piemontesi per motivi espansionistici e inglesi per ragioni economiche.

È difficile dire quanto siano fondate queste ipotesi. Certamente gli atteggiamenti di alcuni comandanti borbonici non furono esempi di dedizione e attivismo: tuttavia, rimandando a un ragionamento già proposto per i generali piemontesi del 1848, è davvero arduo cogliere le linee di demarcazione tra malafede, fatalismo, rassegnazione e inettitudine.

43

Verso Napoli

Il mese che passò tra Milazzo (20 luglio) e lo sbarco dei Mille in Calabria (19 agosto) fu di quiete militare, mentre le cose importanti succedevano lontano, nelle cancellerie e nelle ambasciate d'Europa e nei palazzi ministeriali piemontesi.

La questione riguardava le potenze europee. Come si sarebbero comportate? Avrebbero deciso d'intervenire per fermare Garibaldi? Timori e progetti s'incrociavano: si paventava che alla vittoria della spedizione seguisse la nascita di uno Stato rivoluzionario, com'era stata la Repubblica romana. Le preoccupazioni erano anche più ampie, per il solo fatto che un'iniziativa insurrezionale stesse piegando un regno malvisto dalle diplomazie, considerato un relitto dell'assolutismo, ma pur sempre retto da un sovrano legittimo. Accettare la cancellazione delle Due Sicilie significava avallare un principio che non poteva non spaventare: una sorta di giudizio politico popolare su un governo. Su questo tasto, soprattutto, batteva la diplomazia borbonica.

D'altro canto si misurava una forte distanza tra i principi e la pratica: l'Austria, sconfitta l'anno prima, non poteva assolvere al suo tradizionale ruolo di poliziotto assolutista della penisola e la Russia era troppo lontana per intervenire. Chi avrebbe preso le difese di uno Stato che si sfasciava davanti a mille volontari indiavolati?

L'epopea garibaldina, inoltre, stava diventando famosissima in tutta l'Europa occidentale ed era seguita con simpatia eccezionale dal pubblico. In ogni paese nascevano comitati di sostegno all'impresa e si raccoglievano fondi per mandare armi ed equipaggiamento. La cosa notevole è che questa passione si manifestava trasversalmente alle classi sociali: vi partecipavano nobildonne e ufficiali in pensione, società operaie e comunità religiose, intellettuali e circoli culturali e artistici.

Lo scrittore più famoso dell'epoca, Alexandre Dumas padre, seguiva la spedizione sin da Palermo, costeggiando la Sicilia a bordo del suo yacht e bombardando editori e giornali di idee, articoli, scritti di vario genere. Garibaldi presto si ritrovò l'unico protagonista del Risorgimento italiano conosciuto in tutto il mondo. Quale governo avrebbe osato sfidare l'impopolarità, mettendosi contro l'eroe bello, umile, invincibile, adorato, per salvare il governo che faceva cannoneggiare i suoi sudditi ed era più celebre per le carceri che per qualsiasi altro prodotto delle sue terre?

Le diplomazie passarono un mese di fibrillazioni senza raggiungere nessun risultato. Cavour s'impegnò allo spasimo per evitare un intervento internazionale e per cercare d'annettere subito la Sicilia al Regno di Sardegna, privando Garibaldi delle sue basi e della possibilità di altre operazioni. Riuscì nel primo intento, fallì nel secondo.

Il governo borbonico, intanto, chiedeva aiuto a tutti, incassava molta solidarietà, ma non trovava nessuno disposto a muovere un dito in suo favore.

In Calabria

Mentre le acque della politica europea si agitavano a causa sua, Garibaldi aveva un altro tipo di problema da risolvere: escogitare un modo per attraversare lo stretto di Messina, attentamente sorvegliato dalla marina borbonica.

Tentò di far sbarcare una specie di *commando*, guidato dal calabrese Benedetto Musolino, che assicurava d'avere i contatti giusti per prendere il forte di Altafiumara, sulla costa calabra: fu un fallimento. Tentò di catturare una nave da guerra borbonica, sfruttando presunte collusioni dell'equipaggio: fece un altro buco nell'acqua. Tentò di eludere il pattugliamento napoletano navigando molto a sud di Reggio: ci riuscì, finalmente, con solo due navi. Quando sbarcò a Melito, ancora una volta si trovò a giocare d'azzardo, perché con poco più di 3000 uomini andava ad affrontare 16.000 borbonici.

Le truppe napoletane, però, erano concentrate nella zona dove si riteneva più probabile uno sbarco, fra Reggio e Villa San Giovanni, mentre una forte riserva era schierata molto più a nord, a Monteleone (oggi Vibo Valentia). Il comandante della regione, Giambattista Vial, probabilmente dormiva sonni tranquilli. Sommando il pattugliamento delle navi, la vigilanza dei forti, la prima linea schierata proprio sullo stretto, la cospicua riserva, doveva considerare pressoché impossibile un attacco al continente. Garibaldi, invece, allungando molto la traversata ed evitando le navi da guerra, era sbarcato dove non c'erano soldati e s'apprestava a risalire la costa, dove non incontrò resistenza.

Battaglia in piazza

Reggio di Calabria venne presa con un combattimento decisamente atipico. I garibaldini nottetempo entrarono in città, passando per le porte sorvegliate dalla Guardia nazionale, di sentimenti liberali, e giunsero fino alla piazza del Duomo, sorprendendo nel sonno i soldati che vi erano accampati. La battaglia che seguì fu caotica: i borbonici si comportarono come di dovere, ma erano ovviamente storditi e scossi; il colonnello che li comandava cadde durante la lotta, insieme con il figlio alfiere. Invece il comandante della guarnigione, il generale Gallotti, se ne rimase chiuso nel castello, intenzionato sin da subito a opporre la minore resistenza possibile.

Respinto quasi senza combattere un timido tentativo di contrattacco, Garibaldi riprese la marcia, portandosi sui monti alle spalle di Villa San Giovanni. Intanto Cosenz, con un altro contingente, era sbarcato sulla costa a nord, approfittando del fatto che in seguito alla sorpresa di Melito le navi borboniche avevano allentato la sorveglianza per precipitarsi a sud. Dopo alcune vicissitudini e un combattimento molto duro, vinto solo all'ultimo assalto, riuscì anche lui a raggiungere i monti e quindi a riunire le proprie forze con quelle di Garibaldi.

A questo punto i Mille, ormai non più mille, si trovarono alle spalle delle truppe che originariamente erano state schierate per impedire loro di mettere piede in Calabria. Erano in superiorità numerica: 5000 contro 3000. È vero che a loro volta avevano alle spalle le forze di Vial, che avrebbero potuto schiacciarli contro la costa, se solo si fossero mosse. Garibaldi giocava evidentemente sull'incapacità dei generali borbonici d'ideare e applicare piani appena logici, nemmeno arditi. Deteneva, insomma, una superiorità d'iniziativa, del genere di quella che aveva saputo sfruttare Radetzky contro i generali piemontesi sul Mincio nel 1848 e sul Ticino nel 1849.

I Mille in Calabria, agosto 1860

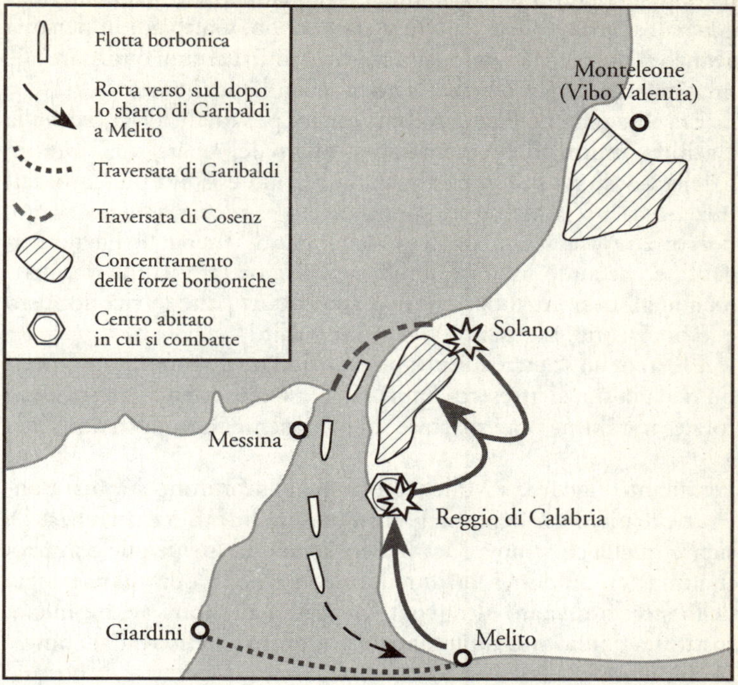

Il crollo borbonico

Quello che accadde nei giorni successivi è difficile da spiegare, se non si tiene conto dei motivi di debolezza che ho illustrato nel capitolo precedente. In Calabria i borbonici furono battuti soprattutto dall'azione combinata di inettitudine, ignavia, diffidenze reciproche, distacco tra comandi e truppa, sfiducia e disillusione (una parte dei soldati aveva vissuto il crollo siciliano). In effetti le forze sullo stretto, comandante dai generali Briganti e Melendez, erano isolate via terra dal grosso dell'esercito, ma mantenevano comunque le comunicazioni via mare e avevano anche ricevuto la visita di Vial, arrivato per concordare la strategia difensiva e per promettere aiuti. Invece nessun rinforzo apparve e questo, sommato all'opera disgregatrice di elementi liberali o semplicemente disfattisti, portò al crollo.

Quando i soldati infine si trovarono faccia a faccia con i garibaldini, a nessuno passò nemmeno per la mente di combattere: i generali si arresero e le truppe si sfasciarono. Garibaldi in persona avanzò tra le file, offrendo l'alternativa: unirsi ai suoi o tornare alle proprie case. Quasi tutti scelsero la seconda possibilità.

Era il segno che l'esercito borbonico, per quanto riguardava la Calabria, indipendentemente dal numero dei reparti, dei cannoni e della cavalleria su cui poteva contare, non esisteva più. I soldati iniziarono a sciamare per i monti, arrangiandosi come potevano, per tornare a casa. Uno degli ex comandanti, il generale Fileno Briganti, se ne andò in abiti borghesi, ma ebbe la sfortuna d'imbattersi negli uomini appartenuti ai suoi reparti, che lo riconobbero e lo linciarono, accusandolo d'averli traditi.

I forti dello stretto, muniti per controllare il mare e non l'interno della costa, si arresero. La marina lasciò la zona e il resto delle forze garibaldine poté sbarcare sul continente in tutta tranquillità.

Per quanto riguarda i Mille, i giorni seguenti furono confusi e anche nelle memorie dei protagonisti persero linearità e coerenza. Di sicuro quella che fino a Messina era stata una spedizione con tratti e caratteri autentici, facilmente riconoscibili, dopo il passaggio dello stretto diventò altra cosa. La spinta alla lotta venne meno, sostituita dal lavorio diplomatico, dal gioco politico e dai contrasti di potere.

Sicuramente in questa fase operarono emissari di Cavour nel tentativo di allargare il solco tra l'esercito napoletano e il re. Oggi i neoborbonici puntano l'indice su Pianell, ministro della Guerra, e sul generale Nunziante (entrambi poi passarono nell'esercito italiano, mantenendo il loro grado), ritenuti i terminali della manovra piemontese e gli autori principali dello sfacelo dell'armata in Calabria. Gli argomenti d'accusa, però, non sembrano conclusivi e rimane difficile decidere, anche qui, se poterono di più la malafede, l'inettitudine, la rassegnazione o una combinazione di tutti questi elementi.

Nel caso specifico bisogna inoltre notare la probabilità che le mosse piemontesi non fossero in aiuto di Garibaldi, ma avessero piuttosto lo scopo di fermarlo, provocando la resa di Francesco II e perciò la fine della guerra e la smobilitazione dei Mille. L'obiettivo si dimostrò irraggiungibile (i soli successi certificabili furono ottenuti presso i comandanti della flotta) e i piemontesi, quindi, non ebbero molto interesse a facilitare il trionfo di Garibaldi. Resta il fatto evidente che fino al Volturno non avrebbero avuto più luogo azioni belliche importanti, come quelle di Calatafimi e di Milazzo, in cui potessero brillare le doti militari delle camicie rosse o l'intuito del loro comandante.

Dopo la dissoluzione del nemico, il problema principale dei garibaldini divenne come risalire la Calabria per strade scomode, nel caldo di agosto, senza faticare troppo. Si provvide con le navi, qualcuna anche piemontese; molti reparti comunque si adattarono a procedere a piedi.

Ci furono ancora alcuni incontri, non certo scontri, con le truppe borboniche: quelle rimaste a nord, passate agli ordini del generale Ghio, si dispersero senza combattere, quando a Soveria Mannelli (a ovest della Sila tra Catanzaro e Cosenza) si videro circondate dalle bande calabresi e dai garibaldini, lasciando aperta la strada per la Basilicata. Fecero lo stesso a Padula, nel Vallo di Diano, 3000 soldati al comando del generale Caldarelli.

Queste migliaia di uomini, sbandati e armati, delusi ma non sconfitti, scomparirono dall'orizzonte della guerra, ma avrebbero presto rappresentato un serio problema. Se alcuni tornarono a casa, altri invece si diedero al banditismo e altri ancora risposero agli appelli per la resistenza lealista, che iniziavano a giungere dalla corte borbonica.

Il caos

Lo sbandamento dell'esercito in Calabria rese manifesta la dissoluzione del regime borbonico in vaste aree del Meridione. Così, mentre i garibaldini marciavano – più o meno metaforicamente – verso Napoli, tanti cercarono di mettere le mani sulla vittoria.

Agivano gli emissari di Cavour, con l'intento d'assicurare ai Savoia l'annessione di quelle terre e soprattutto d'impedire la nascita di un governo repubblicano, estremista, magari al punto di proseguire la guerra oltre Napoli, verso Roma. Non doveva accadere, anche se era certamente un sogno di Garibaldi, più volte sentito mormorare, guardando i soldati borbonici che si sbandavano, frasi di questo tenore: «Che peccato! Che belle truppe sarebbero state per marciare su Roma!». Non si sa quanto fosse soltanto un desiderio o invece parte di un temerario progetto.

Oltre ai piemontesi, e per obiettivi diametralmente opposti, tornavano a farsi vivi i mazziniani, che vedevano una spedizione rivoluzionaria finalmente vittoriosa, dopo tanti tentativi sanguinosamente falliti. Anche se agli inizi l'avevano discretamente ostacolata, ora cercavano di recuperare il terreno perduto e di mettere la loro firma sul successo conseguito.

Intanto, che faceva il popolo del regno in disfacimento?

In Sicilia la gente si era schierata e aveva combattuto dalla parte dei Mille; sul continente, invece, non c'erano stati veri e propri atti di rivolta e l'adesione era stata molto contenuta. Ma ormai il regime borbonico crollava e il vuoto di potere cresceva sotto gli occhi di tutti.

Il passaggio tra il vecchio governo e uno nuovo, in quel momento ancora più ipotetico che reale, avveniva fuori di ogni idealità e di ogni logica. Scrisse un ufficiale piemontese, attento osservatore di una realtà che gli era estranea:

> Alla rivoluzione i nuovi potenti si dissero liberali e chiamarono borbonici gli altri. Fra i primi ho conosciuto gli onesti liberali, ma ancora molti individui cui la bandiera è solo di circostanza ed i moventi sono l'odio, l'invidia e talora un processo per interessi pendenti con chi viene da loro battezzato borbonico. Fra i secondi vi sono alcuni di tendenze borboniche, ma assai più individui i quali sono colpevoli solo di aver destato invidia per maggior censo, o maggiore rispettabilità personale e onestà.[25]

Il Meridione finì dilaniato tra la guerra in corso, i tanti interessi che agivano più o meno alla luce del sole e una rivoluzione di poteri avvenuta senza che ci fosse rivoluzione di ideali.

L'ingresso di Garibaldi in Napoli, il 7 settembre 1860, fu emblematico di un momento in cui nessuno sapeva chi comandasse che cosa. A vederla con occhi distaccati, fu una giornata paradossale.

Il Generale giunse praticamente da solo nella città, che a tutti gli effetti era ancora la capitale del Regno delle Due Sicilie. Per far arrivare in orario il treno su cui viaggiava, venne deviato su un binario morto un convoglio che trasportava soldati regi armati di tutto punto. La folla che lo accolse entusiasticamente era riunita sotto i cannoni dei forti ancora in mano alla guarnigione borbonica. E infine, sulla carrozza che lo portò per le strade, gli era accanto Liborio Romano, ministro di Polizia del re, formalmente nel pieno delle sue funzioni.

La sofferta decisione di Francesco II

A questo punto anche Francesco II volle dire la sua nel caos che andava impadronendosi del regno. Si era comportato quasi come una comparsa, in vicende che avrebbero dovuto vederlo protagonista: ora, nel momento di massima gravità, cercò di prendere in mano la situazione.

Lasciò Napoli il 6 settembre (il giorno prima dell'arrivo di Garibaldi), per sottrarsi all'ostilità che sentiva intorno a sé e, probabilmente, per evitare alla capitale gli orrori di un combattimento nelle strade e nelle piazze. Si ritirò prima a Gaeta e poi nella fortezza di Capua, assumendo il comando di quello che restava dell'esercito: una forza ancora di notevolissime proporzioni, che ritrovava forza e coesione proprio perché posta agli ordini diretti del sovrano.

La partenza da Napoli fu più che deprimente. Nessuno andò a salutare la famiglia reale e, peggio ancora, nessuna nave della flotta si mosse, quando il *Messaggero*, la piccola nave su cui il re era imbarcato, lasciò gli ormeggi e diede il segnale che ordinava ai comandanti di seguirla.

A Gaeta Francesco II, persona certamente non tagliata per la violenza e di animo estremamente sensibile, compì un passo che aveva rimandato fino all'ultimo, sapendolo foriero di drammi incommensurabili, e che spesso è stato sottovalutato. Autorizzò e promosse una sollevazione lealista, inquadrata da ufficiali e reparti regolari. Nelle sue intenzioni disperate (o, forse più, dei suoi consiglieri) avrebbe dovuto essere la replica del 1798, quando il cardinale Ruffo e i suoi sanfedisti erano intervenuti a scacciare, tra massacri e crudeltà indicibili, i giacobini filofrancesi, e del 1848, quando Ferdinando II aveva mobilitato i *lazzaroni* per dare la caccia ai liberali. Pensava, probabilmente, che bande ben armate, annidate in territori aspri, montagnosi, privi di strade e forti dell'appoggio della popolazione, sarebbero state ostacoli insormontabili per gli invasori: quelli in camicia rossa e quelli in divisa blu, che ormai stavano scendendo da nord, attraverso Marche e Abruzzo.

Forse, pensava, non sarebbe stato nemmeno necessario che le

bande lealiste vincessero la guerra: bastava una resistenza prolungata, che desse modo alle potenze europee come Austria, Russia e Prussia di mettersi in azione per condannare l'aggressione rivoluzionaria a una monarchia legittima. In questi conti rientrava anche il papa, ormai fanaticamente schierato contro liberali e «italiani», che offriva sostegno morale e spirituale e soprattutto metteva a disposizione le sue terre di confine, come rifugio sicuro per i combattenti, e preti e vescovi come agenti politici della controrivoluzione.

Da queste scelte derivò un periodo di lotte civili che devastarono ampie zone del Meridione e fecero poi da incubatrici del fenomeno tragico e luttuoso del brigantaggio.

Efferatezze

Ma si può farne una colpa al giovane sovrano? Come giustamente nota Salvatore Scarpino:

> Onestamente non si poteva pretendere che Francesco II uscisse dalla comune senza nulla tentare, scusandosi anzi per quel poco di resistenza che aveva messo in piedi.[26]

Ricorrere alle bande, la più famosa delle quali fu quella comandata dal prussiano Theodor Friedrich Klitsche de la Grange,[27] era comunque una misura che apriva le porte alla guerra civile, con tutti gli orrori che ciò implicava.[28]

Le prime notizie sembrarono dare ragione al re e avvalorare i peggiori timori di piemontesi e garibaldini: a Pettoranello i legittimisti sconfissero una colonna di un migliaio di garibaldini reclutati nel Meridione (Legione del Matese, cacciatori irpini e altri volontari da Benevento e dal Molise) e comandati da Francesco Nullo.[29] Per una camicia rossa, convinto di lottare per la liberazione di popolazioni oppresse, era una prospettiva terribile vedere

> un'orgia di villani, di soldati, di frati che uccidevano al grido di *Evviva Francesco secondo* e *Viva Maria*.[30]

Ben presto, come sempre succede in questi casi, cominciarono a diffondersi notizie, vere o false che fossero, con lo scopo di destare timore e pregiudizio. Una di queste raccontava che a Isernia i lealisti avevano legato un uomo a un tavolaccio e gli avevano segato la testa, per la sola colpa d'avere un figlio ufficiale nell'esercito piemontese.[31] Un'altra diceva che ad Ariano Irpino la caccia ai liberali aveva provocato 140 uccisioni. C'erano persone che giuravano d'aver visto carte con cui il Borbone autorizzava esplicitamente a derubare e uccidere i nemici oppure documenti firmati da vescovi, o addirittura dal papa, che concedevano l'assoluzione preventiva per gli omicidi compiuti contro garibaldini e settentrionali.[32]

In questa situazione, che diveniva sempre più tragica e caotica, entrò in gioco una nuova forza, imprevista: l'esercito piemontese aveva varcato i confini dello Stato della Chiesa e marciava a tappe forzate verso la Campania.

44
Dal cilindro di Cavour

Alla metà di settembre la situazione nell'Italia meridionale vedeva Garibaldi a Napoli, via via raggiunto dalle sue truppe e impegnato ad affrontare una quantità di problemi: le pressioni politiche praticate soprattutto dai piemontesi e, nel senso opposto, dai mazziniani, la nascente resistenza lealista, tutti i conflitti originati da un trapasso di poteri a dir poco caotico. A nord della città, sul Volturno, era schierato l'esercito borbonico, guidato da Francesco II: una compagine ancora ampiamente superiore a quella garibaldina per numeri e armamento, finalmente motivata, con un solido nucleo di truppe scelte e di reggimenti stranieri, in posizione vantaggiosa dietro a un fiume e con l'appoggio della fortezza di Capua.

La vicenda era ancora aperta a ogni tipo di soluzione. Anzi, vista da Torino e dalle capitali d'Europa, appariva davvero pericolosa. La spedizione dei Mille, che oggi consideriamo un'epopea luminosa ed eroica, per le cancellerie europee rappresentava un mosaico d'illegalità, di sovversione, di elementi destabilizzanti: un vero incubo.

Sfruttando l'apprensione generale, in agosto Cavour era riuscito a convincere Napoleone III della necessità di fermare Garibaldi, prima che dalla Campania muovesse contro Roma. Il papa, infatti, era pur sempre sotto la protezione francese. E voleva l'imperatore trovarsi coinvolto in uno scontro tra il papa e Garibaldi, l'eroe popolare delle folle di Francia ed Europa?

Era un passaggio diplomatico di un'astuzia e di un azzardo incredibili, soprattutto dopo gli scontri dell'anno precedente, causati dalla pace di Villafranca. Cavour si faceva scudo di Garibaldi come meglio gli conveniva, usandolo contemporaneamente come nemico e come alleato, per strappare il consenso a una spedizione militare che attraversasse – ma di fatto occupasse – la parte orientale dello Stato della Chiesa e giungesse a riportare ordine nel Meridione. Ha scritto Trevelyan:

> Forse nessun altro statista, di fronte a tali fatti, avrebbe mai osato impelagarsi in una impresa talmente azzardosa, e nessuno certo l'avrebbe portata a compimento con imperturbabilità e destrezza pari alla sua.[33]

Napoleone III cedette e a fine agosto il neonato esercito italiano si trovò a preparare in tutta fretta una spedizione che doveva marciare per le Marche e l'Umbria, sconfiggere la resistenza pontificia rimanendo ben lontano dal Lazio, guardato dalle truppe francesi, e giungere in Campania. Lo scopo era normalizzare la situazione nel Napoletano, disinnescare la minaccia garibaldina e riprendere in mano il timone del processo risorgimentale che, trionfante nel 1859 sotto le bandiere dei Savoia, dal maggio 1860 era passato in mano democratica.

Il compito era tutt'altro che facile: bisognava improvvisare una campagna militare e molto rapidamente. Attaccare lo Stato della Chiesa era stato qualcosa d'impensabile sino a poche settimane prima e quindi non c'era nulla di pronto, niente che fosse stato almeno ipotizzato. Tutto però doveva filare assolutamente liscio, perché di certo la spedizione avrebbe urtato le diplomazie di mezza Europa e ogni intoppo si sarebbe ritorto contro il Piemonte e l'intero movimento unitario.

Un esercito italiano

L'impresa fu organizzata con un'efficienza probabilmente inattesa per un'armata appena costituita. Per la guerra, infatti, non partiva il vecchio esercito sardo che aveva combattuto nel 1848-49 e nel 1859, ma uno nuovo, italiano, nato dalla fusione degli eserciti sardo, parmense, modenese, toscano, con le prime leve lombarde ed emiliane. Padre di questa armata era Manfredo Fanti, modenese in esilio dopo i moti degli anni Trenta, che tra il 1859 e il 1860 era stato incaricato di curare il passaggio da 5 a 12 divisioni (in seguito 13), con il corpo ufficiali aumentato da 3195 a oltre 7000 unità.[34] Il rinnovamento, osteggiato con forza dall'opposizione politica al governo di Cavour e soprattutto dagli alti gradi dell'esercito piemontese, timorosi di perdere potere e prestigio, costò molte fatiche. Fanti guidò la spedizione in Meridione e poi si ritirò malato, per morire nel 1865, forse esaurito da compiti così gravosi.

L'incarico dato a un emiliano fu il primo segno di un certo essere nazionale del nuovo esercito, ribadito dal fatto che nell'organizzazione della spedizione prevalsero i non piemontesi. Se a Fanti toccò l'onere del comando, un altro modenese, Cialdini, assunse la guida della maggiore delle due colonne, quella che doveva entrare nelle Marche e, verosimilmente, affrontare il grosso dell'esercito pontificio. Il piemontese Della Rocca, amico di Vittorio Emanuele e capo di stato maggiore nella guerra del 1859, era declassato a comandare la seconda colonna, più piccola e con compiti secondari, in Umbria. Nel complesso si apprestavano a muovere verso sud cinque divisioni; le altre restavano a sorvegliare i confini con l'Austria.

Contro il papa

Spesso si è fatta della facile ironia su questa impresa, considerata una passeggiata in armi contro un nemico inesistente. Alla prova dei fatti fu così, ma a priori la situazione non si presentava tanto rosea. Il nuovo esercito muoveva guerra nientemeno che al papa, invadendo il suo Stato, dove il piccolo esercito pontificio (il papa non aveva rafforzato le truppe, visto che confidava nei francesi per la sua sicurezza) era sostenuto da un'armata risultante da una vera e propria crociata europea.

Cattolici provenienti da Austria, Francia, Belgio, Spagna, Polonia e altri paesi avevano lasciato le loro case e le loro famiglie, su invito di Xavier de Mérode, nobile e monsignore, oltre che viceministro della Guerra di Pio IX. Accorrevano in aiuto del trono di Pietro per combattere contro i novelli vandali piemontesi in combutta con i rivoluzionari garibaldini, presentati come minacce mortali per la Chiesa e il legittimo ordine d'Europa. Li comandava un generale famoso, quel Lamoricière che era stato interpellato dopo Custoza per comandare l'armata sarda e che si era fatto un nome combattendo prima gli algerini e poi gli estremisti democratici del '48 a Parigi. Era il paladino del conservatorismo cattolico estremo e proprio per queste sue convinzioni aveva lasciato la Francia in urto con l'imperatore. I suoi ufficiali, di origini aristocratiche, in molti casi avevano eccellente preparazione e provenivano dalle migliori accademie militari, come il conte De Pimodan, aiutante di campo dell'imperatore d'Austria, che aveva lasciato l'altissimo incarico proprio per mettersi al servizio del papa.

C'erano stati anche abboccamenti con i borbonici per coordinare gli sforzi: si voleva portare un corpo napoletano nelle Marche, per fermare i piemontesi, e poi rivolgere tutte le forze contro Garibaldi, in una sorta di piccola Santa alleanza che avrebbe riscosso molte simpatie nell'Europa assolutista. Difficile dire dove avrebbe condotto una risoluzione simile: sta di fatto che i due governi non s'accordarono, anteponendo i problemi contingenti a una visione d'insieme.

È giusto sottolineare due aspetti importanti. Sommando i tanti stranieri presenti nelle file garibaldine ai crociati papalini, il Risorgimento italiano assumeva una connotazione europea e sovranazionale che spesso è stata dimenticata, per privilegiare invece il colore esclusivamente patriottico e nazionale. Inoltre impressiona che nel campo piemontese molti non avessero alcuna remora a muovere guerra al papa, anche da parte di ufficiali cattolici e conservatori. Uno di loro, Genova di Revel, scrivendo al fratello Ottavio, leader dell'estrema destra reazionaria e religiosa a Torino, parlava dell'imminente spedizione affermando: «Tu sai quanto soffrirei di non prender parte»[35] e proseguiva sostenendo di non vederci nulla di anticattolico. Il papa e la fede, a suo parere, non erano messi in discussione: ci andava di mezzo, semmai, la politica pontificia, che era cosa dei cardinali e riguardava beni terreni e province che poco avevano a che fare con la religione. Della Rocca, altrettanto religioso, nelle sue memorie raccontò di aver fatto fucilare un prete a Perugia, perché aveva sparato sui suoi uomini, di non aver nessun rimorso e che sulla questione s'era detto d'accordo anche il re.[36]

Alla fine l'esercito neoitaliano si mosse e lo fece con la rapidità e la decisione necessarie per impedire all'avversario di arroccarsi nelle fortezze e castelli di San Leo, Ancona, Spoleto, Perugia, dove avrebbe potuto resistere a lungo e attendere che qualcuno intervenisse militarmente (gli austriaci, per esempio) o diplomaticamente (la Francia o la Russia, la Prussia o il Belgio o tutti insieme) per fermare la spedizione.

Agì in modo davvero rapido, smentendo una storia recente di lentezze e titubanze, e seguì un piano strategico, se non geniale, perlomeno chiaro e applicabile.

Entrò nello Stato della Chiesa da due direttrici, dalla Romagna e dall'Umbria, e subito investì i possibili capisaldi nemici. Città di Castello praticamente non oppose resistenza, mentre a Perugia – teatro l'anno precedente di una violenta repressione – un sesto dell'armata di campagna pontificia si arrese quasi senza combattere. Il 18 settembre, sette giorni dopo l'inizio delle ostilità, si arrivò allo scontro decisivo.

La battaglia di Castelfidardo

I pontifici, in realtà, avevano già perso la guerra quando non avevano saputo tenere le posizioni forti dell'Umbria e delle Marche. Rimaneva nelle loro mani solo Ancona, con i suoi bastioni e il porto, che avrebbe permesso l'arrivo di qualsiasi provvidenziale soccorso.

Lamoricière cercò di raggiungere il capoluogo marchigiano con le forze che aveva ancora a disposizione, poco più di 5000 uomini con 12 cannoni, ma incappò il 18 settembre nella colonna di Cialdini, che comprendeva 14.000 uomini e 24 cannoni. Lo scontro ebbe luogo in un vallone tra Castelfidardo e Loreto, con la mole del santuario a dominare la battaglia.

La mattina i soldati del papa assistettero a una messa e poi sfilarono di fronte a uno stendardo che era stato usato nella battaglia di Lepanto, in cui nel 1571 la flotta cristiana aveva sconfitto i turchi: questo dice già molto sui sentimenti dei novelli crociati e sul significato attribuito alla loro azione. La battaglia vera e propria iniziò con un attacco contro le avanguardie italiane, nel tentativo di aprire un varco verso Ancona. Inizialmente i papalini ottennero qualche successo, presto vanificato dal contrattacco avversario. La resistenza fu accanita e De Pimodan, vera anima dell'armata pontificia, cercò di usare le poche riserve che aveva a disposizione per evitare d'essere accerchiato. Venne colpito due volte, la seconda in modo gravissimo, e senza la sua guida i crociati cominciarono a cedere.

La storiografia ha sempre dato scarso peso ai fatti di Castelfidardo, quasi fossero una vittoria annunciata contro un nemico debole e rassegnato, ma le testimonianze vanno in senso contrario. Scriveva un ufficiale piemontese:

> Non so come si possa incontrare un soldato migliore, più fermo al fuoco e più testardo di quello che ebbimo a combattere.[37]

In particolar modo i bersaglieri austriaci[38] e gli zuavi franco-belgi opposero una resistenza quasi fanatica, che venne piegata a cannonate: a fine battaglia il campo si presentava con

> uomini senza testa, altri senza le due gambe e che colle interiora fuori era lo spettacolo che offrivano le vittime nemiche e questi così malconci lo erano stato per la mitraglia.[39]

I superstiti si rifugiarono in Loreto, dove vennero circondati dalle truppe di Cialdini. Il giorno seguente si arrendevano 3000 uomini con 11 cannoni. Lamoricière, a differenza del conte De Pimodan, non diede gran prova di sé: quando le cose si misero male, fuggì verso Ancona, addirittura perdendo nella corsa decorazioni e oggetti personali. Il capoluogo marchigiano, nonostante i bastioni, si arrese tre giorni dopo.

Una memoria equivoca

Il modo in cui oggi si ricorda la battaglia di Castelfidardo presenta parecchi aspetti perlomeno curiosi.

Per certi versi è un evento che si preferirebbe dimenticare: testimonianza di un Risorgimento antipontificio e di un tempo in cui Stato italiano e Chiesa erano entità inconciliabili e nemiche. A un tentativo che potrei definire d'insabbiamento si può far risalire la tendenza a considerarlo uno scontro piccolo e scontato e anche la scelta del nome: la battaglia si sarebbe dovuta chiamare *di Loreto*, perché avvenne proprio sotto il santuario, ma probabilmente sembrò di cattivo gusto accostare il nome di un luogo di culto a un fatto bellico. Il sacrario piccolo e spoglio è l'emblema di questa interpretazione.[40]

D'altro canto la battaglia di Castelfidardo fu l'unica vera, inequivocabile e decisiva vittoria dell'esercito nazionale, in tutto il Risorgimento. Perciò come tale doveva essere celebrata. In un parco di Castelfidardo si trova un enorme complesso statuario in bronzo, francamente sproporzionato all'evento, lungo 12 metri e alto 6, collocato su una collinetta artificiale di 160 metri quadrati di massi di travertino, che ritrae bersaglieri all'assalto guidati da un gigantesco Cialdini a cavallo. È il monumento di dimensioni maggiori – a parte torri e ossari – che abbia visto su un campo di battaglia risorgimentale.

Pugno duro

Dopo Castelfidardo e la resa di Ancona, fino alla frontiera con il Regno delle Due Sicilie, davanti a Fanti e alle sue truppe non si presentarono altri ostacoli, tranne uno, il più perfido.

Anche tra i sabaudi iniziarono a correre voci di bande lealiste guidate da ufficiali borbonici o nobili reazionari, che davano la caccia ai liberali e preparavano agguati agli invasori. Fanti e Cialdini sapevano, per averli vissuti in gioventù in Spagna, cosa significassero gli orrori di una guerriglia, soprattutto se portata al fanatismo dalla fede: perciò rallentarono la marcia e presero tutte le misure per evitare di cadere in qualche trappola.

Questi timori svanirono presto, quando le avanguardie dell'esercito, un migliaio di uomini, giunsero al passo del Macerone, sopra Isernia, e vennero attaccate da 2000 regolari borbonici e circa 4000 contadini.[41]

I sabaudi riuscirono a resistere all'assalto, attesero i rinforzi e contrattaccarono, accerchiando i nemici. I borbonici si arresero e i contadini si dispersero. Della Rocca si assunse il merito di aver salvato la vita al comandante borbonico, Scotti Douglas, che stava per essere linciato a Sulmona.[42]

Svanita la minaccia più strettamente militare, rimaneva il problema della presenza della guerriglia. I piemontesi l'affrontarono sin da subito con il pugno duro. «Faccia pubblicare che fucilo tutti i paesani armati che piglio e dò quartiere soltanto alle truppe. Oggi ho già cominciato» fece scrivere Cialdini il 20 ottobre, tre giorni dopo il Macerone. Altri tre giorni e Fanti sanciva la competenza dei tribunali militari per tutti i tipi di brigantaggio, mentre in Abruzzo il generale Pinelli proclamava lo stato d'assedio, mandava al tribunale militare chi era trovato con le armi in mano, i sobillatori e i fiancheggiatori, e ordinava la fucilazione per chi eccitava all'insurrezione, insultava la bandiera o il re.[43]

Iniziava così il periodo oscuro e sanguinoso che sarebbe passato alla storia con il nome di lotta al brigantaggio, una definizione che già conteneva sia una limitazione d'importanza sia un giudizio di valore.

Non lo affronto in questo libro, non perché non abbia interesse militare (fu certamente guerriglia e controguerriglia, con un grande fardello di orrori e nefandezze; qualcuno parla addirittura di una guerra civile), ma perché ha poco nesso con il concetto di Risorgimento inteso come itinerario più o meno condiviso verso l'unità italiana.

La lotta al brigantaggio fu piuttosto uno dei primi atti con cui la neonata Italia unita cercò di risolvere un suo problema interno. Lo fece male e con gravi conseguenze, tuttavia si tratta di un argomento che appartiene a un altro capitolo della storia.

45
Il Volturno

In quella fine di settembre, mentre l'esercito di Fanti scendeva guardingo verso sud, Garibaldi si ritrovava a disposizione tanti uomini, quanti mai ne aveva avuti: 20.000 all'incirca, con un po' di cannoni, manovrati dai pochi garibaldini capaci e dagli artiglieri reclutati sulle navi, tra i quali molti piemontesi. Perciò niente più a che vedere con il piccolo contingente omogeneo e fidato cui il Generale era abituato: i garibaldini della prima ora erano dispersi nel numero di quelli arrivati con le spedizioni successive e dei meridionali che avevano risposto alla leva. Da qui nasceva qualche problema.

La leva meridionale non era stata soddisfacente. Anzi, era stata un mezzo fallimento: molti siciliani avevano considerato terminato il loro servizio una volta raggiunta Messina, mentre dalle regioni continentali era arrivata solo qualche truppa reclutata dai liberali. Per fare un esempio, Napoli, che aveva accolto Garibaldi in un tripudio di folla, dava solo 80 volontari combattenti. In aggiunta, i reparti della leva erano molto differenti l'uno dall'altro e poco assimilabili al resto della spedizione. Anche i volontari che continuavano a giungere dall'Italia settentrionale creavano qualche grattacapo: molti erano convinti di partecipare a una sorta di parata militare, un'epopea in cui le vittorie sarebbero fioccate quasi senza combattere.

Da dove sarebbe arrivato il colpo?

Un paio di episodi avevano messo in luce pecche di una certa gravità. Il fatto più serio fu lo smacco subito a Caiazzo, un grosso centro a nord del Volturno, che poteva fungere da spina nel fianco per il nemico e base per future operazioni. In assenza di Garibaldi, l'operazione venne decisa da Türr, uno dei fidati luogotenenti, ma con molte lacune. L'abitato fu conquistato abbastanza facilmente, ma poi rimasero a difenderlo solo 900 uomini. Quando si presentarono 7000 borbonici, la piccola guarnigione non poté che abbandonare la posizione, anche se dopo un'accanita resistenza, costata quasi 250 tra morti, feriti e prigionieri.

Fu un rovescio d'entità piuttosto modesta, ma grave per il morale. I borbonici poterono constatare che i garibaldini non erano più invincibili; le camicie rosse dovettero convincersi che la guerra non era già vinta e che comunque la vittoria non si otteneva semplicemente prendendo un'iniziativa.

Ma non bastava. Garibaldi aveva anche altri pensieri.

Doveva preparare una battaglia difensiva e già questo era fuori dalle sue abitudini, tanto più che gli si presentava davanti un fronte ampio più di 20 chilometri. Uno schieramento così allungato di forze non troppo affidabili era un errore (il Generale ne era consapevole e scrisse infatti: «La nostra linea di battaglia era difettosa, perché troppo estesa da Maddaloni a Santa Maria»),[44] ma senza alternative: i borbonici potevano attaccare praticamente da ogni punto.

Non sapendo da che parte sarebbe arrivato il colpo, Garibaldi pensò soprattutto a evitare accerchiamenti e poi ad avere abbastanza forze di riserva, da impiegare dove fosse necessario. Allora schierò il polacco Milbitz, con 3000 uomini, a Santa Maria, all'estrema sinistra; Medici con 4000 a Sant'Angelo in Formis, sul monte Tifata; Sacchi a San Leucio con 1800; e infine Bixio con più di 5000 a Ponti della Valle, per disporre di una forte ala destra. A Caserta restavano 5600 uomini di riserva, più di un quarto del totale, al comando dell'ungherese Türr.

Anche nel campo borbonico i problemi non mancavano. I garibaldini stavano a sud e i piemontesi scendevano da nord; inoltre giungevano notizie d'insurrezioni liberali qua e là, tra Abruzzi e Campania: questo, nella confusione delle informazioni e nella frenesia di quei giorni, era il contraltare delle bande lealiste che tanto preoccupavano garibaldini e sabaudi.

E c'era naturalmente la questione di come affrontare la battaglia. Qualcuno proponeva di concentrare l'attacco in un solo punto, sfondare e poi vedersela con il resto del fronte; qualcun altro sosteneva un'azione a tenaglia. Si perse del tempo in discussioni, rinvii e ripensamenti, finché non si decise per un piano ibrido: Von Mechel, promosso generale, doveva fare un ampio giro per i monti del Sannio, alla destra dei garibaldini, per soffocare le rivolte liberali che vi erano segnalate, e poi attaccare dalla parte di Ponti della Valle e Maddaloni, con circa 3000 mercenari e 5000 napoletani. Contemporaneamente a questo attacco una massa di più di 20.000 uomini sarebbe uscita da Capua, per investire le posizioni dell'ala sinistra garibaldina.

Un ulteriore ritardo fu causato dallo stesso Von Mechel, che si considerava il solo capace tra i generali delle schiere borboniche e mal sopportava i colleghi napoletani. Partito per la sua missione, non diede notizie di sé e Ritucci, comandante dell'esercito, dovette attendere tre giorni per sapere dove fosse e per sincronizzare gli attacchi.

La battaglia

All'alba del 1° ottobre, nella nebbia che si alzava dal fiume, le colonne azzurre dell'esercito borbonico iniziarono a uscire da Capua e a investire Santa Maria, di fronte a loro, e San Tammaro, alla loro destra, cercando di prendere i garibaldini anche sul fianco. Era un assalto ben congegnato, anche perché i napoletani erano riusciti a utilizzare certe strade in trincea, ignote ai garibaldini, ed erano sbucati in prossimità delle prime difese. Garibaldi, subito accorso, fece sollecitamente intervenire 2500 uomini della riserva di Türr e riuscì a stabilizzare quel tratto di fronte.

Lo sforzo borbonico più pericoloso diventava perciò quello al centro dello schieramento, a Sant'Angelo, e prontamente il Generale raggiunse la zona. Per quanto dovesse agire da stratega su di un fronte molto vasto, Garibaldi non rinunciava a stare in prima linea e a esporsi in prima persona. Proprio mentre si spostava da Santa Maria a Sant'Angelo, finì in mezzo a un drappello di napoletani: per sua fortuna una carica di garibaldini che si trovavano lì vicino lo aiutò a cavarsela dalla brutta situazione. Anche a Sant'Angelo la sua presenza ebbe un effetto straordinario sul morale degli uomini e permise di tener duro, nonostante la crescente pressione borbonica.

L'unico luogo del fronte in cui Garibaldi non poteva arrivare tempestivamente, perché troppo lontano, era all'estrema destra, dove si confrontavano Von Mechel e Bixio. Non per nulla Garibaldi, visitando le posizioni qualche giorno prima, aveva detto al suo luogotenente che Ponti della Valle, appena a nord di Maddaloni, rappresentava le Termopili dei Mille. «Tutti sapevano che là bisognava stare o morire» scrisse Abba.[45]

Da parte sua il piano del generale svizzero borbonico era semplice: con i 3000 mercenari, fidando soprattutto sui montanari svizzeri, avrebbe attaccato frontalmente le posizioni di Bixio, mentre il colonnello Ruiz, con 5000 napoletani, doveva aggirarle e quindi prenderle alle spalle oppure puntare decisamente verso Caserta. In entrambi i casi i garibaldini si sarebbero trovati tra due fuochi e avrebbero dovuto abbandonare la posizione. Riuscire nella manovra significava probabilmente vincere la battaglia, perché sarebbe rimasto scoperto il fianco delle truppe garibaldine che combattevano più a occidente e inoltre si sarebbe aperta la strada per Napoli.

Castelmorrone

I primi assalti di Von Mechel ebbero successo e misero in crisi i garibaldini, ma alla fine furono contenuti, anche perché le camicie rosse erano in vantaggio numerico rispetto alla colonna dei mercenari stranieri. La difesa sarebbe crollata, se solo Ruiz avesse cominciato la sua azione secondo i piani: Von Mechel non ricevette nessuna notizia e dopo alcune ore di accaniti combattimenti dovette ordinare la ritirata.

Cos'era successo?

Uno degli episodi eroici che furono la chiave della spedizione garibaldina. Sulla strada di Ruiz si trovava Castelmorrone: le poche camicie rosse disposte a sbarrare la strada vennero facilmente ricacciate, ma rimanevano 280 garibaldini comandanti da Pilade Bronzetti, asserragliati nei ruderi di un castello, poco più che un muro di pietra in cima a una colle assai ripido. Ruiz ordinò un primo assalto, che fu respinto: avrebbe potuto continuare la sua marcia, lasciando indietro quel reparto isolato e invece s'impuntò di schiacciarlo. Il colonnello borbonico probabilmente non era un gran comandante (già si era dimostrato poco determinato ai tempi dello sfascio in Calabria) oppure non aveva compreso bene quale fosse il suo ruolo oppure, ancora, gli ordini di Von Mechel non erano chiarissimi; sta di fatto che trovandosi a metà strada tra i combattimenti al piano (li vedeva sicuramente da Castelmorrone) e quelli nella valle di Maddaloni tra Von Mechel e Bixio (non li vedeva,

Il Volturno, 1° ottobre 1860

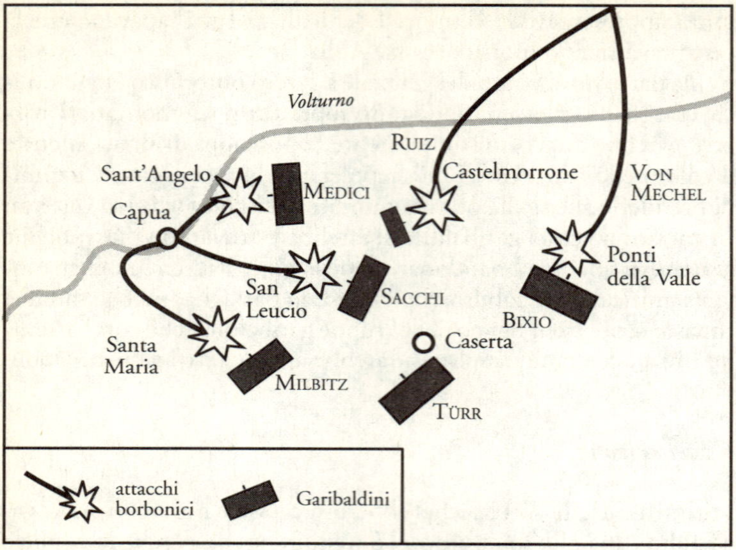

ma forse li sentiva), non seppe che pesci pigliare e decise di sbrigare la pratica che s'era trovato davanti, senza farsi troppe domande.

Da parte loro i garibaldini di Bronzetti si difesero eroicamente, nonostante l'abissale sproporzione di forze. Dapprima risposero con i fucili, poi con sassi e pietre e infine con le baionette. Castelmorrone si arrese alle prime ore del pomeriggio, con due terzi dei difensori morti o feriti. Lo stesso Bronzetti, ferito, alzò la tovaglia dell'altare della piccola chiesa come bandiera bianca, ma venne ucciso mentre la sventolava. Però le quattro ore di resistenza avevano causato il fallimento del piano di Von Mechel e quando Ruiz si decise a scendere verso Caserta la battaglia era già decisa a favore dei garibaldini.[46]

Garibaldi, intanto, informato che la situazione sulla destra non destava preoccupazione, lasciò a Caserta solo un velo di truppe e portò i 3000 uomini rimanenti delle riserve per una metà a Sant'Angelo e per l'altra a Santa Maria, ricacciando i borbonici che si stavano infiltrando tra i due capisaldi.

A pomeriggio inoltrato i napoletani desistevano dall'attacco e rientravano a Capua. La sera, quando tutti i garibaldini erano convinti che la battaglia fosse finita e festeggiavano la vittoria, giunse ancora un allarme da Caserta. Per un attimo si temette un attacco a sorpresa: in realtà si trattava delle truppe dello sciagurato Ruiz, che dal pomeriggio erano rimaste a vagare senza costrutto ai margini del campo di battaglia. Non trovando niente di meglio da fare, una parte aveva assalito la reggia di Caserta, vedendola sguarnita, per saccheggiarla.

Garibaldi intervenne di persona, raccogliendo le forze che aveva a portata di mano, comprese alcune centinaia di bersaglieri piemontesi sbarcati a Napoli. La presenza di questi uomini portò a dire, in tempi successivi, che alla battaglia avessero partecipato con i garibaldini anche truppe regolari sabaude. Tutto finì con una sorta di grande operazione di polizia, che consentì la cattura di più di 2000 prigionieri.

La memoria

Visitare i luoghi della battaglia del Volturno è un'esperienza contraddittoria. Nei centri della pianura, Santa Maria Capua Vetere, Sant'Angelo in Formis, San Leucio e la stessa Capua, l'urbanizzazione scomposta e invasiva ha quasi completamente cancellato sia i luoghi degli scontri sia la loro memoria.

Il ricordo ha radici più forti poco lontano da Maddaloni, nella località di Ponti della Valle, che s'identifica per la presenza del gigantesco acquedotto settecentesco, opera di Vanvitelli. Dove Bixio riuscì a fermare e respingere la colonna di Von Mechel, sorge un piccolo ossario. L'ho visitato in occasione dell'anniversario della battaglia, trovandovi molta gente e autorità locali, convenuti per la celebrazione; tuttavia ho notato che non c'è nemmeno un cartello, una lapide o altro che spieghi cosa significhi il monumento e cosa sia avvenuto nella zona.

Ancora diversa la situazione a Castelmorrone, dove gli errori di comando dei borbonici e il sacrificio di Pilade Bronzetti e dei suoi determinarono probabilmente l'esito della battaglia. I cartelli all'ingresso dell'abitato indicano il paese come «Termopili d'Italia», usurpando l'appellativo a Ponti della Valle (quando ci sono stato, era in programma una festa con la «Pizza dei Mille»). Il castello in cui i garibaldini resistettero si trova in un posto magnifico: una rupe che, oltre alle rovine dell'edificio, ospita una bellissima chiesetta.

Il luogo vale una visita, indipendentemente da ogni interesse storico (comunque ci sono chiari tabelloni che spiegano gli avvenimenti), ma fa sorgere anche un dubbio. Il castello è davvero molto lontano dal fondovalle, in cima a un monte scosceso, che domina praticamente tutto il campo di battaglia. Il comportamento di Ruiz, che si accanì per ore contro un piccolo presidio arroccato in una sorta di nido d'aquila, ininfluente riguardo al resto della battaglia, fa riflettere sulla illogicità di certe decisioni umane e sulle conseguenze così provocate nei destini d'interi popoli.

Riflessioni postume

La battaglia del Volturno fu una grande prova di Garibaldi, comandante di eserciti e non solo condottiero di bande e guerrigliero. La sua interpretazione del ruolo di comandante in capo, sempre in prima linea per osservare, valutare, rincuorare, guidare, fu originale e sicuramente efficace. Anche le sue decisioni sulla disposizione delle forze e l'impiego delle riserve si dimostrarono impeccabili.

I borbonici, da parte loro, manifestarono i gravi problemi di comando che travagliavano tutti gli eserciti di vecchio regime, com'era stato dimostrato fin dal 1848. È emblematico che nei mesi precedenti la battaglia avessero chiesto di poter avere il francese Lamoricière come comandante in capo, esattamente come avevano fatto i piemontesi, nelle stesse condizioni, prima di Novara.

Nemmeno nel campo garibaldino, però, tutto filava liscio. Garibaldi non poteva non vedere che la sua situazione era del tutto differente rispetto ai tempi delle battaglie siciliane. Solo con i suoi volontari, davanti all'ostilità più o meno manifesta di parte della popolazione, constatando il sostanziale fallimento della leva e del tentativo di portare sotto la bandiera italiana una quota consistente di soldati borbonici sbandati, non poteva sperare di sconfiggere definitivamente Francesco II, il suo esercito e le sue fortezze. Poteva al massimo resistere e mantenere la linea del Volturno, tutt'al più cercando di sedare le rivolte. La vittoria, costata più di 1600 tra morti e feriti, contro i 1200 denunciati dai borbonici, a testimonianza di quanto fosse stata difficile l'impresa, rappresentò contemporaneamente la vetta più alta e l'inizio del declino dei sogni garibaldini.

46

Gaeta

Dopo la sconfitta del Volturno e con l'approssimarsi delle truppe sabaude di Fanti, l'armata napoletana si divise in tre tronconi. Uno, con i feriti della battaglia, rimase a Capua e il 2 novembre, dopo un bombardamento durato una notte, si arrese su pressione degli abitanti della città. Il secondo cercò rifugio nello Stato pontificio, dove venne accolto e disarmato dal generale francese Guyon. Il terzo, infine, si ritirò verso Gaeta, cercando anche di creare linee di difesa che rallentassero l'avanzata sabauda, ma senza successo.

Gaeta era una fortezza formidabile, collocata su un promontorio e perciò attaccabile da terra solo da un lato; la difendevano più di 12.000 soldati, con quasi 700 cannoni e obici. L'esercito sabaudo, che a questo punto aveva soppiantato i garibaldini nella conduzione della guerra, il 4 novembre riuscì a superare l'ultimo sbarramento opposto dai borbonici prima che si ritirassero all'interno delle mura. Occorse qualche tempo perché gli artiglieri mettessero in posizione le batterie di cannoni Cavalli, progettati da un ufficiale piemontese, rigati e a retrocarica, con una gittata superiore a quelli borbonici e quindi in grado di colpire senza essere a loro volta colpiti.

Il 1° dicembre cominciò il bombardamento.

Un'epopea?

L'assedio di Gaeta sta tutto in due termini: nella gittata dei cannoni piemontesi e nell'ostinata volontà di resistere del re e della regina, Francesco II e Maria Sofia, consci che abbandonando quell'ultimo lembo di terra napoletana, avrebbero perduto ogni possibilità di tornare sul trono. Finché mantenevano viva la resistenza, anche solo simbolica, potevano sempre sperare in qualche intervento della diplomazia europea.

I 102 giorni dell'assedio, per alcuni «l'epopea di Gaeta»,[47] rappresentarono il momento di maggior dignità del tramonto borbonico, anche se pagato a caro prezzo.

Nei primi tempi le angustie non furono eccessive, perché la flotta francese, che controllava lo specchio di mare attorno alla fortezza, permetteva le comunicazioni con il vicino Stato pontificio: giungevano visite e rifornimenti, uscivano ambasciatori e appelli. Da parte sua Cialdini, che comandava le operazioni sabaude, continuava ad aumentare le bocche da fuoco, per rendere sempre più pressante il bombardamento, e ad avvicinarle, per rendere i tiri più precisi e devastanti. Due volte i borbonici tentarono sortite – ispirate da Beneventano del Bosco, l'ufficiale già protagonista a Milazzo –, ma senza raccogliere risultati concreti.

Eppure si era già all'agonia. Durante lo stesso mese di dicembre, in due riprese, Napoleone III intervenne presso Francesco II perché rinunciasse alla resistenza, ma senza riuscire a convincerlo. All'inizio di gennaio la flotta francese abbandonò le posizioni, portando via anche alcuni reggimenti che il Borbone non poteva più né pagare, né sfamare. Arrivarono le navi sabaude e il blocco divenne totale.

Aumentò ancora il numero delle batterie impiegate nel bombardamento, mentre in città cominciava a scarseggiare il cibo e il poco che c'era veniva venduto a prezzi esorbitanti. Le cattive condizioni di vita provocarono un'epidemia di tifo e, come se non bastasse, il 4 e il 5 febbraio i cannoni sabaudi centrarono due magazzini delle polveri: le esplosioni fecero volare in mare alcuni grossi cannoni, aprendo ampi squarci nelle mura. Raccontava un piemontese testimone dell'assedio:

> Gaeta sofferse gravissimi danni [...] e alcune case demolite fino alle fondamenta. Non ci sono case con più di un piano, mentre prima ce n'erano di 3 o 4. [Anche il resto della città] che non sofferse dello scoppio della polveriera è ben crivellato, sebbene si cercasse di danneggiare il meno possibile la città; [...] il primo bombardamento dell'8 dicembre aveva colpito per bene.[48]

Era la descrizione di una città morente, che quasi non rispondeva più al fuoco:

> La migliore batteria, quella della Regina, di 60 pezzi da 80: ne funzionano 8 [...] gli altri pezzi erano fuori uso e quelli che ancora funzionavano, nessuno voleva esporsi per usarli [perché] i nostri proiettili che arrivavano a 10 o 15 per volta, spazzavano le macerie dei parapetti sui cannonieri.[49]

Per gli assediati non c'era speranza. Quelli che cercavano di fuggire dalla città venivano inevitabilmente catturati, interrogati e poi rimandati dentro le mura. A volte i soldati sabaudi, impietositi, chiudevano gli occhi e li lasciavano andare.

Vista da Torino, una resistenza così prolungata era una spina nel fianco e un serio problema diplomatico. Per questo motivo il governo di Cavour aumentò la pressione sui comandanti dell'assedio.

Il 10 febbraio Francesco II chiese di trattare la resa. Cialdini, che voleva accelerare i tempi e sapeva d'avere la situazione in pugno, accettò la richiesta, ma senza sospendere il bombardamento. Il giorno 15, dopo l'esplosione di un altro magazzino di polveri, ottenne la capitolazione.

Dalla città iniziarono a uscire colonne di soldati scheletriti, ma ancora con una parvenza di dignità militare. Un soldato piemontese ingenuo e pragmatico commentò:

> La fortezza capitolò con l'onore delle armi, ma però appena uscivano e entravano nel borgo ci rilasciavano le armi.[50]

I vincitori trovarono solo macerie, feriti, cadaveri: una città infetta e piegata. Le sole parole di stima e rispetto furono per il re e la regina che erano stati l'anima della resistenza. Una processione di visitatori si recò a vedere la casamatta spartana in cui la coppia reale aveva vissuto per tutta la durata dell'assedio e tutti rendevano omaggio ai due giovani e dignitosi monarchi, travolti da un crollo di dimensioni più grandi delle loro responsabilità.

Messina e Civitella

Dopo Gaeta cadde Messina, ma ormai, con il re in esilio a Roma, nessuno s'interessava della sorte degli ultimi baluardi. La possente fortezza, incubo dei messinesi antiborbonici, resistette dal 17 febbraio (quando si presentarono davanti ai portoni i primi soldati sabaudi) al 12 marzo. In realtà bastarono sei ore di fuoco intenso per ottenere la capitolazione.

Più dura fu la resistenza della fortezza montana di Civitella del Tronto. La piccola guarnigione, con pochi e vecchi cannoni, combatté da novembre fino al 20 marzo e alzò la bandiera bianca solo quando giunse un inviato di re Francesco con l'ordine d'arrendersi. In cinque mesi d'assedio, non solo aveva resistito a forze decisamente superiori, ma era anche riuscita a porsi come fulcro dell'attività di bande lealiste che infastidivano non poco gli assedianti.

Di storie come questa si sa poco, perché in quegli stessi giorni si proclamava la nascita dell'Italia unita, nelle vesti del nuovo Regno d'Italia, e già si avviava la costruzione del mito del Risorgimento. In quel mito per gli ultimi resistenti borbonici non c'era posto.

L'epopea oggi

Andare a Gaeta alla ricerca delle tracce dell'assedio di centocinquant'anni fa non è un'attività produttiva. Limitandomi, da semplice turista, a osservare quello che la città stessa mi presentava, posso dire di non aver visto nulla che ricordi la cosiddetta «epopea borbonica». Nessun cartello, nessuna lapide. Sulla cartina fotocopiata che l'impiegato dell'ufficio informazioni turistiche mi ha dato (dopo aver recriminato a lungo sui tagli ai fondi pubblici per il suo lavoro), ho trovato indicazioni di monumenti e chiese, ma niente che ricordasse l'assedio.

Ho chiesto a due vigili, proprio come farebbe un qualunque forestiero per la strada, e non ho ricavato che l'indicazione di rivolgermi a un certo tabaccaio, che – mi è stato assicurato – «sa tutto». Il metodo, che in altre occasioni, come a Pastrengo, aveva dato i suoi frutti, questa volta ha fallito.

Nel negozio campeggiava lo stemma borbonico, ma il tabaccaio era assente e la moglie che in quel momento lo sostituiva non ha saputo aiutarmi. Perciò ho dovuto limitarmi a camminare verso la città vecchia sul lungomare, costeggiando gli antichi bastioni. Sono salito verso il castello angioino, per scalette, piazzette e scorci davvero belli, vedendo affiorare tra le case elementi delle vecchie fortificazioni.

Devo ammettere d'essere rimasto un po' deluso.

Se è vero che tra quelle mura si consumò il momento più simbolico della resistenza borbonica e che il revisionismo filomeridionale oggi sta raccogliendo nuovi aderenti e ragioni di rivendicazione, mi sarei aspettato di trovare qualcosa di più. Magari polemico e critico nei confronti dell'unità d'Italia, ma comunque qualcosa di più.

Così mi sono dovuto accontentare della strofa dell'inno del movimento neoborbonico:

Sulle sacre torri di Gaeta
scriviamo ancora
la parola: «Dignità».[51]

I prigionieri

Finita la guerra, rimaneva la questione dei prigionieri borbonici: 24.000 soldati e 1700 ufficiali, catturati durante le battaglie o alla fine degli assedi.[52] La loro sorte non riguarderebbe direttamente questo racconto, ma sarebbe un po' ipocrita non dedicarle almeno qualche riga.

Questa gente rappresentò un serio problema: inizialmente i piemontesi speravano di arruolarne la maggior parte nell'esercito nazionale, così com'era avvenuto per i soldati degli Stati annessi. Ma la cosa non funzionò e l'Italia appena formata dovette gestire una sorta di popolo senza terra, costituito da vittime di una guerra non dichiarata. La situazione era spinosa: normalmente, infatti, alla fine di un conflitto i soldati perdenti potevano tornare alle loro case; c'era di diverso, questa volta, che i borbonici non avevano più una patria; inoltre i membri dell'ex esercito che intendevano rimanere fedeli al giuramento prestato, inevitabilmente si dovevano considerare sovversivi.

Finirono così in campi di prigionia dislocati in varie città dell'Italia settentrionale, in condizioni di vita precarie. Scrisse La Marmora, che andò a visitare quelli detenuti a Milano:

> Sono tutti coperti di rogna e vermina, moltissimi affetti da mal d'occhi e da mali venerei [...] dimostrano avversione a prendere da noi servizio. Ieri a taluni che con arroganza pretendevano il diritto di andare a casa loro perché non volevano prestare un nuovo

> giuramento, avendo giurato fedeltà a Francesco II [...]. Gli rinfacciai [...] che erano un branco di carogne, che avremmo trovato il modo di metterli a ragione.[53]

Per ironia della sorte la *via crucis* della maggioranza dei prigionieri borbonici terminò nel 1863, quando un'amnistia liberò loro e contemporaneamente i vecchi nemici garibaldini, arrestati all'Aspromonte perché diventati anche loro «nemici» del nuovo Stato.

Dall'amnistia restarono esclusi gli irriducibili, il cui ritorno a casa sarebbe diventato un pericolo, tenendo conto della situazione simile a quella di una guerra civile in cui versava il Meridione negli anni della lotta al brigantaggio. Questa gente fu rinchiusa nella fortezza alpina di Fenestrelle e nel forte genovese di San Maurizio, dove fece una brutta fine, tra freddo, stenti e malattie e, quel che forse era peggio, nel disinteresse generale.

PARTE NONA

Una fine ingloriosa

47
Il tramonto dei garibaldini

Il 14 marzo 1861 il Parlamento riunito a Torino proclamava la nascita del Regno d'Italia, nonostante mancassero ancora all'appello Roma e Venezia. Era l'apoteosi di un movimento iniziato decenni prima, al quale negli ultimi due anni, tra progetti accuratamente condotti e clamorosi colpi di scena, era stata impressa una straordinaria accelerazione.

Sembrava che con il raggiungimento del principale degli scopi desiderati, per i patrioti italiani di tutte le confessioni fosse giunto il momento di godersi il trionfo. Si poteva anche pensare che la frattura tra le due anime del Risorgimento, quella regia e quella popolare, iniziata con i tragici rovesci del 1848, fosse rimarginata.

Nulla di più sbagliato.

Contrapposizioni insanabili

L'arrivo dell'armata sabauda in Meridione segnò l'inizio di due tra i capitoli meno noti, ma anche più dolorosi e ingiusti della storia risorgimentale. Il primo fu l'occupazione militare dell'ex Regno delle Due Sicilie, che fu brutale e sorda ai bisogni delle popolazioni e che qualcuno, con parecchie ragioni, ha definito di stampo coloniale. Il secondo, invece, fu rappresentato dal conflitto tra l'esercito regolare e quello garibaldino.

Nelle apparenze il problema non esisteva: l'esercito di Vittorio Emanuele era sceso a sud per prendere il testimone dalle mani delle eroiche camicie rosse, in un passaggio di consegne preparato dal motto «Italia e Vittorio Emanuele», che aveva accompagnato la spedizione dei volontari, e suggellato dall'incontro tra Garibaldi e il re, il 26 ottobre 1860 a Teano, ritratto in migliaia di stampe e illustrazioni.[1] Nella realtà le cose erano molto diverse.

La calata sabauda verso la Campania era stata pensata come un'operazione di «polizia internazionale»,[2] condotta dal governo di Torino, in accordo con le diplomazie europee, per fermare Garibaldi, togliergli l'iniziativa, evitare che procedesse verso Roma, aggredendo lo Stato della Chiesa e il papa, e diffondesse un contagio rivoluzionario.

Per chi è abituato alla trattazione classica del Risorgimento, questa interpretazione può suonare strana e perfino eretica. Però da almeno quarant'anni gli studiosi sono abbastanza concordi nell'affermare che l'esercito di Vittorio Emanuele andò a sud *contro* Garibaldi e non per agire in suo favore. Questo sia che vedano la questione da nord, per esempio Giorgio Rochat e Giulio Massobrio nella loro *Breve storia dell'esercito italiano*,[3] sia da sud, come Franco Molfese nella basilare *Storia del brigantaggio*,[4] sia dall'estero, come Denis Mack Smith:

> Uno degli scopi principali della successione piemontese all'amministrazione garibaldina di Napoli era quello di distruggere Garibaldi come possibile centro di potere.[5]

La rabbia dei militari

Il problema della contrapposizione tra l'esercito sabaudo e la cosiddetta armata meridionale, cioè i garibaldini, andava oltre la politica. Due forze, due culture, due modi d'intendere lo Stato, esercito *regio* ed esercito *di popolo*, si ritrovavano di fronte dopo un lungo percorso, che era iniziato, simbolicamente, con l'«occasione perduta» e la sistematica emarginazione dei volontari nella guerra del 1848.

Basta leggere cosa scrivevano gli ufficiali regolari nei rapporti, nelle lettere, nei diari di quei giorni, per capire la loro ostilità nei confronti delle camicie rosse, al di là e a priori di ogni valutazione tecnica o politica. Volevano affermare oltre ogni possibile dubbio che l'apparato militare italiano era quello regio, e solo quello, con i suoi valori e tradizioni, con il suo ruolo sociale e la sua influenza politica. Ogni altro corpo armato – volontario, insurrezionale, patriottico di qualsiasi forma o colore – doveva essere considerato estraneo ed eliminato.

C'era anche di più e di più profondo. Se la contrapposizione fosse stata solo politica o culturale, forse un punto d'accordo si sarebbe trovato: i cacciatori delle Alpi del 1859, per esempio, erano stati pur sempre un precedente di convivenza tra volontari e regolari. Invece c'era anche una questione di pelle, di convincimenti, di onore, tanto che il punto irrisolvibile della diatriba stava tutto nel semplice conteggio delle vittorie.

Da una parte i militari sabaudi, aristocratici, carichi di onore e potere, protagonisti riveriti della vita sociale, che in dodici anni di Risorgimento di battaglie ne avevano vinte davvero poche. Perfino la loro grande impresa, la Seconda guerra d'indipendenza, era stata subordinata alla presenza francese e s'era conclusa con molta delusione, quando, al tavolo delle trattative di Zurigo, a fronte dei piemontesi che ancora protestavano per l'armistizio di Villafranca, i rappresentanti di Napoleone III avevano ribattuto:

> Noi accettiamo la Lombardia a quelle condizioni, se voi non volete rilevarla da noi, siete liberi.[6]

Dall'altra parte c'erano i democratici irrisi, perseguitati, sottovalutati, che però vantavano un curriculum militare di tutto rispetto: dalle imprese eroiche delle repubbliche del 1848-49 alle vittorie dei cacciatori delle Alpi. Per non parlare della spedizione dei Mille, famosa e ammirata in tutt'Europa e che aveva trovato scrittori e giornalisti disposti a raccontarla e a esaltarla – Alexandre Dumas e Victor Hugo, per dirne due –, circondandola di romanticismo e proiettandola direttamente dai campi di battaglia alla gloria del mito. Qualcosa che i generali sabaudi non potevano permettersi nemmeno di sognare.

Un ordine sociale da difendere

Per comprendere meglio il pensiero degli alti ufficiali dell'esercito, conviene portare un paio d'esempi. Scriveva Enrico Morozzo della Rocca, generale e amico del re:

> Non è qui il luogo di trattare dei notissimi eventi ora contrastati ora fortunati di quella spedizione che forse i posteri chiameranno leggendaria, la quale rese necessario nel settembre del medesimo anno, la nostra marcia attraverso l'Umbria e le Marche, marcia non meno trionfale di quella di Garibaldi.[7]

Ecco cosa diceva Manfredo Fanti, il generale in quei momenti probabilmente più influente, esprimendo tutto l'orrore per un catastrofico ribaltamento di valori:

> Dio mio! Cosa avverrebbe con questa armata parallela sotto gli ordini di Garibaldi? Si dimenticherebbe quanto l'esercito ha fatto dal '48 fino all'imminente presa di Gaeta e Messina, per non pensare che al fatto di Marsala e del Volturno.[8]

Molti, in effetti, si domandavano cosa avesse fatto l'esercito regolare dal '48 in poi e la risposta non poteva che essere sgradita, soprattutto perché induceva subito al confronto con i risultati ottenuti da Garibaldi.

Portata sul piano della quotidianità, la frattura tra le due anime militari dell'Italia è stata raccontata molto bene dallo scrittore Luciano Bianciardi nel romanzo *La battaglia soda*. Ecco il passo in cui il generale garibaldino Medici rimprovera un ufficiale piemontese per aver attaccato briga con una camicia rossa:

> «In che scuola lei ha guadagnato le spalline?»
> «Nella scuola di Ivrea» [...]
> «Bravo. Sappia dunque che questo mio ufficiale escì dalla scuola di Calatafimi, che forse lei avrà inteso rammentare, e che nello scontro fu tre volte ferito, e che poi seppe guidare al fuoco un battaglione di fanteria contro le mura di Milazzo e si condusse con valore e con perizia. Le auguro di tutto cuore uno stato di servizio uguale».[9]

Ma erano solo l'invidia e il timore d'essere surclassati a spingere i militari a voler annientare i rivali in camicia rossa? Queste erano certamente molle forti, ma non le sole.

Gli alti ufficiali (sottolineo: gli alti ufficiali, perché scendendo nella gerarchia le simpatie per i garibaldini aumentavano) erano profondamente convinti che l'esercito non fosse soltanto uno strumento per la guerra, ma che rappresentasse un ordine sociale. Si sentivano garanti della sicurezza interna del paese e baluardo dei valori fondamentali della società. Difendendo se stessi e le loro prerogative, ritenevano con assoluta certezza di difendere in primo luogo il re e la monarchia e di conseguenza lo Stato con il suo ordine e le sue gerarchie di valori.

Riconoscere la vittoria dei volontari, al contrario, significava avallare una profonda ristrutturazione dell'esercito, per cancellare il suo carattere elitario e farlo più simile all'armata di popolo voluta dai democratici sin dal '48, e pertanto accettare che l'intera società venisse profondamente cambiata. Questa pretesa era stata sempre arginata e respinta, ma cosa poteva succedere ora, in presenza di un'armata vittoriosa, con un capo carismatico e un seguito popolare come non s'erano mai visti?

Leva di massa, ufficiali democratici, esercito in cui si sarebbe fatta carriera con le spedizioni insurrezionali e l'appoggio alle rivolte? Nei circoli degli ufficiali si sarebbe parlato tranquillamente di repubblica, invitando Mazzini a tenere conferenze? Se fosse scoppiata una rivoluzione, l'armata avrebbe preso partito per il trono e la nobiltà oppure per i rivoltosi? Dubbi da far venire terribili mal di testa sotto i berretti piumati.

In questa luce si comprende la scelta della linea dura contro i garibaldini. Tra esercito, governo e corona ci fu disaccordo solo sui modi: una minoranza, rappresentata proprio dal re e dal fido Della Rocca, non voleva l'umiliazione totale delle camicie rosse, ma un percorso che conducesse alla loro emarginazione in maniera lenta e graduale. Si imposero invece i più intransigenti, con Fanti in testa, che minacciò le dimissioni se si fosse dimostrata anche la minima condiscendenza verso gli irregolari.

Il momento simbolico della grande ingiustizia fu la cerimonia per la consegna delle medaglie ai Mille. Il re aveva promesso di passare in rivista le truppe che, a onor del vero, gli avevano raddoppiato il reame. I garibaldini lo attesero schierati per ore e alla fine ebbero notizia che non si sarebbe presentato.

Le camicie rosse si ritrovarono vittoriose in battaglia e umiliate in pace. Li sbeffeggiavano perfino i borbonici, che cantavano:

Gallubardo va allu forno
e Vittorio attorno attorno
e s'arrobba 'na spanata
Gallubardo sventurato.[10]

Molti dei Mille tornarono a casa con la precisa consapevolezza d'essere stati vittime di una grande ingiustizia. Giuseppe Cesare Abba scrisse nell'ultima pagina delle sue memorie che iniziava «a tirare un vento di discordie tremende».[11]

Garibaldi lasciò la Campania mentre tuonavano le prime cannonate sabaude sulla fortezza di Capua, dopo aver accompagnato il re nel suo ingresso a Napoli. Se ne andò con qualche sacco di sementi, con una scorta dell'amato caffè – l'unico genere di conforto che non gli doveva mai mancare – e pochissimo altro, lui che aveva conquistato un regno e rifiutato allori, titoli e prebende d'ogni tipo. All'uscita dal porto di Napoli tutte le navi straniere salutarono l'eroe con salve di cannone; solo le navi piemontesi non alzarono nemmeno una bandiera di commiato.

Tutto il mondo fu scosso dal gesto del moderno Cincinnato (peraltro ben sottolineato dai suoi cantori) e questo non rese un buon servigio all'immagine della nascente Italia, che non se ne curò molto, visto che aveva altre bruttissime gatte da pelare.

Se i militari pensavano che bastasse risolvere la questione delle camicie rosse, perché i problemi fossero finiti una volta per tutte, si sbagliavano di grosso. Da una parte si trovarono a fronteggiare l'ostilità crescente di gran parte delle nuove regioni del regno, dall'altra dovettero fare i conti con il governo di Torino, che in pratica scaricò sulle loro spalle, in tutto il Meridione, ogni aspetto del passaggio di poteri tra amministrazioni. I generali si videro affidato il governo di metà del paese, quando erano assolutamente impreparati ad assumere quel ruolo, tanto che lo interpretarono unicamente in termini di mantenimento dell'ordine pubblico e in senso repressivo. Ben presto la situazione sfuggì loro di mano e le prime vittime furono la legalità e il rispetto civico.

La lotta in Parlamento

Mentre la situazione in Meridione già s'incancreniva e giungevano le prime notizie delle imprese dei banditi e dei legittimisti borbonici, il «vento di discordie tremende» giunse a Torino, in Parlamento, dove si doveva discutere la sorte del cosiddetto «esercito meridionale». Che fossero eroi lo dicevano la *vox populi* in Italia e i giornali di tutto il mondo, cosa farne di tali eroi era un problema strettamente governativo.

I temi sul tavolo erano sostanzialmente due: la conciliazione tra le due anime militari dell'Italia appena unificata e il destino dei garibaldini, con il conseguente assetto del nuovo esercito italiano.

Garibaldi – che era decisamente più efficace in battaglia che in Parlamento – legò le due cose: un trattamento onesto e riconoscente per l'«esercito meridionale» come segno di buona volontà per la conciliazione. I militari erano di tutt'altro avviso: la loro verità diceva che erano andati in Meridione a «salvare» i garibaldini da una sicura sconfitta e che questi si rifiutavano di riconoscere il loro debito. Per quanto riguardava la riforma dell'esercito, tutte le porte erano chiuse.

Si trattava di una questione di politica e di orgoglio, ma i militari la presentarono astutamente come un problema tecnico. Un esercito allargato, che incorporasse i volontari vincitori della guerra antiborbonica, avrebbe dovuto accettare un diluvio di ufficiali promossi sul campo, a scapito di chi era rimasto agli ordini del re. Si faceva notare, per esempio, che un disertore che avesse abbandonato l'esercito per unirsi a Garibaldi – ce n'erano parecchi: Giuseppe Bandi, per fare un nome – avrebbe fatto più carriera, con le promozioni sul campo, di un collega rimasto ligio al dovere. Inoltre si affermava – con molte ragioni – che tra i volontari gli ufficiali erano troppi e non tutti con meriti adeguati. Soprattutto nell'ultima fase della campagna meridionale erano nate decine di bande autodefinitesi garibaldine, in cui tutti avevano un grado e nessuno aveva sparato un colpo.

Quale esercito per l'Italia

Le obiezioni erano tante e a tutte si sarebbero potute trovare risposte soddisfacenti, ma la realtà vera era che i quadri dell'esercito regio non volevano i garibaldini al loro fianco. Disse un ufficiale delle camicie rosse che

> l'essere stato garibaldino era una macchia perfino più spregevole d'essere stato al servizio del re delle Due Sicilie.[12]

Soprattutto non si voleva cambiare l'esercito. In tutta la storia piemontese esisteva un legame tra sovrano e armata che si poteva paragonare a quello tra testa e colonna vertebrale. Il resto del corpo dello Stato dipendeva ed era sostenuto da queste due strutture.

Adesso che l'esercito passava da piemontese a italiano, cambiare l'assetto non avrebbe semplicemente modificato la funzione di un'istituzione dello Stato, ma avrebbe cambiato lo Stato stesso. I militari, infatti, erano anche parlamentari e politici, che occupavano posti importanti nell'amministrazione; i gradi dell'esercito erano un passaporto per ogni attività. L'armata formava una capillare trama di appoggi e interessi, che investiva ogni funzione della vita pubblica.

Il 18, 19 e 20 aprile 1861 ci furono tre sedute ribollenti del Parlamento, in cui il partito militare non vinse, ma stravinse, per una volta alleandosi a Cavour. Come dice Pieri:

> Non si volevano i volontari nell'esercito per non inquinarlo con elementi considerati in buon numero repubblicani e sovversivi, e non si volevano fuori dall'esercito come strumento di guerra autonomo, per timore che esso servisse contro Roma e scatenasse la guerra contro la Francia e contro l'Austria.[13]

Forse sarebbe servita l'intelligenza di qualche grande personaggio carismatico, capace di comprendere le potenzialità eccezionali del momento e di disegnare con coraggio e lungimiranza qualcosa d'innovativo. In quel Parlamento nessuno dimostrò di possedere queste qualità.

La vittoria dei militari ebbe costi altissimi. L'esercito, che dopo il 1848 si era ritagliato un ruolo di forza moderata, cominciò a vedere minacce in tutto ciò che avesse sapore di novità. Conscio di essersi imposto con la prepotenza e non per merito, si arroccò nella difesa delle prerogative e dei privilegi, rifiutando anche il più insignificante dibattito che potesse mettere in discussione i risultati acquisiti. Scrisse, pochi anni dopo, un brillante intellettuale, militare e studioso dei problemi dell'esercito italiano:

> A cagione del modo col quale necessariamente si svolse la rivoluzione del 1860 [...] nell'esercito, come nella Camera, vi fu un partito, un sistema, un gruppo di uomini che s'impose al rimanente, che favorì gli amici e fu ingiusto con i cosiddetti estranei e che continuò a rimanere al timone anche quando i nuovi mari richiedevano nuovi piloti [...] e finì col costituire una cattiva macchina che fe' mala prova.[14]

Emblema e braccio operativo di questa ripulsa nei confronti dell'«esercito meridionale» fu la commissione che doveva approvare il passaggio degli ufficiali garibaldini all'esercito regio. Molto severa e pignola, costrinse i candidati a pratiche sfiancanti e in qualche caso anche umilianti, con il malcelato intento di scoraggiarli fortemente. Uno dei suoi membri, Genova di Revel, ricordò in un volume di memorie che suo padre beveva un bicchierino di Malaga, prima di mettersi a trattare con i rivoluzionari francesi; lui, invece, quando incontrava i garibaldini, si creava «una maschera per dissimulare il disgusto».[15]

Per contro gli ufficiali borbonici, sempre sconfitti e spesso palesemente inetti, trovarono pochi ostacoli nel passaggio da un esercito all'altro e nella prosecuzione delle loro carriere sotto il tricolore italiano: erano pur sempre militari regolari, che con i loro colleghi sabaudi dividevano cultura e morale.

L'Italia era appena nata, eppure già appariva malformata. Bastarono pochi anni perché i nodi cominciassero ad arrivare al pettine.

48
Garibaldi fu ferito

Nel confronto tra monarchici e democratici, tra esercito regolare e garibaldini, l'Italia si trovò spaccata in due. Naturalmente non si trattava soltanto di una questione tecnica e limitata all'esercito. Significava, per fare un esempio banale, che negli anni successivi ogni monumento a Garibaldi, in ogni città del paese, sarebbe stato motivo di lotte infinite tra chi voleva onorare l'eroe dei Mille, il Washington italiano (Abraham Lincoln, presidente degli Stati Uniti, aveva proposto a Garibaldi di prendere il comando delle forze nordiste nella guerra di Secessione americana), e chi inorridiva al pensiero che si potesse effigiare in una statua un repubblicano, ateo e rivoluzionario.

A chi faceva notare che, nonostante tutto, quel «filibustiere» aveva donato alla neonata Italia una buona metà del suo territorio, si rispondeva che il dono era avvelenato, che inghiottiva uomini per la guerra contro i briganti e non rendeva nulla.

«O Roma o morte!»

Gli animi erano così sovreccitati, che sarebbe bastata una scintilla per provocare un incendio. Non bisognò attendere a lungo.

Nel maggio 1862, sul lago d'Iseo, vennero arrestati 120 garibaldini sospettati di preparare una spedizione in Trentino. Non appena la notizia giunse a Brescia, si radunò una grande folla per chiederne la liberazione, l'esercito intervenne sparando e ci furono tre morti. Il fatto sollevò grande scalpore e ovviamente provocò furiose proteste.

Garibaldi rispose con un lungo tour di propaganda attraverso la penisola, fino alla Sicilia, dove fu accolto da manifestazioni di delirante favore popolare. In luglio, a Marsala, sui luoghi dello sbarco del '60, pronunciò il giuramento «O Roma o morte!», che divenne in un baleno la parola d'ordine dei democratici di tutt'Italia.

Per i militari e per i conservatori si profilava una minaccia incomparabilmente più grave di qualsiasi brigante meridionale o generale austriaco. A parole sostenevano che il problema fosse di buonsenso: attaccando Roma, Garibaldi avrebbe portato l'Italia in guerra contro la Francia, con esito probabilmente disastroso. Nella sostanza, invece, non volevano che Garibaldi e il «partito estremo» rialzassero la testa e cercassero di sovvertire la sconfitta cocente patita in Parlamento nell'aprile '61. Tornava a manifestarsi il dualismo fra anima democratica e anima monarchica del Risorgimento, ma ormai esacerbato, con i protagonisti più vecchi, più cattivi e più testardi.

Un trionfo siciliano

Il quadro che si presentava era quanto mai preoccupante per i militari, per certi versi anche umiliante, confrontando l'amore popolare che circondava Garibaldi e l'astio riservato all'esercito. Scriveva Petitti, un generale tra i più moderati e attenti:

> Quanto al viaggio di Garibaldi è una calamita [*sic*] e temo possa essere origine di mali serissimi. Le popolazioni giungono a un segno di follia a di lui riguardo ch'è incredibile. Le madri gli portano i figli infermi con preghiera di toccarli, persuase che questo basti a farli guarire. Le donne che hanno da partorire si mostrano certe d'avere un felice puerperio se possono toccare un lembo del suo abito. In una parola le masse non lo considerano soltanto come un eroe ma come un santo, un Dio sulla terra. È impossibile che tutto questo non inebbri un uomo la di cui base di tutto il suo carattere è la vanità e l'orgoglio. Ho pertanto l'intimo convincimento che presto o tardi verrà il giorno in cui vorrà dettare la legge e obbligare il Re e il governo a fare a suo piacimento. Se questo sarà avremo la guerra civile, imperrocché Egli volendolo, le masse si solleveranno.[16]

In questo clima e fra questi entusiasmi, tra luglio e agosto, Garibaldi attraversò tutta la Sicilia con un esercito di volontari che s'ingrossava continuamente. I tentativi di fermarlo fallirono e non pochi furono i casi di ufficiali inviati a sbarrargli il passo, che invece si misero al suo seguito.

Buona parte della Sinistra parlamentare si dissociò dall'impresa, ma nemmeno questo servì, anche perché correvano voci che Garibaldi agisse in un'operazione in qualche misura preordinata e che esistesse un accordo segreto con il re o forse con il governo. Quali fossero i retroscena, non è risaputo con certezza nemmeno oggi, ma sicuramente le prese di posizione ufficiali non furono esempi di chiarezza né dissiparono i dubbi.[17]

Come sarebbe andata a finire? Il governo era paralizzato. Non c'era più Cavour, in grado di trovare la soluzione di qualsiasi problema e magari di ottenerne anche dell'utile, come aveva fatto per la spedizione attraverso le Marche. Era morto l'anno prima, forse consumato dalla fatica di una politica intesa come dedizione totale agli affari di Stato.

Alla fine furono i generali, guidati da Alfonso La Marmora, comandante delle truppe che nel Meridione combattevano i briganti, a forzare la mano al governo e a prendere provvedimenti in suo nome, superando i dubbi e le incertezze della politica.

Fucilate sull'Aspromonte

L'ultimo atto andò in scena nella Calabria che aveva visto le gesta vittoriose dei Mille appena due anni prima. Stesso luogo di sbarco, Melito, ma in un contesto molto differente. La Marmora aveva scritto al prefetto di Reggio, ricordandogli che i garibaldini erano solo e unicamente ribelli, che Garibaldi non era un generale dell'esercito e che perciò tutta quella gente andava trattata di conseguenza.[18]

Così i volontari trovarono terra bruciata attorno a loro: vagarono per due giorni sui monti, fradici di pioggia, senza un posto per dormire e nulla da mangiare. Il 29 agosto 1862 si trovarono di fronte a una colonna di 3500 soldati, comandati dal colonnello Pallavicini. I bersaglieri avanzarono sparando e Garibaldi venne colpito da due pallottole, una di striscio alla coscia e una alla caviglia, mentre si sbracciava per fermare quelli tra i suoi che, contravvenendo agli ordini, rispondevano al fuoco. Il combattimento, se tale si può chiamare, durò pochi minuti, abbastanza per causare, tra le due parti, 12 morti e una trentina di feriti.

L'avvenimento, se sul campo era stato un'inezia, politicamente era un'enormità: l'esercito aveva sparato contro l'eroe che tutto il mondo invidiava all'Italia. Se c'era qualche dubbio residuo che l'Italia unita fosse già spaccata, quelle fucilate lo spazzarono via. Se la pallottola che ferì il Generale alla caviglia diventò la più famosa di tutto il Risorgimento (è ancora conservata nella casa di Caprera[19] ed è evocata nelle parole «Garibaldi fu ferito, fu ferito a una gamba» cantate sulla musica della marcia d'ordinanza dei bersaglieri), meno note, ma più micidiali furono quelle del plotone d'esecuzione. Per evitare ogni possibile dubbio sulla rigidità delle scelte di campo, vennero fucilati sei soldati regolari che erano passati nelle schiere garibaldine.

I volontari presi prigionieri, circa 2000, furono rinchiusi nelle fortezze alpine, sovente dividendo le celle con i borbonici deportati l'anno precedente. Ci volle un'amnistia, quanto mai opportuna, per rimarginare una ferita politica che rischiava d'incancrenirsi in misura anche maggiore di quanto già non fosse avvenuto.

Garibaldi finì a Caprera.

Visitare la sua casa fattoria sull'isola sarda è un'esperienza molto istruttiva ancora oggi. Non è proprio povera, ma certamente inadatta allo *status* non dico di un generale, ma di un qualsiasi ufficiale dell'esercito. Seguendo la guida che illustra i luoghi, si viene a sapere che buona parte delle persone che vivevano e lavoravano con Garibaldi, a un'analisi attenta, erano spie della polizia piuttosto che veri contadini. C'era una sorta di commissariato speciale destinato alla sorveglianza e il mare intorno all'isola era pattugliato dalla flotta, per evitare che l'illustre e temutissimo prigioniero fuggisse. Sotto ogni profilo una reclusione mascherata, un esilio coatto.

Anche solo, invecchiato e sofferente di artrite, Garibaldi continuava a rappresentare la speranza dei rivoluzionari e dei democratici e l'incubo di tutti i conservatori, non solo d'Europa. Era uno degli uomini più celebri del suo tempo e quando usciva da Caprera, scopriva d'essere un personaggio di fama mondiale. Durante un viaggio in Inghilterra, a Londra trovò mezzo milione di persone ad attenderlo per osannarlo.

49
Una guerra d'occasione

Negli anni successivi all'Aspromonte, tra il 1862 e il 1866, non successe nulla di militarmente rilevante e le due Italie, quella militare e conservatrice e quella volontaria e innovatrice, rimasero con l'arma al piede e continuarono a guardarsi in cagnesco. Ma la loro diatriba era solo uno dei tanti problemi del regno appena nato.

L'esercito aveva affrontato nel Meridione la questione del brigantaggio. Lo aveva fatto male, in maniera ottusa e brutale, però era anche vero che nessuno – né politici né uomini di cultura – aveva tentato di comprendere le radici, le ragioni e le vere dimensioni del problema. In assenza di idee alternative o di progetti politici i militari gestirono la vicenda esclusivamente sotto il profilo dell'ordine pubblico e unicamente nella direzione della repressione: il nome stesso che venne dato al fenomeno – brigantaggio – lo sminuiva nelle implicazioni e lo circoscriveva in un ambito d'illegalità.

Nel 1866 la virulenza del conflitto andava scemando e i militari potevano rivendicare il merito d'aver risolto un problema che i politici non avevano né voluto, né saputo affrontare. Siccome non si fa niente per niente, allora come oggi, capo del governo era diventato Alfonso La Marmora, il generale che aveva comandato le truppe impegnate nelle province meridionali.

Il personaggio aveva brillantemente attraversato tutto il Risorgimento. Semplice maggiore nelle battaglie del 1848 e ministro della Guerra solo pochi mesi dopo, responsabile della riforma dell'esercito nel decennio 1849-59, comandante della spedizione in Crimea, aveva conosciuto una fase di eclissi durante la Seconda guerra d'indipendenza. Poi era tornato in auge, proprio assumendosi le responsabilità – e i poteri – della lotta meridionale e, nel frattempo, occupandosi di reprimere la spedizione garibaldina all'Aspromonte.

Gli spettava di guidare un'Italia finalmente unita, ma che non offriva un bello spettacolo di sé. La capitale da Torino era stata spostata a Firenze. Quando i torinesi erano venuti a conoscenza della decisione, s'erano sentiti defraudati e avevano manifestato in piazza tutta la loro rabbia e delusione: l'esercito era riuscito a sparare anche su di loro, uccidendo decine di persone. In questa Italia che si muoveva tra le tante magagne dell'unificazione frettolosa e la delusione per una nazione che non era com'era stata sognata, arrivò un fulmine a ciel sereno.

La Prussia offriva un patto per una guerra contro l'Austria.

Una nuova alleanza

Oggi si sa che la Prussia del 1866 era una paese militarmente proiettato nel futuro. In quell'anno avrebbe sconfitto l'Austria e quattro anni più tardi la Francia, giungendo in breve all'unificazione della Germania: da quelle basi avrebbe cominciato un'ascesa durata decenni, passando alla storia per la qualità delle sue industrie e la straordinaria efficienza del suo esercito.

Ma naturalmente la considerazione di cui il paese godeva nella primavera del 1866 era alquanto diversa.

L'immagine più diffusa e accettata della situazione militare europea vedeva prevalere quattro «grandi potenze» – Francia, Russia, Austria e Inghilterra (quest'ultima, però, relativamente poco interessata alle vicende continentali) –, con alcune «piccole potenze» di contorno. La Prussia, come l'Italia, apparteneva alla seconda fascia: paesi militarmente dignitosi e per molti versi interessanti, ma non paragonabili ai quattro «grandi».

Il regno prussiano derivava la sua fama bellica dalle imprese settecentesche di Federico II. In seguito, senza più quel genio militare, era stato sconfitto dai francesi di Napoleone, ottenendo la rivincita grazie a una nuova organizzazione dell'esercito, oltre che all'orgoglio nazionale del suo popolo. Nel 1850 aveva fallito nel tentativo di mettersi alla guida di una Confederazione degli Stati tedeschi, cui si opponeva l'Austria («umiliazione di Olmütz»).

Da allora aveva fatto molta strada e il suo sviluppo era sotto gli occhi di tutti. La sua forza economica diventava sempre più rilevante, sulla base di una forte crescita dell'industria e dell'altrettanto forte impulso dato alla costruzione di infrastrutture e di una capillare rete ferroviaria. Parallelamente il regno modernizzava il suo esercito, che trovava in Helmuth von Moltke (già incontrato, in questo racconto, come interessato spettatore della battaglia di Solferino) la personalità in grado di concepire e di realizzare idee innovative. Il mosaico si completava con l'abilissimo e scaltro cancelliere Otto von Bismarck, capo del governo dal 1862.

La prima tappa del processo che aveva come scopo l'unificazione della Germania doveva necessariamente passare per un conflitto contro l'Austria, diretta concorrente nell'egemonia sul mondo tedesco. A fine 1865 Bismarck aveva quasi ultimato la preparazione a questa prova, ottenendo la neutralità di Russia e Francia. Mancava un tassello: l'alleanza con un altro Stato che avesse interesse a una guerra contro l'Austria, in modo da distogliere una parte delle forze imperiali dal fronte settentrionale. Questo alleato non poteva che essere l'Italia: anch'essa aveva un contenzioso aperto con l'Austria, per il Veneto, e stava compiendo il cammino verso la sua unificazione nazionale. Così all'inizio del 1866, a Firenze, sulla scrivania di La Marmora, arrivò la proposta.

Pro e contro

Vista dalla parte italiana, l'alleanza con i prussiani era estremamente interessante, ma anche difficile da valutare.

Sui vantaggi c'era poco da discutere. Una vittoria militare avrebbe dato soluzione a tantissimi problemi. La conquista di Venezia poteva tacitare le opposizioni, che chiedevano di concludere l'iter risorgimentale; una grande e inequivocabile vittoria avrebbe consentito di saldare insieme tutti quei pezzi di popolo e istituzioni che convivevano di malavoglia; infine, una guerra ben condotta avrebbe zittito tutte le critiche all'esercito e dimostrato che non solo Garibaldi e i suoi volontari erano in grado di vincere.

Inoltre, in tempi di ristrettezze finanziarie erano sempre più quelli che guardavano criticamente alle ingenti spese militari (tra il 25 e il 30 per cento del bilancio nazionale)[20] e che le avrebbero volentieri ridotte. L'inefficienza dell'esercito senza dubbio era un'arma nelle mani degli avversari, che una vittoria avrebbe definitivamente spuntato. E c'era ancora di più: gli italiani, finché divisi, avevano sempre avuto scarsa reputazione militare. Adesso l'esercito unitario pareggiava nei numeri quelli dei maggiori Stati europei: sconfiggere l'Austria avrebbe sicuramente elevato l'Italia al rango di grande potenza continentale. Scriveva un generale:

> L'esercito italiano, a meno di un complesso di circostanze difficilmente avverantesi due volte nella vita di una nazione, non si troverà mai in condizioni migliori di quelle in cui si trova attualmente e si può dire che al momento solo l'esercito francese possa dirsi migliore.[21]

Però La Marmora era uomo prudente e voleva analizzare anche i possibili inconvenienti della proposta. In primo luogo si trattava di valutare la forza dell'esercito di Guglielmo I, se cioè avesse qualche probabilità di battere l'austriaco. A quei tempi l'armata prussiana era una sorta di modello sperimentale, di cui s'ignoravano il funzionamento e l'efficacia. Non c'era idea che si sarebbe dimostrata una formidabile macchina da guerra.

Inoltre bisognava capire se l'offerta di alleanza non fosse semplicemente un espediente escogitato da Bismarck per ottenere concessioni da Vienna. Potendo minacciare una guerra su due fronti, il cancelliere aveva modo di contrattare con il governo imperiale da una posizione di forza. Poi, incamerato quanto voleva, avrebbe potuto defilarsi e lasciare l'Italia da sola a pagare il conto di un'alleanza incauta.

La Marmora finalmente prese l'iniziativa. Inviò a Berlino uno dei suoi migliori generali, Giuseppe Govone, con il compito d'iniziare le trattative per l'alleanza e, contemporaneamente, dare una risposta ai due interrogativi riguardanti l'efficienza dell'esercito prussiano e la sincerità delle intenzioni di Bismarck.

Ma agì anche per un'altra strada. Dai tempi della Crimea e della Seconda guerra d'indipendenza, il suo faro politico era Napoleone III. Anche in questa occasione si preoccupò di sentire il parere di Parigi e quando seppe che l'imperatore era favorevole al progetto prussiano, mosse con più decisione verso la firma dell'accordo. In realtà l'imperatore era andato anche oltre le richieste: aveva assicurato che il Veneto sarebbe arrivato all'Italia, qualunque fosse stato l'esito della guerra.

La cosa che può stupire è che la stessa assicurazione arrivava dai canali diplomatici austriaci. Da tempo, infatti, si sapeva che a Vienna molti vedevano di buon occhio la cessione delle terre italiane, che negli ultimi quarant'anni non avevano fatto altro che produrre ribellioni, guerre e danni d'ogni genere, costringendo l'esercito asburgico a diventare il simbolo della repressione e dell'oscurantismo agli occhi dell'Europa intera. Il rappresentante austriaco a Berlino fece giungere a La Marmora questo messaggio:

> Credo potervi dire in confidenza che se battiamo la Prussia come speriamo, vi cederemo Venezia e saremo buoni amici. Questo naturalmente è per te solo.[22]

La Marmora, invece, riferì immediatamente ai suoi sottoposti:

> Noi avremo la Venezia sia che vinca la Prussia, sia che vinca l'Austria.[23]

La frase faceva dubitare che considerasse davvero di portare l'Italia in guerra.

Da cogliere al volo

Il trattato di alleanza venne firmato l'8 aprile, dopo lunghe trattative.

La Marmora non vedeva problemi all'orizzonte. L'Italia disponeva di un esercito di 250.000 uomini, presumibilmente il doppio di quello austriaco nelle Venezie. Avrebbe combattuto contro un nemico impegnato su due fronti, di cui quello veneto era il meno importante, perché tutti sapevano che il vero confronto sarebbe avvenuto a nord, con la Prussia. Inoltre l'Italia godeva dell'appoggio internazionale, mentre l'Austria era isolata. Infine c'erano l'assicurazione francese e le voci austriache, di fonte autorevole, secondo le quali il Veneto sarebbe arrivato in ogni caso.

Il capo del governo non era il solo a essere entusiasta: a premere per la guerra c'erano politici, giornalisti e perfino il re. Tutti erano convinti d'essere incappati in un colpo di fortuna, un'occasione da prendere al volo: nessuno sembrava preoccuparsi che la guerra fosse stata decisa così velocemente, da essere quasi improvvisata.

I pochi che non si lasciavano travolgere dalla frenesia erano una minoranza inascoltata:

> Il Lamarmora ed il Re sono ubriachi di sicurezza, di entusiasmo e di testardaggine. Si è cercato di far loro comprendere che non si gioca il Paese ai dadi: ma essi rispondono come se il consiglio venisse loro da cretini.[24]

Fu così che l'Italia inaugurò la lunga sequenza d'imperdibili occasioni che avrebbero segnato la storia unitaria: le tante guerre da vincere quasi senza combattere, le offerte speciali di cui approfittare con l'abituale scaltrezza. Questi colpi di fortuna si sarebbero ripetuti per Massaua nel 1887, per Tripoli nel 1911, ma in modo ancor più eclatante nel 1915 e nel 1940. E ogni volta finirono in tragedia.

La (im)preparazione alla guerra

I problemi c'erano, e anche molti, a partire dal fatto che tutto stava accadendo troppo in fretta. A marzo la guerra era una vaga ipotesi, a giugno probabilmente si sarebbero sparati i primi colpi.

Qualcosa intravedeva il braccio destro di La Marmora, il generale Petitti, già critico sagace dell'avventura garibaldina in Sicilia nel 1862, che scriveva con una notevole dose di buonsenso:

> Abbiamo una riputazione ad acquistare a favore delle armi italiane alle quali ancora pochi prestano fede. Se faremo una campagna ricca di buoni risultati, non solo l'Italia s'ingrandirà al cospetto d'Europa e riacquisterà credito, ma la questione romana e tutte le questioni interne saranno superate. Se l'armata rientra con molta gloria militare e reazionari e rossi non oseranno più parlar alto come pel passato, e questi ultimi perderanno forza e credito. Se invece la campagna sarà solo mediocre e se per caso la fortuna sorriderà a Garibaldi e ai volontari, i quali riescano a ottenere qualche risultato molto concludente saremo da capo, a guerra finita e le difficoltà interne annulleranno a lungo la forza e il credito d'Italia.[25]

Il comando

C'era un nodo, anzi una tara, che ormai si può definire endemica per le armi italiane: il comando.

Questa volta il problema era di sovrabbondanza, perché c'erano tre comandanti supremi *in pectore*: il re, ovviamente; La Marmora, in teoria il più accreditato, e Cialdini. Questi due, che non avevano gran stima l'uno dell'altro, avrebbero voluto comandi propri, per guadagnarsi ognuno qualche alloro, ma non il comando supremo, soprattutto per non avere a che fare con il re. Divisi su tutto, concordavano solo su una cosa: Vittorio Emanuele era invadente e incapace, militarmente parlando. Da parte sua il re già era rassegnato a rinunciare al comando sul campo, ma siccome voleva avere voce in capitolo, si mise d'accordo con il fido Della Rocca, a capo di un corpo d'armata, con il quale si sarebbe tenuto in contatto utilizzando due codici segreti.[26]

Alla fine la spuntò Cialdini, che ottenne un comando praticamente indipendente. La Marmora dovette sobbarcarsi il comando supremo, con a fianco il re. Però rimaneva anche primo ministro e come tale si divideva fra i compiti politici e quelli militari. Siccome non intendeva delegare ed era timoroso che qualcuno volesse scippargli la *sua* guerra, non volle lasciare l'incarico di governo sino all'ultimo momento (lo cedette il 20 giugno a Ricasoli). Ordinò al fidato Petitti d'impiantare «un embrione» di quartier generale; il poveretto poté solo obbedire e venne prontamente soprannominato Embrione dagli altri generali.[27]

Al suo Embrione La Marmora iniziò a mandare istruzioni di questo tono:

> Ragione politica vuole che non prendiamo ora disposizioni provocanti, ma militarmente dobbiamo ben guardarci dal lasciar credere che noi intendiamo rimanere sulla difensiva. Io capisco che non ci conviene andare al Mincio, ma a mio modo di vedere non tarderei a scagliare il grosso dell'esercito fra Lonato e [illeggibile].[28]

Era un piano o la parodia di un piano? Il fatto è che il primo ministro aveva un grave dilemma da sciogliere. Se avesse fatto la guerra con «troppo vigore» avrebbe rischiato di scontentare l'amica Francia, che confidava in un conflitto lungo ed equilibrato fra Prussia e Austria, per potersi inserire come mediatrice.[29] Ma se l'avesse fatta con troppo poco vigore, avrebbe rischiato una sconfitta, che significava perdere la faccia con la Prussia e davanti a tutta Europa.

Scelte infauste in luoghi infausti

L'unica certezza era che si sarebbe combattuto negli stessi luoghi del 1848: ancora una volta bisognava varcare il Mincio e forzare il Quadrilatero. Sembrava che la storia si accingesse a passare una se-

Il piano di guerra del 1866

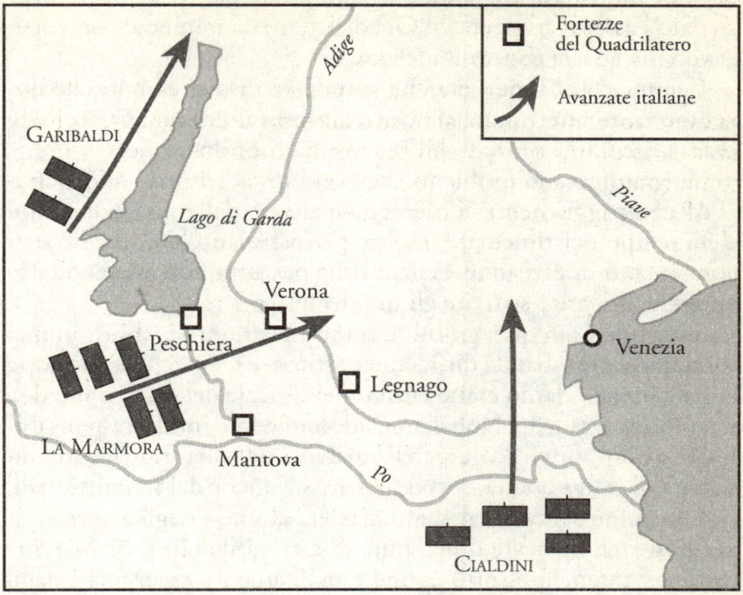

conda volta per la stessa strada ed era inevitabile il confronto con gli errori commessi da Carlo Alberto, Bava e le loro *chabraques*.

I piani di guerra, a ben vedere, erano molto simili a quelli di diciotto anni prima, per quanto riguardava il Quadrilatero, ma presentavano due importanti variazioni, quasi a confermare che la lezione era stata imparata. La prima: l'Emilia adesso era italiana e perciò un corpo d'armata sarebbe andato a sud del Po, agli ordini di Cialdini, minacciando il fianco meridionale degli austriaci. La seconda: i volontari, che ancora una volta si erano presentati al richiamo di Garibaldi a decine di migliaia, sempre entusiasti, avrebbero puntato a nord, verso la valle dell'Adige, per minacciare il corridoio più comodo dei rinforzi imperiali.

Tutto giusto, quindi? In teoria sì, in pratica no.

Cialdini aveva continuato a fare pressioni per avere sempre più truppe per il *suo* fronte, finché non s'era visto assegnare un vero e proprio esercito di otto divisioni: quasi 70.000 uomini con 300 cannoni, un'armata di dimensioni maggiori di quella del '48 e, per dare un'idea, di quella di Napoleone ad Austerlitz.[30]

La Marmora comandava il resto dell'esercito, quasi 100.000

uomini inquadrati in dodici divisioni, che dal Mincio avrebbero dato l'assalto attraverso il Quadrilatero, esattamente come nella vecchia guerra contro Radetzky.

L'equivoco di fondo era che si trattava di due eserciti che dovevano combattere parallelamente, ma restando lontani, secondo piani differenti e senza stabilire nessuna coordinazione.

Si aggiungevano problemi che avevano radici profonde. Servizi ed equipaggiamenti non erano all'altezza delle necessità e non c'era tempo per rimediare; inoltre permanevano le discordie tra i comandanti di divisione, generali che per anni non avevano fatto altro che litigare e sparlare gli uni degli altri.

Sul Mincio, in quei giorni, c'erano i piemontesi, chiusi in una sorta di coorte sabauda diffidente e astiosa, e gli *spagnoli*, che dopo il '59 e Castelfidardo erano entrati nelle grazie del re. C'erano due napoletani, Pianell e Nunziante, additati come infidi, responsabili del crollo borbonico e perciò malvisti dai meridionali; ma, in qualità di ex borbonici, sorvegliati a vista anche dai settentrionali, perché potenzialmente sospetti d'essere al soldo degli austriaci. E per non farsi mancare nulla, pure due ex garibaldini, Bixio e Sirtori, costantemente sotto esame e debitamente emarginati dagli ufficiali tradizionalisti.

50

«Dio ci perdoni e ce lo perdonino i posteri»

L'esercito italiano, disorganizzato e tracotante, la mattina del 24 giugno 1866 cominciò ad avanzare oltre il Mincio, addentrandosi nei territori del Quadrilatero. Per fare che cosa?

Questo è il problema centrale. Forse La Marmora voleva manovrare per attirare gli austriaci tutti da quella parte e permettere a Cialdini il passaggio del Po. Forse pensava a una vasta ricognizione per valutare la reale consistenza delle forze nemiche e capire dove fossero dislocate. Insomma, le idee erano confuse e niente come le idee confuse è foriero di disastri.

L'inizio fu caotico, perché nessuno aveva mai organizzato il movimento di così tanti uomini tutti insieme: finì che la cavalleria si ritrovò in coda alla fanteria, mentre avrebbe dovuto stare davanti a tutti, per procedere a esplorare il terreno. E poi ben quattro divisioni rimasero attorno a Mantova e due a Peschiera: metà esercito bloccata a *guardare* fortezze, esattamente com'era successo diciotto anni prima. Nessuno aveva ben chiaro in mente che cosa stesse facendo e, quel che è peggio, per nessuno la cosa aveva importanza. Tutti erano convinti che gli austriaci fossero chiusi nelle fortezze, se non addirittura in procinto di abbandonare il Veneto, e che si andasse a una specie d'esercitazione.

Invece l'arciduca Alberto, che comandava le truppe imperiali, aveva elaborato un piano coraggioso: sapendo che gli italiani l'avrebbero creduto sulla difensiva, aveva deciso di raccogliere tutte le forze sul fronte occidentale, lasciando solo un velo di truppe a sud, sul Po, davanti a Cialdini. Così appena oltre il Mincio c'era praticamente tutto l'esercito asburgico in Italia, pronto alla battaglia.

Forse la differenza stava tutta lì: nella consapevolezza di quello che si faceva. Gli austriaci volevano dare battaglia con tutte le forze; gli italiani, tra litigi, errori, equivoci e indecisioni, si ritrovavano sul campo in inferiorità numerica (50.000 uomini contro 75.000)[31] e senza un piano chiaro, né una chiara visione della situazione.

Custoza

Fu così che in quella mattina del 24 giugno le truppe italiane scoprirono che gli austriaci erano dove non avrebbero dovuto essere.

A nord, verso il Garda, le divisioni di Cerale e Sirtori urtarono il nemico e alcune unità, rimaste malconce, si ritirarono, generando ulteriore confusione e complicando ancor più i movimenti.

A sud, davanti a Villafranca, le divisioni di Bixio e del principe Umberto furono attaccate dalla cavalleria nemica: poca cosa per l'ex garibaldino, una buona difesa in quadrato per il principe ereditario, che fornì lavoro a intere schiere di pittori e illustratori. Però gli ussari proseguirono la scorreria verso le retrovie, ingombre di carriaggi e truppe in movimento. Provocarono pochi danni, ma il panico s'impossessò di comandi già disorganizzati, che non s'aspettavano di combattere, che non sapevano dove fosse il nemico e ancor meno cosa stesse succedendo. Risultato: le due divisioni, sebbene intatte, si fermarono a Villafranca e da lì non si mossero più.

Al centro, attorno a Custoza, cominciò l'attacco austriaco vero e proprio e i granatieri del generale Brignone dovettero cominciare ad arretrare, sotto la spinta di forze superiori. Giunse di gran carriera il generale Govone, una delle teste migliori del campo italiano, che contrattaccò con la sua divisione. Gli austriaci resistettero per un po' e infine si ritirarono sul colle che sovrasta il paese, il Belvedere.

Govone mandò un messaggero a Della Rocca, suo superiore diretto, per informarlo della situazione e chiedere rinforzi. Poi fu impegnato a respingere un contrattacco austriaco.

Per chi oggi visita Custoza, tutto questo racconto prende un altro sapore. Il monte Torre, su cui si trovava Govone, è una dolce collinetta, con qualche alberello a far da corona alla cima. Da una parte si vede il paese, in una sorta d'avvallamento: al di là una seconda collinetta è il Belvedere, dove sorge l'ossario. Se Govone agitava le braccia, i suoi soldati in paese lo riconoscevano di certo. Se invece si girava, vedeva la piana di Villafranca. Puntando un normale cannocchiale, avrebbe potuto sapere quanti dei soldati schierati fuori dall'abitato avessero in testa il cappello e quanti se lo fossero levato per il caldo. A dir tanto, un messaggero a piedi, prendendosela comoda, poteva impiegare un'ora tra andare e tornare. Un uomo a cavallo qualche manciata di minuti. E sicuramente chi stava nella piana poteva sentire i rumori di scoppi e spari.

A Villafranca, immobili sotto il sole, c'erano le due divisioni di fanteria che erano state impegnate dagli ussari, durante la mattina, e inoltre una e mezzo di cavalleria. Lì c'era il vulcanico Bixio, che probabilmente friggeva, sentendo il frastuono del combattimento provenire dalla collina, alla distanza di tre o quattro chilometri. E poi l'erede al trono, Umberto: anche lui aveva capito che bisognava muoversi e lo disse all'amico del padre, Della Rocca, suo superiore. Ma questi, soprannominato Macigno per la sua agilità mentale, era «nero come la pece»[32] perché sia La Marmora sia il re lo avevano invitato calorosamente a mandare truppe verso Custoza e lui non solo aveva nicchiato e atteso, ma s'era fatto precedere da Govone, che non gli stava per nulla simpatico e aveva fatto la cosa giusta al posto suo.

Intanto la divisione di Govone andava all'assalto anche del Belvedere e lo prendeva. A quel punto, com'era naturale, gli uomini erano sfiniti e a corto di munizioni. Govone mandò un nuovo messaggero a Della Rocca:

> Le mie truppe hanno respinto tre volte gli attacchi del nemico, da ieri non mangiano, sono spossate dalla fatica e dal lungo combattimento, non potrebbero resistere contro un nuovo attacco. Ma se Vostra eccellenza mi manda un rinforzo di truppa fresca, mi impegno a dormire sulla posizione.[33]

Il che avrebbe significato battaglia vinta; Cialdini non avrebbe trovato praticamente nessuno davanti a sé, passando il Po; gli austriaci, demoralizzati, sarebbero stati costretti a ritirarsi in tutta fretta, ma dove? Nelle fortezze del Quadrilatero, lasciando passare l'armata del Po alle loro spalle e facendosi tagliare fuori dal resto del Veneto?

Della Rocca beveva birra al tavolo di un caffè, nel viale principale di Villafranca, guardava le rovine del castello e chissà a cosa pensava. Forse si chiedeva cosa sarebbe successo, se avesse dato retta a Govone. A chi sarebbe andato l'onore della vittoria? A Govone, mica a lui. E se fosse successo un disastro? La colpa sarebbe stata sua...

«Ch'ai dije al so general ch'as arangia!»

«Dica al suo generale che s'arrangi!» rispose a uno dei messaggeri che giungevano da Custoza.[34]

Nella sua *Autobiografia* si rifugiò nella giustificazione dei burocrati ottusi: doveva obbedire agli ordini e quelli che aveva ricevuto erano ordini chiari. Non doveva muoversi «finché la pianura non fosse sgombra di carriaggi» e questo non era avvenuto.[35]

Dov'era il comandante?

In un frangente così delicato avrebbe dovuto intervenire La Marmora, il comandante supremo, ma non lo si trovava da nessuna parte. Era in giro, cercava di essere ovunque per comandare, consigliare, correggere e così non si sapeva dove fosse e cosa facesse.

Sfortuna volle che nel momento critico della mattina era stato quasi travolto da alcuni reparti della divisione di Cerale, che si ritirava in disordine: se solo avesse proseguito per qualche chilometro, avrebbe visto truppe in ordine di battaglia che affrontavano il nemico. Solo nel pomeriggio, dopo molto combattere, anche queste si sarebbero ritirate definitivamente.

Ma il comandante non le vide: voltò il cavallo in quella baraonda di gente che fuggiva e decise che la battaglia era perduta.

Così nessuno diede aiuto a Govone e ai suoi uomini, che poterono solo assistere alla preparazione dell'ennesimo contrattacco austriaco e quindi iniziare a organizzare la ritirata. Non una fuga, ma un ripiegamento ordinato, con quattro battaglioni a proteggere le linee che arretravano e i cannoni rimasti senza traino condotti a forza di braccia.[36] Anche le divisioni che si trovavano a nord e quelle nella pianura avevano ormai cominciato a ripiegare verso il Mincio.

La torre ossario

La battaglia oggi è ricordata da una torre che sorge sulla collina del Belvedere, a cui ho fatto cenno parlando del 1848. Nella base l'ossario ospita centinaia di teschi allineati su mensole e migliaia di ossa raggruppate in pile ordinate. Soprattutto i teschi offrono un catalogo spaventoso delle ferite di guerra: fori tondi di pallottole e triangolari di baionette, squarci provocati dalle schegge dei proiettili d'artiglieria, fratture causate da colpi sferrati con i calci dei fucili, segni tondi di zoccolate di cavallo.

Salendo, si esce sulla balconata che a metà altezza circonda la costruzione e che permette di cogliere con un unico sguardo i luoghi di molte battaglie risorgimentali: da Solferino a San Martino, da Rivoli a Santa Lucia, a Goito e naturalmente Custoza (della balconata e della sua eccezionalità ho detto nel capitolo 19).

Anche se non si tratta di un monumento, vorrei includere tra le memorie di Custoza una frase che meriterebbe d'essere incisa su una lapide e che aiuta a ragionare su cosa davvero significò la battaglia del 1866. Scriveva Govone, quindici giorni dopo la sconfitta:

> Perdemmo per inabilità l'occasione di avere il Tirolo e forse Trieste! Dio ci perdoni e ce lo perdonino i posteri.[37]

La storia non si fa con i se, ma vale la pena di domandarsi come sarebbe stata l'Italia con le Venezie acquisite nel 1866 e senza più la necessità di conquistarle nel 1915-18.

Dalla sconfitta al disastro

Nella notte del 24 giugno, sulla sponda italiana del Mincio non si vedeva un bello spettacolo. Le campagne brulicavano di tende, in cui riposavano i fortunati che erano riusciti a conservarle nella confusione generale; i soldati che avevano perso le loro negli ingorghi dei carriaggi, negli errori di direzione, nella concitazione inevitabile della giornata, dormivano nei cascinali, nelle stalle o all'aperto, sulla nuda terra. Moltissimi erano sfiniti, si sentivano i lamenti dei feriti e qualche raro chiacchiericcio a mezza voce. Qua e là uno scoppio di voci, un litigio per l'acqua, per un po' di cibo, per un paglietriccio.

Nelle tende dei comandanti l'umore era nero. La Marmora sapeva d'essere il vero sconfitto. Due giorni più tardi scrisse alla moglie: «La battaglia ha avuto luogo senza che io me lo aspettassi»[38] e questa è forse la chiave per capire tutti gli avvenimenti.

Anche Cialdini si era ritirato, senza che dalla sua parte si fosse sparato un colpo. Più tardi, nelle polemiche seguite alla guerra, disse di aver ricevuto «telegrammi concepiti in termini tali da lasciar credere ancora più disastrose le conseguenze della lotta fatale».[39] Il sospetto era che si fosse ritirato per eccesso di prudenza, se non addirittura per un gretto calcolo: la sconfitta era avvenuta sul Mincio e la colpa perciò era di La Marmora; di conseguenza l'egemonia sull'esercito sarebbe passata nelle sue mani. Perché rischiare di rovinare una simile situazione vantaggiosa?

In realtà tra i delusi e gli amareggiati circolava un concetto non espresso, ma ben presente. La battaglia di Custoza era sì una sconfitta, ma non grave né irreparabile. Riscrivendo i piani affrettati e imprecisi della vigilia, correggendo lo schieramento, rivedendo incarichi e responsabilità, si sarebbe potuto rimediare.

Ma dopo pochi giorni, mentre ancora infuriavano polemiche e recriminazioni, giunse la notizia che nessuno avrebbe voluto sentire: il 3 luglio i prussiani avevano sbaragliato l'esercito imperiale a Sadowa, in Boemia, costringendo gli austriaci ad avviare le trattative di pace. Questo significava che la guerra finiva e non ci sarebbe stato tempo per una rivincita. Poi tutti, generali, politici, commentatori vari, si resero conto che di fronte all'Europa i due eserciti alleati si erano comportati in maniera diametralmente opposta. Moderno, efficiente, innovativo quello prussiano; confuso, indeciso, dilettantesco quello italiano.

Si abborracciò in tutta fretta un piano, pensando al tavolo dei negoziati: Cialdini doveva attraversare il Veneto, abbandonato dagli austriaci, e marciare verso il Trentino, dove si sarebbe unito a Garibaldi; inoltre si sarebbe fatta muovere la flotta, per ottenere almeno sul mare qualche pegno per la pace.

Lissa

Non sono un esperto di guerra sul mare, però credo di non sbagliare, se dico che la situazione della marina italiana nel 1866 era paragonabile a quella dell'esercito. Anch'essa era potente nei numeri, ma soffriva di gravi carenze nell'organizzazione, nella preparazione e soprattutto nel comando. La differenza più evidente è che i generali dell'esercito erano stati entusiasti della guerra e l'avevano voluta. Invece Persano, comandante della flotta, aveva fatto di tutto perché le sue navi, di cui conosceva i limiti, restassero nei porti. Soltanto sotto la pressione della sconfitta di Custoza e del disperato bisogno di un successo che rialzasse le sorti italiane dispose, seppur di malavoglia, di fare rotta sull'isola adriatica di Lissa, una sorta di avamposto austriaco davanti a Spalato.

Il 18 e il 19 luglio le navi italiane bombardarono i forti dell'isola, ottenendo anche qualche buon risultato, ma senza operare sbarchi. La discordia regnava sovrana tra i comandanti delle squadre e nella notte del 19 si parlò anche di rientrare ad Ancona. La mattina del 20 fu avvistata la flotta austriaca, comandata dall'ammiraglio Tegetthoff, e fu quasi subito un dramma.

La flotta italiana partiva in grande superiorità numerica, ma era divisa, e alla battaglia non presero parte attiva nemmeno tutte le navi disponibili. Ci fu un altro elemento di disordine: Persano passò dalla sua ammiraglia, la *Re d'Italia*, all'ariete corazzato *Affondatore*, una delle navi più moderne della marina italiana. La mossa venne compresa da alcuni comandanti e non da altri, cosicché molti non seppero più da dove prendere ordini. Poi, quando la *Re d'Italia* venne dapprima colpita al timone e quindi speronata e affondata, molti pensarono che l'ammiraglio Persano fosse caduto e che quindi la battaglia fosse perduta. Anche un'altra nave corazzata, la *Palestro*, venne affondata. Poche ore e tutto era finito: la sconfitta si rivelò così disastrosa, che Persano fu uno dei pochissimi alti ufficiali che nella storia italiana furono messi sotto processo per le loro mancanze. Siccome era anche senatore, il dibattimento avvenne davanti all'assemblea, fu pubblico, ebbe vastissima risonanza e contribuì non poco a creare un clima di distacco e sfiducia nei confronti delle forze armate.

Bezzecca

Poteva una notizia affossare ancor più il morale degli ufficiali dell'esercito, già ai minimi termini? Sì, quella di una vittoria garibaldina. E così fu.

Quando era iniziata a circolare l'idea di un nuovo conflitto, si era pensato di mobilitare anche Garibaldi, se non altro per creare unità d'intenti fra le diverse anime del regno neonato. L'eroe aveva accantonato rabbie e rivendicazioni e, dimenticando il dolore d'Aspromonte, si era presentato al re, ottenendo nuovamente il grado di generale. Al suo appello i volontari avevano risposto entusiasticamente, tanto che all'arruolamento molti vennero respinti. E come sempre Garibaldi si ritrovò carente di equipaggiamento, di cavalleria e di artiglieria: l'esercito concesse solo due batterie. Gli mancavano anche gli ufficiali con cui aveva condiviso tante avventure: Medici, Bixio, Cosenz e Sirtori ormai portavano le spalline dell'esercito regolare, anche se nei loro nuovi ruoli non brillavano in maniera particolare.

La missione di Garibaldi ricalcava quella affidata ai volontari nel 1848: procedere a ovest del Garda verso il Trentino, per disturbare, se non proprio tagliare, le comunicazioni tra Veneto e Austria. Cominciò le operazioni in ritardo, un po' perché era mancato il tempo necessario a una buona preparazione, un po' perché dovette temporaneamente ripiegare verso la pianura, in seguito alla sconfitta di Custoza. Inoltre doveva avanzare su terreno difficilissimo, difeso da montanari tirolesi perfettamente a loro agio sulle montagne e nelle valli in cui vivevano.

Così iniziò una campagna davvero ostica, che vide anche qualche piccolo rovescio: in uno scontro il Generale subì una ferita a una coscia, che lo costrinse a muoversi in carrozza. Il 20 luglio i suoi uomini conquistarono il forte montano d'Ampola, portando a spalla i cannoni per l'assedio. Il giorno seguente, 21 luglio, un battaglione mandato in avanscoperta si trovò – «non so per colpa di chi o per caso» scrisse Garibaldi – a mal partito contro forze austriache preponderanti e iniziò a ripiegare verso il paese di Bezzecca (presso il lago di Ledro).

Garibaldi, avvisato della situazione, intervenne celermente, portando con sé due reggimenti. Il battaglione da soccorrere, intanto, si ritirava opponendo comunque resistenza. Soprattutto brillava il comportamento di una batteria montata, che sparava mentre retrocedeva. Garibaldi la fece fermare e riuscì a rafforzarla unendole un'altra batteria: gli artiglieri allora iniziarono a tempestare gli austriaci avanzanti con un fuoco così efficace (tanto celere da sembrare «moschetteria» disse il Generale) da costringerli ad arrestarsi. Poi le forze fresche, che nel frattempo avevano occupato le alture, lanciarono il contrattacco e ottennero la vittoria.

C'è da notare che Garibaldi, nelle sue memorie, diede largo spazio a un certo colonnello Spinazzi, che si trovava a Pieve, a circa un chilometro da Bezzecca, e non intervenne con il suo battaglione, sostenendo che mancava di munizioni. Garibaldi lo fece arrestare e commentò nel suo libro che

> pare vi fossero sintomi della demenza poiché la condotta antecedente [...] non era stata da vigliacco [...] Poi, per codardo che pos-

> sa essere un uomo [...] rimanersi indifferente a un chilometro da Bezzecca ove la pugna durò dall'alba sino alle due pomeridiane, ove il cannone avea ruggito per nove ore di fila ed erano accanitamente impegnati 12.000 uomini da una parte e dall'altra.[40]

Difficile che scrivendo queste parole non pensasse a Della Rocca, egualmente inattivo a Villafranca.

La vittoria di Bezzecca risultò inutile: la guerra volgeva alla fine e Garibaldi dovette fermare l'avanzata su Trento per ordine del re, a cui rispose con il famoso «Obbedisco».

51

Guerra al papa

Nonostante la sconfitta di Custoza, l'Italia ebbe ugualmente il Veneto, grazie ai buoni uffici francesi, ma non ebbe modo d'influire sulle trattative di pace, alle quali inizialmente non fu nemmeno invitata e a cui partecipò con un suo rappresentante solo nell'ultimissima fase. Così si ritrovò umiliata e carica di un fardello di rabbie, contrasti, rivendicazioni e gelosie, all'interno dell'esercito e tra l'esercito e il paese, che durarono anni e avvelenarono la vita pubblica nazionale.

Si era rotta quella continuità e omogeneità tra nazione e armata che aveva contraddistinto il Regno di Sardegna. Molti politici dell'opposizione, ma anche qualche conservatore, iniziarono a considerare che un esercito così imbelle, eppure influente e costoso, soprattutto in tempi di gravissima crisi finanziaria, avesse bisogno di profonde riforme, se non di una vera e propria rifondazione. Scriveva un osservatore:

> Disarmo, disarmo è il grido universale; questa soltanto è la panacea per l'anemica situazione finanziaria. E questo grido è l'inevitabile reazione a Custoza e Lissa. L'insistenza costante che l'esercito è un parassita costoso eppure improduttivo, ha cominciato a far riflettere anche i migliori ufficiali che la loro professione non è molto importante per lo sviluppo della società moderna.[41]

Eppure i militari, nonostante gli enormi insuccessi in guerra, continuavano a sentirsi il baluardo dell'ordine e della sicurezza interni e interpretavano ogni attacco, ogni proposta di riforma e ogni idea di taglio del bilancio come concessioni ai *rossi*, ai repubblicani, agli anarchici.

Non era una bella situazione. Ma, come dicevano gli antichi, se Atene piangeva, Sparta non rideva.

L'OCCASIONE PER I DEMOCRATICI

Le opposizioni, i democratici e i repubblicani erano convinti che bisognasse dare una svolta alla politica italiana. Era sotto gli occhi di tutti l'umiliazione patita per colpa dell'esercito sul piano interno e su quello internazionale, mentre, ancora una volta, Garibaldi era stato l'unico a ottenere qualche successo. Sembrava quindi il momento giusto per una mossa clamorosa e l'obiettivo non poteva essere che quello di assoluto prestigio: Roma.

Dall'estate del 1866 fino ai fatti del 1867 non vi fu alcuna soluzione di continuità. Per Garibaldi e i suoi fu un crescendo d'iniziative focalizzate su una manovra per liberare Roma dal regime papale, considerato tirannico. In tanto fervore dominava l'idea che se a Roma fosse scoppiata un'insurrezione, i rivoltosi avrebbero potuto chiamare in loro soccorso un esercito volontario. Così il governo italiano sarebbe rimasto formalmente fuori da ogni coinvolgimento e quello francese non avrebbe avuto motivo d'intervenire.

Il progetto sembrò fallire sul nascere: il governo prese una posizione netta e spedì Garibaldi al confino a Caprera, con navi della marina militare che pattugliavano le acque attorno all'isola, per evitare che l'illustre prigioniero raggiungesse il continente e riprendesse a sobillare. Il Generale non si diede per vinto e dopo un paio di tentativi falliti, a metà ottobre, riuscì ad eludere tanta sorveglianza. Aveva ormai sessant'anni, soffriva d'artrite e la caviglia ferita all'Aspromonte lo faceva penare: nonostante tutto fuggì una sera su una barchetta, nella quale doveva stare disteso, per non essere visto, pagaiando come aveva imparato a fare in America.

I difensori del papa

A Roma il papa viveva nel terrore di perdere anche l'ultimo brandello del potere temporale della Chiesa. Lo Stato liberale italiano gli aveva tolto l'Emilia e la Romagna, le Marche e l'Abruzzo. Restavano il Lazio e la capitale, cuore della cristianità, che però, come tutti potevano sapere, erano nelle mire dei «banditi» italiani. Quando parlava di «banditi» Pio IX non pensava solo ai mazziniani, ai garibaldini e ai tanti atei che volevano cacciarlo, ma anche ai conservatori e ai liberali moderati, che pur con modi più garbati e diplomatici non vedevano l'ora di mettere le mani sulla città eterna.

L'unico sostegno allo Stato della Chiesa era la Francia o, meglio, quella parte di opinione pubblica francese che si professava cattolica, conservatrice e legittimista. Era un sostegno forte, ma nessuno poteva dire fino a che punto si potesse farne conto. Napoleone III rimaneva il difensore più fidato, ma c'era comunque il fatto che aveva sottoscritto un accordo con il governo italiano, nel 1864, in virtù del quale, in cambio della rinuncia formale a Roma come capitale del nuovo regno, aveva ritirato le truppe dal Lazio.

Tutti sapevano che il patto franco-italiano era insincero. Gli italiani non avrebbero mai abbandonato le mire sulla capitale naturale dello Stato: d'altra parte le truppe regolari francesi avevano lasciato il Lazio, ma al loro posto era apparsa una legione di volontari internazionali, detta Legione d'Antibes, la città da cui era partita, o antiboina.[42] La compagine schierava alcuni dei crociati al servizio del papa sin dai tempi di Castelfidardo, quelli giunti in anni successivi e anche molti uomini che somigliavano in tutto e per tutto – a partire dal libretto di servizio – a soldati francesi; tanto è vero che gli ufficiali vestivano senza problemi l'uniforme francese. E alle loro spalle c'era pur sempre l'esercito di Napoleone III, pronto a imbarcarsi in caso di bisogno.

Una spedizione da dimenticare

I garibaldini, intanto, raccoglievano armi e si organizzavano. Il piano originario prevedeva una vera e propria invasione del Lazio, da tre direttrici di terra e da una di mare, ma si capì presto che le cose sarebbero andate diversamente. C'erano a disposizione 8000 volontari, che non erano pochi, ma comunque mal vestiti, male armati e nemmeno troppo motivati. Un testimone ne parlò in questi termini:

> Facevano pietà: giovani, senza abiti, affamati, senz'armi e quindi il più delle volte fuggenti davanti a un piccolo drappello papalino.[43]

Due colonne, per un totale di 3000 uomini, dovevano provocare la sollevazione nelle campagne attorno a Roma, ma non diedero grandi risultati: o non trovarono ostacoli o vennero sconfitte dai soldati pontifici, come a Bagnorea (Bagnoregio). Invece dimostrò qualche efficacia militare la terza colonna, che comprendeva 5000 volontari guidati da Garibaldi in persona e che entrò nel Lazio ponendo subito l'assedio a Monterotondo.

La città era quasi una fortezza, chiusa da possenti mura e guardata da 400 legionari e due cannoni. Per due volte Garibaldi ordinò l'assalto e per due volte i suoi furono respinti. Durante la notte del 26 ottobre, però, qualcuno riuscì a dar fuoco a una porta: così, una volta dentro l'abitato, gli attaccanti con un assalto alla baionetta costrinsero i difensori alla resa, catturando anche i cannoni. Il successo diede morale ai garibaldini, ma anche i pontifici avevano di che vantarsi: per oltre un intero giorno avevano resistito a forze dieci volte superiori.[44]

Poi, però, avvenne qualcosa di brutto, che indicava quanto disprezzo e odio corressero tra le parti. I volontari accusarono i papalini d'aver ucciso a sangue freddo due loro parlamentari. I papalini risposero che i due parlamentari si facevano scudo di un prete catturato nelle campagne: la tonaca dell'ostaggio aveva preso fuoco e allora avevano sparato per mettere fine alle sofferenze del poveretto e punire i senzadio. Seguirono anche altre violenze, per le quali ciascuna parte accusava l'altra.

La battaglia di Mentana

I garibaldini rimasero due giorni a Monterotondo: questa inazione poteva essere interpretata come segno di uno strano comportamento, quasi che Garibaldi tralasciasse di preoccuparsi delle questioni militari e attendesse notizie riguardanti un'insurrezione romana oppure qualche passo delle diplomazie internazionali o del governo italiano. Ancora una volta, com'era successo prima dell'Aspromonte, dava l'impressione o l'illusione che dietro l'iniziativa ci fosse qualche genere di accordo tenuto nascosto.

Invece non successe nulla, né fuori dal Lazio né a Roma, dove nessuno insorse, nonostante le avanguardie garibaldine fossero ormai in vista della città e attendessero solo l'ordine dell'assalto. Un ufficiale piemontese che seguiva le vicende commentava che era «più facile muovere il Colosseo che la popolazione».[45]

In realtà qualche tentativo di rivolta ci fu, ma da parte di poche persone, mal condotto e quindi facilmente represso. Per esempio, una bomba fece saltare un'ala della caserma Serristori, causando la morte di molti militi. L'attentato rimase isolato ed ebbe perciò il solo effetto di far aumentare la rabbia dei papalini. La spedizione che avrebbe dovuto portare armi ai rivoltosi venne intercettata dagli zuavi pontifici a villa Glori: dopo un'ostinata resistenza i patrioti vennero in parte uccisi (tra loro Enrico Cairoli) e in parte catturati.

Il governo italiano non diede alcun aiuto e, anzi, chiuse i confini con il Lazio e impedì qualsiasi soccorso ai volontari. Fu in questo quadro desolante che all'alba del 3 novembre 1867 le truppe pontificie, seguite da forze regolari francesi, mossero contro quelli che, a tutti gli effetti, erano invasori.

Ricevuta la notizia, Garibaldi esitò e mise in azione la sua colonna in grande ritardo, solo a tarda mattinata. Uno dei suoi punti di forza, la cura che poneva nell'esplorazione del terreno e nelle ricognizioni, fece cilecca e così le avanguardie pontificie arrivarono quasi inaspettate addosso a quelle garibaldine, facendole arretrare.

La battaglia si svolse davanti all'abitato di Mentana. Piero Pieri la ricostruisce in tre fasi:[46] dapprima i garibaldini cedettero all'impeto dell'assalto pontificio; poi Garibaldi riuscì a tamponare l'iniziativa nemica e a riportare all'assalto i suoi; infine i pontifici, fermato il contrattacco, si rifecero sotto, costringendo i garibaldini a cedere e a fuggire. Alla fase decisiva, secondo Pieri, parteciparono due battaglioni regolari francesi (era difficile distinguerli, perché i legionari d'Antibes indossavano divise simili e parlavano anch'essi francese), armati di fucili a retrocarica Chassepot.

Garibaldi raccontò un'altra battaglia, per certi versi più triste. Proprio lui, che aveva sempre magnificato il comportamento dei suoi volontari, fu costretto questa volta a schierare i battaglioni più fidati in coda, per «spingere avanti i restii e non lasc[iare] nessuno indietro».[47] E aggiungeva:

> Devo però confessare che i volontari demoralizzati per il gran numero delle diserzioni, non si dimostrarono in quei giorni degni della loro fama.[48]

In effetti, poco prima, ben 2000 mazziniani avevano abbandonato la spedizione, in disaccordo politico con Garibaldi. Ma anche senza considerare questo duro colpo, un po' tutti i testimoni dell'epoca furono critici nei confronti dei volontari. Sicuramente la disorganizzazione, la fretta nei preparativi e i problemi logistici agirono deprimendo il morale dei volontari, ma fu anche netta l'impressione che molti di loro credessero che mettersi agli ordini del grande condottiero significasse vivere un'avventura romantica, epica e appagante, com'era stata quella dei Mille. Cedettero, quando scoprirono che non era proprio così e che le difficoltà erano di gran lunga superiori al previsto.

Causa principale della sconfitta, secondo Garibaldi, fu che nel momento del massimo sforzo tra gli uomini si sparse la voce che stesse sopraggiungendo alle loro spalle una colonna di francesi. Nessuno sapeva da dove arrivasse, ma in ogni caso la notizia provocò un cedimento generale e poi la fuga. E questo permise ai pontifici di mettersi all'inseguimento, perché, come commentò amaramente Garibaldi, «ognuno è valoroso quando il nemico si ritira».[49]

Epilogo con poco onore

Molti garibaldini finirono nelle prigioni pontificie (non fu un'esperienza piacevole), i più riuscirono comunque a ripassare il confine, dove le truppe italiane li attendevano per disarmarli e arrestarli.

Garibaldi venne prelevato, portato a La Spezia e quindi rispedito a Caprera. Il generale Govone lo vide mentre veniva tradotto all'imbarco per «qualche isoletta» e protestava contro l'arresto, dichiarandosi cittadino americano e generale italiano.[50]

Questa immagine dell'eroe nei panni del vecchio un po' rimbecillito era una soddisfazione per i militari, che vedevano il loro antagonista finire nella polvere. Ma era una soddisfazione meschina e tantissimi ufficiali se ne rendevano conto, perché Garibaldi rappresentava pur sempre l'Italia che aveva saputo vincere.

La sconfitta dei volontari alla fine dei conti era l'ennesima batosta che andava ad acuire il senso di fallimento che circolava in quei primi anni irosi seguiti all'unità. Nel 1866 era stato il Risorgimento regio a fallire, nel 1867 quello democratico.

Un malinconico crepuscolo

Mentana è un capitolo molto poco studiato e per nulla approfondito della storia risorgimentale. Il motivo di fondo è che si trattò di una vicenda molto scomoda, in cui quasi tutti fecero una pessima figura. Fra i suoi attori il papato fu quello che si comportò con maggior coerenza. Pio IX agì pienamente da sovrano temporale, che benediceva le truppe in partenza, emanava proclami con cui aizzava i soldati contro gli invasori, muoveva le pedine diplomatiche, conferiva medaglie ai suoi eroi e condannava alla ghigliottina gli insorti, senza ascoltare le richieste di grazia che gli arrivavano un po' da ogni parte.

Tutto ciò oggi può creare qualche disagio, se confrontato con le posizioni attuali del papa in materia di guerra e pace, ma regnante Pio IX la realtà della Chiesa era quella.

Più imbarazzante a quei tempi doveva apparire l'animosità dell'armata pontificia, che non nascose mai l'autentico disprezzo che provava per i democratici, i liberali e, in fin dei conti, gli italiani tutti. Era diffuso l'astio per le loro idee di unità nazionale e per la minaccia portata ai beni temporali della Chiesa, considerati inscindibili dall'autorità del papa, nei suoi due aspetti di potere spirituale e secolare. Leggendo le memorie di questi crociati, si conosce una narrazione completamente rovesciata degli avvenimenti, in cui la milizia papalina è descritta come il fiore dell'aristocrazia europea accorsa a combattere per difendere dagli infedeli, dagli uccisori di preti e profanatori di chiese la culla della cristianità.[51]

Lo Stato italiano non uscì bene dalla vicenda. Probabilmente cercò di manovrare per ottenere qualche risultato diplomatico, sfruttando lo scompiglio creato dai volontari, ma se lo fece, si mosse in maniera inefficace. Alla fine, quando comprese che la spedizione non portava a nulla, le chiuse le porte alle spalle, condannandola a un tragico fallimento.

Ma i garibaldini, più di tutti, ne uscirono male, mostrandosi davanti al mondo disorganizzati, confusi, velleitari. Peggio: in diversi casi si rivelarono tracotanti, violenti e, non appena le cose si misero male, paurosi e codardi. Perfino Garibaldi appannò in qualche misura la sua fama di grande capo militare. Era vecchio e ammalato e forse durante la spedizione attese qualcosa che non venne. Sicuramente non fu in grado di condurre le operazioni come avrebbe voluto e saputo.

Di tutto questo grigiore, di questo malinconico crepuscolo, nella storia tradizionale del Risorgimento rimase ben poco. La verità dei fatti venne ampiamente rimaneggiata e abbellita. Così nel racconto destinato ai testi scolastici Garibaldi guidava i suoi eroici volontari nel Lazio e otteneva alcune vittorie, per poi cedere solo di fronte alla superiorità tecnologica dei moderni fucili francesi, i famosi Chassepot. Si salvava la reputazione del Generale, il papa e i suoi crociati rimanevano molto defilati, quasi invisibili, il governo italiano non entrava in nessuna parte nella vicenda e tutti erano contenti.

Porta Pia

Il pontefice si felicitò con tutti, volle che si celebrassero *Te Deum* in tutte le chiese, fece coniare una medaglia con il nome di tutte le vittorie della campagna – la croce di Mentana – e mandò alla ghigliottina i due presunti capi dell'insurrezione su cui la polizia riuscì a mettere le mani. Furono tra le ultime esecuzioni di condanne a morte in tempo di pace nella storia italiana.

Pio IX durò ancora tre anni e infine dovette capitolare. Quando nel 1870 i prussiani schiantarono l'esercito francese, così come avevano fatto con quello austriaco nel '66, Napoleone III perse ogni potere e non fu più in grado d'intervenire in favore dello Stato pontificio.

Il governo italiano, con mossa non propriamente onorevole («il calcio dell'asino» secondo la definizione di La Marmora), ne approfittò, in barba a trattati e convenzioni, e si prese il Lazio e Roma. Il papa, rendendosi conto d'essere sul punto di perdere quello che i predecessori avevano conservato contro re e imperatori per secoli e secoli, non trovò più alcun appiglio terreno e si affidò alle forze ultraterrene. In tutta fretta, dopo una vera e propria battaglia conciliare, fece approvare il dogma dell'infallibilità papale. Il 10 settembre 1870 si rivolse a un inviato di Vittorio Emanuele II con queste parole:

> Non sono profeta, né figlio di profeta, ma vi dico che non entrerete e se entrerete non ci resterete.[52]

Indro Montanelli, feroce, raccontando questo episodio commenta: «Forse voleva mettere alla prova la propria infallibilità».[53]

La campagna del Lazio nel settembre 1870, terminata con la breccia di Porta Pia, il giorno 20, sarebbe apparentemente un avvenimento bellico. In realtà si tratta di cosa che apparteneva ad altre sfere, a una sorta di commedia delle parti.

Il re e il governo italiano volevano Roma per completare l'unità nazionale, l'esercito una vittoria di cui aveva estremo bisogno per risollevare le sue quotazioni, il papa qualche morto, in modo che fosse chiaro a tutti che il dominio temporale gli veniva tolto con la violenza.

Tutti furono accontentati.

Note

Parte prima. Battaglie all'alba del Risorgimento

1. Il comando supremo austriaco era responsabilità del generale Frimont, ma il vero avversario di Murat fu per tutta la campagna il generale Federico Bianchi.
2. La stampa deriva dallo schizzo che un ufficiale austriaco eseguì dal luogo in cui erano posti il comando e l'ospedale degli imperiali: l'ossario di Salcito.
3. GIUSEPPE BANDI, *I Mille*, Nuovi equilibri/Stampa alternativa, Viterbo 2009, pp. 264-265.
4. *Ricordi di un colloquio del Blanch con Gioacchino Murat*, in HERBERT ZIMA, *Murat, ovvero Il sogno dell'Italia unita. La campagna di Tolentino del 1815 e la fine a Pizzo*, Associazione Tolentino 815, Tolentino 2004, p. 103.
5. La frase è riportata da GIOVANNI SPADOLINI, *Gli uomini che fecero l'Italia*, il Giornale, Milano 2004, p. 44.
6. MASSIMO D'AZEGLIO, *I miei ricordi*, s.e., Torino 1867, p. 93. Cfr. PAOLO PINTO, *Carlo Alberto, il Savoia amletico*, Camunia, Milano 1986, p. 23.
7. STEFANO ALES, *L'armata sarda della Restaurazione (1814-1831)*, Stato Maggiore dell'Esercito, Roma 1987, p. 37.
8. JOHN WHITTAM, *Storia dell'esercito italiano*, Rizzoli, Milano 1979, p. 22.
9. Ivi, p. 39.
10. FRANCESCO BOGLIARI - CARLO TRAVERSI, *Manfredo Fanti*, Stato Maggiore dell'Esercito, Roma 1984, p. 11.
11. Nel 1830 fu pubblicato CARLO ANGELO BIANCO DI SAINT-JORIOZ, *Della guerra nazionale d'insurrezione per bande applicata all'Italia*; nel 1848 ENRICO GENTILINI, *Guida alla guerra d'insurrezione, ossia guerra degli stracorridori (Guerrilla)*. Entrambi si leggono in *Tecniche della guerra partigiana nel Risorgimento. Testi di autori mazziniani raccolti e*

pubblicati con uno studio introduttivo, a cura di Egidio Liberti, Giunti Barbera, Firenze 1972, pp. 120 ss. e 589 ss. Cfr. anche PIERO PIERI, *Storia militare del Risorgimento*, il Giornale, Milano 2003, pp. 135 ss.

Parte seconda. Visita al campo di battaglia

1. Ringrazio soprattutto Roberto Porini del Gruppo XXIII Marzo di Novara.
2. GUGLIELMO PEPE, *Delle rivoluzioni e delle guerre d'Italia nel 1847, 1848, 1849*, Arnaldi, Torino 1850, p. 23.
3. GIOVANNI ROSSETTI, *La guerra di Giovanni. Figure ed episodi del Risorgimento italiano*, Lampi di stampa, Milano 2009, p. 79.
4. LINO VITTORIO BOZZETTO, *Peschiera. Storia della città fortificata*, Franke, s.l., 1997, p. 206.
5. Archivio del Museo Nazionale del Risorgimento di Torino, Carte Govone, Cart. 1, busta 1, n. 22.
6. Derivo queste suggestioni da John Keegan, *Intelligence. Storia dello spionaggio militare da Napoleone ad al-Qaeda*, Mondadori, Milano 2006, p. 14.
7. Per esempio, così affermava, davanti al Parlamento piemontese, il generale Govone. Archivio del Museo Nazionale del Risorgimento di Torino, Carte Govone, Cart. 8, busta 3, n. 1.
8. *Valmy*, in *Dizionario delle battaglie di terra, di mare e di cielo, assedi, rivoluzioni, colpi di stato, guerre civili. I conflitti che sconvolsero la storia dell'umanità*, a cura di Elio Rosati e Anna Maria Carassiti, Gulliver Libri, s.l., 1996.
9. MICHAEL HOWARD, *La guerra e le armi nella storia d'Europa*, Laterza, Bari 1978, pp. 151-152.

Parte terza. Il Quarantotto

1. Di questo parere era, per esempio, Michele Amari, uno dei capi del governo siciliano. ALBERTO LA PEGNA, *La rivoluzione siciliana del 1848 in alcune lettere di Michele Amari*, Guida, Napoli 1937, p. 46.
2. Dal CD-ROM *Brescia 1849. I dieci giorni della rivolta*, da un'idea di Gabriele Chiesa, Grafo, San Zeno Naviglio 2002.
3. CARLO CATTANEO, *Dell'insurrezione di Milano nel 1848 e della successiva guerra*, Le Monnier, Firenze 1949, p. 43.

4. Piero Pieri, *Storia militare del Risorgimento*, il Giornale, Milano 2003, p. 191.
5. Guglielmo Pepe, *Delle rivoluzioni e delle guerre d'Italia nel 1847, 1848, 1849*, Arnaldi, Torino 1850, p. 35. Pepe, che non si trovava a Milano, parla ovviamente per sentito dire e questo testimonia che le voci di questo tipo correvano per tutt'Italia.
6. Lettera di Giuseppe Govone alla madre, da Treviglio, 29 marzo 1848, Archivio del Museo Nazionale del Risorgimento di Torino, Carte Govone, Cart. 1, busta 1, n. 20.
7. *Le Cinque giornate di Milano. Una città in lotta per la libertà*, Associazione Culturale Terra Insubre, Varese 2006, p. 1.
8. Paul Ginsborg, *Daniele Manin e la rivoluzione veneziana del 1848-49*, Einaudi, Torino 2007.

Parte quarta. La Prima guerra d'indipendenza

1. Paul Ginsborg, *Daniele Manin e la rivoluzione veneziana del 1848-49*, Einaudi, Torino 2007, p. 206.
2. Luigi Salvatorelli, *Pensiero e azione del Risorgimento*, Einaudi, Torino 1977, p. 123.
3. Lettera di Pietro Antonio Boggio Bertinet a Battista Boggio Bertinet, da Caravaggio, 29 marzo 1848, in *La prima Guerra d'indipendenza vista da un soldato. Le lettere del biellese Pietro Antonio Boggio Bertinet*, a cura di Orazio Boggio Marzet, Paolo Cirri e Mario E. Villa, Interlinea, Novara 2005, p. 42.
4. Il termine, in particolare, indicava le gualdrappe degli ussari e diventò un insulto, per qualificare le donne di costumi facilissimi.
5. Carlo Cattaneo, *Dell'insurrezione di Milano nel 1848 e della successiva guerra*, Le Monnier, Firenze 1949, pp. 162-163.
6. Franz Herre, *Francesco Giuseppe*, Rizzoli, Milano 1982, pp. 62-63.
7. Lettera di Cesare Magnani Ricotti al fratello, da Pacengo, in Ermanno Sartoris, *Il generale Cesare Magnani Ricotti, Ministro della Guerra*, «Bollettino Storico per la Provincia di Novara», LIV, 1963, 2, p. 113.
8. Enrico Della Rocca, *Autobiografia di un veterano. Ricordi storici e aneddotici*, Zanichelli, Bologna 1897, p. 222.
9. Lettera di Alfonso La Marmora a Luigi di Seyssel d'Aix, da Rivoli, 5 luglio 1848, Archivio di Stato di Biella, Carte di Alfonso La Marmora, XC, 141/702.
10. Lettera di Giuseppe Govone al cugino, 28 maggio 1848, Archivio

del Museo Nazionale del Risorgimento di Torino, Carte di Giuseppe Govone, Cart. 1, busta 1, n. 11.

11. LUIGI SALVATORELLI, *op. cit.*, p. 126.
12. EUSEBIO BAVA, *Relazione delle operazioni militari dirette dal generale Bava comandante il primo corpo d'armata in Lombardia nel 1848. Con documenti e piani*, Tip. Cassone, Torino 1848, p. 38.
13. Lettera di Pietro Antonio Boggio Bertinet a Angelo Boggio Bertinet, da Lazise, 31 maggio 1848, in *La prima Guerra d'indipendenza vista da un soldato*, *op. cit.*, p. 62.
14. Lettera di Pietro Antonio Boggio Bertinet a Angelo Boggio Bertinet, da Rivoli, 27 giugno 1848, ivi, p. 68.
15. FRANZ HERRE, *op. cit.*, p. 192.
16. CARLO CATTANEO, *op. cit.*, p. 167.
17. Lettera di Alfonso La Marmora a Alessandro Monti, da Rivoli, 5 luglio 1848, in FRANCESCO BETTONI-CAZZAGO, *Gli italiani nella guerra d'Ungheria 1848-49. Storia e documenti*, Treves, Milano 1887.
18. ANNA MARIA ISASTIA, *La guerra dei volontari. Ruolo politico e dimensione militare*, in *Fare l'Italia. Unità e disunità nel Risorgimento*, a cura di Mario Isnenghi ed Eva Cecchinato, Utet, Torino 2008.
19. Lettera del 7 aprile 1848, in *Lettere di Luciano Manara a Fanny Bonacina Spini (7 aprile 1848 - 26 giugno 1849)*, con introduzione e note di Francesco Ercole, Regio Istituto per la Storia del Risorgimento Italiano, Vittoriano, Roma 1939, p. 133.
20. Lettera del 3 maggio 1848, ivi, p. 136.
21. ALESSANDRO ASPESI, *Ombre e luci del nostro Risorgimento. Carteggio del gen. Durando (1847-1867)*, Palatine, Torino 1952, p. 87. Successivamente Durando smorzò il giudizio, dicendo che la banda era in via di miglioramento.
22. CLAUDIO SAGLIASCHI, *La professione di fede di un valsesiano del Risorgimento. Vita e vicende di Giacomo Antonini in rapporto alla libertà dei popoli*, Amministrazione comunale, Prato Sesia 2002, p. 207.
23. Ivi, p. 224.
24. LUIGI SALVATORELLI, *op. cit.*, p. 126.
25. Lettera di Alfonso La Marmora a Maria Cristina Seyssel d'Aix, in *Le carte di Alfonso Ferrero della Marmora. Spunti per una biografia e un epistolario*, a cura di Maurizio Cassetti, s.e., s.l., 1979. In alcuni testi le vittime della repressione salgono a 400-500. Cfr. [ALEXANDRE LE MASSON] *Custoza. Storia dell'insurrezione e della campagna d'Italia nel 1848*, presso tutti i librai, Torino 1850.

26. Lettera del 18 maggio 1848, in *Lettere di Luciano Manara a Fanny Bonacina Spini*, cit., p. 140.
27. ALESSANDRO ASPESI, *op. cit.*, p. 85.
28. Il nome si spiegava in parte con l'entusiasmo per Pio IX, in parte con l'entusiasmo per un'opera di Verdi, *I lombardi alla prima crociata*, a cui si voleva dare incarnazione.
29. FLORIANA DONATI ERSEGHE, *Vicenza dentro la storia, 1797-1945. Percorso didattico di ricerca attraverso le testimonianze del Museo*, Comune di Vicenza, Vicenza 1995, p. 41.
30. ALESSANDRO ASPESI, *op. cit.*, p. 83. Il giudizio è preso da una lettera che il 2 giugno 1848 Massimo d'Azeglio scrisse, da Vicenza, alla moglie Luisa Blondel. Cfr. *Lettere di Massimo d'Azeglio a sua moglie Luisa Blondel*, per cura di Giulio Carcano, Richiedei - Carrara, Milano 1870, pp. 317-318.
31. *Descrizione della battaglia di Vicenza data il 10 giugno scritta da un Vicentino presente al fatto*, documento conservato nel Museo del Risorgimento e della Resistenza della città e riportato in FLORIANA DONATI ERSEGHE, *op. cit.*, pp. 46-47.
32. Si tratta della già citata pubblicazione di Floriana Donati Erseghe.
33. Questa versione è contenuta in FRANZ HERRE, *op. cit.*, pp. 193-194. Piero Pieri parla più genericamente di accordi ancora in discussione e falliti in seguito all'offensiva di Custoza.
34. PIERO PIERI, *Storia militare del Risorgimento*, il Giornale, Milano 2003, pp. 242-243.
35. Il biglietto rappresenta un piccolo giallo storico. Alcuni autori sostengono che fu sottoscritto dal re in persona, altri da qualcuno del suo stato maggiore e altri ancora, infine, ipotizzano un'abile falsificazione austriaca.
36. CARLO CATTANEO, *op. cit.*, pp. 162-163.
37. *Tecniche della guerra partigiana nel Risorgimento. Testi di autori mazziniani raccolti e pubblicati con uno studio introduttivo*, a cura di Egidio Liberti, Giunti Barbera, Firenze 1972, p. 220.
38. *Lettere di Luciano Manara a Fanny Bonacina Spini*, *op. cit.*, p. 174.
39. EUSEBIO BAVA, *op. cit.*, p. 151.
40. Ivi, p. 153.
41. Lettera di Pietro Antonio Boggio Bertinet a Angelo e Battista Boggio Bertinet, da Romentino, 8 agosto 1848, in *La prima Guerra d'indipendenza vista da un soldato*, *op. cit.*, p. 81.
42. CARLO CATTANEO, *op. cit.*, p. 257.
43. ENRICO DELLA ROCCA, *op. cit.*, p. 240.

44. Genova di Revel, *Dal 1847 al 1855. Spedizione di Crimea. Ricordi di un commissario militare del re*, Dumolard, Milano 1891, pp. 40-41.
45. *Tecniche della guerra partigiana*, *op. cit.*, p. 159.
46. Una descrizione dettagliata dell'episodio di palazzo Greppi si legge in Raffaele Del Castillo, *Carlo Alberto*, Bompiani, Milano 1938, pp. 266-267.
47. Enrico Della Rocca, *op. cit.*, p. 240.
48. Giuseppe Garibaldi, *Memorie autobiografiche*, Barbera, Firenze 1888, p. 196.

Parte quinta. La sconfitta della rivoluzione

1. *Relazione delle operazioni militari di Messina nel settembre 1848*, s.e., s.l., s.d., p. 3.
2. Alberto La Pegna, *La rivoluzione siciliana del 1848 in alcune lettere di Michele Amari*, Guida, Napoli 1937, p. 199.
3. Domenico Piraino, *Memorie storiche messinesi dell'ultima guerra, dal 3 al 7 settembre 1848*, raccolte su manoscritti inediti, e pubblicate a cura del dott. Giovanni Cambria, Principato, Messina 1929, p. 16. Cfr. Piero Pieri, *Storia militare del Risorgimento*, il Giornale, Milano 2003, p. 504.
4. *Relazione delle operazioni*, *op. cit.*, p. 32.
5. Domenico Piraino, *op. cit.*, p. 61. Cfr. Piero Pieri, *op. cit.*, p. 512.
6. Guidata da Antonino De Salvo, detto il Pagnocco.
7. Eleonora Iannelli, *Messina ritrovata. Viaggio con la macchina del tempo dalle origini ai giorni nostri*, Edizioni della Libreria Bonanzinga, Messina 2010.
8. Non è visitabile, ma in rete si trovano interessantissime fotografie di una giornata di visita organizzata dal FAI.
9. Lettera di Alfonso La Marmora alla sorella Cristina, da Milano, 8 agosto 1848, Archivio di Stato di Biella, Carte di Alfonso La Marmora, XC, 141/702.
10. Lettera di Giuseppe Govone al padre, 10 agosto 1848, Archivio del Museo Nazionale del Risorgimento di Torino, Carte di Giuseppe Govone, Cart. 1, busta 1, n. 37.
11. Eric J. Hobsbawm, *Il trionfo della borghesia, 1848-1875*, Laterza, Bari 2003, p. 24.
12. Lettera di Alfonso La Marmora a Alessandro Monti, 6 ottobre 1848,

in FRANCESCO BETTONI-CAZZAGO, *Gli italiani nella guerra d'Ungheria 1848-49. Storia e documenti*, Treves, Milano 1887, p. 47.

13. Un'eccezione fu Giacomo Medici, che fu comandante repubblicano e poi ufficiale garibaldino, prima di diventare generale dell'esercito.
14. MARZIANO BRIGNOLI, *La Divisione Lombarda nella 1ª guerra di indipendenza 1848/49*, Editrice militare italiana, Milano 1988.
15. Lettera del 9 settembre 1848, in *Lettere di Luciano Manara a Fanny Bonacina Spini (7 aprile 1848 - 26 giugno 1849)*, con introduzione e note di Francesco Ercole, Regio Istituto per la Storia del Risorgimento Italiano, Vittoriano, Roma 1939, p. 169.
16. Lettera del 20 novembre 1848, ivi, p. 184.
17. Tra queste ricordo *Novara, 23 marzo 1849. La svolta della politica risorgimentale piemontese*, Interlinea, Novara 1998, e *La battaglia di Novara del 23 marzo 1849. La storia e i luoghi*, Interlinea, Associazione Amici del Parco della Battaglia, Novara 1999.
18. DENIS MACK SMITH, *Vittorio Emanuele II*, Laterza, Bari 1972, pp. 12-13.
19. Lettera del 1° aprile 1849, in *Lettere di Luciano Manara a Fanny Bonacina Spini*, *op. cit.*, p. 238.
20. ALFONSO LA MARMORA, *Un episodio del Risorgimento italiano*, Barbera, Firenze 1875, p. 48. In una lettera a Massimo d'Azeglio, il 27 luglio 1850, La Marmora racconta: «Casanova da colonnello a capitano, Beretta da colonnello a ultimo maggiore» (Archivio di Stato di Biella, Carte di Alfonso La Marmora, XC, 141/702).
21. STEFANO FINAURI, *Genova fortificata*, Macchione, Varese 2003, pp. 9-10.
22. PIERO PIERI, *op. cit.*, p. 356.
23. La frase di Antonio Hein è riportata in SERGIO ONGER - GIANFRANCO PORTA, *Le Dieci giornate di Brescia. Le ricorrenze della memoria*, Grafo, Brescia 2000, p. 18.
24. UGO BARONCELLI, *Dalla Restaurazione all'Unità d'Italia*, in *Storia di Brescia*, promossa e diretta da Giovanni Treccani degli Alfieri, IV, *Dalla Repubblica bresciana ai giorni nostri. 1797-1963*, Morcelliana, Brescia 1964, p. 301. Cfr. SERGIO ONGER - GIANFRANCO PORTA, *op. cit.*, p. 23.
25. *Brescia 1849. I dieci giorni della rivolta*, da un'idea di Gabriele Chiesa, Grafo, San Zeno Naviglio 2002.
26. CLAUDIO FRACASSI, *La meravigliosa storia della repubblica dei briganti. Roma 1849. Mazzini, Garibaldi, Mameli*, Mursia, Milano 2005.
27. PIERO PIERI, *op. cit.*, p. 417.

28. Giuseppe Garibaldi, *Memorie autobiografiche*, Barbera, Firenze 1888, p. 226.
29. Claudio Fracassi, *op. cit.*, p. 325.
30. Giuseppe Garibaldi, *op. cit.*, p. 237.
31. Piero Pieri, *op. cit.*, p. 433.
32. Sull'argomento cfr. Paul Ginsborg, *Daniele Manin e la rivoluzione veneziana del 1848-49*, Einaudi, Torino 2007, p. 385.
33. Arnaldo Fusinato, *A Venezia*, in Id., *Poesie patriottiche*, Carrara, Milano 1871, pp. 63-64.

Parte sesta. Dieci anni d'intervallo

1. Lettera di Gustavo Modena a Giovanni Grillenzoni, 19 settembre 1850, in *Lettere di patrioti italiani del Risorgimento*, a cura di Giuseppe Amoroso, Cappelli, Bologna 1971, p. 88. Il conte Grillenzoni, anch'egli mazziniano, e con una condanna a morte sulle spalle , era esule in Svizzera.
2. Poi furono portate a 175. Piero Pieri, *Storia militare del Risorgimento*, il Giornale, Milano 2003, p. 573.
3. Leone Tolstoj, *I racconti di Sebastopoli*, Rizzoli, Milano 1953, p. 26.
4. Lettera di Alfonso La Marmora a Giuseppe Dabormida, da Kadikoi, 21 agosto 1855, Archivio di Stato di Biella, Carte di Alfonso La Marmora, XC, 141/702.
5. Lettera di Cesare Magnani Ricotti al fratello, 1° settembre 1855, in Ermanno Sartoris, *Il generale Cesare Magnani Ricotti, Ministro della Guerra*, «Bollettino Storico per la Provincia di Novara», LIV, 1963, 1, p. 137. Una descrizione impressionante della battaglia, invece, in Iginio Ugo Tarchetti, *Una nobile follia. Drammi della vita militare*, a cura di Roberto Carnero, Mondadori, Milano 2004, pp. 108-122.
6. Ivi, p. 93.
7. Archivio dell'Ufficio Storico dello Stato Maggiore dell'Esercito, G1, *Crimea*, vol. I, *Diario storico del Quartier Generale principale*, 14 aprile 1856.
8. Genova di Revel, *Dal 1847 al 1855. Spedizione di Crimea. Ricordi di un commissario militare del re*, Dumolard, Milano 1891, p. 186.
9. Alessandro di Saint-Pierre, *La spedizione di Crimea. Spigolature nel diario di un ufficiale superiore piemontese*, Uffizio della Rassegna

Nazionale, Firenze 1892, citato da CARLO RUBIOLA, *L'armata sarda in Crimea (1855-56). Notizie sanitarie e terapeutiche corredate da documenti inediti*, Pacini Mariotti, Pisa 1969, p. 22.

10. GENOVA DI REVEL, *op. cit.*, p. 104.
11. Archivio dell'Ufficio Storico dello Stato Maggiore dell'Esercito, G1, *Crimea*, vol. I, *Diario storico del Quartier Generale principale*, 31 maggio 1855 e 5 giugno 1855.

Parte settima. La Seconda guerra d'indipendenza

1. GIUSEPPE GARIBALDI, *Memorie autobiografiche*, Barbera, Firenze 1888, p. 278.
2. ANNA MARIA ISASTIA, *La guerra dei volontari. Ruolo politico e dimensione militare*, in *Fare l'Italia. Unità e disunità nel Risorgimento*, a cura di Mario Isnenghi ed Eva Cecchinato, Utet, Torino 2008.
3. Un esempio è riportato da MASSIMO MAROCCHI, *Il racconto della seconda guerra d'indipendenza attraverso le memorie e la corrispondenza*, Gaspari, Udine 2007, p. 103.
4. Racconta INDRO MONTANELLI, *L'Italia del Risorgimento (1831-1861)*, Rizzoli, Milano 1972, pp. 560-561, che quando la notizia dell'ultimatum venne confermata, Cavour «balzò dal letto e intonò a squarciagola un motivo d'opera stonando maledettamente».
5. PIERO PIERI, *Storia militare del Risorgimento*, il Giornale, Milano 2003, p. 589.
6. Il quinto era il generale Bongiovanni di Castelborgo, che poco dopo l'inizio della guerra lasciò il comando della prima divisione al generale Mollard, un savoiardo il quale, a fine conflitto, seguì il destino della sua terra e passò nell'esercito francese. Nel conto non ho considerato la divisione di cavalleria comandata da un piemontese, Calisto Bertone di Sambuy.
7. ROBERTO FAVERO, *Io, Costantino Nigra. L'unità d'Italia narrata da un protagonista dimenticato dalla storia*, Emilogos, Riva presso Chieri 2007, p. 261.
8. *Cifrario per Buraggi*, s.d., ma presumibilmente fine gennaio - inizio febbraio 1859, Archivio del Museo Nazionale del Risorgimento di Torino, Carte di Giuseppe Govone, Cart. 4, busta 3, n. 3.
9. *Convenzioni con Robandi*, s.d., ma presumibilmente fine gennaio – inizio febbraio 1859, ivi, Cart. 4, busta 3, n. 4.
10. MASSIMO MAROCCHI, *op. cit.*, p. 55.

11. Ivi, p. 81.
12. AMBROGIO VIVIANI, *Magenta 4 giugno 1859*, Zeisciu, Magenta 2009, p. 233.
13. *Ibidem*.
14. Ivi, pp. 282-284.
15. Per l'iter di quel rapporto: ivi, p. 238.
16. SALVATOR GOTTA, *Gloria sui campi 1859*, Mursia, Milano 1966, p. 149. La prima edizione del libro uscì, come detto, nel 1955.
17. Lettera di Alfonso La Marmora a Giuseppe Dabormida, da Milano, 9 giugno 1859, Archivio di Stato di Biella, Carte di Alfonso La Marmora, XCII, 145.
18. EZIO TONEATTO, *I cacciatori delle Alpi nella campagna del '59*, «Eserciti e armi», luglio 1974.
19. GIUSEPPE GARIBALDI, *op. cit.*, p. 288.
20. Ivi, p. 293.
21. Tradizionalmente i reggimenti dell'esercito austriaco erano distinti ognuno da un numero d'ordine e da un nome che, tranne alcune rare eccezioni, corrispondeva a quello del «proprietario» o «titolare», il *Regimentsinhaber*. Questi era originariamente il comandante, membro dell'aristocrazia o della casa regnante. Già a partire dalla metà del XVIII secolo il titolo era diventato solo onorifico e il più delle volte l'*Inhaber* era semplicemente incaricato della gestione amministrativa dell'unità e, almeno teoricamente, del suo supporto economico.
22. In alcuni testi, soprattutto di parte francese, la battaglia di Solferino viene divisa addirittura in tre parti: Solferino, San Martino e Medole, separando perciò anche l'azione dell'ala destra francese.
23. GIULIO ADAMOLI, *Da San Martino a Mentana. Ricordi di un volontario*, Treves, Milano 1911, p. 49. MASSIMO MAROCCHI, *op. cit.*, p. 236.
24. Grande attenzione al problema dei caduti, dei feriti e dell'assistenza medica si rileva in ALBERTO ANSELMI, *24 Giugno 1859, la battaglia di San Martino nel Risorgimento italiano*, Clanto, Capriano del Colle 2009, pp. 137 ss.
25. RAFFAELE DEL CASTILLO, *L'ultimo sovrano romantico. Napoleone III*, Bompiani, Milano 1933, pp. 260-261. Del Castillo deriva il brano da *La Société du Second Empire*, di Maurice Fleury e Louis Sonolet, uscito nel 1911. Le *Cent-Gardes* erano un reparto scelto della Guardia imperiale, ricostruita da Napoleone III a immagine di quella più celebre di Napoleone I. Si trattava dei corazzieri che componevano la scorta personale all'imperatore.

26. Massimo Marocchi, *op. cit.*, p. 249.
27. È abbastanza curioso che di questi generali, che in qualche maniera dovrebbero certificare il sacrificio dei militari per la causa della patria, uno non era nemmeno sabaudo (Guidotti, un ex ufficiale napoleonico che combatté con i veneti nel 1848 e che poco fuori Mestre, deluso da come andavano le cose, si gettò a cercare la morte contro le linee austriache), due caddero a Novara (Perrone, sino a poco prima esule e condannato a morte, e Passalacqua), uno morì per le ferite riportate alla Cernaia, in Crimea (Montevecchio), due furono uccisi dal colera, anch'essi in Crimea (Alessandro La Marmora e Ansaldi), uno venne ferito a San Martino e morì qualche giorno dopo (Arnaldi, che non è nemmeno citato nella *Storia militare del Risorgimento* di Pieri), uno cadde a Custoza nel 1866 (Rey di Villarey).
28. Lettera di Cesare Magnani Ricotti al fratello, 1° settembre 1855, in Ermanno Sartoris, *Il generale Cesare Magnani Ricotti, Ministro della Guerra*, «Bollettino Storico per la Provincia di Novara», LIV, 1963, 1, p. 137.

Parte ottava. La spedizione dei Mille

1. Naturalmente qui il termine «carabinieri» non indica soldati appartenenti alla Benemerita, ma uomini addestrati all'uso della carabina.
2. Giuseppe Cesare Abba, *Da Quarto al Volturno. Noterelle di uno dei Mille*, Acquaviva, Piacenza 2007, p. 36.
3. Ivi, p. 41.
4. Giuseppe Bandi, *I Mille*, Nuovi equilibri/Stampa alternativa, Viterbo 2009, pp. 80-81.
5. Giuseppe Cesare Abba, *op. cit.*, p. 48.
6. Ivi, p. 59.
7. Felice Cuniberti, *Storia militare della spedizione dei Mille*, Roux, Torino - Roma 1893, p. 21, dice che i cannoni erano quattro.
8. Secondo alcune fonti, nei giorni precedenti alla battaglia era stato costruito un affusto.
9. Giuseppe Bandi, *op. cit.*, p. 156.
10. Molti memorialisti facevano risalire il nome della località a una battaglia persa dagli antichi romani. Invece stava per un terreno coltivato (pianto, cioè piantato) da un tale chiamato Romani.
11. Giuseppe Garibaldi, *Memorie autobiografiche*, Barbera, Firenze 1888, p. 345.

12. Giuseppe Bandi, *op. cit.*, p. 162.
13. Nell'ultima fase della battaglia cadde un volontario, di nome Schiaffino, che somigliava molto a Garibaldi e che portava una bandiera tricolore a suo tempo donata a Garibaldi dalla cittadinanza di Valparaiso. I borbonici la raccolsero e credettero di aver ucciso il comandante dei ribelli.
14. Felice Cuniberti, *op. cit.*, p. 24.
15. Piero Pieri, *Storia militare del Risorgimento*, il Giornale, Milano 2003, p. 659.
16. Mino Milani, *Mille860. Storia popolare della spedizione garibaldina*, Mursia, Milano 1972, pp. 86-87. Anche in Piero Pieri, *op. cit.*, p. 663, con qualche piccola differenza.
17. Giuseppe Cesare Abba, *op. cit.*, p. 141.
18. Per esempio in Diego Mormorio, *Il Risorgimento. 1848-1870*, Editori Riuniti, Roma 1998, pp. 54-63.
19. Ivi, p. 56.
20. I numeri di fonte borbonica sono molto diversi. Bosco parla di 10.000 garibaldini contro 1600 napoletani. Cfr. Carlo Agrati, *Da Palermo al Volturno*, Mondadori, Milano 1937, p. 211.
21. Giuseppe Garibaldi, *op. cit.*, pp. 363-378.
22. Le fonti divergono: si trovano testimonianze che i cavalleggeri fossero uno, due, tre o quattro, che Garibaldi li affrontò con la spada o con il revolver e che Missori combatté al suo fianco dall'inizio o arrivò in seguito, correndo in aiuto (cfr. Carlo Agrati, *op. cit.*, p. 201). Si tratta di un piccolo esempio di come sia difficile ricostruire con precisione la realtà della spedizione garibaldina.
23. Garibaldi non cita questo episodio nelle sue memorie; altre fonti dicono che la nave fosse presente sin dall'inizio dei combattimenti. La corvetta era stata intitolata a Lajos Tüköry, un ufficiale ungherese dei Mille caduto a Palermo.
24. Giuseppe Bandi, *op. cit.*, p. 165.
25. *Memoria sulle cause del brigantaggio*, allegata alla biografia di Giuseppe Govone. Uberto Govone, *Il generale Giuseppe Govone. Frammenti di memorie*, Casanova, Torino 1911.
26. Salvatore Scarpino, *La mala unità. Scene di brigantaggio nel Sud*, Effesette, Cosenza 1985, p. 59.
27. Gigi Di Fiore, *I vinti del Risorgimento. Storia e storie di chi combatté per i Borbone di Napoli*, Utet, Torino 2004, p. 103.
28. Franco Molfese, *Storia del brigantaggio dopo l'Unità*, Feltrinelli, Milano 1966, pp. 14 e 16-20.

29. Piero Pieri, *op. cit.*, p. 712; Oreste Bovio, *Storia dell'esercito italiano. 1861-1990*, Ufficio Storico Stato Maggiore dell'Esercito, Roma 1996, p. 48.
30. Giuseppe Cesare Abba, *op. cit.*, p. 275.
31. Genova di Revel, *Da Ancona a Napoli. Miei ricordi*, Dumolard, Milano 1892, p. 66.
32. Ivi, p. 67.
33. George Macaulay Trevelyan, *Garibaldi e la formazione dell'Italia*, Zanichelli, Bologna 1913, p. 329. Cfr. Giuseppe Monsagrati, *L'invasione delle Marche e dell'Umbria. La battaglia «sacrilega»*, in *Fare l'Italia. Unità e disunità nel Risorgimento*, a cura di Mario Isnenghi ed Eva Cecchinato, Utet, Torino 2008.
34. John Gooch, *Esercito, Stato e società in Italia. 1870-1915*, Angeli, Milano 1994, p. 172.
35. Genova di Revel, *op. cit.*, p. 3.
36. Enrico Della Rocca, *Autobiografia di un veterano. Ricordi storici e aneddotici*, Zanichelli, Bologna 1897, p. 43.
37. Lettera di Secondo Govone a una zia, da una località «3 miglia da Ancona, 7 miglia da Osimo», 21 settembre 1860, Archivio del Museo Nazionale del Risorgimento di Torino, Carte di Giuseppe Govone, Cart. 4, busta 4, n. 16.
38. Bersaglieri, carabinieri, cacciatori erano detti, genericamente, i reparti di soldati abili nell'uso del fucile (vedi il capitolo 5).
39. Lettera di Secondo Govone a una zia, *op. cit.*
40. Quando l'ho visitato, nell'estate 2005, l'ho trovato maltenuto e invaso dalle erbacce. In seguito, navigando in rete, ho scoperto una cosa che sul posto non avevo notato: negli elenchi incisi sulle lapidi ci sono solo i nomi dei caduti italiani e non dei pontifici, che presumibilmente sono sepolti nello stesso luogo. Un segno di quanto la memoria degli eventi sia ancora oggi tutt'altro che pacifica.
41. Questi dati sono presi da Piero Pieri, *op. cit.*; Gigi Di Fiore, *op. cit.*, parla di 2500 borbonici e 900 gendarmi contro 5000 piemontesi dell'avanguardia, che appaiono eccessivi. Probabilmente un numero così grande fu raggiunto a fine battaglia, quando arrivarono tutti i rinforzi.
42. Enrico Della Rocca, *op. cit.*, p. 73.
43. Franco Molfese, *op. cit.*, pp. 54-55.
44. Giuseppe Garibaldi, *op. cit.*, p. 387.
45. Giuseppe Cesare Abba, *op. cit.*, p. 262.
46. L'interpretazione filoborbonica dello scontro di Castelmorrone tende

a ridurre l'eroismo della difesa garibaldina e a imputare il fallimento dell'azione all'«indisciplinatezza degli Uffiziali, con eccezioni, e delle truppe che componevano quella brigata», come scriveva lo stesso Von Mechel. Sull'argomento si veda, per esempio, l'ottimo lavoro di GIULIO DI LORENZO, *Nuove fonti sulla battaglia del Volturno. Rapporti e testimonianze sui fatti d'armi del 1° e 2 ottobre a Castel Morrone e Caserta Vecchia*, «Rivista di Terra di Lavoro», III, 2007, 3, pp. 113-131.

47. Un capitolo del libro di Gigi Di Fiore s'intitola appunto *L'epopea di Gaeta*. GIGI DI FIORE, *op. cit.*, pp. 171-216.
48. Lettera di Secondo Govone a Giuseppe Govone, «Dal campo di Mola di Gaeta», 5 febbraio 1861, Archivio del Museo Nazionale del Risorgimento di Torino, Carte di Giuseppe Govone, Cart. 4, busta 6, n. 3.
49. Lettera di Secondo Govone a Giuseppe Govone, «Dal campo di Mola di Gaeta», 7 marzo 1861, ivi, Cart. 4, busta 6, n. 12.
50. GIOVANNI ROSSETTI, *La guerra di Giovanni. Figure ed episodi del Risorgimento italiano*, Lampi di stampa, Milano 2009, p. 120.
51. Dal sito www.neoborbonici.it. Parole di Riccardo Pazzaglia, su musica di Giovanni Paisiello.
52. GIGI DI FIORE, *op. cit.*, pp. 243 ss.
53. *Ibidem*.

Parte nona. Una fine ingloriosa

1. In realtà l'incontro non avvenne a Teano, ma in una località vicina. Probabilmente la stretta di mano passata nella tradizione non ci fu nemmeno.
2. La definizione è di ROBERTO BALZANI, *Cavour e le vie della guerra*, in *Fare l'Italia. Unità e disunità nel Risorgimento*, a cura di Mario Isnenghi ed Eva Cecchinato, Utet, Torino 2008.
3. GIORGIO ROCHAT - GIULIO MASSOBRIO, *Breve storia dell'esercito italiano dal 1861 al 1943*, Einaudi, Torino 1978.
4. FRANCO MOLFESE, *Storia del brigantaggio dopo l'Unità*, Feltrinelli, Milano 1966, pp. 22-24.
5. DENIS MACK SMITH, *Vittorio Emanuele II*, Laterza, Bari 1972, p. 127.
6. Lettera di Giuseppe Govone ad Alfonso La Marmora, da Zurigo, 4 settembre 1859, Archivio di Stato di Biella, Carte di Alfonso La Marmora, XCV, 151/502.

7. ENRICO DELLA ROCCA, *Autobiografia di un veterano. Ricordi storici e aneddotici*, Zanichelli, Bologna 1897, p. 31.
8. Parole riportate da GENOVA DI REVEL, *Da Ancona a Napoli. Miei ricordi*, Dumolard, Milano 1892, p. 89.
9. LUCIANO BIANCIARDI, *La battaglia soda*, Bompiani, Milano 2003, p. 14. Il romanzo uscì nel 1964.
10. «Garibaldi va al forno / Vittorio Emanuele di nascosto / gli ruba il pane / Garibaldi sventurato». CARLO ALIANELLO, *La conquista del Sud. Il Risorgimento nell'Italia meridionale*, Rusconi, Milano 1972, pp. 71-72.
11. GIUSEPPE CESARE ABBA, *Da Quarto al Volturno. Noterelle di uno dei Mille*, Acquaviva, Piacenza 2007, p. 288.
12. Parole del garibaldino Giuseppe Dezza, in MARCO GIOANNINI - GIULIO MASSOBRIO, *Custoza 1866. La via italiana alla sconfitta*, Rizzoli, Milano 2003, p. 257.
13. PIERO PIERI, *Storia militare del Risorgimento*, il Giornale, Milano 2003, p. 737.
14. NICCOLA MARSELLI, *Gli avvenimenti del 1870-71. Studio politico e militare*, Loescher, Torino-Firenze-Roma 1873, p.143. Marselli, ex ufficiale borbonico, ebbe una notevole carriera nell'esercito italiano, fino a diventare generale di corpo d'armata; fu deputato e senatore, oltre che cultore di filosofia della storia.
15. GENOVA DI REVEL, *op. cit.*, pp. 87-88. Nel 1867 Genova Thaon di Revel fu ministro della Guerra. Luciano Bianciardi, nel romanzo *La battaglia soda*, definisce il personaggio per bocca di Bixio: «Boia rammollito, ricco di nomi illustri e che ha comandato finora soltanto scartoffie» (p. 20).
16. Lettera di Agostino Petitti ad Alfonso La Marmora, da Torino, 8 aprile 1862, Archivio di Stato di Biella, Carte di Alfonso La Marmora, XCV, 155.
17. La questione di un accordo del re e/o del governo con Garibaldi è tuttora aperta. Di sicuro il Generale aveva qualche forma di contatto con le istituzioni: c'è chi dice che gli abboccamenti erano avvenuti per una spedizione in Oriente (Grecia e Ungheria erano considerate sull'orlo della rivolta), poi voltata, in corso d'opera, verso Roma. Altri sottolineano che Garibaldi era oggettivamente una «potenza» con cui si doveva in qualche misura scendere a patti; altri ancora che nel governo c'era chi forse contava di approfittare dell'azione dei volontari per ottenere vantaggi per l'Italia. Quasi ogni lavoro su Garibaldi contiene un'interpretazione di questo periodo. Per esempio, EVA

CECCHINATO, *Camicie rosse. I garibaldini dall'unità alla grande guerra*, Laterza, Bari 2007, pp. 56 ss. Per la presa di distanza istituzionale, invece, ALFONSO SCIROCCO, *Giuseppe Garibaldi*, Corriere della Sera, Milano 2005, p. 283 ss.

18. Lettera di Alfonso La Marmora a Giuseppe Cornero, prefetto di Reggio di Calabria, agosto 1862, in *Le carte di Alfonso Ferrero della Marmora. Spunti per una biografia e un epistolario*, a cura di Maurizio Cassetti, s.e., s.l., 1979.
19. Ricordo che quando sono stato alla casa di Caprera, me la indicò la guida che accompagnava i visitatori. Secondo Wikipedia (alla voce «Giornata dell'Aspromonte») la pallottola si troverebbe invece al Vittoriano di Roma, insieme allo stivale in cui è visibile il foro d'entrata.
20. GIORGIO ROCHAT - GIULIO MASSOBRIO, *op. cit.*, pp. 72-73.
21. *Delle condizioni dell'esercito nazionale*. L'opuscolo, firmato dal generale Ricci, fu presentato al re il 15 marzo e poi distribuito ai comandanti delle divisioni.
22. Lettera di Alfonso La Marmora ad Agostino Petitti, da Firenze, 13 giugno 1866, Archivio di Stato di Biella, Carte di Alfonso La Marmora, XC, 142/989. Il documento riporta un colloquio tra i ministri d'Austria e d'Italia a Berlino.
23. Lettera di Alfonso La Marmora ad Agostino Petitti, da Firenze, 14 giugno 1866, ivi, XC, 142/990.
24. Lettera del senatore Ercole Oldofredi Tadini, 6 giugno 1866, in FRANCESCO COGNASSO, *Vittorio Emanuele II*, Utet, Torino 1942, pp. 295-296.
25. Lettera di Agostino Petitti ad Alfonso La Marmora, da Piacenza, 24 maggio 1866, Archivio di Stato di Biella, Carte di Alfonso La Marmora, XCV, 155.
26. MARCO GIOANNINI - GIULIO MASSOBRIO, *op. cit.*, p. 38.
27. ENRICO DELLA ROCCA, *op. cit.*, p. 205.
28. Lettera di Alfonso La Marmora ad Agostino Petitti, da Firenze, 17 maggio 1866, Archivio di Stato di Biella, Carte di Alfonso La Marmora, XC, 142/981.
29. Attraverso Costantino Nigra, Napoleone III aveva esplicitamente chiesto a La Marmora che «l'Italia non facesse la guerra con troppo vigore». MARCO GIOANNINI - GIULIO MASSOBRIO, *op. cit.*, p. 109.
30. Ivi, p. 106.
31. PIERO PIERI, *op. cit.*, p. 754.
32. MARCO GIOANNINI - GIULIO MASSOBRIO, *op. cit.*, p. 242.
33. Ivi, p. 272.

34. Franco Apicella, *A proposito della unità di comando*, www.paginedidifesa.it/2002/apicella_020828.html.
35. Enrico Della Rocca, *op. cit.*, p. 234.
36. Rapporto del generale Giuseppe Govone sulla battaglia del 24 giugno, 28 giugno 1866, Archivio del Museo Nazionale del Risorgimento di Torino, Carte di Giuseppe Govone, Cart. 6, busta 9, n. 1.
37. Lettera di Giuseppe Govone a Genova di Revel, da Moriana, 10 luglio 1866, Archivio del Museo Nazionale del Risorgimento di Torino, Carte di Giuseppe Govone, Cart. 7, busta 7, n. 17.
38. Lettera di Alfonso La Marmora alla moglie, da Redondesco, 26 giugno 1866, Archivio di Stato di Biella, Carte di Alfonso La Marmora, XC, 141/613. La lettera è in francese.
39. Gaetano Tagliano, *La campagna del 1866 in Italia*, «Rivista militare italiana», XI, 1866, 4.
40. Giuseppe Garibaldi, *Memorie autobiografiche*, Barbera, Firenze 1888, p. 423.
41. Armando Guarnieri, *Otto anni di storia militare in Italia. 1859-1866*, Galletti, Firenze 1868, pp. 704-706. Cfr. John Whittam, *Storia dell'esercito italiano*, Rizzoli, Milano 1979, p. 153.
42. Tutto questo è testimoniato in uno dei primi reportage militari esaustivi riguardanti l'Italia. Lo realizzò il fotografo Antonio D'Alessandri nel 1866, alle manovre che ogni anno l'esercito pontificio conduceva nei cosiddetti Campi d'Annibale, fuori Roma. Diego Mormorio, *Il Risorgimento. 1848-1870*, Editori Riuniti, Roma 1998, pp. 163-177.
43. Lettera di Giuseppe Govone alla moglie, da Firenze, 31 ottobre 1867, Archivio del Museo Nazionale del Risorgimento di Torino, Carte di Giuseppe Govone, Cart. 7, busta 7, n. 152.
44. La versione di parte pontificia dei fatti si può leggere in [Leroux] *Narrazione della battaglia di Mentana e degli altri principali fatti avvenuti nello Stato Pontificio*, Mareggiani, Bologna 1868, pp. 8-16.
45. Lettera di Giuseppe Govone alla moglie, *op. cit.*
46. Piero Pieri, *op. cit.*, pp. 778 ss.
47. Giuseppe Garibaldi, *op. cit.*, p. 446.
48. *Ibidem.*
49. Ivi, p. 448.
50. Lettera di Giuseppe Govone alla moglie, da Firenze, 5 novembre 1867, Archivio del Museo Nazionale del Risorgimento di Torino, Carte di Giuseppe Govone, Cart. 7, busta 7, n. 156.
51. Si veda, per esempio, [Leroux] *op. cit.* Il libro, più che nella descri-

zione dei fatti, si dilunga in pagine e pagine di lodi per i crociati e d'insulti feroci per i garibaldini.

52. ANDREA TORNIELLI, *Pio IX. L'ultimo Papa Re*, il Giornale, Milano 2004, p. 487. Di questa frase esistono più versioni, differenti nelle parole, ma coincidenti nel significato.
53. INDRO MONTANELLI, *L'Italia dei notabili. 1861-1900*, Rizzoli, Milano 1973, p. 141.

Bibliografia

ABBA, GIUSEPPE CESARE, *Uomini e soldati. Letture per l'esercito e pel popolo*, Zanichelli, Bologna 1890.

ADAMOLI, GIULIO, *Da San Martino a Mentana. Ricordi di un volontario*, Treves, Milano 1911.

ALBRECHT-CARRIÉ, RENÉ, *Storia diplomatica d'Europa. 1815-1968*, Laterza, Bari 1978.

AMOROSO, GIUSEPPE (a cura di), *Lettere di patrioti italiani del Risorgimento*, Cappelli, Bologna 1971.

ASPESI, ALESSANDRO, *Ombre e luci del nostro Risorgimento. Carteggio del gen. Durando (1847-1867)*, Palatine, Torino 1952.

AZEGLIO, MASSIMO D', *I miei ricordi*, s.e., Torino 1867.

BANTI, ALBERTO MARIO, *La nazione del Risorgimento. Parentela, santità e onore alle origini dell'Italia unita*, Einaudi, Torino 2000.

BARBERIS, WALTER, *Le armi del Principe. La tradizione militare sabauda*, Einaudi, Torino 1988.

BARONCELLI, UGO, *Dalla Restaurazione all'Unità d'Italia*, in *Storia di Brescia*, promossa e diretta da Giovanni Treccani degli Alfieri, IV, *Dalla Repubblica bresciana ai giorni nostri. 1797-1963*, Morcelliana, Brescia 1964.

BERGER WALDENEGG, GEORG CHRISTOPH, *«Militarismo» e «Spirito militare» italiano negli anni 1860 e '70. Nascita di due concetti*, in DEL NEGRO, PIERO (a cura di), *Lo spirito militare degli italiani*, Atti del seminario, Padova 16-18 novembre 2000, Università di Padova, Padova 2002.

BOATTI, GIORGIO, *Cielo nostro. Le memorie segrete, le battaglie smarrite del generale che, fatta l'unità d'Italia, se ne pentì*, Baldini & Castoldi, Milano 1997.

BOGLIARI, FRANCESCO - TRAVERSI, CARLO, *Manfredo Fanti*, Ufficio Storico Stato Maggiore dell'Esercito, Roma 1980.

BOVIO, ORESTE, *Storia dell'esercito italiano. 1861-1990*, Ufficio Storico Stato Maggiore dell'Esercito, Roma 1996.

CARDOZA, ANTHONY L., *Patrizi in un mondo plebeo. La nobiltà piemontese nell'Italia liberale*, Donzelli, Roma 1999.

CASSETTI, MAURIZIO (a cura di), *Le carte di Alfonso Ferrero della Marmora. Spunti per una biografia e un epistolario*, s.e., s.l., 1979.

CAVICCHIOLI, SILVIA, *L'eredità Cadorna. Una storia di famiglia dal XVIII al XX secolo*, Carocci, Roma 2001.

CELI, ALESSANDRO, *Le grandi battaglie del Piemonte sabaudo. Da San Quintino all'assedio di Gaeta. Gli scontri militari che hanno portato i Savoia sul trono d'Italia*, Newton Compton, Roma 2006.

CEVA, LUCIO, *L'Alto Comando Militare (1848-1887)*, Le Monnier, Firenze 1981.

CROCE, BENEDETTO, *Storia d'Europa nel secolo decimonono*, Laterza, Bari 1972.

DAL FABBRO, ISABELLA, *Il contro Risorgimento. Gli italiani al servizio imperiale. I lombardi, i veneti e i friulani nell'imperial regia armata dal 1814 al 1866*, Gaspari, Udine 2010.

DE AMICIS, EDMONDO, *La vita militare. Bozzetti*, Treves, Milano 1883.

DEL BOCA, LORENZO, *Maledetti Savoia*, con la collaborazione di Ignazio Panzica, Piemme, Casale Monferrato 1999.

DELLA PERUTA, FRANCO, *I democratici e la rivoluzione italiana. Dibattiti ideali e contrasti politici all'indomani del 1848*, Feltrinelli, Milano 1958.

DELLA ROCCA, ENRICO, *Autobiografia di un veterano. Ricordi storici e aneddotici*, Zanichelli, Bologna 1897.

DEL NEGRO, PIERO, *Caserma e città nel discorso militare dell'Italia liberale*, in *Esercito e città dall'Unità agli anni Trenta*, Convegno nazionale di studi, Spoleto 11-14 maggio 1988, s.e., Perugia 1989.

–, *Esercito, Stato, società. Saggi di storia militare*, Cappelli, Bologna 1979.

– (a cura di), *Lo spirito militare degli italiani*, Atti del seminario, Padova 16-18 novembre 2000, Università di Padova, Padova 2002.

DE ROSSI, EUGENIO, *La vita di un ufficiale italiano sino alla guerra*, Mondadori, Milano 1927.

Enrico Cialdini generale d'armata, Unione tipografica editrice, Torino 1861.

Esercito e città dall'Unità agli anni Trenta, Convegno nazionale di studi, Spoleto 11-14 maggio 1988, s.e., Perugia 1989.

GALANTE GARRONE, ALESSANDRO, *Felice Cavallotti*, Utet, Torino 1976.

GARIBALDI, GIUSEPPE, *Memorie autobiografiche*, Barbera, Firenze 1888.

GIOLLI, RAFFAELLO, *La disfatta dell'Ottocento*, Einaudi, Torino 1961.

GOOCH, JOHN, *Esercito, Stato e società in Italia. 1870-1915*, Angeli, Milano 1994.

GOVONE, UBERTO, *Il generale Giuseppe Govone. Frammenti di memorie*, Casanova, Torino 1911.

GRAMEGNA, ALBERTO, *Paolo Carpi. Storia del Risorgimento italiano narrata al popolo*, Petrini, Torino 1912.

GRAMSCI, ANTONIO, *Quaderno 19. Risorgimento italiano*, introduzione e note di Corrado Vivanti, Einaudi, Torino 1977.

GUARNIERI, ARMANDO, *Otto anni di storia militare in Italia. 1859-1866*, Galletti, Firenze 1868.

HERRE, FRANZ, *Francesco Giuseppe*, Rizzoli, Milano 1982.

HOBSBAWM, ERIC J., *Il trionfo della borghesia, 1848-1875*, Laterza, Bari 2003.

ISNENGHI, MARIO, *Cultura e ruolo dell'ufficiale*, in *Esercito e città dall'Unità agli anni Trenta*, Convegno nazionale di studi, Spoleto 11-14 maggio 1988, s.e., Perugia 1989.

–, *Le guerre degli italiani. Parole, immagini, ricordi. 1848-1945*, Mondadori, Milano 1989.

ISNENGHI, MARIO - CECCHINATO, EVA (a cura di), *Fare l'Italia. Unità e disunità nel Risorgimento*, in ISNENGHI, MARIO (a cura di), *Gli italiani in guerra. Conflitti, identità, memorie dal Risorgimento ai nostri giorni*, Utet, Torino 2008-2009.

LANGELLA, PAOLO, *Cultura e vita dell'ufficiale italiano (1878-1911)*, in *Esercito e città dall'Unità agli anni Trenta*, Convegno nazionale di studi, Spoleto 11-14 maggio 1988, s.e., Perugia 1989.

MACK SMITH, DENIS, *Garibaldi. Una grande vita in breve*, Mondadori, Milano 1994.

–, *Vittorio Emanuele II*, Laterza, Bari 1972.

MALDINI CHIARITO, DANIELA, *Alcune osservazioni a proposito della vita militare nella narrativa e nella memorialistica dell'Ottocento*, in *Esercito e città dall'Unità agli anni Trenta*, Convegno nazionale di studi, Spoleto 11-14 maggio 1988, s.e., Perugia 1989.

MARSELLI, NICCOLA, *La vita del reggimento. Osservazioni e ricordi*, Barbera, Firenze 1889.

MARTUCCI, ROBERTO, *Emergenza e tutela dell'ordine pubblico nell'Italia liberale. Regime eccezionale e leggi per la repressione dei reati di brigantaggio, 1861-1865*, il Mulino, Bologna 1980.

MASSARI, GIUSEPPE, *Il generale Alfonso La Marmora. Ricordi biografici*, Barbera, Firenze 1880.

MAZZONIS, FILIPPO, *La monarchia e il Risorgimento*, il Mulino, Bologna 2003.

MERCURI, LAMBERTO - TUZZI, CARLO (a cura di), *Canti politici italiani 1793-1945*, prefazione di Ferruccio Parri, Editori Riuniti, Roma 1973.

MONTANELLI, INDRO, *L'Italia dei notabili. 1861-1900*, Rizzoli, Milano 1973.

–, *L'Italia del Risorgimento (1831-1861)*, Rizzoli, Milano 1972.

MONTGOMERY, BERNARD LAW, *Storia delle guerre*, Rizzoli, Milano 1980.

MORMORIO, DIEGO, *Il Risorgimento. 1848-1870*, Editori Riuniti, Roma 1998.

NOVELLI, DIEGO, *Amor di patria*, Piazza, Torino 1998.

OGLIARI, FRANCESCO - SAPI, FRANCO, *Storia dei trasporti italiani*, IV, 8, *Scintille fra i monti*, s.e., Milano 1968.

OLIVA, GIANNI, *Esercito, paese e movimento operaio. L'antimilitarismo dal 1861 all'età giolittiana*, Milano, Angeli 1986.

PIERI, PIERO, *Storia militare del Risorgimento*, il Giornale, Milano 2003.

PISACANE, CARLO, *Guerra combattuta in Italia negli anni 1848-49*, Pavesi, Genova 1851.

POLO FRIZ, LUIGI (a cura di), *Novara crocevia del Risorgimento*, Atti del convegno, Novara 27 marzo 1999, Istituto per la Storia del Risorgimento italiano, Comitato di Novara, Novara 1999.

QUIRICO, DOMENICO, *Generali. Controstoria dei vertici militari che fecero e disfecero l'Italia*, Mondadori, Milano 2006.

ROCCA, GIANNI, *Cadorna*, Mondadori, Milano 1985.

ROCHAT, GIORGIO - MASSOBRIO, GIULIO, *Breve storia dell'esercito italiano dal 1861 al 1943*, Einaudi, Torino 1978.

ROMEO, ROSARIO, *Il Risorgimento in Sicilia*, Laterza, Bari 1973.

–, *Vita di Cavour*, Laterza, Bari 1984.

SALVATORELLI, LUIGI, *Pensiero e azione del Risorgimento*, Einaudi, Torino 1977.

SARTORIS, ERMANNO, *Il generale Cesare Magnani Ricotti, Ministro della Guerra*, «Bollettino Storico per la Provincia di Novara», LIV, 1963, 1-2.

SCARDIGLI, MARCO, *Lo scrittoio del generale. La romanzesca epopea risorgimentale del generale Govone*, Utet, Torino 2006.

SCIROCCO, ALFONSO, *Giuseppe Garibaldi*, Corriere della Sera, Milano 2005.

SERRA, MICHELE, *Il secolo coi baffi. Storia curiosa dell'Ottocento*, Cappelli, Bologna 1962.
SPADOLINI, GIOVANNI, *Gli uomini che fecero l'Italia*, il Giornale, Milano 2004.
TOSTI, AMEDEO, *Storia dell'esercito italiano 1861-1936*, Istituto per gli studi di politica internazionale, Milano 1942.
TREVELYAN, GEORGE MACAULAY, *Garibaldi e la formazione dell'Italia*, Zanichelli, Bologna 1913.
WHITTAM, JOHN, *Storia dell'esercito italiano*, Rizzoli, Milano 1979.
WOOLF, STUART J., *Il Risorgimento italiano*, Einaudi, Torino 1981.

Battaglie all'alba del Risorgimento

ALES, STEFANO, *L'armata sarda della Restaurazione (1814-1831)*, Stato Maggiore dell'Esercito, Roma 1987.
AMBROSINI, FILIPPO, *L'ombra della Restaurazione. Cospiratori, riformisti e reazionari in Piemonte e Liguria, 1814-1831*, il Punto, Torino 2002.
CHANDLER, DAVID G. (a cura di), *I marescialli di Napoleone*, Rizzoli, Milano 1996.
D'AMBROSIO, ANGELO, *Murat nel 1815. Memorie e corrispondenze. Compendio militare e politico della campagna di Gioacchino Murat in Italia, contro gli austriaci*, Associazione Tolentino 815, Tolentino 2003.
GHISALBERTI, CARLO, *Dall'antico regime al 1848. Le origini costituzionali dell'Italia moderna*, Laterza, Bari 1987.
VILLAR, CONSTANT, *Campagna degli austriaci contro Murat nel 1815*, Associazione Tolentino 815, Tolentino 2002.
ZIMA, HERBERT, *Murat, ovvero Il sogno dell'Italia unita. La campagna di Tolentino del 1815 e la fine a Pizzo*, Associazione Tolentino 815, Tolentino 2004.

Visita al campo di battaglia

BIANCIARDI, LUCIANO, *La battaglia soda*, Bompiani, Milano 2003.
BLOND, GEORGES, *Vivere e morire per Napoleone. Vita e battaglie della Grande Armata*, Rizzoli, Milano 1998.

BUSETTO, RICCARDO, *Il dizionario militare. Dizionario enciclopedico del lessico militare*, Zanichelli, Bologna 2004.

CEVA, LUCIO, *In caserma con il primo esercito italiano*, «Storia Illustrata», novembre 1979.

CLAUSEWITZ, KARL VON, *Della guerra*, Mondadori, Milano 1982.

GOOCH, JOHN, *Soldati e borghesi nell'Europa moderna*, Laterza, Bari 1982.

HOWARD, MICHAEL, *La guerra e le armi nella storia d'Europa*, Laterza, Bari 1978.

KEEGAN, JOHN, *La grande storia della guerra. Dalla preistoria ai giorni nostri*, Mondadori, Milano 1994.

–, *Intelligence. Storia dello spionaggio militare da Napoleone ad al-Qaeda*, Mondadori, Milano 2006.

LANGENDORF, JEAN JACQUES, *Elogio funebre del generale August Wilhelm von Lignitz Gran cavaliere dell'aquila rossa di Prussia, pronunciato il 30 novembre 1821 nella Garnisonkirche di Progositz (Prussia Orientale) dal cappellano militare conte von Rordorf*, Adelphi, Milano 1980.

MUSCIARELLI, LETTERIO, *Dizionario delle armi*, Mondadori, Milano 1971.

PARKER, GEOFFREY, *La rivoluzione militare. Le innovazioni militari e il sorgere dell'Occidente*, il Mulino, Bologna 1999.

Il Quarantotto

BIANCO DI SAINT-JORIOZ, CARLO ANGELO, *Della guerra nazionale d'insurrezione per bande applicata all'Italia. Trattato dedicato ai buoni italiani da un amico del Paese*, s.e., s.l., 1830.

CATTANEO, CARLO, *Dell'insurrezione di Milano nel 1848 e della successiva guerra*, Le Monnier, Firenze 1949.

Le Cinque giornate di Milano. Una città in lotta per la libertà, Associazione Culturale Terra Insubre, Varese 2006.

GINSBORG, PAUL, *Daniele Manin e la rivoluzione veneziana del 1848-49*, Einaudi, Torino 2007.

LA PEGNA, ALBERTO, *La rivoluzione siciliana del 1848 in alcune lettere di Michele Amari*, Guida, Napoli 1937.

LIBERTI, EGIDIO (a cura di), *Tecniche della guerra partigiana nel Risorgimento. Testi di autori mazziniani raccolti e pubblicati con uno studio introduttivo*, Giunti Barbera, Firenze 1972.

MAIOCCHI, GIORGIO, *Le barricate*, «Storia Illustrata», dicembre 1979.
MAZZINI, GIUSEPPE, *Cenni e documenti intorno all'insurrezione lombarda e alla guerra regia del 1848*, s.e., Bruxelles 1850.
PARMENTOLA, VITTORIO, *Carlo Bianco, Giuseppe Mazzini e la teoria dell'insurrezione*, «Bollettino della Domus Mazziniana», 1959, 2.
Ruggiero Settimo e la Sicilia. Documenti sull'insurrezione siciliana del 1848, s.e., Palermo 1848.
TORELLI, LUIGI, *Ricordi intorno alle cinque giornate di Milano, 18-22 marzo 1848*, Hoepli, Milano 1876.

La Prima guerra d'indipendenza

ALLEMANDI, MICHELE NAPOLEONE, *I volontari in Lombardia e nel Tirolo. L'aprile del 1848. Cenni storici*, Haller, Berna 1849.
BAVA, EUSEBIO, *Relazione delle operazioni militari dirette dal generale Bava comandante il primo corpo d'armata in Lombardia nel 1848. Con documenti e piani*, Tip. Cassone, Torino 1848.
BETTONI-CAZZAGO, FRANCESCO, *Gli italiani nella guerra d'Ungheria 1848-49. Storia e documenti*, Treves, Milano 1887.
BOGGIO MARZET, ORAZIO - CIRRI, PAOLO - VILLA, MARIO E. (a cura di), *La prima Guerra d'indipendenza vista da un soldato. Le lettere del biellese Pietro Antonio Boggio Bertinet*, Interlinea, Novara 2005.
BOLLEA, LUIGI CESARE, *Nobiltà lombarda e nobiltà piemontese nel Risorgimento*, Bocca, Torino 1930.
BOZZETTO, LINO VITTORIO, *Peschiera. Storia della città fortificata*, Franke, s.l., 1997.
DEL CASTILLO, RAFFAELE, *Carlo Alberto*, Bompiani, Milano 1938.
DONATI ERSEGHE, FLORIANA, *Vicenza dentro la storia, 1797-1945. Percorso didattico di ricerca attraverso le testimonianze del Museo*, Comune di Vicenza, Vicenza 1995.
ERCOLE, FRANCESCO (a cura di), *Lettere di Luciano Manara a Fanny Bonacina Spini (7 aprile 1848 - 26 giugno 1849)*, Regio Istituto per la Storia del Risorgimento Italiano, Vittoriano, Roma 1939.
GENTILINI, ENRICO, *Guida alla guerra d'insurrezione, ossia guerra degli stracorridori (Guerrilla)*, s.e., s.l., 1848.
HERRE, FRANZ, *Metternich*, Bompiani, Milano 1993.
–, *Radetzky*, Rizzoli, Milano 1982.

ISASTIA, ANNA MARIA, *La guerra dei volontari. Ruolo politico e dimensione militare*, in ISNENGHI, MARIO - CECCHINATO, EVA (a cura di), *Fare l'Italia. Unità e disunità nel Risorgimento*, Utet, Torino 2008.

[LE MASSON, ALEXANDRE] *Custoza. Storia dell'insurrezione e della campagna d'Italia nel 1848*, presso tutti i librai, Torino 1850.

PEPE, GUGLIELMO, *Delle rivoluzioni e delle guerre d'Italia nel 1847, 1848, 1849*, Arnaldi, Torino 1850.

PINTO, PAOLO, *Carlo Alberto, il Savoia amletico*, Camunia, Milano 1986.

SAGLIASCHI, CLAUDIO, *La professione di fede di un valsesiano del Risorgimento. Vita e vicende di Giacomo Antonini in rapporto alla libertà dei popoli*, Amministrazione comunale, Prato Sesia 2002.

SCHLESINGER, MASSIMO, *Storia della guerra d'Ungheria negli anni 1848 e 1849*, Tipografia della Svizzera italiana, Lugano 1851.

SKED, ALAN, *Radetzky e le armate imperiali. L'impero d'Austria e l'esercito asburgico nella rivoluzione del 1848*, il Mulino, Bologna 1983.

VIARA, SIMONE, *Il 1848 nella provincia piemontese. Memorie storiche*, a cura di Giuseppe Griseri, s.e., Cuneo 1982.

La sconfitta della rivoluzione

Brescia 1849. I dieci giorni della rivolta, Grafo, San Zeno Naviglio 2002.

BRIGNOLI, MARZIANO, *La Divisione Lombarda nella 1ª guerra di indipendenza 1848/49*, Editrice militare italiana, Milano 1988.

[CELESIA, EMANUELE] *Della rivoluzione di Genova nell'aprile del 1849 esposta nelle sue vere sorgenti. Memorie e documenti di un testimone oculare*, s.e., s.l., 1850.

CIRRI, PAOLO, *Novara, 23 marzo 1849. La svolta della politica risorgimentale piemontese*, Interlinea, Novara 1998.

FINAURI, STEFANO, *Genova fortificata*, Macchione, Varese 2003.

FRACASSI, CLAUDIO, *La meravigliosa storia della repubblica dei briganti. Roma 1849. Mazzini, Garibaldi, Mameli*, Mursia, Milano 2005.

GUERRA, FRANCO, *Storia illustrata della battaglia di Novara del 23 marzo 1849*, Interlinea, Novara 2004.

IANNELLI, ELEONORA, *Messina ritrovata. Viaggio con la macchina del tempo dalle origini ai giorni nostri*, Edizioni della Libreria Bonanzinga, Messina 2010.

La Marmora, Alfonso, *Un episodio del Risorgimento italiano*, Barbera, Firenze 1875.

Onger, Sergio - Porta, Gianfranco, *Le Dieci giornate di Brescia. Le ricorrenze della memoria*, Grafo, Brescia 2000.

Piraino, Domenico, *Memorie storiche messinesi dell'ultima guerra, dal 3 al 7 settembre 1848*, raccolte su manoscritti inediti e pubblicate a cura del dott. Giovanni Cambria, Principato, Messina 1929.

Prezioso, Giulio, *La fucilazione di Ramorino*, «Storia Illustrata», luglio 1966.

Relazione delle operazioni militari di Messina nel settembre 1848, s.e., s.l., s.d.

Stringa, Paolo (a cura di), *Forti di Genova. Dalla Torre della Specola a Forte Belvedere*, Sagep, Genova 1976.

Viviani, Ambrogio, *La battaglia di Novara del 23 marzo 1849*, Sezione Novarese dell'Associazione Nazionale Bersaglieri, Novara 1999.

Dieci anni d'intervallo

Balzani, Roberto, *Cavour e le vie della guerra*, in Isnenghi, Mario - Cecchinato, Eva (a cura di), *Fare l'Italia. Unità e disunità nel Risorgimento*, Utet, Torino 2008.

D'Ayala, Mariano, *I Piemontesi in Crimea. Narrazione storica*, Barbera, Bianchi e C., Firenze 1858.

Favero, Roberto, *Io, Costantino Nigra. L'unità d'Italia narrata da un protagonista dimenticato dalla storia*, Emilogos, Riva presso Chieri 2007.

Revel, Genova di, *Dal 1847 al 1855. Spedizione di Crimea. Ricordi di un commissario militare del re*, Dumolard, Milano 1891.

Rubiola, Carlo, *L'armata sarda in Crimea (1855-56). Notizie sanitarie e terapeutiche corredate da documenti inediti*, Pacini Mariotti, Pisa 1969.

Saint-Pierre, Alessandro di, *La spedizione di Crimea. Spigolature nel diario di un ufficiale superiore piemontese*, Uffizio della Rassegna Nazionale, Firenze 1892.

Tarchetti, Iginio Ugo, *Una nobile follia. Drammi della vita militare*, a cura di Roberto Carnero, Mondadori, Milano 2004.

Tolstoj, Leone, *I racconti di Sebastopoli*, Rizzoli, Milano 1953.

VACCANEO, PAOLO FILIPPO, *La mia Crimea*, «Storia Illustrata», aprile 1976.

WOODHAM-SMITH, CECIL, *La carica dei 600. Balaclava*, Rizzoli, Milano 1981.

La Seconda guerra d'indipendenza

ANSELMI, ALBERTO, *24 Giugno 1859, la battaglia di San Martino nel Risorgimento italiano*, Clanto, Capriano del Colle 2009.

CORTI, EGONE CESARE, *La tragedia di tre imperi*, Mondadori, Milano 1951.

DEL CASTILLO, RAFFAELE, *L'ultimo sovrano romantico. Napoleone III*, Bompiani, Milano 1933.

DUNANT, ENRICO, *Un ricordo di Solferino. Con un'appendice sulla formazione permanente di istituzioni internazionali pel servizio sanitario degli eserciti in tempo di guerra*, Guglielmini, Milano 1863.

FLEURY, MAURICE - SONOLET, LOUIS, *La Société du Second Empire*, Albin Michel, Paris 1911-1924.

GOTTA, SALVATOR, *Gloria sui campi 1859*, Mursia, Milano 1966.

La guerra del 1859 per l'indipendenza d'italia, Comando del corpo di Stato Maggiore, Ufficio storico, Roma 1910-1912.

LA BÉDOLLIÈRE, ÉMILE DE, *Histoire de la guerre d'Italie*, Barba, Paris 1859.

MAROCCHI, MASSIMO, *Il racconto della seconda guerra d'indipendenza attraverso le memorie e la corrispondenza*, Gaspari, Udine 2007.

PETITTI BAGLIANI DI RORETO, AGOSTINO, *Madonna della Scoperta (battaglia di San Martino, 24 giugno 1859). Studio storico tattico*, Casanova, Torino 1909.

QUARENGHI, NINA, *L'altra battaglia. Solferino e San Martino tra realtà e memoria*, Cierre, Sommacampagna 1999.

REVEL, GENOVA DI, *Il 1859 e l'Italia centrale. Miei ricordi*, Dumolard, Milano 1891.

ROSSETTI, GIOVANNI, *La guerra di Giovanni. Figure ed episodi del Risorgimento italiano*, Lampi di stampa, Milano 2009.

TONEATTO, EZIO, *I cacciatori delle Alpi nella campagna del '59*, «Eserciti e armi», luglio 1974.

VIVIANI, AMBROGIO, *Magenta 4 giugno 1859*, Zeisciu, Magenta 2009.

La spedizione dei Mille

ABBA, GIUSEPPE CESARE, *Da Quarto al Volturno. Noterelle di uno dei Mille*, Acquaviva, Piacenza 2007.

AGRATI, CARLO, *Da Palermo al Volturno*, Mondadori, Milano 1937.

ALIANELLO, CARLO, *La conquista del Sud. Il Risorgimento nell'Italia meridionale*, Rusconi, Milano 1972.

BANDI, GIUSEPPE, *I Mille*, Nuovi equilibri/Stampa alternativa, Viterbo 2009.

BATTAGLINI, TITO, *Il crollo militare del Regno delle Due Sicilie*, Società Tipografica Modenese, Modena 1938.

BIANCO DI SAINT-JORIOZ, ALESSANDRO, *Il brigantaggio alla frontiera pontificia dal 1860 al 1863. Studio storico, politico, statistico, morale, militare*, Daelli, Milano 1864.

CECCHINATO, EVA, *Camicie rosse. I garibaldini dall'unità alla grande guerra*, Laterza, Bari 2007.

CIANO, ANTONIO, *I Savoia e il massacro del Sud*, Grandmelò, Roma 1996.

CUNIBERTI, FELICE, *Storia militare della spedizione dei Mille*, Roux, Torino - Roma 1893.

DE JACO, ALDO, *Il brigantaggio meridionale. Cronaca inedita dell'Unità d'Italia*, Editori Riuniti, Roma 2005.

DE MATTEO, GIOVANNI, *Brigantaggio e Risorgimento. Legittimisti e briganti tra i Borbone e i Savoia*, Guida, Napoli 2000.

DI FIORE, GIGI, *I vinti del Risorgimento. Storia e storie di chi combatté per i Borbone di Napoli*, Utet, Torino 2004.

GRECO, LUDOVICO, *Piemontisi, briganti e maccaroni*, Giunta, Napoli 1975.

HOBSBAWM, ERIC J., *I banditi. Il banditismo sociale nell'età moderna*, Einaudi, Torino 1971.

MILANI, MINO, *Mille860. Storia popolare della spedizione garibaldina*, Mursia, Milano 1972.

MOLFESE, FRANCO, *Storia del brigantaggio dopo l'Unità*, Feltrinelli, Milano 1966.

MONSAGRATI, GIUSEPPE, *L'invasione delle Marche e dell'Umbria. La battaglia «sacrilega»*, in ISNENGHI, MARIO - CECCHINATO, EVA (a cura di), *Fare l'Italia. Unità e disunità nel Risorgimento*, Utet, Torino 2008.

REVEL, GENOVA DI, *Da Ancona a Napoli. Miei Ricordi*, Dumolard, Milano 1892.

SCARPINO, SALVATORE, *La mala unità. Scene di brigantaggio nel Sud*, Effesette, Cosenza 1985.

VERZERA, ENZO, *Belle uniformi per non combattere*, «Storia Illustrata», giugno 1975.

Una fine ingloriosa

BEGGIATO, ETTORE, *1866. La grande truffa. Il plebiscito di annessione del Veneto all'Italia*, Editoria Universitaria, Venezia 1999.

CEVA, LUCIO, *Custoza, una sconfitta assurda*, «Storia Illustrata», giugno 1976.

GALL, LOTHAR, *Bismarck*, Rizzoli, Milano 1982.

GIOANNINI, MARCO - MASSOBRIO, GIULIO, *Custoza 1866. La via italiana alla sconfitta*, Rizzoli, Milano 2003.

[LEROUX] *Narrazione della battaglia di Mentana e degli altri principali fatti avvenuti nello Stato Pontificio*, Mareggiani, Bologna 1868.

MARSELLI, NICCOLA, *Gli avvenimenti del 1870-71. Studio politico e militare*, Loescher, Torino - Firenze - Roma 1873.

MILANI, MINO, *Persano, l'ammiraglio sconfitto due volte*, «Storia Illustrata», settembre 1978.

MONETA, ERNESTO TEODORO, *Custoza e Lissa*, Società internazionale per la pace, Milano 1910.

RICHIE, ALEXANDRA, *Berlino. Storia di una metropoli*, Mondadori, Milano 2003.

REVEL, GENOVA DI, *La cessione del Veneto. Ricordi di un commissario regio militare*, Dumolard, Milano 1890.

–, *Umbria ed Aspromonte. Ricordi diplomatici*, Dumolard, Milano 1894.

TAGLIANO, GAETANO, *La campagna del 1866 in Italia*, «Rivista militare italiana», XI, 1866, 4; XII, 1867, 1.

TORNIELLI, ANDREA, *Pio IX. L'ultimo Papa Re*, il Giornale, Milano 2004.

VILLA, CARLO, *Proclamato il dogma, in cielo si scatenò l'inferno*, «Historia», novembre 1972.

Ringraziamenti

Esprimere la propria riconoscenza a chi ha aiutato a realizzare un libro è un dovere, ma anche un grande piacere: è come disegnare il ritratto di un gruppo di persone che sono stati collaboratori, ma che nella maggior parte dei casi sono anche amici, sia di vecchia data sia di nuova acquisizione.

Aldo Massetti, Giorgio Boatti e Marco Plata sono sempre stati vicini e disponibili per aiuti, suggerimenti e generico sostegno morale. Paolo Cirri è stato la guida competentissima sui campi della battaglia di Novara, Paolo Scisciani per quelli di Tolentino.

Lina Ferniani e Nicola De Stasio non solo mi hanno scarrozzato tra Gaeta e il Volturno, ma mi hanno anche ospitato e, soprattutto, nutrito in maniera paradisiaca.

Il solito grazie alla Biblioteca civica «Negroni» di Novara e a tutti coloro che ci lavorano: rappresentano una risorsa estremamente preziosa per chi fa il mio mestiere.

Alberto Antonini non solo ha curato con la consueta sapienza e dedizione il volume, ma parecchie chicche che avete letto sono dovute alle sue ricerche.

Il mio agente, Roberto Gilodi, ha permesso che questo libro vedesse la luce.

L'ultimo pensiero è per la mia famigliola, Lella e Anna. Come si dice: grazie di esistere.

Indice dei nomi e dei luoghi

Indice generale

PARTE QUARTA
La Prima guerra d'indipendenza

PARTE QUINTA
La sconfitta della rivoluzione

PARTE SESTA
Dieci anni d'intervallo

PARTE SETTIMA
La Seconda guerra d'indipendenza

PARTE OTTAVA
La spedizione dei Mille

PARTE NONA
Una fine ingloriosa

Finito di stampare nel marzo 2011 presso
Grafica Veneta - via Malcanton 2 - Trebaseleghe (PD)
Printed in Italy

RCS Libri

ISBN 978-88-17-04611-4